世界博物馆

THE BEST GLOBAL MUSEUMS

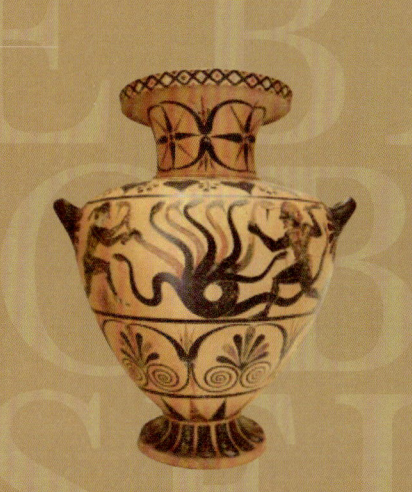

朱月华 · 墨刻编辑部——编

世界图书出版公司
北京·广州·上海·西安

世界博物馆 目录
THE BEST GLOBAL MUSEUMS

1 造访缪斯女神的殿堂 与22位艺术大师对话

12 艺术博物馆

14	英国·伦敦	大英博物馆
22	英国·伦敦	泰特英国美术馆
24	法国·巴黎	卢浮宫
34	法国·巴黎	奥赛美术馆
38	法国·巴黎	蓬皮杜中心
41	英国·伦敦	伦敦国家艺廊
42	法国·巴黎	巴黎近代美术馆
43	法国·巴黎	橘园美术馆
44	法国·巴黎	达利美术馆
45	法国·巴黎	布朗利码头艺术博物馆
46	法国·巴黎	小皇宫·巴黎市立美术馆
47	意大利·罗马	波各赛美术馆
48	意大利·佛罗伦萨	乌菲兹美术馆
54	梵蒂冈	梵蒂冈博物馆
63	希腊·雅典	新卫城博物馆
64	荷兰·阿姆斯特丹	阿姆斯特丹国家博物馆
69	荷兰·阿姆斯特丹	凡·高美术馆
73	德国·纽伦堡	日耳曼民族国立博物馆
74	西班牙·马德里	西班牙国立索菲亚王妃艺术中心
77	西班牙·马德里	普拉多美术馆
82	黑山·采蒂涅	黑山国家博物馆
84	土耳其·伊斯坦布尔	圣索菲亚博物馆
88	美国·纽约	纽约大都会美术馆
96	美国·纽约	纽约现代美术馆
99	美国·纽约	纽约古根海姆美术馆
100	加拿大·渥太华	加拿大国立美术馆
102	俄罗斯·圣彼得堡	冬宫与国家隐士庐博物馆
108	澳大利亚·悉尼	悉尼新南威尔士美术馆
110	中国·北京	北京故宫博物院
114	中国·台北	台北"故宫博物院"

116 自然史博物馆

118	英国·伦敦	伦敦自然史博物馆
120	摩纳哥	摩纳哥海洋博物馆
121	荷兰·鹿特丹	鹿特丹海事博物馆
122	瑞士·采尔马特	马特洪峰博物馆
123	芬兰·拉普兰—罗瓦涅米	芬兰极圈博物馆
124	瑞典·哥特堡	哥特堡海事体验中心
125	日本·东京	东京都水之科学馆
126	日本·网走	鄂霍次克流冰馆
127	俄罗斯·圣彼得堡	俄罗斯地理学会
128	新加坡	新加坡海事博物馆
129	美国·纽约	美国自然史博物馆
130	美国·洛杉矶	拉布雷亚沥青坑博物馆
131	加拿大·蒙特利尔	蒙特利尔自然生态博物馆
132	新西兰·基督城	新西兰国际南极中心

190
考古博物馆

192	埃及·开罗	埃及博物馆
202	埃及·卢克索	木乃伊博物馆
206	埃及·卢克索	卢克索博物馆
209	意大利·那不勒斯	那不勒斯国立考古学博物馆
210	希腊·雅典	雅典国立考古博物馆
214	希腊·德尔斐	德尔斐考古博物馆
216	希腊·奥林匹亚	奥林匹亚考古博物馆
217	希腊·罗得岛罗得市	罗得考古博物馆
218	希腊·克里特岛伊拉克利翁	伊拉克利翁考古博物馆
219	波兰·克拉科夫	克拉科夫市集广场地下博物馆
220	土耳其·伊斯坦布尔	伊斯坦布尔考古博物馆
223	土耳其·塞尔丘克	以弗所博物馆
224	土耳其·安卡拉	安纳托利亚文明博物馆
226	土耳其·安塔利亚	安塔利亚博物馆
227	克罗地亚·萨格勒布	萨格勒布考古博物馆
228	越南·岘港	岘港占婆雕刻博物馆
229	中国·陕西西安	秦始皇兵马俑博物馆
230	美国·洛杉矶	洛杉矶盖蒂别墅
232	加拿大·德拉姆黑勒	加拿大皇家泰瑞尔古生物博物馆

134
历史博物馆

136	法国·马赛	欧洲和地中海文明博物馆
138	英国·约克	约克郡博物馆
139	德国·柏林	柏林犹太人大屠杀纪念馆
140	德国·柏林	史塔西博物馆
142	德国·慕尼黑	王宫博物馆与宝物馆
143	德国·罗滕堡	罗滕堡博物馆
144	德国·汉诺威	奥古斯特·克斯特纳博物馆
145	希腊·雅典	贝纳基希腊文化博物馆
146	瑞士·巴登	巴登历史博物馆
147	波兰·华沙	波兰犹太历史博物馆
148	波兰·华沙	华沙起义博物馆
149	波兰·克拉科夫	奥斯卡·辛德勒工厂
150	波兰·奥斯维辛	奥斯维辛集中营
151	匈牙利·布达佩斯	布达佩斯历史博物馆
152	拉脱维亚·里加	里加历史暨航运博物馆
153	拉脱维亚·里加	里加犹太区暨拉脱维亚大屠杀博物馆
154	土耳其·孔亚	梅芙拉纳博物馆
155	中国·香港	香港历史博物馆
156	日本·网走	网走监狱博物馆
157	俄罗斯·莫斯科	兵库馆与俄罗斯钻石基金会展览
158	越南·胡志明市	胡志明市博物馆
159	越南·河内	火炉监狱博物馆(河内希尔顿)
160	柬埔寨·金边	吐斯廉屠杀博物馆
161	柬埔寨·金边	杀戮战场
162	柬埔寨·暹粒	柬埔寨战争博物馆
163	美国·纽约	爱利斯岛
164	美国·纽约	911纪念博物馆
166	美国·纽约	纽约交通运输博物馆
167	美国·洛杉矶	爱荷华号战舰博物馆
168	美国·纽约	摩根图书馆与博物馆
169	美国·圣地亚哥	中途岛号航空母舰博物馆
170	美国·旧金山	垮掉的一代博物馆
172	美国·旧金山	潘帕尼多号潜艇博物馆
173	美国·山景城	电脑历史博物馆
174	美国·拉皮德城	旅途博物馆
175	加拿大·渥太华	加拿大战争博物馆
176	加拿大·加蒂诺	加拿大历史博物馆
178	加拿大·维多利亚	皇家卑诗博物馆
180	加拿大·卡尔加里	卡尔加里历史文化公园
182	加拿大·温哥华	温哥华博物馆
183	古巴·哈瓦那	哈瓦那革命博物馆
184	古巴·特立尼达	特立尼达城市历史博物馆
185	澳大利亚·墨尔本	墨尔本旧监狱
186	新西兰·奥克兰	奥克兰(战争纪念)博物馆
188	埃及·开罗	科普特博物馆

234
科学博物馆

236	英国·伦敦	伦敦科学博物馆
238	俄罗斯·莫斯科	莫斯科太空博物馆
239	美国·纽约	纽约科学馆
240	美国·纽约	无畏号海空暨太空博物馆
242	美国·旧金山	加州科学院
244	美国·旧金山	旧金山探索博物馆
245	美国·波特兰	俄勒冈科学工业博物馆
246	美国·西雅图	西雅图航空博物馆
247	德国·慕尼黑	德意志博物馆

世界博物馆 目录

THE BEST GLOBAL MUSEUMS

248 工艺博物馆

250	德国·魏尔	维特拉设计博物馆
252	英国·伦敦	维多利亚与阿尔伯特博物馆
253	丹麦·哥本哈根	丹麦设计博物馆
254	加拿大·温哥华岛	温哥华岛席美娜斯
256	美国·洛杉矶	好莱坞杜莎夫人蜡像馆
257	古巴·哈瓦那	哈瓦那殖民时期工艺博物馆

258 民族博物馆

260	德国·柏林	东德博物馆
261	德国·特里贝格	黑森林博物馆
262	西班牙·科尔多瓦	安达卢西亚之家
263	挪威·奥斯陆	奥斯陆维京船博物馆
264	挪威·罗弗敦群岛/伯格	罗弗敦维京博物馆
265	捷克·布拉格	布拉格犹太博物馆
266	俄罗斯·圣彼得堡	圣彼得堡人类与民族学博物馆
268	越南·河内	越南民族博物馆
269	新加坡	新加坡牛车水原貌馆
270	新加坡	新加坡印度传统文化馆
272	新加坡	新加坡马来传统文化馆
274	埃及·阿斯旺	努比亚博物馆
277	澳大利亚·阿德莱德	南澳博物馆

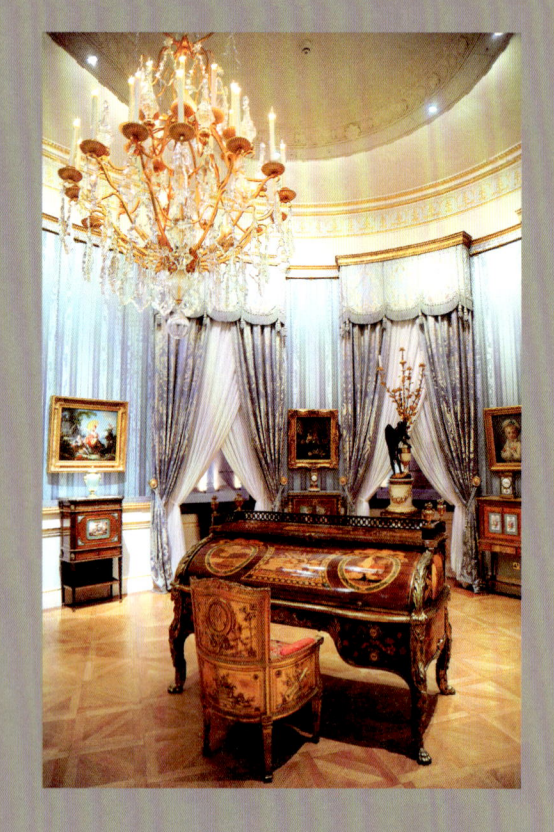

278 人物纪念博物馆

280	英国·伦敦	福尔摩斯博物馆
281	英国·伦敦	丘吉尔战争室
282	英国·伦敦	华莱士博物馆
284	英国·温彻斯特	简·奥斯汀之家博物馆
285	法国·巴黎	雨果纪念馆
286	法国·卡涅	雷诺阿博物馆
287	德国·法兰克福	歌德故居
288	西班牙·菲格拉斯	达利剧院美术馆
290	西班牙·巴塞罗那	毕加索美术馆
291	奥地利·埃森施塔特	海顿博物馆
292	瑞士·迈恩费尔德	海蒂村博物馆
293	波兰·华沙	居里夫人博物馆
294	波兰·华沙	肖邦博物馆
296	匈牙利·布达佩斯	李斯特·费伦茨纪念馆
297	比利时·安特卫普	鲁本斯故居
298	丹麦·欧登塞	安徒生博物馆
299	日本·宝冢	手冢治虫纪念馆
300	日本·东京	吉卜力美术馆
302	日本·山梨	久保田一竹美术馆
303	俄罗斯·圣彼得堡	陀思妥耶夫斯基纪念馆
304	俄罗斯·莫斯科	托尔斯泰纪念馆
305	越南·河内	胡志明博物馆
306	美国·纽约	西奥多·罗斯福出生地
307	美国·圣塔罗莎	查尔斯·舒兹博物馆
308	美国·西雅图	流行文化博物馆
310	加拿大·金斯顿	贝勒瑜之家
311	加拿大·渥太华	劳雷尔之屋
312	古巴·圣地亚哥	狄亚哥·维拉奎斯故居
313	埃及·开罗	盖尔·安德森博物馆

314
产业博物馆

316	德国·斯图加特	保时捷博物馆
318	德国·慕尼黑	宝马博物馆
320	德国·斯图加特	奔驰博物馆
322	德国·慕尼黑	慕尼黑啤酒与啤酒节博物馆
323	德国·科隆	科隆香水博物馆
324	荷兰·阿姆斯特丹	博斯琴酒之家
326	荷兰·阿尔克马尔	荷兰起司博物馆
327	法国·格拉斯	格拉斯国际香水博物馆
328	希腊·斯巴达	希腊橄榄油博物馆
329	日本·札幌	札幌啤酒博物馆
330	美国·洛杉矶	彼得森汽车博物馆
332	古巴·哈瓦那	哈瓦那朗姆酒博物馆

334
历史建筑博物馆

336	西班牙·科尔多瓦	科尔多瓦阿卡扎堡
338	意大利·佛罗伦萨	旧宫博物馆
339	瑞士·布里恩兹	巴伦堡露天博物馆
340	芬兰·赫尔辛基	芬兰堡
342	波兰·克拉科夫	雅盖隆大学
343	匈牙利·布达佩斯	匈牙利国会大厦
344	匈牙利·圣坦德	匈牙利户外民宅博物馆
345	瑞典·斯德哥尔摩	斯堪森露天博物馆
346	拉脱维亚·皮斯隆达雷	隆黛尔宫
348	土耳其·卡帕多西亚/格雷梅	格雷梅户外博物馆
351	爱沙尼亚·塔林	卡德里奥宫
352	爱沙尼亚·塔林	偷窥厨房与堡垒隧道
353	爱沙尼亚·塔林	爱沙尼亚户外博物馆
354	俄罗斯·苏兹达里	苏兹达里木造建筑及农民生活博物馆
357	立陶宛·维尔纽斯	上城堡博物馆
358	印度·乌代布尔	乌代布尔城市皇宫博物馆
361	印度·斋沙默尔	斋沙默尔城堡
363	美国·科迪镇	老路镇
364	加拿大·金斯顿	亨利堡
366	加拿大·渥太华	里多厅
367	古巴·哈瓦那	哈瓦那市立博物馆
368	古巴·特立尼达	古巴殖民建筑博物馆

370
专题博物馆

372	英国·巴斯	时尚博物馆和集会厅
373	德国·科隆	巧克力博物馆
374	德国·斯图加特	猪博物馆
375	德国·纽伦堡	玩具博物馆
376	德国·柏林	东德摩托车博物馆
377	列支敦士登·瓦杜兹	邮票博物馆
378	瑞士·苏黎世	国际足联世界足球博物馆
379	瑞士·洛桑	奥林匹克博物馆
380	瑞士·沃韦	照相机博物馆
381	波兰·托伦	姜饼博物馆
382	葡萄牙·里斯本	国立瓷砖博物馆
384	葡萄牙·里斯本	国立马车博物馆
385	比利时·布鲁塞尔	乐器博物馆
386	比利时·安特卫普	普朗坦-莫雷图斯印刷博物馆
387	挪威·奥斯陆	霍尔门科伦滑雪博物馆及跳台
388	立陶宛·维尔纽斯	琥珀博物馆
389	土耳其·伊斯坦布尔	军事博物馆
390	日本·横滨	原铁道模型博物馆
391	日本·静冈	泰迪熊博物馆
392	挪威·奥斯陆	康提基博物馆
393	古巴·哈瓦那	纸牌博物馆
394	美国·旧金山	电缆车博物馆
395	美国·纽约	纽约市立消防博物馆
396	美国·拉斯维加斯	黑帮博物馆
397	柬埔寨·暹粒	地雷博物馆

398
综合博物馆

400	德国·柏林	柏林博物馆岛
406	德国·莱比锡	格拉西博物馆
408	德国·法兰克福	法兰克福博物馆河岸
413	奥地利·维也纳	维也纳博物馆区
414	美国·纽约	纽约布鲁克林博物馆
416	美国·洛杉矶	洛杉矶亨廷顿图书馆
422	新西兰·惠灵顿	新西兰蒂帕帕博物馆
424	印度·金奈(马德拉斯)	金奈政府博物馆

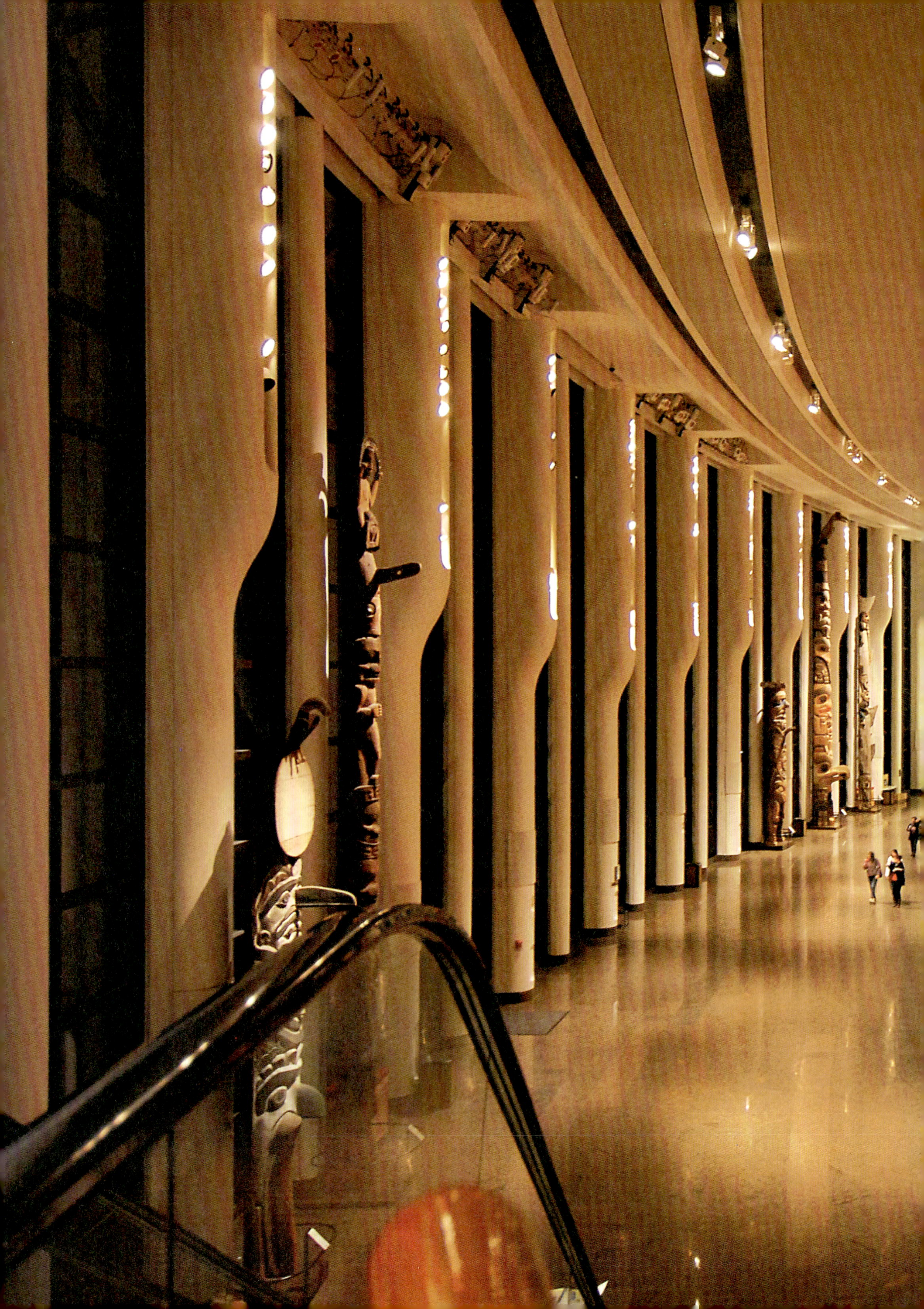

造访缪斯女神的殿堂
与22位艺术大师对话

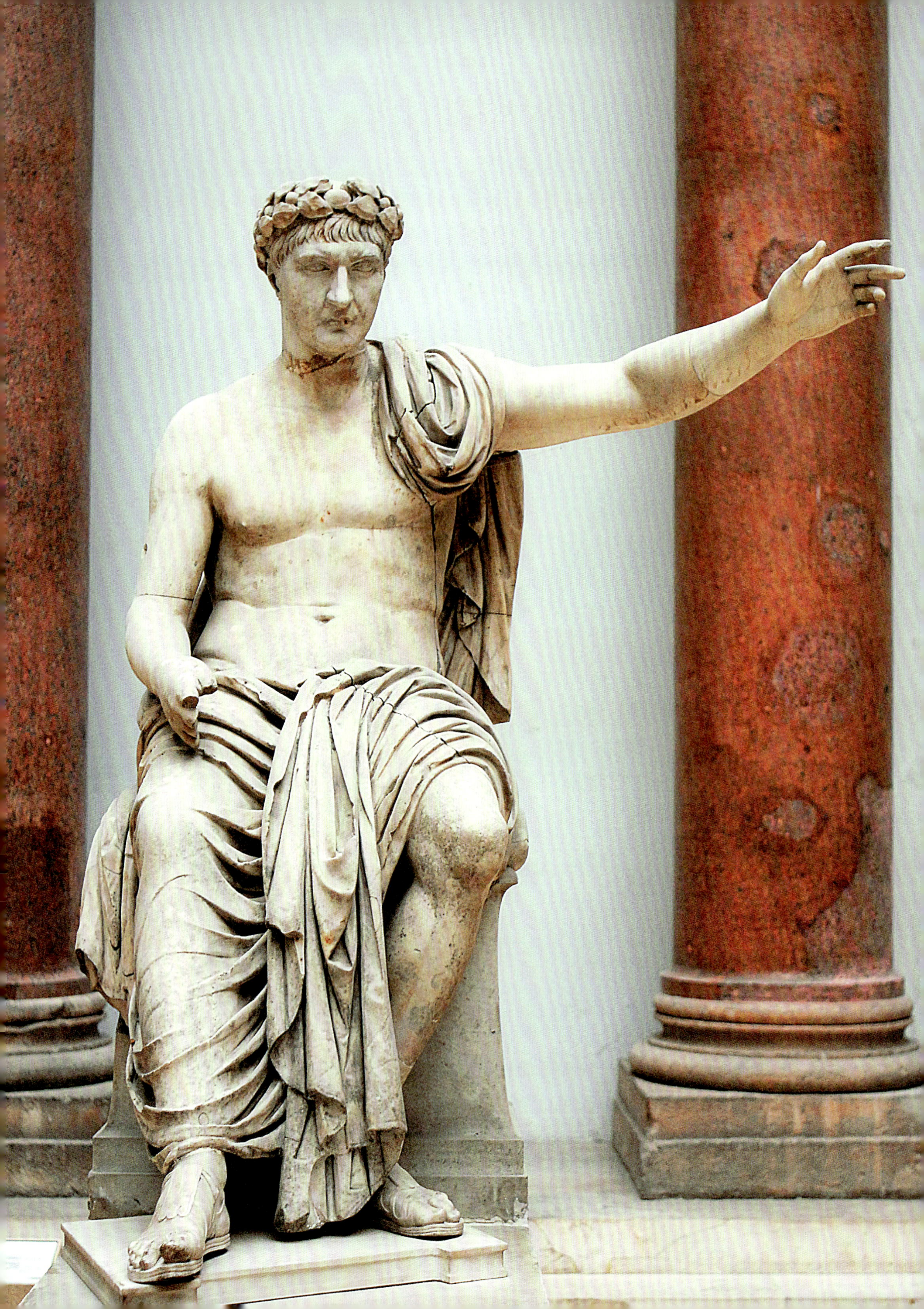

在希腊神话故事中，有分别代表文学、音乐、美术、舞蹈、戏剧等的九位缪斯女神(Muses)，掌管了天上最美好的事物。在凡间，把一切美好的事物收藏起来，成了人类博物馆的源起。

"博物馆"一词，不论是英文的"Museum"、法文的"Musée"，还是意大利文的"Museo"，都脱离不了希腊文的字源"Mouseion"，显现"博物馆"正是一座献给缪斯女神的神殿。

公元前290年，亚历山大大帝的堂兄弟托勒密一世，在埃及亚历山大城建立了一座结合图书馆、动植物园、天文观测台的研究处所，称为"Mouseion"，这是人类最早具有现代博物馆精神的机构。

不过，这个精神在中世纪时的欧洲并没有延续下来。当时，奇珍异宝和艺术品多半为王公贵族私藏，与宗教相关的手稿、服冠则存于教堂、修道院。直到16世纪之后，博物馆陆续诞生，这才扭转了名世珍品只供少数贵族把玩的局面。

在意大利，美第奇(Medici)家族于1737年将家族所有的收藏捐出，才有了今日的乌菲兹美术馆；在英国，汉斯·斯隆爵士(Sir Hans Sloane)于1753年遗赠私人收藏，因而有了大英博物馆；在法国，18世纪的民主思潮推翻法国皇室统治，促成了卢浮宫博物馆的诞生。

19世纪为博物馆发展的黄金时代，各种不同类型的博物馆陆续成立，有的是新创意，例如德国的博物馆岛；有的是世界博览会之后的产物，例如英国的维多利亚与阿尔伯特博物馆；有的则是结合实体建筑，成为一座户外生活的博物馆，例如瑞典的斯堪森露天博物馆。

然而这个时期的博物馆，包括卢浮宫、大英博物馆、冬宫与国家隐士庐博物馆在内，伴随着帝国殖民主义横行，大肆掠夺世界各地艺术品，代表各大文明的展品异地错置。

20世纪之后，观光业兴起，博物馆不再单独属于一个国家，它们除了是旅行的一部分，更是一个地方文化特色的展现。除了大型博物馆继续以"百科全书式"的收藏品眩惑世人，各地陆陆续续出现不同主题、不同形式的博物馆，例如德国傲人的汽车工业，使得斯图加特一地就拥有奔驰、保时捷两座汽车专题博物馆。

另外，20世纪新建筑风格，使得博物馆本身也可能是一座艺术品，如在西班牙毕尔包的古根海姆美术馆一落成，就因外观奇特引来大批好奇的游客，被西方学者称为"毕尔包现象"。

在旅游途中，博物馆往往是行程中重要的一站，除了大型综合性博物馆，更有艺术博物馆、历史博物馆、自然史博物馆、科学与科技博物馆、产业博物馆，以及各类型的主题博物馆，这些博物馆各自以馆藏、藏品艺术价值、学术研究地位、建筑物本身特殊风格等不同的特色傲视全球。它们都是旅程中不可错过的精彩亮点，而在造访前，让我们先与以下22位重量级的艺术家对话一番，一起纵横百年间的艺术界，深入了解全球精彩的艺术创作。

鲁本斯《维纳斯和阿多尼斯》，1630年，大都会美术馆

唐纳泰罗 Donatello
1386—1466年

唐纳泰罗可以说是在米开朗琪罗之前最著名的雕塑家，也可以说是文艺复兴之前最具影响力的大师。

他早期创作的圣乔治石雕像，紧张的肌肉、清澈的眼神、一步向前却隐含戒惧的气氛，让观者看到了雕像的生命力。另一尊青铜大卫像也非常精彩，据说是第一尊让观者可以环绕、从各种角度欣赏的雕塑。唐纳泰罗一生显赫，作品多留在佛罗伦萨，米开朗琪罗和拉斐尔都深受其影响，所以，他可以说是米开朗琪罗的师祖。

唐纳泰罗《小精灵》，1432年，大都会美术馆

凡·艾克 Jan van Eyck
1390—1441年

不同于唐纳泰罗的雕塑作品符合理性和科学的透视法，展现人体肌理之美，凡·艾克却在细节上琢磨，像照镜子般，以毅力和耐性细细描绘，忠实呈现服饰、花朵和桌柜的细节。

凡·艾克的影响力直达17世纪荷兰的绘画流派；另一震惊艺术界的技法就是凡·艾克"发明"或说是"改良"了油彩颜料。他以"油"取代"蛋"，让他可以慢工出细活地上色，色彩也不会相互渲融，再配合尖笔精准的刷涂，达成的艺术成就，几乎是革命性的。

凡·艾克《耶稣受难》《最后的审判》，1440—1441年，大都会美术馆

利比修士《女子与窗扉边的男子肖像》，1440年，大都会美术馆

利比修士 Fra-Filippo Lippi
1406—1469年

利比修士画圣母都是以佛罗伦萨地区的美女为模特儿，且他和这些模特儿有暧昧关系，但因他的画作兼具优美诗意及写实人性，因此，他在15世纪享有一定的地位。

《女子与窗扉边的男子肖像》是意大利现存最早的双重肖像，并展现了意大利人偏爱的侧面图。《圣母、圣婴与天使》画中，圣母坐在智慧宝座上，右手拿着一朵玫瑰，一位天使举着卷轴，值得注意的是，利比修士对光线和孩子活跃姿势的研究都显示了他的写实功力。

利比修士《圣母、圣婴与天使》，1440年，大都会美术馆

贝利尼 Giovanni Bellini
1428/1430—1516年

贝利尼一家(父、兄弟、妹婿)几乎垄断了15、16世纪的威尼斯画坛，其中最重要的就是弟弟乔凡尼·贝利尼，他把人物肖像当作静物画一样处理，加上采用来自佛兰德斯的油彩作画，使画面柔和而色彩丰富。

贝利尼晚期喜欢画室外的景物，佛罗伦萨乌菲兹美术馆中就有一幅神秘大作《神圣的寓言》。画中人物都是宗教人物，圣母、圣婴、圣徒们各据一角，形成有趣的位置关系，背后的风景像是虚幻的，这幅画到底"寓言"着什么呢？这是一个数百年来解不开的谜，显然贝利尼在画下这凝结的一刻时，就丢下了一个神秘的"寓言"，让后世争辩蕴含的哲理。

《神圣的寓言》

波提切利 Sandro Botticelli
1445—1510年

"不朽而伟大的画家"，这一评价波提切利当之无愧。他是文艺复兴初期的佛罗伦萨派画家，早期曾向利比修士学画，为日后作品对细节处的掌握打下基础，后追随有大师之师美誉的委罗基奥，为其画风留下深远的影响。

他擅长用线性动感造成画面的韵律，让画面的戏剧张力十足，现存于乌菲兹美术馆中的《春》、《维纳斯的诞生》及《毁谤》三幅名作，是波提切利极为重要的作品。在《圣母子与一个天使》这幅画中，母亲和孩子温柔拥抱，是波提切利抒情作品的典型代表。《圣母子与两个天使》画着两个天使拉开窗帘，露出亲密的圣母子，基督做出祝福手势，是波提切利另一幅抒情作品。

波提切利《圣母子与一个天使》，1475—1485年，芝加哥艺术博物馆

波提切利《圣母子与两个天使》，1465—1495年，芝加哥艺术博物馆

达·芬奇 Leonardo da Vinci
1452—1519年

达·芬奇这个名字代表了许多身份：画家、建筑师、工程师、人道主义者等。他的多才多艺令人吃惊。达·芬奇有两大代表作，一是藏于巴黎卢浮宫的《蒙娜丽莎》，二是画在米兰一处教堂上的壁画《最后的晚餐》。

《最后的晚餐》中的冷静特质、数学公式及人物心灵状态的表达可以说是空前的，他以向大自然学习的角度来诠释艺术，特质鲜明，为拉斐尔甚至是米开朗琪罗奠定了成功的基础。

《达·芬奇自画像》

《蒙娜丽莎》

造访缪斯女神的殿堂·与22位艺术大师对话

丢勒 Albrecht Dürer
1471—1528年

日耳曼艺术家丢勒以旅行的方式到南方学习，加上他的天分，很快就确立了他北方大师的地位。丢勒一生都汲汲于探究意大利艺术的理性美，威尼斯画派带给他色彩和透视法的充分启发。在《圣母子与圣安妮》这幅画中，睡着的婴儿预示着基督的死，圣安妮(Saint Anne)遥望的目光也暗示着基督受难的预兆。值得一提的是，圣安妮的模特儿是丢勒的妻子艾格尼丝（Agnes）。

在另一幅作品《救世主》中，基督举起右手祝福，左手举着代表地球的地球仪，展现了基督是世界的救世主，不过基督的脸部和手部未完成，可以看出细致的底稿。

丢勒《救世主》，1505年，大都会美术馆

丢勒《圣母子与圣安妮》，1519年，大都会美术馆

绘于梵蒂冈西斯廷礼拜堂内顶部的《创世纪》

米开朗琪罗 Michelangelo Buonarroti
1475—1564年

米开朗琪罗可说是西洋美术史上的巨人，且"英雄"气质浓厚。他个性刚烈，勇于面对局势的混乱和不公，悲愤之余在古典神话中寻找英雄。

米开朗琪罗创作甚多，最著名的莫过于梵蒂冈西斯廷礼拜堂的《创世纪》。《参孙与非利士人》显示《旧约》中的英雄参孙挥舞着腭骨，杀死嘲笑他的两个非利士人，力道十足，令人动容。另一座《昼》是美第奇教堂中"昼""夜""晨""暮"雕像中的"昼"，与米开朗琪罗过往的风格截然不同，肌肉和头发处理得相当细致。

米开朗琪罗《昼》，1600年，大都会美术馆

拉斐尔 Raffaello Sanzio
1483—1520年

拉斐尔在罗马梵蒂冈美术馆也留下了不朽的作品，如《雅典学院》，据说他曾到西斯廷礼拜堂偷看米开朗琪罗工作，从而学得雕刻式线条的技法。

文艺复兴到了拉斐尔时已达鼎盛，与米开朗琪罗强硬而愤然的创作心境不同，甜美而温和一直是他的理想美。圣母在他的笔下有着现实生活的影像，洋溢着幸福和温柔。

拉斐尔画过许许多多的圣母，在梵蒂冈拉斐尔室的作品最引人重视，特别是《雅典学院》。在这幅画中，拉斐尔心目中的伟人齐聚一堂，而拉斐尔也谦卑地在右下角和观画者交换眼神。

拉斐尔《圣母子与圣徒》，1504年，大都会美术馆

《雅典学院》

提香 Tiziano Vecellio
约1488/1490—1576年

爱戴学长乔久内远超过老师贝利尼的提香,让大家见识到油彩的魅力。他无论画宗教主题还是神话主题,色彩牵动画面的调性,都成就了文艺复兴中威尼斯画派的巅峰。

古典的形式、金光的暖色调、诗意的画面是提香作品的特色,在纽约大都会美术馆中,可以找到数幅名作,如《维纳斯与阿多尼斯》《菲利波·阿辛托》。奥维德(Ovid)的《变形记》故事,启发了提香创作《维纳斯与阿多尼斯》的灵感。在这幅画中,维纳斯试图阻止她的爱人去狩猎,透过忧虑的目光和一旁害怕的丘比特,表达了这个故事的悲惨结局。

另一幅作品《菲利波·阿辛托》中的主角菲利波·阿辛托是一位杰出的天主教神职人员,当阿辛托在威尼斯担任神职时,提香为他绘制了画像。不久,阿辛托调任为米兰大主教,但因为政治因素他无法接任该职务。提香用微妙细腻的刻画手法抓住了阿辛托的个性和智慧,并运用活泼的笔触描绘出他袍服的质地。

葛雷柯《耶稣治愈盲人》,1570年,大都会美术馆

提香《维纳斯与阿多尼斯》,16世纪50年代,大都会美术馆

提香《菲利波·阿辛托》,16世纪50年代,大都会美术馆

葛雷柯 El Greco
1541—1614年

葛雷柯出生于克里特岛,曾在罗马、威尼斯习画,后来落脚于马德里近郊城市托雷多(Toledo)创作、成名。

在葛雷柯的时代,托雷多是伊比利亚半岛的宗教中心,穆斯林、犹太教徒及基督教徒和平共处于一地,城内多是神学家、数学家、哲学家、诗人,托雷多成为当时的文化中心。在这样的时代中,葛雷柯投注毕生心血于宗教画,把他对宗教、神学的狂热透过画笔表达出来,得到托雷多各界的肯定。

宗教精神的升华是葛雷柯最关切的课题,透过明亮多彩的颜色、向上延展的线条,让观画者分享宗教的喜悦。他最常作画的主题为耶稣受难、圣徒殉难、死亡及近乎疯狂的祷告场面,连他的自画像都举起右手置于心脏以表达虔诚。

葛雷柯《牧羊人的崇拜》,1605—1610年,大都会美术馆

葛雷柯曾一度改变风格,降低彩度,他后期的作品《牧羊人的崇拜》甚至倾向于抽象,画面像舞蹈一样,动荡不安,画中牧羊人的手势表明他们对耶稣的诞生感到兴奋和惊奇。同时,葛雷柯经常复制重要画作的构图,甚至绘制变体。《耶稣治愈盲人》这幅画作,葛雷柯就另绘制了其他两个版本,并带到了西班牙。

造访缪斯女神的殿堂·与22位艺术大师对话

丁托列多 Jacopo Tintoretto
1518—1594年

　　小染匠丁托列多是16世纪威尼斯画坛的老二，据说老大提香曾因防备他的才华而将他赶出画室。

　　丁托列多年轻时就展露野心，他为了习得米开朗琪罗的线条技法，而到佛罗伦萨的美第奇礼拜堂长期临摹米开朗琪罗的作品，他要达成的正是超越，也就是超越米开朗琪罗的线条加上提香的色彩。从藏于纽约大都会美术馆的《塔克文和卢克蕾提亚》中可看出端倪，画中充分绘出一脸猥琐的塔克文强行对卢克蕾提亚施暴奸淫的残暴恶行，看得令人惊心！丁托列多果然学得了一些技巧，建立了他的声誉。

　　丁托列多在威尼斯教堂也绘制了丰富的壁画及天顶画，《面包和鱼的奇迹》这幅壁画描绘了基督以五个面包和两条鱼让大批群众饱足的知名奇迹。就像他的许多大型作品一样，一部分是由艺术家执行，一部分是由工作室的成员执行。

丁托列多《面包和鱼的奇迹》，1545—1550年，大都会美术馆

丁托列多《塔克文和卢克蕾提亚》，1570—1590年，芝加哥艺术博物馆

范戴克《圣罗莎莉为遭受瘟疫的巴勒莫祈求》，1624年，大都会美术馆

范戴克《詹姆斯·斯图尔特，里士满和伦诺克斯公爵》，1633—1635年，大都会美术馆

鲁本斯《阿刻罗俄斯的盛宴》，1615年，大都会美术馆

鲁本斯/范戴克
Peter Paul Rubens/Anthony van Dyck
1577—1640年/1599—1641年

　　来自佛兰德斯的鲁本斯传承自凡·艾克、魏登，和扬·布鲁格尔(Jan Brueghel)是好友，《阿刻罗俄斯的盛宴》就是鲁本斯和布鲁格尔合作绘制的画作，鲁本斯绘制画中的人物，布鲁格尔则负责其他内容，两人展现了拉丁技法、古典雕塑，创作了精致的构图及内容奇观。具有敏锐商业头脑的鲁本斯，在助手的帮助下完成了《狩猎狼和狐狸》这幅大型的狩猎画作，创造了新的艺术市场。

　　鲁本斯的徒弟范戴克同样也是肖像画的高手，他的画风有淡淡的忧郁且更优雅。1624年，范戴克所在的西西里岛巴勒莫(Palermo)暴发了鼠疫，当年7月15日，在佩勒格里诺山(Mount Pellegrino)上发现了圣罗莎莉(Saint Rosalie)的遗体，圣罗莎莉肖像产生了大量需求，于是范戴克采用先前用于圣母升天画的构图绘制了《圣罗莎莉为遭受瘟疫的巴勒莫祈求》。

　　范戴克后来成为英国的宫廷画师，他绘制了《詹姆斯·斯图尔特，里士满和伦诺克斯公爵》，将主角公爵描绘成自我、冷漠的典型贵族，金色的卷发披在蕾丝衣领上，身上戴着英国最高骑士勋章，身旁的灰狗表达了忠诚，也凸显了狩猎这项高尚消遣。

扬·布鲁格尔 Jan Brueghel
1568—1625年

彼得·布鲁格尔(Pieter Bruegel)的二儿子扬·布鲁格尔，也是安特卫普的宫廷画家，但和鲁本斯的恢宏气度不同，扬·布鲁格尔在装饰性画风上取得傲人的成绩，特别是对静物花卉的描绘最为杰出，华丽的用色和主题，和父亲的农民画形成强烈对比。

扬诞生后不久，父亲就逝世了，扬在北方风景画的表现上更胜于父亲。在《林中旅人》这幅精致的画中，景观的广阔和深度达到平衡，茂盛的树林和倒下的枯树、活马和马枯骨，反映出生与死并置，所有生物终将尘归尘、土归土。

扬·布鲁格尔《林中旅人》，1607年，大都会美术馆

里贝拉 Jusepe de Ribera
1591—1652年

里贝拉是西班牙瓦伦西亚人，但画风深受意大利画家卡拉瓦乔的影响，写实而强调暗色调。他的画作宗教意味浓烈，所以他的很多作品是受到西班牙皇室及教会的委托而创作的。虽一度改走威尼斯画派的路线，采用鲜艳的红色及构图，但最重要的作品还是暗色调，且人物置于前景的构图，突显悲天悯人的宗教训示意味。《圣彼得的眼泪》就是其代表性作品，画中的圣彼得在否认基督之后，红了泪眼，双手紧握祈祷。

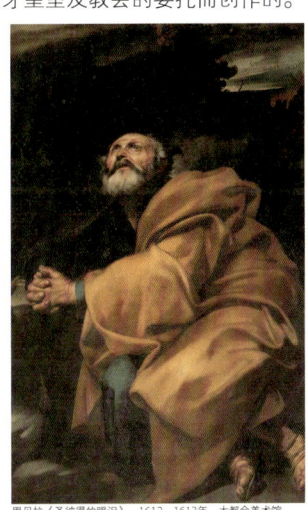

里贝拉的名作以藏于马德里普拉多美术馆的《雅各之梦》最知名，《圣家庭与圣安妮和亚历山大的凯瑟琳》则是他成熟的杰作，赋予圣人鲜明的形象。

里贝拉《圣彼得的眼泪》，1612—1613年，大都会美术馆

〈雅各之梦〉

维拉斯奎兹 Diego Velazquez
1599—1660年

〈仕女图〉

"巴洛克时代最伟大的大师之一""对后世、绘画史影响最大的西班牙画家"，这些赞誉都属于维拉斯奎兹。印象派画家马奈形容他是"画家中的画家"，毕加索仿作他的作品，超现实主义怪才达利也极力汲取他作画的精神。

维拉斯奎兹《在伊默斯的晚餐》，1622—1623年，大都会美术馆

维拉斯奎兹早期暗色调的作画，可能受到卡拉瓦乔或西班牙南部黑暗画派的影响，如《在伊默斯的晚餐》，这幅画描绘的是复活后隐姓埋名的耶稣，他正在向伊默斯镇上的两个门徒展示自己。维拉斯奎兹对于光线的处理及肖像画人物的布局，是最受称道的地方，开放而自由的笔触，使线条及色彩达到完美搭配的境界，藏于马德里普拉多美术馆的《仕女图》最具代表性。

卡拉瓦乔
Michelangelo Merisi da Caravaggio
1571—1610年

卡拉瓦乔一生颠沛流离，他常与当权者作对，站在民众这一边，以民众形象进行创作。卡拉瓦乔作品中的明暗用色是其最大特色，影响遍及意大利、西班牙、法国等，包括佛兰德斯大师鲁本斯、光影大师伦勃朗、维米尔、西班牙巴洛克巨匠维拉斯奎兹。

卡拉瓦乔的作品常有着戏剧性的效果，如《音乐家》这幅为大主教弗朗西斯科·德尔·蒙特画的画作被称为"音乐作品"，但隐含了寓意。激进的卡拉瓦乔鄙视古典理想，以写实手法画出人类痛苦，与过去绘画的美感有很大的差距，因此，耶稣在他的画笔下形貌粗俗、手脚长茧。他也会让光源远离人物主体，创造出一种神秘又诡异的气氛，如在生命的最后几个月所绘的《圣彼得的否认》，画中一片阴暗，彼得站在壁炉前，被指控是耶稣的跟随者，女子两根手指指着彼得，加上士兵伸出的手指，暗示了三项指控和彼得三次否认耶稣，卡拉瓦乔运用强烈的明亮对比，让画作宛如剧场的演出。

卡拉瓦乔《音乐家》，1597年，大都会美术馆

卡拉瓦乔《圣彼得的否认》，1610年，大都会美术馆

伦勃朗《贝罗娜》，1633年，大都会美术馆

伦勃朗 Rembrandt van Rijn
1606—1669年

伦勃朗对光影的运用，几乎已消除了卡拉瓦乔略显突兀的明暗手法，被赞誉为光影大师，他画人物似乎把灵魂都画了出来，可以说是人物画的傲世天才。在《贝罗娜》这幅画中，伦勃朗借着描绘罗马女战神贝罗娜，反映了荷兰与西班牙的八十年战争，贝罗娜闪闪发光的盔甲和盾牌，展现了年轻的伦勃朗的绘画技巧。

心灵活动可能是伦勃朗最关心的议题，他忠实地遵守卡拉瓦乔写实的原则，用大量的暗色调来衬托些许明亮的冲击，让人物的内心世界渲染到观画者的情绪。他也借着多幅自画像，忠实地呈现他一生的起伏潦倒，特别是晚年的自画像，伦勃朗毫不掩饰他破产和贫病的窘困。藏于纽约大都会美术馆的《自画像》是伦勃朗54岁时所画的自画像，他以堆积的颜料显现脸上垂沉的眼袋、下巴和皱纹，后世研究出伦勃朗翻转刷子，展现粗糙的卷发从帽子溢出的绘画技巧。

在伦勃朗艺术生涯的后期，买画的主顾们已经有了别的偏好，又或者伦勃朗过于深度的人性体察离中产阶级的流俗品位越来越远，伦勃朗寂寞地死去，无法得知后人向他致敬再致敬。

伦勃朗《自画像》，1660年，大都会美术馆

苏巴朗 Francisco de Zurbaran
1598—1664年

16世纪初西班牙画派进入发光的时代，当时的苏巴朗，画风最早成熟，画中圣洁、简朴的气氛是他的特色。《年轻的圣母》这幅画根据中世纪的传说，将圣母描绘成是住在耶路撒冷圣殿中的女孩，她致力于祈祷和缝制衣服，这在17世纪意大利和西班牙的绘画中是一个特别受欢迎的主题。而在《基督教徒和摩尔人在埃尔·索蒂洛的战斗》画中，苏巴朗描绘了1370年的一次战役，一道奇迹般的光令摩尔人的军队无可隐藏，让西班牙军队在夜间伏击中获救。

苏巴朗对西班牙画派的影响深远，牟利罗、里贝拉，甚至维拉斯奎兹也都曾临摹他的画学习他的技巧，所以研究西班牙画派一定不能忽略苏巴朗。

牟利罗 Bartolomé Esteban Murillo
1617—1682年

牟利罗出生于塞维亚的富裕家庭，其自由奔放的巴洛克晚期风格，让色彩超越形体，这一点和维拉斯奎兹很像。

牟利罗是对宗教热忱极高的画家，他借由画出人物虔诚的沉思、脆弱而敏感的表情，来显现宗教悲天悯人的情怀，他所绘的《圣母子》备受推崇，因他赋予了固有主题甜美的氛围。

牟利罗的妻子去世后(1663年)，他的笔触变得更流畅，他在《唐·安德烈斯·德·安德拉德》画中，采用了提香描绘西班牙皇室肖像的特色，背景是古典门廊，画中主角穿着暗色衣服，右手摸着爱犬，这幅画是他风格独具的作品。

哥雅 Francisco de Goya
1746—1828年

哥雅是浪漫派及印象派的先驱，是对西班牙绘画艺术发展最有影响力的画家。他的画大量取材于西班牙人的日常生活，民俗风情画相当多，《冬日场景》描绘了三名又饥又冷的农民自市场返家，另有两名家仆牵着驮负大猪的马，两组冲突的人展现画作张力。

《孔德萨·德·阿尔塔米拉和她的女儿玛利亚·阿古斯蒂娜》是上流社会的委托作品之一，哥雅对阿尔塔米拉伯爵夫人长袍处理出色，充分表现闪闪发光的绣花丝质感，技术精湛。这幅画作完成后不久，他就被任命为西班牙国王查理四世的宫廷画家。

1806年，土匪马拉加托被方济各会的修士佩德罗制服逮捕，这一事件激发哥雅创作了六幅作品，《当马拉加托的马逃跑时，佩德罗修士射中了他》是高潮时的场景，描绘修士射击匪徒的臀部以防他逃跑，生动而有趣。

艺术博物馆

属于这个范畴的博物馆，主要收藏绘画、雕塑，包括装饰艺术、实用艺术、原始艺术、现代艺术等类别的作品，透过常设展及特展，让参观者时时能亲近艺术。名列世界三大博物馆的英国大英博物馆、法国卢浮宫、美国大都会美术馆等30家顶级艺术博物馆都收录在本章。

加拿大国立美术馆
加拿大

美国
纽约大都会美术馆
纽约现代美术馆
纽约古根海姆美术馆

阿姆斯特丹国家博物馆
凡·高美术馆

冬宫与国家隐士庐博物馆

俄罗斯

大英博物馆
泰特英国美术馆
伦敦国家艺廊
英国

日耳曼民族国立博物馆

荷兰
德国
法国
梵蒂冈
西班牙
意大利
黑山
希腊
土耳其

黑山国家博物馆

圣索菲亚博物馆

北京故宫博物院
台北"故宫博物院"

中国

新卫城博物馆

波各赛美术馆
乌菲兹美术馆

梵蒂冈博物馆

卢浮宫
奥赛美术馆
蓬皮杜中心
巴黎近代美术馆
橘园美术馆
达利美术馆
布朗利码头艺术博物馆
小皇宫·巴黎市立美术馆

悉尼新南威尔士美术馆

澳大利亚

西班牙国立索菲亚王妃艺术中心
普拉多美术馆

英国·伦敦

大英博物馆
The British Museum

[珍贵收藏堪称英国之最]

从大英博物馆丰富、珍贵的收藏，便能窥知大英帝国在殖民时代的丰功伟绩。这是世界上最早开放的国家博物馆，建于1753年，6年后于1759年正式开放，馆藏包括各大古文明遗迹，特别是西亚和古地中海一带的早期文化艺术，各种珍贵收藏与精彩陈列堪称英国之最。

大英博物馆的收藏品最初是汉斯·斯隆爵士(Sir Hans Sloane)所有，后来英国国会以发行彩票的方式买下这些收藏。多年来陆续购入私人珍藏，加上各界捐献以及考古组织在英国境内外的发掘，造就大英博物馆目前的宏大规模。

目前大英博物馆展厅超过一百个，分为埃及、西亚、希腊和罗马、日本、东方、中世纪和近代等多个分馆。就算走马观花也需要至少三个小时，丰富的馆藏若想细看两天都逛不完，如果时间有限，就以古西亚、古埃及和古希腊展区为参观重点。

2000年完工的前庭天棚，由负责新市政厅与千禧桥的福斯特建筑事务所(Foster & Partners)规划。这座连接博物馆与图书馆(马克思的《资本论》即在此处完成)的透明天棚，出自便于馆方取得更多收藏空间的想法。为了不破坏博物馆的古老建筑，又能开创设计新局，施工时要十分小心，当然，建筑师的创意也很重要。

最后这座用了6000支横梁和3312片玻璃板(每一片形状都独一无二)所建成的透明天棚，不但成为伦敦当代建筑代表之一，也为大英博物馆增添了新的景观。

西亚(古近东)展区
The Ancient Near East

一进入西亚展区，最引人注目的就是两尊巨大的半人半牛的怪兽，这是亚述王宫入口的护门神兽。西亚文化覆盖了公元前4000年至前331年整个美索不达米亚(即两河流域)地区的文化，包含各个城邦、帝国的兴衰和独有文化，彼此的影响和联系显而易见，各种文化珍品就完整地陈列在这个展区的18个展厅里。

与其他展区相比，西亚展的一个特点就是许多珍贵文物都是从大英博物馆自己组织或参加的考古挖掘中获得的。例如19世纪中叶莱雅德(Henry Layard)主持的考古发掘，地点集中在亚述帝国古都尼姆鲁德(Nimrud)和尼尼微(Nineveh)，在王宫遗址中挖出许多精美浮雕和雕像，特别是亚述王宫的浮雕长廊，以战争、狩猎、宴会为主要内容，在大英博物馆保存得相当完整。

亚述宫廷浮雕 Assyrian Palace Reliefs
材质： 石膏　**所属年代：** 前883—前612

公元前9至前7世纪，亚述帝国统一了近东、埃及和波斯湾整个地区，并建立了尼姆鲁德、尼尼微等首都，都城的正中心则是皇宫所在地。其皇宫建筑的最大特征便是高大的塔门和墙上壁板的浮雕，门前守护着长着翅翼的人面公牛与狮子。大英博物馆最著名的浮雕，便是亚述国王猎狮的场景。

乌尔的通俗物品 Standard of Ur
尺寸： 高21.7~22厘米、长50.4厘米、底宽11.6厘米、顶宽5.6厘米
材质： 木、贝壳、石灰石、青金石、沥青
所属年代： 前2500

这只从乌尔皇家陵墓挖掘出土的盒子，材质为木头，上面覆以贝壳、石头和沥青，雕刻成精美图案。它可能是音乐盒或乐器。

艺术博物馆 — 英国·伦敦 大英博物馆

埃及展区
Egypt

与西亚艺术相比，两者在观念上的本质差异，在于西亚人表现的是现世的享乐，从装饰华丽的宫殿即可瞧出端倪；而埃及人表现的是对死后埋葬的极度关心，认为人的生命与宇宙万物是永恒的，人死后只要尸体完好无损，若干年后灵魂回归，死者便可复活。

埃及人出于对尸体保存、陵墓修建和装饰的重视，创造了金字塔、墓室壁画、人像雕刻和木乃伊棺具装饰等种种艺术品，并以不同的材料和手法，表达了埃及人对死亡的复杂信仰。为了保存死者的肉体，等待灵魂归来复活，埃及人在人死后将其内脏取出，保存在4个下葬瓮内，再将尸体泡碱脱水，最后用绷带将尸体裹好放在棺材内，这就是所谓的木乃伊的制作方法。

古埃及崇拜太阳神、水神等众神，相信法老是神的化身，生前死后都享有神的特权。据此不难想象陈列在大英博物馆的大型石雕人像中，大多是历代君王法老的形象，最引人注目的有阿蒙诺菲斯三世(Amenophis Ⅲ)巨型红花岗岩半身像。除了人物雕像之外，馆内还可看到许多动物的石雕和青铜作品，都是受人膜拜的偶像。在古埃及的宗教信仰里，神往往和动物重合，以鸟兽的形象出现，从甲虫到狮子，从老鹰到河马，但其中最特别、最突出的要以猫居首。

罗塞塔石碑 The Rosetta Stone

尺寸： 长112.3厘米、宽75.7厘米、厚28.4厘米
材质： 花岗闪长岩
所属年代： 前196(托勒密王朝)

罗塞塔石碑是大英博物馆珍贵的宝藏之一。1799年7月，拿破仑的军队在尼罗河畔挖出了这件重要的埃及古物，成为解开古埃及之谜的关键钥匙。碑上有3种不同文字：古埃及象形文字(Heiroglyphic，用于宗教仪式)、古埃及世俗体文字(埃及人日常用语)和古希腊文(当时的官方语言)。后来，法国学者商博良(Jean-François Champollion)靠着分析这块碑文，终于解开阅读古埃及文的方式，从此古埃及的历史才得以被研究出来。

拉美西斯二世半身像 Ramesses II

尺寸： 高266.8厘米、宽203.3厘米
材质： 花岗闪长岩、红色花岗岩
所属年代： 前1250(埃及第19王朝)

在埃及许多神殿古迹中，我们都能看到第19王朝国王拉美西斯二世的人像。这座巨石头像也是从新王国时期首都底比斯(Thebes)的神殿搬移过来的。

猫木乃伊 Mummy of the Cats

所属年代： 前30(罗马统治时期)

在以农业经济为主的埃及信仰体系里，其崇拜与祭祀根植于自然界的循环。这些猫木乃伊很明显是埃及晚期王朝的证明，出土于亚比多斯(Abydos)，当时已是罗马统治时期。

美洲展区
Mesoamerica, Central & South America

古代美洲展区以中美洲的奥尔梅克文明(Olmec)、玛雅文明(Maya)、阿兹特克(Aztec)和南美洲的查文文明(Chavin)、莫奇卡文明(Mochica)、纳兹卡(Nasca)和印加文明(Inca)为主。前者领域涵盖了今天的墨西哥、危地马拉、伯利兹、萨尔瓦多、洪都拉斯、尼加拉瓜等国，玉器为主要文明象征，其中奥尔梅克的玉斧、玛雅的石雕、阿兹特克的双头蛇马赛克都是不能错过的展品。后者领域涵盖今天的秘鲁、玻利维亚、厄瓜多尔、哥伦比亚等国，黄金、银器、铜器都是常见的文物代表。

阿兹特克的双头蛇马赛克

奥尔梅克的玉斧

阿兹特克的女神雕像

阿兹特克的马赛克面具

阿蒙诺菲斯三世半身像
Amenophis III

尺寸： 高290厘米、重3600公斤
材质： 红色花岗岩
所属年代： 前1370(埃及第18王朝)

这尊由红色花岗岩雕成的埃及第18王朝国王阿蒙诺菲斯三世半身像，是大英博物馆里著名的埃及雕像之一，光是戴着王冠的头部就将近三米高。

贝斯神Bes

尺寸： 高28厘米
材质： 木
所属年代： 前1300(埃及第18王朝)

这尊正在击手鼓的贝斯神像，是埃及新王国时期(第18王朝)的作品，面貌凶恶的贝斯神据说能驱除家中的恶灵。

艺术博物馆　英国·伦敦　大英博物馆

古希腊展区
The Greek World

古希腊世界疆土涵盖了地中海东部的大片土地，大英博物馆的古希腊展区里，从爱琴海文明时期、古典希腊时期到亚历山大大帝之后的希腊化时期都有展品。其中最知名的便是帕特农神庙、摩索拉斯陵墓等历史上的伟大建筑。

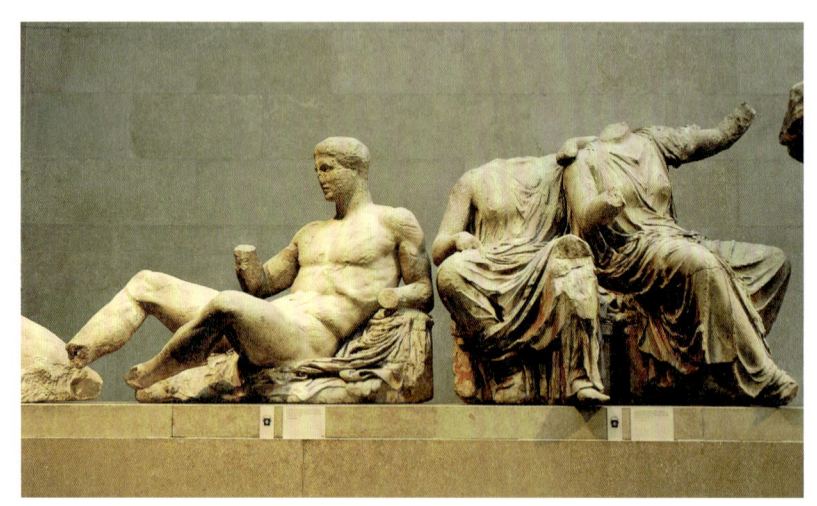

摩索拉斯陵墓
Mausoleum of Halicarnassus

所属年代： 前350

古希腊展区里以一整个展览室陈列了从土耳其搬运过来、名列古代七大奇迹之一的摩索拉斯陵墓所残留的雕像和浮雕。这座陵墓是为了卡里亚王国(Caria)的统治者摩索拉斯(前376—前353)而建，摩索拉斯生前统治小亚细亚西南沿岸的大片土地，把都城迁到哈里卡那苏斯(Halicarnassus)之后，国势越来越富裕强大。

他病逝后，王位由其妻子阿特米西亚(Artemisia)继承。她依照摩索拉斯生前规划的蓝图，从希腊各地请来许多著名的雕刻家和建筑师，打造出这座空前的伟大建筑，陵墓上的浮雕及雕塑，也堪称艺术史上的杰作。

陵墓中出土了两尊雕像，男性雕像被认为是摩索拉斯，高3米、宽1.12米，女性雕像被认为是阿特米西亚，高2.67米、宽1.09米。

帕特农神庙 Parthenon Temple

材质： 大理石
所属年代： 前447—前438

帕特农神庙是供奉雅典女神雅典娜的神殿，也是古雅典的主神庙。目前收藏于大英博物馆的帕特农神庙雕刻，于19世纪时由厄金(Elgin)运送到英国，因此又有厄金大理石雕刻之称，据估算应是公元前5世纪由伊克梯诺(Ictinus)和卡里克利特(Callicrates)所建，雕刻装饰则是由菲迪亚斯(Pheidias)监督完成。帕特农神庙雕像包括一些不完整的山形墙雕像，特别是神庙南墙的三槽间雕板甚受注目，另有多块环绕神庙的雕带板，雕带上的故事表现了漫长的骑手和礼拜者队伍，应该是每4年一次，在雅典娜生日当天举行庆典活动的情景。

18

涅内伊德碑像 Nereid Monument

材质： 大理石
所属年代： 前390—前380

这座出土于土耳其西南部的陵墓，是公元前4世纪时，为了当时利西亚(Lycia)的统治者阿比那斯(Arbinas)所建造，设计融合希腊及利西亚的风格。上方的雕像是被称为"海仙女"的涅内伊德的雕像。

太平洋展区
The Pacific

广大浩瀚的南太平洋，到了21世纪初，大约有一千四百万人居住在这个区域里，分属二十七个国家，说着一千三百种语言。

太平洋的岛民不仅精于航海技术，同时还通晓多国语言，没有文字记载的太平洋文明，以口述的方式传承一代代的历史。他们绝大多数都是与台湾原住民息息相关的"南岛语族"(Austronesian)。

大英博物馆里关于太平洋岛屿文化的收藏，许多都是大航海时代掠夺或搜集自各个岛屿的文物，包括大航海家库克船长从大溪地带回的一套酋长丧服在内。而整个展区中备受瞩目的焦点，便是位于展览厅正中央、来自复活节岛(Easter Island)的摩艾石像。

摩艾石像

摩艾石像高2.42米。看过电影《博物馆奇妙夜》的人，仿佛可以听见他在说："嘿，笨笨！给我口香糖！"

罗马帝国
The Roman Empire

罗马帝国统治的领域几乎与希腊文明重叠，甚至范围更大。深受希腊文明影响的罗马帝国，在文学、哲学方面表现得尤为明显，至于视觉艺术方面，便表现在壁画、建筑、雕塑和马赛克镶嵌画上。

相较于希腊，罗马在雕刻艺术上的呈现更为写实，例如真人大小的政治人物和军人塑像。事实上，罗马帝国最珍贵的遗产多半是遗留在各个地方的建筑，例如竞技场、水道桥、神殿等，除了马赛克镶嵌画之外，能纳入博物馆收藏的反而不如希腊文明那么精彩。较为特别的是，大英博物馆还另辟一区，展示罗马帝国统治大不列颠时期留下来的文物。

奥古斯都头像 Bronze head of Augustus

尺寸： 高46.2厘米、宽26.5厘米、厚29.4厘米
材质： 铜、方解石、玻璃、石膏
所属年代： 前27

这个奥古斯都头像是一尊完整铜像的头部，铜像制作于公元前27年罗马统治时期的埃及。头像被发现于麦罗埃(Meroe)，位于现在的苏丹境内，该地曾为库施(Kush)王国首都。公元前24年，一次库施与罗马产生冲突时，库施夺走了这尊奥古斯都铜像，并将其头部埋于麦罗埃一座神庙的入口之下，任人踩踏。

波特兰花瓶 The Portland Vase

尺寸： 高24.5厘米、最大直径17.7厘米
材质： 玻璃
所属年代： 1—25

这只花瓶被视为罗马帝国时期的经典玻璃花瓶，是以宝石雕刻技法完成的作品。大英博物馆于1945年向波特兰公爵七世买下花瓶，而这只花瓶曾在1845年展出时，被一名醉汉打碎，经过馆方悉心修复才得以复原。

中国、南亚展区
China & South Asia

从地理大发现之后，英国在扩展殖民地的同时，也从东方带走了不少宝藏，其中又以文明古国中国和印度的文物数量最多。在中国部分，以新石器时代的玉器、商周的铜器、元明清时代的景泰蓝瓷器等最受瞩目。在印度方面，除了公元前3000年印度河的哈拉帕文明(Harappa)、摩亨佐-达罗文明(Mohenjo-Daro)的陶器、石器和铜器之外，还有孔雀王朝(Maurya)、贵霜王朝(Kushan)、笈多王朝(Gupta)、莫卧儿王朝(Mughal)所展现出的佛教、耆那教、印度教不同宗教体系所交织出的文化艺术。

微型砂岩印度庙

中国壁画与雕像

这面壁画出自中国河北省行唐县清凉寺，于1424—1468年绘制。而摆放于壁画前的雕塑，分别为道教人物、佛教罗汉及弥勒佛。

艺术博物馆　英国·伦敦　大英博物馆

密特拉屠牛像
Marble group of Mithras slaying the bull
尺寸：高128厘米、长144厘米
材质：大理石
所属年代：100—199

这座雕像描述了太阳神密特拉(Mithras)屠牛，象征光明及生命重生。

舞蹈湿婆

这尊来自印度的舞蹈湿婆(Shiva Nataraja)铜像，于1100年制作。

尼泊尔镀金青铜像

来自尼泊尔的观世音菩萨镀金青铜像，于16世纪制作。

21

英国·伦敦

泰特英国美术馆
Tate Britain

[伦敦具有代表性的美术馆之一]

泰特美术馆在全英国总共有4个分馆，包括1897年成立于伦敦的"泰特英国美术馆"（Tate Britain）、1988年成立于利物浦的"泰特利物浦美术馆"（Tate Liverpool）、1993年成立于圣艾夫斯的"泰特圣艾夫斯美术馆"（Tate St Ives），以及2000年成立于伦敦的"泰特现代美术馆"（Tate Modern）。

泰特英国美术馆位于泰晤士河北岸的米尔班克（Millbank），该区位于西敏寺的下方，其前身为此区的监狱，当时的糖业大亨泰特（Sir Henry Tate）买下了它，并委任建筑师以门廊和圆顶，打造了这栋优雅的建筑。同时身为哲学家的泰特在1897年时将它以"大英艺术国家艺廊"（National Gallery of British Art）的名称对外开放，不过一般人还是习惯称它为"泰特艺廊"（Tate Gallery）。

泰特英国美术馆是伦敦较受欢迎的美术馆之一，以16世纪迄今的英国绘画和各国现代艺术品著称，最受欢迎的馆藏为拉斐尔前派(Raphaelites)和英国画家泰纳(JMW Turner)的作品。

拉斐尔前派是复古主义和浪漫主义的合成物，三位著名的画家亨特(William Holman Hunt)、米莱斯(John Everett Millais)和罗塞蒂(Dante Gabriel Rossetti)，各自有精彩的代表作在此展示。米莱斯从莎翁名剧中得到灵感的代表作之一《奥菲利亚》更可说是镇馆之宝。

而活跃于19世纪初期的英国风景画家泰纳，主要以油彩、水彩进行创作，他的水彩作品多充满朦胧之美，是绝对不能错过的画作。此外，泰特英国美术馆也收藏了许多英国知名艺术家的重要作品，像是培根(Francis Bacon)的《以受难为题的三张习作》、荷加斯(William Hogarth)的《画家与哈巴狗》，以及雷诺兹(Joshua Reynolds)的《装饰海曼像的三个贵妇人》等。

艺术博物馆

泰特英国美术馆　英国·伦敦

《克劳德·莫奈在树林边作画》
Claude Monet Painting by the Edge of a Wood

萨金特(John Singer Sargent)于1876年首次遇见莫奈(Monet)，两人后来成为好友。这幅画大约是绘于1885年，当时他们在巴黎附近的吉维尼(Giverny)一起作画。萨金特钦佩莫奈外出作画的方式，他在这幅画中以一个平凡的角度记录了超凡大师作画的身影，耐心坐在身后陪伴着的是莫奈的妻子。当萨金特于1885年在伦敦定居时，他最初被视为先锋派，后来成为出众的肖像画家。

《奥菲利亚》
Ophelia

米莱斯(John Everett Millais)是"拉斐尔前派"极具代表性的画家之一，他自莎士比亚名剧中得到灵感的代表作之一《奥菲利亚》可说是泰特英国美术馆的镇馆之宝。"奥菲利亚"是莎士比亚的悲剧作品《哈姆雷特》中的一个角色，她因为情人哈姆雷特刺死了她的父亲而彻底崩溃、精神错乱，最后失足落水溺毙。

这幅画作，米莱斯分为两个阶段，首先是在埃维尔(Ewell)的霍格斯米尔河(Hogsmill River)完成河流风景部分，之后在伦敦高尔街的工作室中完成女主角的画像。米莱斯画下的奥菲利亚异常平静地躺在水中，摊开的手与编织的花圈融为一体，目光望向远方，像自悲苦的命运中解脱了。

《以受难为题的三张习作》
Three Studies for Figures at the Base of a Crucifixion

泰特英国美术馆也收藏了许多英国知名艺术家的重要作品，培根的《以受难为题的三张习作》就是其中的名作。该作品于1945年4月，也就是第二次世界大战的最后几个月首次展出，恰逢纳粹集中营照片披露，对于某些人来说，培根的画反映了大屠杀和核武器发展引发的悲观世界。

23

法国·巴黎

卢浮宫
Musée du Louvre

[举世闻名的重量级博物馆]

卢浮宫是全世界最大且最具象征地位的博物馆，同时也是古代与现代建筑史的最佳融合。这里有四十二万件典藏，藏品为从古代东方文物(公元前7000年)到19世纪(1858年)的浪漫主义绘画，经常展出的作品多达一万三千件，其中不乏大师巨作。

卢浮宫的历史可追溯到1190年，当时国王菲利普二世(Philippe Auguste)为防守要塞所建，至1360年时查理五世(Charles V)将此地改建为皇室住所，正式开启卢浮宫的辉煌历史。建筑师莱斯科(Pierre Lescot)于15世纪中叶为卢浮宫设计的门面，正是巴黎第一个文艺复兴式建筑。

在长达两个世纪的时间里，卢浮皇宫扮演了法国权力中心的角色，直到路易十四另建凡尔赛宫后，它才开始没落。1789年法国大革命推翻君权，这座"艺术皇宫"在1793年8月10日正式蜕变为博物馆对外开放。

卢浮宫共分为三大区域：苏利馆(Sully)、德农馆(Denon)及黎塞留馆(Richelieu)。从金字塔的入口处进入地下后，游客可以从不同入口进入卢浮宫。馆内收藏则主要分为以下几类：古代东方文物、古代埃及文物、古代希腊文物、古代罗马文物、雕塑艺术、工艺美术、绘画艺术和书画刻印艺术等。除了这些永久展之外，还有许多特展。

为卢浮宫锦上添花的透明玻璃金字塔，是华裔美籍建筑师贝聿铭的一大代表作，为密特朗总统(François Mitterrand)的大卢浮宫计划带来崭新的现代化风貌，也成为卢浮宫博物馆的主要出口。以玻璃钢柱构成的金字塔不仅为地下楼层引进光线，加上两个小金字塔，同时兼具现代建筑的设计美感。

艺术博物馆

卢浮宫
法国·巴黎

25

地下1楼

《克罗顿的米隆》
Milon de Crotone

皮杰中庭(Cour Puget)展示路易十四和路易十五时期的雕像，其中以法国巴洛克雕刻家和画家皮杰(Pierre Puget)的作品为主，代表作《克罗顿的米隆》描述了希腊奥林匹克冠军运动员米隆老时，想要用手将裂开的树干劈断，岂料树干夹住他的手，让不得脱身的他因而被狼吃掉。雕塑中米隆和狼的表情、肢体动作栩栩如生，这座雕像是皮杰重要的代表作。

《马利骏马群》Chevaux de Marly

卢浮宫的法国雕塑集中在黎塞留馆的地下1楼和1楼，位于地下1楼的展厅原是财政部官员的办公厅，分为马利(Cour Marly)和皮杰(Cour Puget)两大中庭。

马利中庭名称的由来，主要因中庭摆放的多尊大型大理石雕刻是来自路易十四时期完成于巴黎近郊"马利宫"(Château de Marly)花园内的作品。

然而，这里最有名的是1745年于路易十五时期完成的《马利骏马群》，作者为法国巴洛克雕刻家库斯图(Guillaume Coustou)。

《西克拉德偶像》
Idole Cycladique

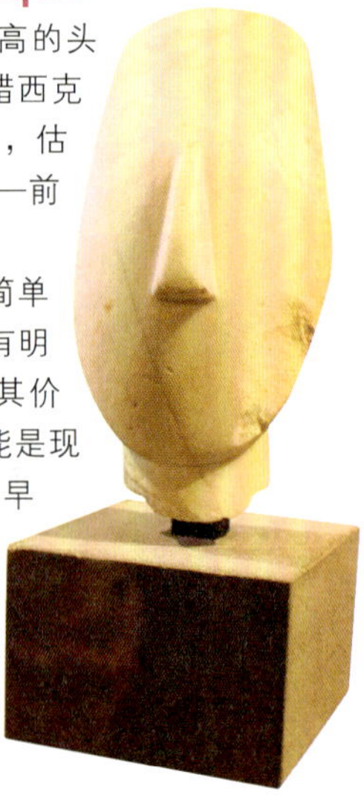

这座27厘米高的头部雕塑出土于希腊西克拉德岛(Cycladic)，估计是公元前2700—前2300年的作品。

该雕塑线条简单均衡，右下处虽有明显毁坏，仍无损其价值，特别是它可能是现存希腊青铜时代早期有关大理石雕作品中，最早且最精彩的一件。

《圣玛德莲》Sainte Marie-Madeleine

卢浮宫内的北欧雕塑集中于德农馆的地下1楼和1楼的5间展示厅内，前者以12—16世纪的雕塑为主，后者则收罗了17—19世纪的作品。

这座《圣玛德莲》雕像出自德国雕刻家乔治·艾尔哈(Gregor Erhart)之手，全裸的玛德莲披着如瀑布般的金色长发，体态优美和谐，此作于1902年时由卢浮宫购自德国。

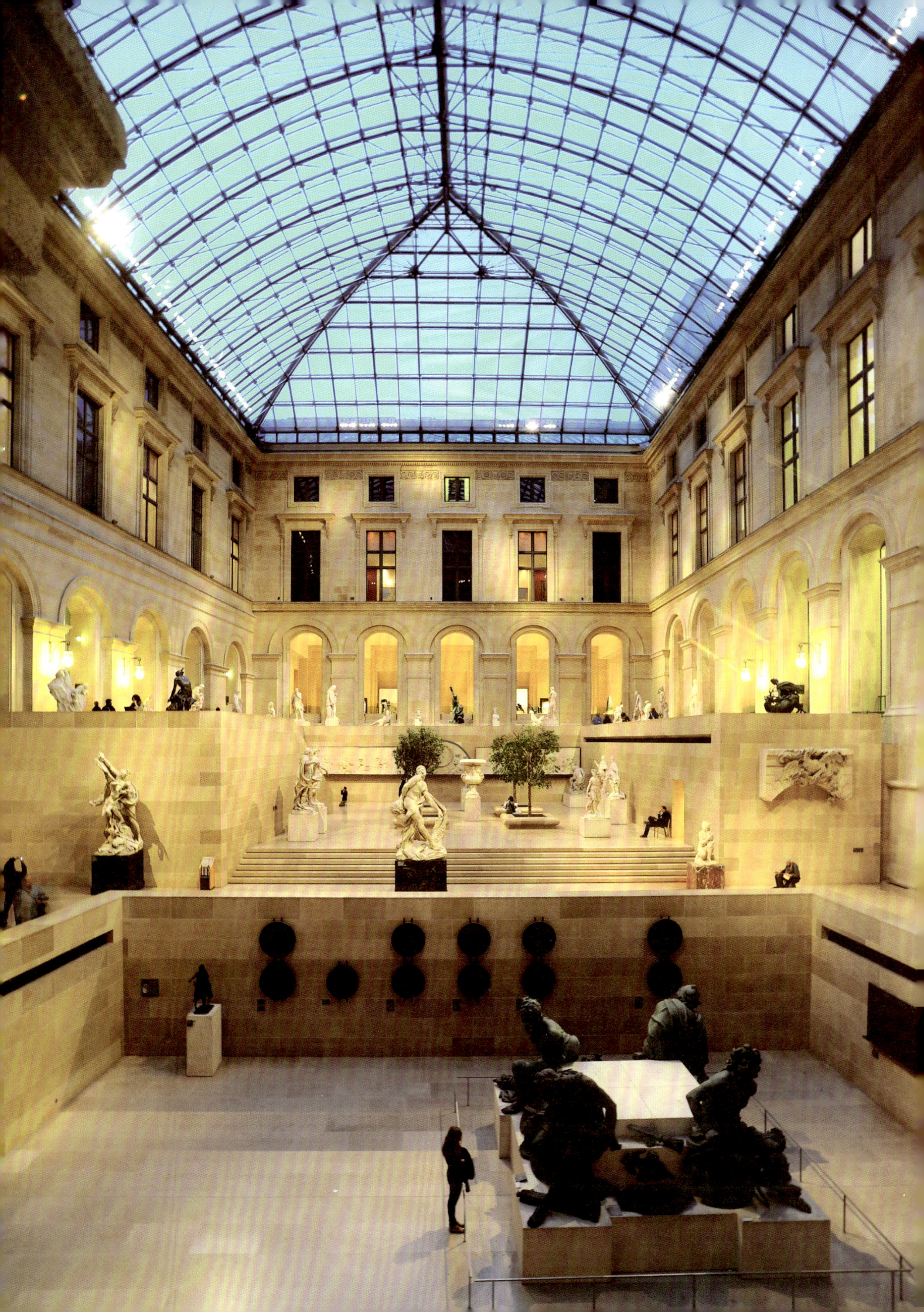

中世纪卢浮宫城壕

卢浮宫的历史可追溯至12世纪，当时法王菲利普二世在巴黎西墙外建造了卢浮宫，作为防守要塞之用。到1360年查理五世才将它改为皇室居所。卢浮宫目前就于苏利馆的地下1楼展示了12—14世纪卢浮宫中世纪的城壕样貌。

大卢浮宫计划
Le Grand Louvre

卢浮宫已有八百年以上的历史，经过改朝换代的增修，规模在欧洲的王宫中首屈一指。然而随着时间的流逝，其设备已不敷实际需要，再者因缺乏展览空间，数十万件藏品被束之高阁，此外缺乏主要入口，造成管理上的困难和游客们的不便。于是密特朗总统上台后开始积极从事大卢浮宫计划，最后美籍华人贝聿铭的建筑结构重整计划雀屏中选。

玻璃金字塔的设计在当时被视为相当大胆的创举，计划中所有设施不但隐藏于地下，像是在卡胡塞凯旋门西面的地下建造大型停车场，令人更讶异的是修建一个高**21.65米**、边长**30米**的透明玻璃金字塔，作为卢浮宫的主要入口，增加底下拿破仑厅(Hall Naploéon)的采光和空间。东南北三面则设置小金字塔分别指示三条主要展馆的通道，在大小金字塔的周围另有水池与金字塔相映成趣。

1楼

玻璃金字塔 Pyramide

巴黎再开发计划为卢浮宫增添了不少新风貌，原先在黎塞留馆办公的法国财政部他迁后，新空间增加了不少收藏品的展示。1993年，华裔建筑师贝聿铭为博物馆兴建了一座广达四万五千平方米的超大型地下建筑，结合周边地铁及巴士转运功能，并为它设计了一座玻璃金字塔当作主入口，虽曾饱受争议，但如今它已成为卢浮宫不可或缺的地标了。

《奴隶》L'Esclave

这里展示着16—19世纪的意大利雕塑。当中举世闻名的，莫过于两尊米开朗琪罗(Michelangelo Buonarroti)的作品——《奴隶》，左边为《垂死的奴隶》(L'Esclave Mourant)，右边则是《反抗的奴隶》(L'Esclave Rebelle)。

这两尊雕塑原是米开朗琪罗打算放置于教宗尤利乌斯二世(Julius II)陵墓中的作品，然而自1513年动工后，就因经费不足及某些缘故未能完成，还被赠送和转卖，最后于1794年成为卢浮宫的收藏品。

虽然同为米开朗琪罗的作品，两尊雕像截然不同，《垂死的奴隶》是位具有俊美外貌的年轻人，其脸部安详平静，像是刚摆脱严苛的苦难，陷入一种深沉的睡眠，表现出一种完全接受命运安排的妥协；《反抗的奴隶》却是扭曲着身躯，脸部流露出愤恨与不平的表情，像是在做最后的挣扎与反抗，表现出对人生仍然充满强烈的意志力和生命力。

夫妻合葬棺
Le Sarcophage des Époux de Cerveteri

此为古伊特鲁里亚的文物。提到罗马世界，就必须从发源于伊特鲁里亚地区的伊特鲁里亚文明谈起，这是公元前800—前300年间在意大利半岛、台伯河流域发展出的文化。伊特鲁里亚是支十分关注死亡的民族，具有深刻的宗教信仰。他们的艺术缺少原创性，却充满活力，很少集中在神的形象上，大多以凡人为主题，即使在坟墓中也是如此。

公元前6世纪，当地发展出一种石棺，形状是一个矩形的卧榻，上方斜躺着一对人像，结合了古代埃及的木乃伊人形与近东的矩形灵柩，人像风格源于古希腊时期。这座夫妻合葬棺便展现了这样的风格，其高114厘米、长约200厘米，出土于切维台利(Cerveteri)，时间约为公元前520—前510年间。

《丘比特与赛姬》
Psyché Ranimée par le Baiser de l'Amour

这是来自意大利新古典主义雕刻家卡诺瓦(Antonio Canova)的作品《丘比特与赛姬》。在罗马神话中，丘比特和赛姬是对恋人，因为某些原因，赛姬被要求不能看见丘比特的容貌，直到有天赛姬实在忍不住了，趁丘比特入睡时偷看了他一眼。此举让丘比特的母亲维纳斯大怒，她让赛姬陷入昏睡，规定只有丘比特的爱之吻才能让她苏醒。

这座雕像就是表现当丘比特展翅降临，轻抱起赛姬亲吻她的那一刹那，两人柔软平滑的身躯相拥成X形，呈现出一种既深情又优美的体态，令人动容。

《艾芙洛迪特》Aphrodite

"艾芙洛迪特"就是大家比较熟知的爱神、美神维纳斯，由于这座雕像是1820年在希腊的米罗岛(Melos，现今的Milo岛)发掘的，所以又称"米罗岛的维纳斯"(Vénus de Milo)。雕像于隔年被赠予路易十八世，最后再转由卢浮宫收藏。

这座雕像高约两米，由上下两块大理石组成，完成期间约在公元前2世纪到公元前1世纪。据说最早出土时还有上色，但现在已完全看不到了，另外手臂也不见了，因此也有人以"断臂的维纳斯"来称呼它，让它增加了许多神秘感。究竟遗失的双臂指向何方，或是手中拿着什么样的东西，都引发了大家的好奇和联想，也让这座雕像人气居高不下。

艺术博物馆

卢浮宫 法国·巴黎

2楼

《胜利女神像》
La Victoire de Samothrace

仿佛展翅欲乘风而去的《胜利女神像》，就位于德农馆的阶梯平台上，在投射灯光的搭配下，更显雕像衣摆的轻盈。

3.28米高的《胜利女神像》约完成于公元前190年，1863年于希腊爱琴海西北方的萨莫色雷斯岛出土。一般认为它是为了纪念罗得岛（Rhodian）战役的胜利而创作，庞大雄健的双翼屹立在凶险的海面上，浪花打湿了袍子，使袍子紧紧贴在胸前和双腿上，背后随风飞扬，充分展现战役的壮烈和战士的英勇。栩栩如生之姿使它和《艾芙洛迪特》《蒙娜丽莎》并列为卢浮宫的镇馆三宝。

《梅杜萨之筏》 Le Radeau de la Méduse

这幅长约716厘米、宽约491厘米的巨幅绘画《梅杜萨之筏》，是法国浪漫派画家泰奥多尔·席里柯（Théodore Géricault）的作品，描绘了1816年时一艘载着数百人的法国船舰梅杜萨号，航行于西非海岸，因船长的无能导致搁浅，船上的人纷纷求援逃命，最后只剩下15人在船上，这些人陷入绝望，神志不清，甚至吃起同伴的肉。

席里柯将当时的船难事件透过绘画表现出来，画中光影强烈、动作写实，三角构图中，有着平衡感，一端有人在期待救援，另一端的人却已气息奄奄，这是件极具张力和戏剧性的作品。只是这幅画在1819年展出时，遭到不少批评声浪，因为它是第一件反映社会事件的写实作品，对原本想隐瞒此事的政府来说脸上无光，加上画中将人之将尽的心态赤裸裸地表现出来，也是古典主义画派所不愿乐见的风格。

路易十五加冕皇冠

每位法国国王在加冕时都拥有自己华丽的皇冠，而阿波罗艺廊（Galerie d'Apollon）就是展示历代国王皇冠及宝物的地方。

路易十五用镀金白银制造了自己的王冠，也就是我们现在在卢浮宫中所看到的。这项皇冠顶端为珍珠十字架，下连8条拱架，上面至少有282颗钻石、64颗宝石和237颗珍珠，包括中央最大重达140克拉的"摄政王"（Regent）钻石，非常尊贵华丽。

《蒙娜丽莎》 La Joconde

集艺术家、科学家、发明家、军事家及人道主义者于一身的达·芬奇（Leonardo da Vinci），最有名的画作除了位于米兰教堂的《最后的晚餐》，就数这幅《蒙娜丽莎》了。达·芬奇可能也把《蒙娜丽莎》视为个人艺术的最高成就，所以当他离开意大利前往法国南部担任法国皇帝的私人顾问时，随身带着的画作只有它。

达·芬奇画的《蒙娜丽莎》在高超的画技下，表露出优雅的面容和神秘的微笑，画中人物双手交错平摆，有着温柔的气质和大方的体态。此画最吸引人的地方，除了展现文艺复兴时期的女性美之外，还有背后渲染的山峦、空气和水，使人的轮廓融入光影中，经由相互影响的元素，成就永恒的微笑。

《拿破仑一世与约瑟芬皇后的加冕礼》
Le Sacre de l'Empereur Napoléon 1er et le Couronnement de l'Impératrice Joséphine

这是一幅典型的艺术服务政治的画作。法国画家雅克-路易·大卫(Jacques-Louis David)是新古典主义的代表画家。所谓的新古典主义，简单来说，就是反洛可可及巴洛克的风格，再现希腊罗马的艺术形式。大卫在古典潮流中，凭借天赋成为当时最具影响力的画家，却不幸卷入政治，不得不流亡海外，最终断送了他的艺术生命。

在《拿破仑一世与约瑟芬皇后的加冕礼》中，大卫描绘了1804年拿破仑皇帝为约瑟芬戴上皇冠的情景，拿破仑的野心也透过画作表露无遗。此作原摆设于凡尔赛宫，后移至卢浮宫展出。

《埃及书记官》Le Scribe Accroupi

埃及的文明史也可说是一部艺术史，虽然埃及艺术的目的在于实用和传达宗教法则，但其工艺之美依然震撼后世。

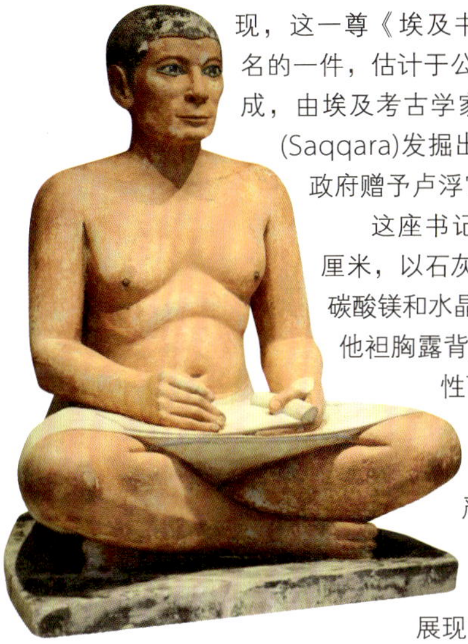

书记官雕像向来是埃及古王国时期的写实表现，这一尊《埃及书记官》可说是当中最负盛名的一件，估计于公元前2620—前2500年间完成，由埃及考古学家在古埃及王国首都塞加拉(Saqqara)发掘出土，后来在1854年由埃及政府赠予卢浮宫。

这座书记官雕像高53.7厘米、宽44厘米，以石灰石上色制成，眼睛由石头、碳酸镁和水晶镶嵌而成，乳头则为木制。他袒胸露背盘腿而坐，端正五官呈现个性面容，笔直的鼻子和两个大耳朵，看起来呆板严肃，这座雕像表现了当时精准严格的雕塑风格。他一手拿着笔，一手拿着卷板的姿势，加上几何对称的躯体，展现了埃及书记官的威严姿态。

《瘸腿的小孩》
Le Pied-bot

西班牙画家里贝拉(Jusepe de Ribera)的作品深受意大利画家卡拉瓦乔(Caravaggio)黑暗色调的影响，同时也具有宗教风格。画中的主题或主角通常都在画的最前方，占据最大的空间，似乎想和观画者直接对话。这幅《瘸腿的小孩》不仅有上述的特点，还表现出里贝拉的人道精神，因为在小孩左手所拿的纸条上写着："看在上帝的分儿上，请同情同情我吧！"

拿破仑三世套房
Appartements Napoléon III

新的卢浮宫在拿破仑三世的主持下，将原本位于杜乐丽宫(Palais des Tuileries)内的会客厅迁移至此，重现拿破仑三世套房情景，而所有设计和装潢如水晶吊灯、青铜饰品、镀金、家具、华丽地毯、红色窗帘等一一保留，完整呈现了皇家华丽尊贵的风貌。从这里往下走，还可以看见拿破仑三世的寝宫和餐厅。

艺术博物馆

卢浮宫
法国·巴黎

3楼

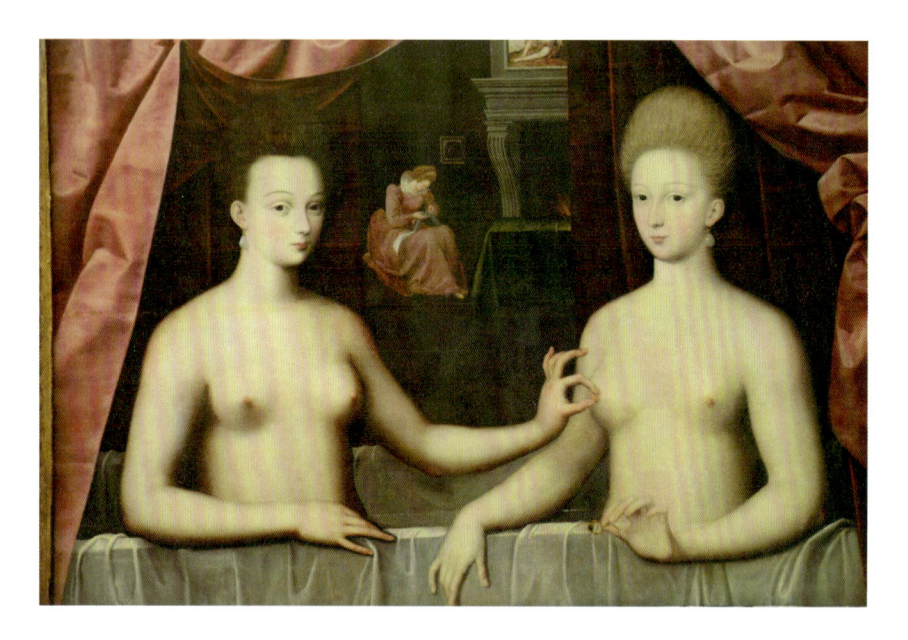

《卡布丽尔和她的姐妹》Portrait Présumé de Gabrielle d'Estrées et de Sa Soeur la Duchesse de Villars

肖像画是16世纪绘画的重要主题，特别是在贵族皇室的重要场合或庆典活动中。这幅来自枫丹白露画派(École de Fontainebleau)的《卡布丽尔和她的姐妹》，描绘了法王亨利四世(Henri IV)的情妇卡布丽尔(Gabrielle d'Estrées)和她的妹妹一起洗澡的情景，两人不但袒胸露背，她妹妹更用一只手捏住她的乳头，这在当时属于相当大胆又情色的画作。这个动作加上后方做针线的妇人，影射卡布丽尔可能已经怀孕了。

《大浴女》La Baigneuse

安格尔(Jean-Auguste-Dominique Ingres)作品中常见性感的裸女，其中又以大浴女、小浴女和后来的土耳其浴女最为出名。安格尔是19世纪新古典主义和浪漫主义最具代表性的画家，是古典主义大师大卫的高徒，并多次前往意大利旅行，见到文艺复兴三杰之一拉斐尔的作品后决心成为历史画家，其作品特色是在理想的古典写实中，以简化变形强调完美造型。

在这幅《大浴女》画中，戴着头巾坐在精致坐壁上的裸女，展现了当时的女性之美，与一旁的《土耳其浴室》比对一下，可以发现《土耳其浴室》中有一个同样浴女的背景，就是源自此作品。

《自由引导人民》 La Liberté Guidant le Peuple

19世纪除了是新古典主义的世纪外，也是浪漫主义的世纪，这两派互相对立。前者以安格尔为首，后者就以德拉克洛瓦(Eugène Delacroix)为领导；前者重视平衡感、线条的严谨，而后者则运用奔放的色彩及激情的主题。

《自由引导人民》是德拉克洛瓦知名的作品之一，描绘了1830年巴黎市民起义推翻波旁王朝的情景。人民对自由人权的渴望，清楚表现在手持红白蓝国旗的自由女神身上，女神身后支持的工人和学生，穿过硝烟和尸体为民主而战，流露出强烈的热情。

《老千》Le Tricheur

拉图尔(Georges de La Tour)最擅长画出蜡烛的光线与光影。这幅《老千》显然是在一场牌戏中，老千抽换牌的伎俩被识破了，斜瞪的眼神、指责的手势，似乎将那尴尬的一刻给凝住了，让你也不禁为那老千捏一把冷汗。

《编蕾丝的少女》La Dentellière

荷兰风俗画家维米尔存世的作品不多，生平也不太为人熟知，但他画作中那透明的光线和黄、蓝色调色彩的美感，令人难忘。维米尔画作的题材都是一般人的日常生活，但借着光线和朴实的画面，生活琐事也升华为艺术，透过这幅《编蕾丝的少女》便可清楚明了。

伦勃朗晚年自画像

伦勃朗(Rembrandt van Rijn)是荷兰最有名的画家，他的作品色彩奔放、浑厚，他更以精准掌握光线而成为大师。伦勃朗一生创作丰富，也画了不少的自画像，刚好是他一生起伏的注脚。

卢浮宫中一共有三幅他的自画像，有两幅是他年轻正当志得意满时的自画像，图中这幅则是他晚年破产卖画抵债的悲凉自画像。

《岩间圣母》

《岩间圣母》是达·芬奇著名的作品之一，描述的是施洗者约翰初次见到耶稣的故事。这幅画的构图是最让人津津乐道的地方：圣母位于画的正中央，约翰和耶稣在她的左右两边，形成一个明显的三角形，后人称之为三角形构图。达·芬奇非常喜欢这样的构图，这能为画中人物带来安定、稳重的感觉。

艺术博物馆

卢浮宫 法国·巴黎

法国·巴黎

奥赛美术馆
Musée d'Orsay

[汇集印象派画作于一堂]

1986年，法国政府将废弃的火车站改建为奥赛美术馆，馆藏作品来自卢浮宫与印象派美术馆，范围横跨1848—1914年间的多种画作，包括以德拉克洛瓦(Eugène Delacroix)为首的浪漫派(Romamticism)，安格尔(Jean-Auguste-Dominique Ingres)的新古典主义(Neoclassicism)，米勒(Jean-François Millet)、卢梭(Pierre Étienne Théodore Rousseau)的巴比松自然主义(Barbizon, Naturalism)，库尔贝(Gustave Courbet)的写实主义(Realism)，一直到描绘感觉、光线、倒影的印象派。雷诺阿的《煎饼磨坊的舞会》、凡·高的《自画像》以及莫奈的诸多作品等，都是这里的镇馆之宝。

2011年底，彻底翻修的奥赛美术馆再度开放，除展览区重新调整，更扩展了亚蒙馆(Pavillon Amont)约四百平方米的面积。在亚蒙馆分为5楼的空间中，由下往上分别展出了库尔贝的大型作品、1905—1914年的现代装饰以及博纳尔(Pierre Bonnard)和维亚尔(Jean-Édouard Vuillard)等画家的作品、中欧和北欧以及斯堪的那维亚的新艺术(Art Nouveau)作品、奥地利和英国以及美国的新艺术作品、书店和图书馆。

废弃火车站改建成博物馆

依傍塞纳河的奥赛美术馆前身为火车站，为了不破坏塞纳河沿岸景观，欧雷翁(Orléans)铁路公司特别邀请拉卢(Laloux)等3位著名建筑师设计，使其景观能与对岸的卢浮宫及协和广场相互呼应。

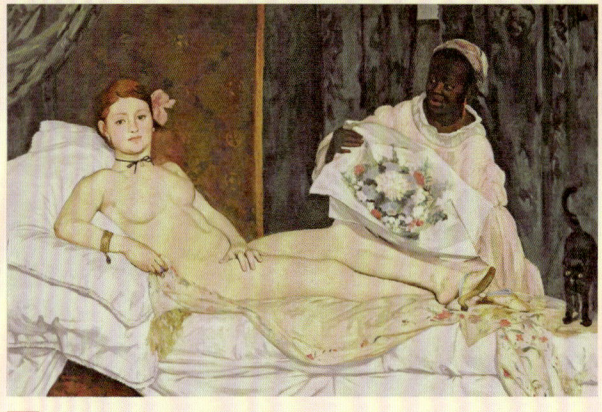

艺术博物馆

奥赛美术馆
法国·巴黎

《奥林匹亚》
Olympia

在奥赛陈列的作品中，我们可追溯从古典的浪漫主义画派过渡到新画派的演进，当中首推马奈（Edouard Manet）于1863年时的作品《奥林匹亚》。

《草地上的午餐》
Le Déjeuner sur l'Herbe

这幅马奈创作于1865—1866年间的《草地上的午餐》，构图来自一张拉斐尔的版画，它在艺术史中占有极为重要的地位，说明了画家所具有的自由宣言：画家有权为了美感的效果，而在画中选择他所认定的标准及喜好来自由作画。这样的态度即是日后"为艺术而艺术"主张的由来。

马奈的亲人想必思想也开放。这幅《草地上的午餐》内的主角，除了裸女是马奈的模特儿维多利安·莫涵，另外两位男士则是马奈的弟弟古斯塔夫和妹婿费迪南德·里郝夫。

《拾穗》
Des Glaneuses

《拾穗》是19世纪法国大画家米勒的作品，完成于1857年。在落日余晖中，三位农妇弯着腰，捡拾收割后的残穗，光线柔和，氛围温暖，展现了朴实农家生活的一面。

这幅画作以《旧约·路得记》中路得和波阿斯的记载为背景，画中描绘了路得在波阿斯的田里捡拾麦穗给婆婆，反映了贫穷农家在收割麦田后，还要捡拾地上残余的穗粒，丝毫不可以浪费。

35

《隆河上的星夜》
Starry Night over the Rhône

这是凡·高的代表作之一。他用丰富的层次、独特的笔触表现出星空的迷人，赋予了满天的星星蓬勃的生命力，却也流露出他内心的孤独。

《煎饼磨坊的舞会》
Bal du Moulin de la Galette

法国印象派大师雷诺阿的第一个群像杰作，就是这幅《煎饼磨坊的舞会》，创作于1876年，在此之前，他都是以简单的人物为主题。在这幅作品中，雷诺阿灵活运用光线和色彩，生动地表现了巴黎人快乐幸福的生活面貌。

这幅画描述的场景是蒙马特区的一家露天舞厅，据说就在两家磨坊之间，而舞厅里还贩售煎饼点心，因而得名。话说因为雷诺阿经济状况不好，请不起模特儿，所以只好求助于朋友，画中那位穿着条纹衣服的女主角就是他的朋友爱斯塔拉。

《自画像》
Portrait de l'Artiste

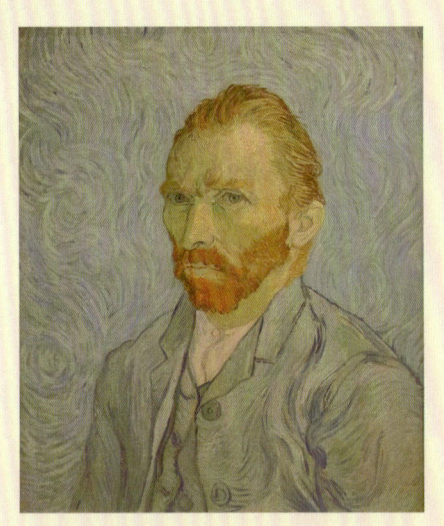

在所有新、后印象派画作中，凡·高(Vincent Willem van Gogh)这幅约创作于1890年的《自画像》一直备受瞩目。

《大溪地女人》
Femmes de Tahiti

这幅画描绘的是保罗·高更(Paul Gauguin)在1891年初次来到大溪地，见到的两位坐在沙滩上的当地女子。当时，他正为自己的财务问题感到困扰，但是来到这个原始岛屿，他被单纯的气息所感染，意外获得了人生的平静与快乐；而这种心情也投射在他的画作上，高更将他着迷的大溪地女子身上黝黑健康的肤色与纯朴慵懒的野性美，直接表现于作品上。

《弹钢琴的少女》
Young Girls at the Piano

透过两个少女描绘出中产阶级生活的美好氛围，让人怡然神往。背景用色丰富，但各自互补，形成了和谐的视觉感受，是雷诺阿晚年的特色。

《秋千》
The Swing

这是雷诺阿在1876年绘制的油画，画面上的场景在一个繁花盛开的森林里。站在秋千上、正在跟男子说话的女人显然是全画的焦点，特别是她身上穿的衣服和地面，在白色画笔的渲染下显得闪闪发光。整幅画以明媚的光影、温暖的色调呈现出温馨的感觉。

《舞蹈课》
La Classe de Danse

窦加(Edgar Degas)最为人所熟知的作品便是芭蕾舞者，他以一系列优美线条、动人表情描绘出正在练习、上台演出，以及接受献花鞠躬中的舞者，将舞者的身段完美呈现。这幅完成于1873—1876年间的《舞蹈课》，属于该系列题材的知名作品之一。

《地狱之门》
La Porte de l'Enfer

在自然主义和各国新艺术作品展览厅前，有一片展出1880—1900年雕塑的平台，其中包括法国雕塑家罗丹(Auguste Rodin)鼎鼎大名的作品《地狱之门》，以及1905年的《走路的男人》(L'Homme qui Marche)。

关于印象派

"印象派"(Impressionnist)或"印象主义"(Impressionnisme)一词起源于1874年的第一届印象派画展，当时的官方沙龙排挤不受欢迎的画家及画作，莫奈和雷诺阿等人又不愿意参加"沙龙落选展"，于是决定联合举行画展。莫奈在这次画展中展出《印象·日出》(Impression, Soleil Levant)，引起了嘲讽舆论。到了1920年，"印象主义"成为画界艺评嘲讽这一群反动画家的代名词。

印象派画家大致分为前后期，初期代表者有莫奈、雷诺阿、窦加，后期代表者则如塞尚、凡·高、高更等人。他们有的热衷于追逐光影，有的沉醉于美好事物，但他们的共同点，也是印象派画作的特色，就是注重光线色彩、忽视物体的具体形象。在主题方面，从描绘自然风景延伸到真实生活里的所见所闻，充满了欢乐、随兴的气氛。

《刨地板的工人》
Raboteurs de Parquet

1875年由卡勒波特(Caillebotte Gustave)参考相片画成的《刨地板的工人》，是印象派中最接近写实主义的作品，工人的双手线条和刨出的木屑曲线使画面充满活力和临场感。这幅画栩栩如生的程度犹如相片，是照相写真的先驱。

艺术博物馆　法国·巴黎

法国·巴黎

蓬皮杜中心
Centre Pompidou

[建筑本身就是出色的艺术]

即使以现代眼光来看，蓬皮杜中心的风格依旧十分前卫和后现代，令人不得不佩服两位建筑师在20世纪70年代联手打造的勇气。

蓬皮杜中心能在巴黎诞生，得归功于法国已故总统乔治·蓬皮杜(George Pompidou)于1969年提出的构思。在兴建一座全世界最大的当代艺术中心的愿景下，他们从681幅知名建筑师的设计图中，选出伦佐·皮亚诺(Renzo Piano)与理查德·罗杰斯(Richard Rogers)的设计图，并于一片争议声中，在1971年开始动工。蓬皮杜中心于1977年1月正式启用，不幸的是，乔治·蓬皮杜已在这期间过世，无缘看到文化中心的成立，为了纪念他，此文化中心便以他的名字命名。

蓬皮杜中心平均每年都会更新各楼层的展览，以现代及当代的重要艺术作品为主，内容涵盖画作、装置艺术、影像及雕塑等。现代艺术作品的搜罗重点包括马蒂斯(Henri Matisse)、毕加索(Pablo Picasso)和夏卡尔(Marc Chagall)等大师的作品，蓬皮杜中心曾于2000年大幅整修后重新开幕，展示空间也更为摩登。

正面建筑

正面建筑和广场相连，是美术馆的入口，广场上最引人注目的是那几根像是大喇叭的白色风管。建筑师刻意把广场的高度降到街道地面下，因此即使这么前卫风格的造型也不会和四周19世纪的巴黎公寓格格不入。

正面建筑另一令人印象深刻的，则是造型如透明水管的突出电扶梯，沿着正面的立面阶梯往上，搭着电扶梯的人群就像是管子里的输送物，被分送到各自前往的楼层。蓬皮杜中心1楼为大厅及书店，2楼和3楼是图书馆，4楼和5楼是当代和现代艺术博物馆。

背面建筑

外观看起来就像是座大型机器的蓬皮杜中心，建筑的三向立面也就是正面、背面及底座，各有不同的设计基调，但一致的语言就是"变化"和"运转"。

背面建筑作为图书馆的入口，各种颜色鲜艳的管子是这一面的特色，代表不同的管道系统：空调系统为蓝色，电路系统为黄色，水管为绿色，电梯和手扶梯为红色。五颜六色的管子显露在外，成为蓬皮杜中心主要的识别面貌。

4楼当代艺术馆

蓬皮杜中心平均每年都会更新各个楼层的展览，这一楼以1965—1980年的当代重要艺术创作为主，集结了东西方55个国家、约180位艺术家的作品，内容涵盖画作、装置艺术、影像及雕塑。

5楼现代艺术馆

这里的收藏以1905—1965年的现代艺术为主，在41间展示不同艺术家作品的展间里，毕加索和马蒂斯两位大师，可说是本区的主将。

艺术博物馆

蓬皮杜中心 法国·巴黎

伊果斯特拉文斯基广场
Place Igor Stravinsky

位于蓬皮杜中心后方，广场后又有圣梅里教堂(Église Saint-Merri)，介于两座前卫和古典的建筑之间，这个广场以其彩色活动的喷水池闻名。

广场上色彩丰富的动态喷泉，由丁格利(Jean Tinguely)及桑法勒(Niki de Saint-Phalle)夫妻档所设计，也是巴黎第一个动态喷泉，吸引许多人驻足观赏。假日广场前也是街头艺人喜爱表演的场地之一。

推动当代艺术不遗余力

蓬皮杜中心有别于一般传统的美术馆，它将重点放在推动当代艺术以及提供公共阅读空间上，不定期的各项展出，范围广泛，经常给予参观者不同的惊喜。

5楼雕塑露台

由米罗(Miro)、瑞奇(Richier)和恩斯特(Ernst)三位艺术家创作的户外雕塑及露天水池，是为摩登的蓬皮杜中心开辟的清新空间，由于楼层甚高，中心旁又无高建物遮蔽，因此可以眺望到圣心堂和铁塔，景色优美。推开玻璃门走近水池旁，似乎能顷刻置身于巴黎之上，在黄昏的光线下，方形水面折射出雕塑的倒影，呈现出极为美丽的视觉效果。

逐渐消失的设计创意

蓬皮杜中心的设计颠覆传统，外露的管线系统被反对人士称为"市中心的炼油厂"。而在最初的设计中，黄色管线包覆电子线路，水管则漆成绿色，空调管是蓝色，电动扶梯和其他安全设施以红色为代表，以此造就鲜艳的色彩视觉。不过，后来颜色编码被移除，不少结构转漆成白色，让旧有的创意逐渐消失。

英国·伦敦
伦敦国家艺廊
National Gallery

[英国最佳绘画美术馆]

馆藏丰富的国家艺廊,在1824年时仅有38幅画作,陆续拓展至现在以绘画收藏为主的国家级美术馆,已有2300多幅馆藏。1997年时它与泰特美术馆交换60幅作品,使得国家艺廊的藏画以1260—1900年间的作品为主。

国家艺廊分为四个侧翼,所有作品按照年代顺序展出,1991年增建的塞恩斯伯里翼楼(Sainsbury Wing)收藏1250—1500年间文艺复兴早期的作品,最著名的作品包括达·芬奇的《圣母子与圣安妮、施洗者圣约翰》炭笔素描。

西翼(West Wing)贡献给1500年至17世纪初的文艺复兴全盛时期意大利和日耳曼绘画,许多巨幅绘画都在此绝妙呈现。

1600—1700年的绘画收藏于北翼(North Wing),有荷兰、意大利、法国和西班牙的绘画,其中有两间伦勃朗的专属展室,以及维拉斯奎兹(Diego Velazquez)的维纳斯油画《镜前的维纳斯》。

东翼(East Wing)收藏1700年至20世纪初的绘画,包含了18、19及20世纪初的威尼斯、法国和英国绘画,风景画是一大特色,也有浪漫派和印象派等许多佳作。

艺术博物馆

法国·巴黎 蓬皮杜中心

英国·伦敦 伦敦国家艺廊

41

法国·巴黎

巴黎近代美术馆
Musée d'Art Moderne de Paris

[收藏20世纪艺术大师作品的最高殿堂]

巴黎近代美术馆收藏了20世纪美术巨匠的作品，是1937年巴黎博览会的展览馆之一，其中最有名的，是杜菲(Raoul Dufy)为电气馆所画的大作——礼赞科学文明的《电气神怪》，此外，还有莫迪利亚尼(Amedeo Modigliani)的《蓝眼的女人》、马蒂斯的《舞蹈》等。由于永久展览不收费，喜爱近代美术的人千万别错过这座艺术圣殿。

杜菲《电气神怪》

莫迪利亚尼《蓝眼的女人》

德劳内《巴黎市》

五幅画作下落不明

法国蜘蛛大盗托米奇曾经从这座美术馆中偷走了雷捷的《静物与烛台》、毕加索的《乳鸽与青豆》、马蒂斯的《田园曲》、布拉克的《埃斯塔克附近的橄榄树》、莫迪利亚尼的《持扇的女人》五幅名画。尽管托米奇落网被抓，并且判刑八年与罚款1.1亿美元，但是画作仍不知所踪。

42

法国·巴黎

橘园美术馆
Musée de l'Orangerie

[莫奈巨作《睡莲》珍藏处]

艺术博物馆

法国·巴黎　巴黎近代美术馆 ｜ 法国·巴黎　橘园美术馆

橘园美术馆始终是爱好艺术人士的热门参观点，博物馆本为1853年时兴建于杜乐丽花园内的橘园建筑物，后以收藏印象派的作品闻名，特别是莫奈(Claude Monet)于1919年完成的名画《睡莲》(Les Nymphéas)，已成为镇馆之作。

在1楼的两间椭圆形展览厅内，莫奈的8幅大型长卷油画《睡莲》沉静地展示在四面纯白的墙上，柔和的光线透过挑高、透明的天窗轻洒，让人不论置身于哪个角落，都能以自然的光源欣赏生动迷人的莲花。

除了莫奈的《睡莲》，地下1楼还有从印象派末期到第二次世界大战左右的作品，包括塞尚(Paul Cézanne)、雷诺阿(Pierre-Auguste Renoir)、马蒂斯(Henri Matisse)，以及毕加索(Pablo Picasso)的画作。在一间博物馆中可同时欣赏到多位世界级大师的作品，正是橘园最吸引人之处。

莫奈8幅大型长卷油画《睡莲》

雷诺阿《裸女》

塞尚《红屋顶景观》

毕加索《沐浴者》

莫奈《睡莲》

43

法国·巴黎
达利美术馆
Dalí Paris
【超现实的艺术梦境】

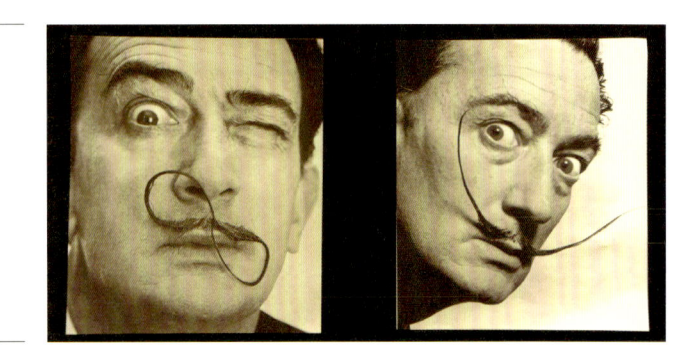

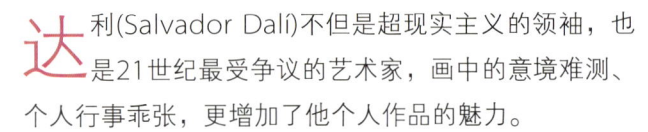

达利(Salvador Dalí)不但是超现实主义的领袖，也是21世纪最受争议的艺术家，画中的意境难测、个人行事乖张，更增加了他个人作品的魅力。

这座美术馆由达利亲手设计，收藏了约三百多件个人作品，包括雕塑和版画，充满了不可思议的风格，其中又以《爱丽丝梦游仙境》(Alice in Wonderland)、《太空象》(Space Elephant)、《燃烧中的女人》(Woman Aflame)、《时间》(Time)等备受瞩目。这些位于艺廊地下室展览厅中的作品，全都是待价而沽的真迹，这里也是全法国唯一一处专设达利永久展的场所，就连博物馆中的配乐也经过了特别设计。

达利的超现实艺术在这处想象空间中一览无遗，特别是达利常用的"时间"主题，都可在各种雕塑、绘画作品中发现；此外，达利擅长的3D艺术表现绝对让你不虚此行，其中利用镜子反射的创作，令人回味无穷。

结束参观重返出口时，不要忘了欣赏沿途阶梯旁的趣味照片，向来以两撇翘胡子为招牌的达利，利用各种有趣的胡子造型创作出另类的艺术作品。

法国·巴黎

布朗利码头艺术博物馆
Musée du Quai Branly - Jacques Chirac

[展示非、美、亚等洲的原住民艺术文化遗产]

坐落于塞纳河畔的布朗利码头艺术博物馆，占地约四万平方米，落成于2006年，馆藏以非洲、美洲、大洋洲和亚洲原住民艺术为主，风格迥异于西方国家常见的文物收藏。因此，它的开幕让巴黎人眼睛为之一亮，迅速成为热门新景点。

事实上，这座博物馆不论就馆藏或规模、创新度来说，都是巴黎近期创立的博物馆中的代表作，也被视为前法国总统希拉克(Jacques René Chirac)任内的重要政绩之一。

布朗利码头艺术博物馆光是外观就能引起热议。法国建筑师努维尔(Jean Nouvel)以充满现代感的设计赋予它独特的面貌，包括一面爬满藤蔓蕨类的植生墙、足以映射周边塞纳河和埃菲尔铁塔风光的玻璃帷幕建筑、绿意盎然的花园造景，结合环保与现代化的时尚设计，和内部的原始艺术典藏产生强烈的对比，一时间掀起一股仿效风潮。

在这里，近三十万件来自非西方国家的艺术产物，在动线流畅的主展场，以地区分门别类展示，种类涵盖了雕刻、面具、生活器具、宗教祭器、乐器，各种过去生活在这些土地上的原始文物，一一重现于世人眼前，充满质朴的趣味。除了静态展览，还有影音导览、舞蹈、戏剧和音乐表演等，让游客能以更生动活泼的方式，了解这些原住民精彩的艺术文化遗产。

法国·巴黎

小皇宫·巴黎市立美术馆
Petit Palais · Musée des Beaux-Arts de la Ville de Paris

【精致古典的美术馆】

小皇宫由建筑师吉拉尔(Charles Girault)设计，现在是巴黎市立美术馆。它的外观和大皇宫类似，同样以新艺术风格的柱廊、雕刻和圆顶展现迷人风采，但规模小巧得多。从精巧的拱形金色铁铸大门进入，右侧是特展展览馆，左侧则是永久展览馆，中间环抱着半圆形的古典花园。

巴黎市立美术馆虽然以法国美术品为主，但永久展仍收集了不少荷兰、比利时、意大利等国艺术家的作品，展场以年代区分展区，包括1楼和地下1楼。1楼的展示以18、19世纪和20世纪初的巴黎绘画艺术作品为主；地下1楼的馆藏则以古希腊和罗马帝国时期的文物，东西方基督教世界文物，文艺复兴时期及17、19世纪和20世纪初的巴黎的艺术绘画或雕塑为主，其中包括卡波(Jean-Baptiste Carpeaux)、达卢(Jules Dalou)、吉马尔(Guimard)、卡里耶(Jean-Joseph Carriès)、威拉德(Jean-Édouard Vuillard)等知名雕塑家或画家的作品，以及巴比松画派和印象派的画作，种类从小型的绘画、织品、彩陶，到大型的雕塑、家具都有，收藏丰富。

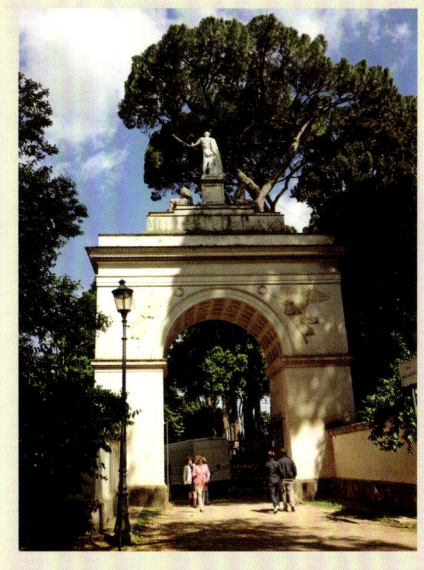

意大利・罗马
波各赛美术馆
Galleria Borghese
[波各赛家族的丰沛珍藏]

枢机主教波各赛(Scipione Borghese)于1605年，指定佛兰德斯建筑师扬・范・桑滕(Jan van Santen)，在罗马市区北部的绿地建造波各赛别墅与园区。新古典风格的维纳斯小神殿、人工湖、圆形剧场等隐藏于树丛之中，精致典雅。

这位枢机主教同时也是教宗保罗五世最钟爱的侄儿，还是位慷慨的艺术资助者，他曾委托年轻的贝尼尼创作了不少的雕刻作品。19世纪时，波各赛家族的卡密娄王子在别墅内成立了波各赛美术馆，展示家族收藏的艺术品。

波各赛美术馆一楼以雕刻作品为主，较具知名度的是以拿破仑的妹妹宝琳(Paolina)为模特儿的雕像。这具《宝琳・波各赛》(Paolina Borghese)雕像是雕刻家卡诺瓦(Canova)的作品，宝琳摆出一副维纳斯的姿态，十分撩人。

而《阿波罗与达芙内》(Apollo e Dafne)、《抿嘴执石的大卫》等，则是贝尼尼的经典大理石雕像。贝尼尼的《抢夺波塞宾娜》(Ratto di Proserpina)，更是经典中的经典，冥王的手指掐入波塞宾娜大腿处，那肌肉的弹性和力道，使人无法想象它居然是石雕作品！

以往被视为私人收藏并不对外开放的波各赛美术馆，其内部收藏有卡拉瓦乔、拉斐尔、提香、佛兰德斯大师鲁本斯(Rubens)等人珍贵的绘画。其中拉斐尔的《卸下圣体》(La Deposizione)几乎被视为米开朗琪罗《圣殇》像的翻版。而威尼斯画派代表人物提香在这里也有许多重要作品，其中一件是《圣爱与俗爱》(Amor Sacro e Amor Profano)，作品中使用红色的技巧以及对光线的掌握，深深地影响了后代艺术家。

艺术博物馆 | 小皇宫・巴黎市立美术馆 法国・巴黎 | 波各赛美术馆 意大利・罗马

意大利·佛罗伦萨

乌菲兹美术馆
Gallerie degli Uffizi

[文艺复兴的宝库]

要看意大利文艺复兴的最高杰作，就必须到乌菲兹美术馆，从开拓出人道内涵的乔托，到正式宣告文艺复兴来临的波提切利，再到最高顶点的文艺复兴三杰——达·芬奇、米开朗琪罗、拉斐尔的旷世巨作都在这里，它堪称是全世界重要的美术馆之一。

这幢文艺复兴式建筑是由美第奇家族的科西摩一世委托瓦萨里于1560年所建的办公室，而乌菲兹(Uffizi)在意文里正是"办公室"的意思。

宫廷建筑师瓦萨里把"办公室"设计成沿着长方形广场两翼的长廊，然后再由沿着阿诺河这面的三道圆拱相互连接；科西摩一世的继承者法兰切斯科一世后来把"办公室"改成家族收藏艺术品的展览室，加上后继的大公爵们不断地增购艺术品，使得文艺复兴的重要作品几乎全集中在这里。

1737年，美第奇家族的最后一滴血脉安娜·玛莉亚，把家族的收藏全数赠予佛罗伦萨的市民，才有了今天的乌菲兹美术馆。

馆内的展览品陈设在顶楼，雕刻类的作品陈列在走廊上，绘画作品则是依照年代顺序悬挂在展示室中。

《庄严圣母》
Ornissanti Maestà

乔托(Giotto di Bondone)被誉为"西方绘画之父",为文艺复兴的开创者,一直努力于远近画法及立体感的画家。对长期陷于黑暗时期中、见不到出路的艺术创造来说,乔托指引出一条光明之路,同时乔托更重视描绘画中人物的心理。

《庄严圣母》中的空间构图已经非常接近文艺复兴早期的画法,也可以说是乔托的代表作之一。

《春》 La Primavera

10—14室中收藏了许多波提切利(Sandro Botticelli)的作品,其中以《春》、《维纳斯的诞生》和《诽谤》最为出名。

波提切利所绘的《春》中,三位女神(美丽、温柔、欢喜)快乐地舞蹈,春神和花神洋溢着祥和而理性的美感,北风追着精灵,但惨绿的北风并不能影响春天带来的希望和生命,画作中洋溢着欣欣向荣的生机。

《乌比诺公爵及夫人》
Diptych of the Duchess and Duke of Urbino

中世纪时的肖像画着重于表现人物的社会地位或职位,而文艺复兴时期开始重视表现个人的长相特征。弗朗切斯卡(Piero Della Francesca)所绘的这幅画就是15世纪同类型作品中尝试性的第一幅,当时这种双联幅画可以像书一样折起来。公爵及其夫人的肖像都只有侧面,但非常写实,尤其是公爵异于常人的鼻子,非常引人注目。

《圣母、圣婴与天使》
Madonna and Child with two Angels

利比(Filippo Lippi)画圣母都是以佛罗伦萨地区的美女为模特儿,而他自己就和这些模特儿有暧昧关系;但他还是受敬重的画家,因为他作画的特质刚好兼具优美诗意及人性。

在《圣母、圣婴与天使》中,圣母祥和温柔,圣婴迎向圣母,而天使则愉快地望向观画者。这幅画的背景风景画也很值得注意,显示出利比的写实功力。

艺术博物馆

乌菲兹美术馆 意大利·佛罗伦萨

《维纳斯的诞生》 The Birth of Venus

《维纳斯的诞生》被认为是乌菲兹美术馆的镇馆之宝之一，这幅画更精确地描绘了波提切利心目中的理性美，灵性又带着情欲。除了维纳斯扬起的发梢、花神带来的绸缎外，连细腻的波涛也带来了视觉上的享受。

《天使报喜》 Annunciation

在文艺复兴之前的哥特时期，《天使报喜》最常成为画家的创作主题，这幅达·芬奇(Leonardo da Vinci)早期的作品，把圣母玛利亚的右手画得特别长，从右边欣赏更为明显。

《诽谤》 Calumny of Apelles

《诽谤》一画表达了画家波提切利的抗议之声，透过表情和动作赋予人物生动的形象，将"诽谤"无形的意象具体呈现出来，达到波提切利意喻画的最高境界。

《贤士来朝》 Adoration of the Magi

从德国纽伦堡到意大利习画的丢勒(Albrecht Dürer)，在意大利也留下了不少作品。《贤士来朝》中综合了北方画派的自然主义、谨慎的细部处理，以及意大利的透视处理手法，将空间和人物和谐地融合在一起。

《三贤士来拜》 Adoration of the Magi

这幅《三贤士来拜》达·芬奇并未画完，以圣母子为中心、呈同心圆往外构图，在艺术史上极具开创性。据说画中最右边的青年正是达·芬奇自己。

《金翅雀的圣母》《利奥十世画像》
Madonna of the Goldfinch · Portrait of Leo X

在这个专室中，我们可以看到多变的拉斐尔(Raffaello Sanzio)的画风，《金翅雀的圣母》中的画法显然受到达·芬奇及米开朗琪罗很大的影响，三角黄金比例的人物安排搭配背景的风景画是当时流行的布局方式。《利奥十世画像》则有威尼斯画派的笔触，垂老的神情也非常写实。

《年轻自画像》
Self-portrait

这幅自画像在西洋绘画史上一直存在着争议，有的人认为画中人物不是拉斐尔，也有人认为这幅画不是出自拉斐尔之手。不过，这些疑点完全无法掩盖这幅画的出色，含蓄的表情下可以感受到人物内心的澎湃。

《圣家族》
The Doni Tondo

米开朗琪罗(Michelangelo Buonarroti)可说是西洋美术史上的巨人，且英雄气质浓厚。他个性刚烈，不畏面对局势的混乱和不公，于悲愤之余试图在古典神话中寻找英雄。

米开朗琪罗创作甚多，但在佛罗伦萨的创作多属雕塑，因此收藏在乌菲兹美术馆的这幅《圣家族》画作就显得很不寻常，线条及色彩的运用让人忆起梵蒂冈西斯廷礼拜堂的天井画《创世纪》。更值得注意的是，这幅画的画框也是米开朗琪罗自己设计的。

《神圣的寓言》 Sacred Allegory

这是威尼斯画派始祖贝利尼(Giovanni Bellini)的作品中最受注目的一幅。贝利尼把人物像静物画一样处理，加上使用来自佛兰德斯的油彩作画，使画面柔和而色彩丰富。神秘大作《神圣的寓言》到底在"寓言"着什么？

画中的人物都是宗教人物，圣母、圣婴、圣徒们各据一角，形成有趣的位置关系，更奇怪的是背后的风景，像是虚幻的，不知那是画中人物正想象着的虚幻世界，还是观画者自身添加的幻想。总之，贝利尼在画下这凝结的一刻时，他丢下了一个神秘的"寓言"，让大家争辩它的哲理。

艺术博物馆

乌菲兹美术馆　意大利·佛罗伦萨

《弗萝拉》Flora

稳坐威尼斯画派第一把交椅的提香(Tiziano Vecellio)，让大家见识到了油彩的魅力。无论是画宗教主题还是画神话主题，他都用色彩牵动画面的调性，成就了文艺复兴中威尼斯画派的巅峰。

古典的形式、金光的暖色调、诗意的画面是提香作品最大的特色。在乌菲兹美术馆中，我们可以找到数幅名作，如《弗萝拉》《乌比诺的维纳斯》，具有成熟、情欲、金色调的理想美人形象，且表情深不可测。

《自画像》Self-Portrait

佛兰德斯光影大师伦勃朗(Rembrandt van Rijn)的两幅自画像，像在为我们透露这位不朽画家一生的故事。年轻自画像中的彩度温暖而明亮，表情自信而无畏；年老自画像则色调暗沉，垂垂老矣的风霜完全刻画在脸上。

《酒神》Bacchus

画风写实的卡拉瓦乔(Caravaggio)，在美术史上占了很重要的地位，他用色明暗对比强烈，且创造出了一种暴力血腥的魅力。卡拉瓦乔画过许多幅《酒神》，这一幅似乎是喝醉的年轻酒神，打扮妥当后为画家摆姿势。

《伊莎贝拉·布兰特画像》Portrait of Isabella Brant

美第奇家族从未委托佛兰德斯巴洛克的画家兼外交家鲁本斯(Rubens)作画，但仍收藏了数幅鲁本斯的重要作品，包括描绘法皇亨利五世战绩的巨作，以及这幅色调截然不同的画像。画像人物是鲁本斯的第一任妻子。

猜猜他们是谁？

在乌菲兹美术馆建筑外面的壁龛上，立了许多雕像，认得出他们分别是谁吗？

乔托
Giotto di Bondone
1267—1337年

意大利文艺复兴时期的开创者，被誉为"西方绘画之父"。

唐纳泰罗
Donatello
1386—1466年

佛罗伦萨雕刻家，文艺复兴初期写实主义与复兴雕刻的奠基者，对当时及后期文艺复兴艺术发展具有深远影响。

阿伯提
Leon Battista Alberti
1404—1472年

文艺复兴时期的建筑师、作家、诗人、哲学家。

米开朗琪罗
Michelangelo Buonarroti
1475—1564年

文艺复兴艺术三杰之一，集雕塑家、建筑师、画家和诗人等为一体。

达·芬奇
Leonardo da Vinci
1452—1519年

文艺复兴艺术三杰之一，绘画、音乐、建筑、数学、生理学、动物学、植物学、天文学、地理学、物理学等领域的博学者。

但丁
Dante Allighieri
1265—1321年

文艺复兴文坛三杰之一，是现代意大利语的奠基者，也是欧洲文艺复兴时期的开拓人物，以史诗《神曲》留名后世。

彼特拉克
Francesco Petrarca
1304—1374年

文艺复兴文坛三杰之一，被视为"人文主义之父"。

薄伽丘
Giovanni Boccaccio
1313—1375年

文艺复兴文坛三杰之一，以故事集《十日谈》留名后世。

马基雅维利
Niccolo Macchiavelli
1469—1527年

意大利文艺复兴时期的哲学家、历史学家、政治家，著有《君王论》。

伽利略
Galileo Galilei
1564—1642年

物理学家、数学家、天文学家及哲学家，被誉为"现代科学之父"。

艺术博物馆

乌菲兹美术馆
意大利·佛罗萨

梵蒂冈

梵蒂冈博物馆
Musei Vaticani

[教宗的艺术宝库]

如同法国的卢浮宫、英国的大英博物馆，梵蒂冈博物馆在艺术作品的收藏史上，也享有同样崇高的地位。博物馆内所收藏的瑰宝，主要来自历代教宗的费心收集，不但有早期基督教世界的珍贵宝物，还有公元前20世纪的埃及古物、希腊罗马的重要艺术品、中古世纪的艺术作品、文艺复兴时期及现代宗教的艺术珍品。

14世纪教廷从法国亚维侬迁回罗马后，这里就是教宗的住所，直到16世纪初期，教宗尤利乌斯二世将之改造成博物馆，5.5万平方米的面积，主要由梵蒂冈宫(Vatican Palace)和贝尔维德雷宫(Belvedere Palace)两座宫殿构成，里面有各自独立的美术馆、陈列室、中庭和礼拜堂，其间以走廊、阶梯或是坡道连接，展间路线长达七公里。

数十万件展品无法一次看尽，传说如果对每一件展品都花一分钟欣赏，那么得耗费12年才看得完。馆方设计了多条参观路线可供参考，或是顺着"西斯廷礼拜堂"的指标沿路参观。建议参观前要先做功课，否则容易错过大师巨作，另外还要多预留一点时间给最后的高潮"拉斐尔陈列室"和"西斯廷礼拜堂"。

艺术博物馆

梵蒂冈博物馆 梵蒂冈

皮欧克里门提诺博物馆
Museo Pio Clementino

收藏希腊罗马艺术的皮欧克里门提诺博物馆坐落在贝尔维德雷宫，以雕刻作品为主，最好的作品几乎都集中在八角庭院(Cortile Ottagono)。

《拉奥孔与他的儿子》Laocoon cum filiis

这座在希腊罗得岛的公元1世纪的雕刻作品，直到1506年才被发现，描绘了特洛伊祭司拉奥孔因说服特洛伊人不要将在尤利西斯附近海边的木马带进城，而被女神雅典娜从海里带来的两条大毒蛇缠绕至死的模样，两旁雕像则是他的儿子。强而有力的肌肉线条及清楚的人体结构，影响了不少文艺复兴时期的艺术家，尤其是米开朗琪罗。

《贝尔维德雷宫的阿波罗》
Apollo Belvedere

这座公元2世纪的雕刻，是罗马复制自公元前4世纪的希腊铜雕，雕像中的太阳神阿波罗正看着他射出去的箭。雕像被发现时，左手及右臂都遗失了，后于1532年由米开朗琪罗的学生蒙特尔梭利(Giovanni Angelo Montorsoli)加上。

《贝尔维德雷宫的残缺躯干》
Torso Belvedere

雕刻师的名字以希腊文写在中间的石头上，是少数写上希腊文的成品，强而有力及完美体态所呈现出极具力量的肌肉，就坐在铺着兽皮的石头上。这个残缺的塑像，深深吸引着米开朗琪罗，他还拒绝为它加上头部及四肢。米开朗琪罗虽然拒绝改变这座雕像，不过他还是在西斯廷礼拜堂绘制了雕像的完整形态。

55

基拉蒙提博物馆
Museo Chiaramonti

坐落在贝尔维德雷宫东侧低楼层，沿着长长的廊道墙壁，陈列了希腊罗马神祇、罗马帝国历任皇帝的胸像、前基督教时期的祭坛、石棺等数千件雕刻作品。基拉蒙提博物馆在19世纪初时曾经历了一番波折，馆藏被拿破仑运往法国，后来他战败后这些馆藏才陆续回到基拉蒙提博物馆。

埃及博物馆
Museo Egizio

埃及博物馆的埃及收藏品，主要来自19、20世纪从埃及出土的一些文物，以及罗马帝国时代带回罗马的一些雕像。此外，还有一些从哈德良别墅移过来的埃及艺术仿制品，以及罗马时代神殿里供奉的埃及神像，例如伊希斯神(Isis)和塞拉皮斯神(Serapis)。

馆内的埃及收藏品虽然不多，但精彩而珍贵，类型包括公元前10世纪的木乃伊以及陪葬物，公元前21世纪埃及古墓出土的彩色浮雕，以及公元前8世纪的宫殿装饰品等。

来自古埃及首都底比斯墓场的祭司棺木，是馆中最美、最贵的展品，棺盖上还绘制了死者的肖像。棺木中的木乃伊被包在亚麻布制的裹尸布内，身体保存得非常完整，能清楚地看出他的长相。

地图画廊
Galleria delle Carte Geografiche

长120米、宽6米的地图画廊中，绘制着40张天主教领地及意大利的地图，这些地图都是由地图绘制家丹提（Ignazio Danti）耗费数年时间，在墙上以壁画形式完成，色彩鲜艳且立体。走过画廊就像是在游历整个意大利半岛一样。此外，走廊上的拱顶壁画也都十分精美。

艺术博物馆｜梵蒂冈博物馆｜梵蒂冈

绘画馆
Pinacoteca

绘画馆由于不在博物馆的主要动线上，经常会被游客忽略，然而它所收藏的15世纪至19世纪的画作不乏大师之作，尤其是文艺复兴时期的作品。藏品包括提香、卡拉瓦乔、安吉利科、利比、佩鲁吉诺、范戴克、普桑及达·芬奇等人的作品。

《基督的变容》The Transfiguration

这是拉斐尔知名的作品之一，可惜他死于1520年，未能来得及完成这幅作品，后来是由他的学生完成。这幅画可分为上下两部分，上半部分可见基督和他的使徒，下半部分则是一个被恶魔附身而使面孔及身体变得扭曲的小孩，他的父母及亲友正在请求耶稣和使徒帮忙，而使徒的手正指向耶稣。

《圣杰罗姆》Saint Jerome

这幅未完成的画作是由达·芬奇所绘，单色调的画法叙述了圣杰罗姆(他将《圣经》翻译成拉丁文)拿石块捶胸口，以示忏悔。由于这幅画作未完成，我们得以看出达·芬奇完美的解剖技巧，画中圣人凹陷的双颊及双眼，让人深刻感受到这位苦行者的痛苦及憔悴。画作被发现时已经分成上下两部分，如今是修复后的模样。

《天使报喜》Annunciation

这是一幅典型的文艺复兴宗教画，拉斐尔庄严的构图中藏着许多有宗教象征的符号。庭院被柱子分成左右对称的两半，左边是天使加百列拿着象征贞洁的白色百合花，还有在远处观看的上帝；右边是圣母玛利亚和象征着圣灵和圣子的飞鸟。

《史特法尼斯基三联画》Stefaneschi Triptych

乔托将拜占庭僵化的艺术转变成古罗马画风的自然主义风格，这幅画就是典型的代表。画框中的金色背景是拜占庭式，而运用透视法让祭坛的宝座与地板清晰可辨，以及人物的表现方法就属意大利式。

《卸下圣体》The Deposition

卡拉瓦乔擅长运用明暗、光线及阴影呈现戏剧性的画风，在这里清楚可见。画中耶稣的形态极具张力，让人感觉进入画中并参与发生的情景。

58

拉斐尔厅
Stanze di Raffaello

拉斐尔厅原本是教宗尤利乌斯二世的私人寓所。1508年，拉斐尔带着他的学生重新设计了这四个大厅，墙上的壁画是最重要的作品。虽然当中有些出自拉斐尔的学生之手，但整体设计确实来自拉斐尔。这项工作进行了16年之久，拉斐尔在完工前已去世(1520年)，这项工作由他的学生接手，于1524年完成。

拉斐尔厅一共有四个厅室，分别是君士坦丁厅(Sala di Constantino)、赫利奥多罗斯室(Stanza di Eliodoro)、签署室(Stanza della Segnatura)、波哥的大火室(Stanza dell'Incendio di Borgo)。

君士坦丁厅 Sala di Constantino
这是四个厅室中最大的厅，四面墙壁分别绘制了《十字架的出现》《米尔维安桥之战》《君士坦丁大帝的洗礼》《罗马的捐赠》。内容主要描绘了因为有米尔维安桥这场关键战役，基督教才被罗马帝国承认。

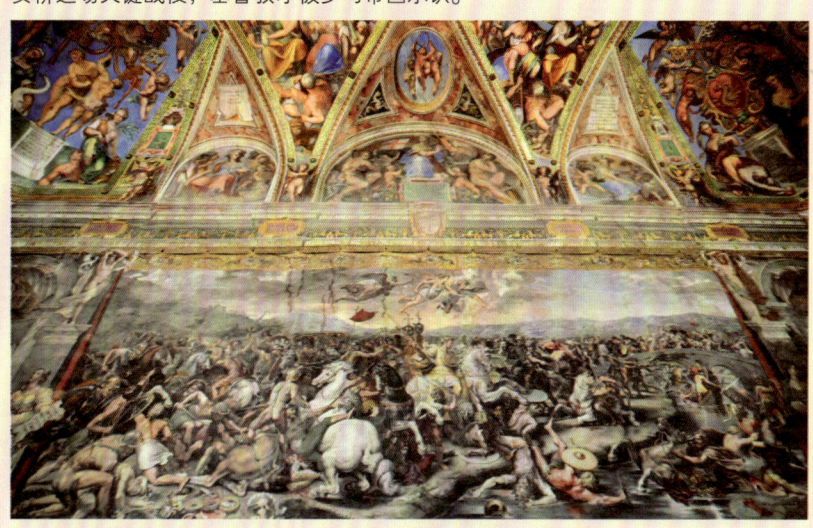

赫利奥多罗斯室
Stanza di Eliodoro

这个厅室的内容主要探讨了上帝如何保卫宗教正统这个主题，四面壁画分别为《赫利奥多罗斯被逐出神殿》《圣彼得被救出狱》《教宗利奥会见阿提拉》《波尔赛纳的弥撒》。

波哥的大火室
Stanza dell'Incendio di Borgo

波哥的大火描述了公元9世纪时，教宗利奥四世(Leo IV)在波哥地区发生的事件。绘画工程几乎全由拉斐尔的学生完成。画作背景是公元4世纪时，由君士坦丁大帝下令建造的梵蒂冈大教堂。其余三幅画的主题为《查理大帝的加冕》、《利奥三世的誓言》及《奥斯提亚之战》。

艺术博物馆

梵蒂冈博物馆 梵蒂冈

59

签署室 Stanza della Segnatura

　　这里原本是教宗签署文件的地方，也是拉斐尔首次彩绘之处，四座厅室中，以这间的壁画最为精彩。壁画内容主要探讨了神学、诗歌、哲学等主题，其中又以拉斐尔第一幅在罗马完成的湿壁画《圣礼的辩论》和探讨宗教与哲学的《雅典学院》为传世巨作。

　　在《雅典学院》(Scuola di Atene)这幅画作中，拉斐尔的知性透过色彩和柔和的构图表现无遗，画中也反映出拉斐尔对文艺复兴时期宗教和哲学的理想。画作中央是希腊哲人柏拉图与亚里士多德，手指向天空的那位就是柏拉图，右边张开双手的是亚里士多德。在他们的左边，着深绿色衣服、转身与人辩论的是苏格拉底。其余出现在这幅画中的历史名人还包括亚历山大大帝、琐罗亚斯德、阿基米德、伊壁鸠鲁、毕达哥拉斯等人。而在这些古代哲学家中，拉斐尔也将自己化身成雅典学院的一员，右下角第二位就是他自己。

　　拉斐尔作画时，很想看到33岁的米开朗琪罗在西斯廷礼拜堂的画作，可惜除了教宗以外，任何人无缘得见。后来教宗因为想知道米开朗琪罗作画的进度，下令拆掉作画的鹰架后，拉斐尔才第一次看到西斯廷礼拜堂的壁画，也因此受到许多启发，尤其是人体有力的姿势。自此拉斐尔改变了画风，从《雅典学院》中便可看出这样的转变，他还在画作中央的下方画上具有肌肉线条的米开朗琪罗，他就坐在阶梯上，左手撑头，右手执笔。

60

西斯廷礼拜堂
The Sistine Chapel

梵蒂冈博物馆每天平均进馆游客达一万两千人次，不论你选择什么参观路线，人潮一定会在这最后的高潮交会，争相目睹米开朗琪罗的旷世巨作《创世纪》与《最后的审判》。

西斯廷礼拜堂是枢机主教团举行教宗选举及教宗进行宗教仪式的场所，原建于1475年至1478年间，以教宗西斯都四世(Sixtus IV)命名。

早在米开朗琪罗作画之前，佩鲁吉诺(Perugino)、波提切利(Botticelli)、罗塞利(Cosimo Rosselli)、吉兰达欧(Domenico Ghirlandaio)等15世纪画坛精英，已经在长墙面留下了一系列《圣经》故事的画作。

《创世纪》

1508年到1512年期间，米开朗琪罗衔教宗尤利乌斯二世之命，在穹顶和剩下的墙面上作画。四年期间，米开朗琪罗忍过了酷暑、寒冬，时而蜷曲弓背、时而仰躺在狭小空间里作画。最后，他在天花板上画出343个不同的人物，以九大区块描绘出《创世纪》中的《神分光暗》《创造日月》《神分水陆》《创造亚当》《创造夏娃》《逐出伊甸园》《挪亚献祭》《大洪水》《挪亚醉酒》。

根据《圣经》记载，上帝用六天时间创造了天地万物，最后再依照自己的形象创造了人类，壁画中最有名的《创造亚当》描述的就是这段故事，体态慵懒得像刚醒来的亚当斜倚躺着，伸出左臂准备触碰上帝赋予的生命之手。

艺术博物馆

梵蒂冈博物馆 / 梵蒂冈

61

《最后的审判》

二十多年后，米开朗琪罗在1536—1541年，再应教宗保罗三世(Paul III)之托，绘制祭坛后的《最后的审判》，此时已是米开朗琪罗创作的巅峰。《最后的审判》反映了教廷对当时欧洲政治宗教气氛的回应，但米开朗琪罗画的审判者基督、圣母等天国人物，和充满缺陷的人类一样，面对救赎的反应都是人性化的。

在正式向公众揭幕前，《最后的审判》就遭到了严重的批评，挑战者指出在西斯廷礼拜堂这么神圣的地方，居然装饰了一幅人物全裸的壁画，连基督也不例外，他们批评米开朗琪罗把教宗的礼拜堂当成酒馆和浴堂。米开朗琪罗立刻予以反击，他把带头攻击的切塞纳(Biagio da Cesena)画进《最后的审判》中，用一条大蛇紧紧缠着他的腿，魔鬼正在把他往地狱拉。

所有的纷争和《最后的审判》中的裸体人物，一点都不影响教宗对米开朗琪罗的信任。然而，在米开朗琪罗死前一个月，教廷却下令"修改"壁画，由米开朗琪罗的学徒沃尔泰拉(Daniele da Volterra)画上被认为是多此一举的遮羞布。

布拉曼特螺旋梯 Bramante Staircase

参观完走到出口前，别忘了多看几眼这座造型别致的螺旋梯。早在1505年就建有原始的螺旋梯，由起造圣彼得大教堂的布拉曼特(Donato Bramante)所设计，作为教宗住所贝尔维德雷宫的对外出口。他以多立克式圆柱和人字形拼贴大理石铺面，完成这座以旋转坡道取代阶梯的螺旋梯，今日游客须预约"隐藏的博物馆"(Hidden Museums)导览行程，才可一窥其貌。

到了1932年，由莫莫(Giuseppe Momo)操刀新建的双螺旋梯，让上楼梯和下楼梯的人不会相撞，舷梯则饰以华丽的金属，楼梯顶端是透明天棚，让光线穿透整座梯厅，不论往下俯瞰，或朝上仰视，都别具风景。

希腊·雅典
新卫城博物馆
New Acropolis Museum

[珍藏卫城少女像真迹]

这幢崭新的现代玻璃建筑由屈米(Bernard Tschumi)领导的纽约／巴黎建筑事务所，在雅典建筑师菲蒂亚迪斯(Michael Photiadis)的辅助下，于2007年建成，其后历经约两年的筹备与布置，终于在2009年6月20日正式对外开放。

这座采用大量自然采光、3D立体动线规划的新卫城博物馆，拥有将近一万四千平方米的展览空间，主要分为下、中、上三层。最下层为仍持续进行考古工程的挖掘区域，一根根廊柱撑起保护，让参观者得以透过地面透明玻璃或半开放的空间，了解考古人员如何进行古迹出土和修复的作业。

中层是高达两层的挑高楼面，坐落着多间以现代棋盘状街道规划而成的展览厅，陈列着从古希腊到罗马帝国时期的文物。别错过位于1楼的古代展览厅(The Archaic Gallery)，这里收藏了从公元前7世纪到波斯战争结束(约公元前480年)长达约2个世纪的雕刻作品，透过一尊尊骑马者像(the Hippeis)、女性柱像(the Kore)、雅典娜雕像，展示了从贵族统治迈向民主政治的过程中，经济、艺术以及智力生活的发展。

位于最上层的帕特农展览厅(The Parthenon Gallery)围绕着一座内部天井，四面展出帕特农神庙各面带状装饰的大理石浮雕。游走一圈，能近身清楚欣赏上方装饰，仿佛亲身踏上昔日的帕特农神庙一般。此外，该展览厅以大片玻璃采纳自然光，更拥有观赏卫城盘踞山头的绝佳视野。

卫城少女像真迹在这里

原本装饰伊瑞克提翁神殿的原件少女像石柱，收藏于2楼的西侧区域，少女像将一只脚略往前伸且呈弯曲姿态，以分散原本建筑屋顶的重量。通过近距离接触，至今仍可清晰看见少女衣饰栩栩如生的褶皱，以及美丽的卷曲长发和发辫。

艺术博物馆

梵蒂冈 梵蒂冈博物馆

希腊·雅典 新卫城博物馆

63

荷兰·阿姆斯特丹
阿姆斯特丹国家博物馆
Rijksmuseum Amsterdam

[珍藏荷兰黄金时代的重要作品]

阿姆斯特丹国家博物馆的前身为国家画廊，自1800年起对外开放，馆内收藏以画作为主，原本设立在海牙，后于1808年迁移到阿姆斯特丹。1885年，国家画廊和荷兰历史与艺术博物馆合并，在现址设立了国家博物馆，其建筑主体出自库珀斯(Pierre Cuypers)，是一座富有浓厚哥特式色彩的红砖建筑。库珀斯的另一项成名工程则是阿姆斯特丹中央车站，不难看出两座建筑之间的相似程度。国家博物馆历经十年的整修后，于2013年重新开馆，保留了内部的富丽堂皇，也加入了现代建筑明亮、简洁、挑高的元素。

国家博物馆的收藏依时间顺序展示，包含了15世纪到20世纪的荷兰画作和国外艺术家作品、历史文物和雕塑、装饰(如娃娃屋、家具、玻璃、银器、台夫特监瓷、珠宝、织品等)。此外，1952年时国家博物馆增加了亚洲艺术博物馆，整修后的菲利普馆则增加了摄影作品的常设展览厅。总共80个展厅，超过八千件展品诉说着荷兰过去的辉煌历史与逐渐走入现代的历程。

阿姆斯特丹国家博物馆被公认为世界十大博物馆之一，原因就在于荷兰黄金时代(De Gouden Eeuw)的重要作品有大半都收藏在这个博物馆的二楼，若时间有限，不妨将精力集中在这里。数位举世闻名的荷兰大师名作，包括哈尔斯(Frans Hals)、维米尔(Johannes Vermeer)、史汀(Jan Steen)、雷斯达尔(Jacob van Ruisdael)、海达(Willem Claesz Heda)等人都在内，当然以光线和阴影的精练手法而闻名的伦勃朗(Rembrandt van Rijn)，也有二十余幅画作展出，成为展馆的参观重点。对于想了解佛兰德斯和荷兰艺术的人来说，这是个值得到访的重要博物馆。

《夜巡》
Night Watch

说走进国家博物馆的人，九成以上都是为了这幅画而来，一点也不为过。挂在二楼荣誉画廊正中央的巨作《夜巡》不但是荷兰国宝，在世界艺术史上更具有划时代的非凡意义。

其实《夜巡》描绘的是白天的场景，原名为《班宁柯克队长和罗登伯赫副官的警卫队》，当时市民警卫队总部落成，伦勃朗接受委托为队员们画出合照，为了长久保存而漆上厚重油漆，使画面变得更加阴暗，后人误以为画中描述的是晚上，才将该画命名为《夜巡》。

伦勃朗是第一个在肖像画中摆脱大合照排排站手法的画家，他像心思细密的导演，安排了一场戏剧演出。以队长和副官为中心，围绕旁边的每个队员的动作、角色、眼神和表情都不同，例如右边戴黑色帽子伸手指向中心的士兵，就是暗示观赏者看向主角。画面中心队长正交代副官队伍准备出发，而向前举起的手似乎是伸向观赏者的空间，产生突破画面的动态感。伦勃朗甚至把自己也藏在画作中，就像签名一样，在队长帽子上方露出半张脸。

更重要的是他对于光线的运用，画中安排两种光线，左前方的光线是整体光源，伦勃朗又加强光线打在队长、副官及象征天使与光明的女孩身上，其他人物由余光渐至阴暗，各自完成他们自己的角色。整幅画面呈现了一种震撼观者的舞台戏剧效果。

《夜巡》是伦勃朗艺术成就的巅峰之作，讽刺的是，却也促使他走向穷途潦倒的后半生。当时流行的肖像画采用优雅鲜明的画法，市警队其实不满意画面中人物比例不同及明暗过于强烈的表现，甚至为了重画而诉诸法庭，伦勃朗因而遭受打击。客户减少，又逢爱妻去世，画家不计成本购买材料最终导致破产。他搬回乡下后，平凡小人物的生活成了画作主题，画风也不再充满戏剧张力，遗憾的是在他生前他的作品都无法再受到真正的重视。

艺术博物馆 | 荷兰·阿姆斯特丹 | 阿姆斯特丹国家博物馆

《犹太新娘》
The Jewish Bride

这是伦勃朗晚期的作品，他以一种不寻常的自由画法创作此画。画中人物的手和脸部特别平滑，但所穿的衣服却十分厚重，可以说他不仅创造出颜色上的变化，还描绘了一种精神层面的解脱。画中人物的身份一直无法确定，有可能是一对夫妻模仿《圣经》人物艾萨克(Isaac)和丽贝卡(Rebecca)的动作，而画中这位男士富有爱意的腼腆表情与两夫妻象征性的手势，是这幅画的焦点。

《纺织工会的理事们》
The Wardens of the Amsterdam Drapers' Guild

这是伦勃朗晚年最重要的委托作品，委托人是阿姆斯特丹纺织工会的理事。伦勃朗为了避免画面过于平静严肃，在构图上煞费苦心，他让画中人物似乎被观者打断工作，不约而同地朝观者注视，并让左起第二位男士仿佛正要起身，使画中的五顶帽子并不是位于同一条线上。这样的安排让画面活泼起来，并且又保持了平衡。由于画作预定高挂在墙上，所以伦勃朗又将桌子的角度略加调整，让欣赏画的人有种仰望的效果。

《倒牛奶的女仆》
The Milkmaid

这是馆内知名的画作之一，同时也是维米尔的代表作品。他有一系列作品都是以斜阳透过窗户洒落房间为情境，以专注做某件事的女子为主题，描绘寻常生活里的一个平凡时刻，但维米尔却让这一刻成为永恒，而这张是唯一以劳工阶级为主角的画作。在充满静物的画面里，唯一的动作来自正在倒牛奶的婢女，她的专注使周遭弥漫着祥和宁静的气氛，观者几乎可以听到牛奶缓缓倒进碗里的声音。运用有颗粒感的珍珠光表现安详恬淡的场景正是维米尔典型的画风。

画中也可以看到维米尔善于运用的透视点技巧及偏爱的蓝、黄色调，前景较深是为了让观赏者将视觉重点放在中间的主角身上，画面右下角的暖脚炉和墙面上的钉子痕迹则可看出背景空间感和画家对细节的重视。

《快乐的家庭》
The Merry Family

这幅画表现出史汀是一位优越且充满幽默感的叙述画家。事实上这幅画是以荷兰的一句谚语 "As the old sing, so pipe the young" 作为故事出发点，意思是说上梁不正下梁歪。当画中的父母与祖父母正拿着酒杯大声唱歌时，没人注意到他们的小孩也有样学样地抽烟喝酒。这正是典型的风俗画，表现出警示世人的功用，却又不失诙谐之意。

《威克的风车》
The Windmill at Wijk bij Duurstede

雷斯达尔是17世纪最有名的风景画家，他成功地将一条河流画出张力与气氛，使之成为一幅杰作。画中的风车是从低处向上仰望的角度下笔，与背后阴暗的云层形成强烈对比；阳光自风车的一端透射下来，反映在水中与陆地上。画中的城堡与教堂，叫印证出风车的地点位于威克一地。

《小街》
The Little Street

这幅小街的画作是维米尔少数的风景画。维米尔对画中的建筑物并不感兴趣，反而是在房子的细节部分特别刻画出重点，如墙壁、门道中的一景、辛苦工作的妇女和一旁游玩的孩童。这条街道看似真实，但很可能仅是维米尔在画室中的想象。

《快乐酒徒》
The Merry Drinker

哈尔斯虽以贵族肖像画闻名，但真正奠定他在艺术史上地位的，却是这类的代表作品。不同于一般肖像画与酒徒画，哈尔斯用一种全新的表现方法来描绘他的人物：画中的酒徒满脸通红，正拿着酒杯向看画的人侃侃而谈。这似乎是一连串动作的其中一个瞬间，人们可以在想象中连贯起酒徒前一秒及后一秒的片刻，耳边几乎要响起酒徒兴奋的话语，这种生动的表现手法影响后代艺术家甚巨。

《年轻时的伦勃朗自画像》
Self-Portrait at an Early Age

伦勃朗是创作较多自画像的画家之一，这些自画像的目的通常是练习掌握肖像画的技巧。这幅自画像完成于伦勃朗22岁时，其特别的地方在于，它似乎并非为了创造肖像画而作，因为整张面孔只有耳朵、脖子、部分脸颊和鼻子接触到了光线，其他部分都隐藏在阴影里，因此常被视为伦勃朗尝试其著名"伦勃朗光线"画法的早期练习之作。

艺术博物馆

荷兰·阿姆斯特丹 阿姆斯特丹国家博物馆

《婚礼即景》
Wedding Portrait of Isaac Abrahamsz Massa and Beatrix van der Laen

这对夫妇的姿势有些不寻常，丈夫身体微微向后倾斜，表现口中喃喃自语的样子，而他的妻子则在一旁微笑。这是一幅婚礼人像画，人物右边的花园代表爱情与婚姻，男士左边的植物"刺蓟"，在荷兰有忠诚的意义。17世纪时的肖像画通常表现出严肃的一面，但哈尔斯却打破惯例，将这幅画画得轻松愉悦。

《抹大拿的玛利亚》
Mary Magdalene

施可乐(Jan van Scorel)是16世纪时北尼德兰第一位远赴意大利学艺的画家，而这幅画便深受文艺复兴画风的影响。画中的主角是《圣经》故事中抹大拿的玛利亚，画家用了许多暗示来象征她从良后的新生，并在她的脸部表情上下了很大的功夫，显现出矫饰主义的画风，从这一点可看出画家多少受了拉斐尔的影响。

《约翰内斯肖像》
Portrait of Johannes Wtenbogaert

这是尼德兰当时最重要的宗教领袖约翰内斯(Johannes Wtenbogaert)画像，传道者当时已76岁，伦勃朗年仅26岁，此画可视为年轻画家初次崭露头角的作品。

《蛋舞》
The Egg Dance

阿尔岑(Pieter Aertsen)是北尼德兰第一位以描述农民生活为主的艺术家，此画便是其中一个例子。当时蛋舞是个十分受欢迎的娱乐活动，玩者必须用脚将放置在地板上木杯内的蛋有技巧地推出，之后再将木杯翻过来盖住地上的蛋。从画中可得知阿尔岑将一位正在喝酒的人放在画中最明显的地方，其实是在嘲笑这群没礼貌且愚蠢的农民。

《镀金酒杯静物》
Still Life with Gilt Goblet

海达是17世纪的首席静物画家，同时也是一位善于利用反射光线的大师。这幅画描述了宴会后杯盘狼藉的样子，海达很小心地将这些混乱的物体在桌上构好图，画面的整体以深浅不同的银灰色调表现银盘、玻璃、缎面桌巾和珍珠光泽，点缀少许黄色和青铜绿，几乎像单色照片一样呈现出简单又不失杂乱的风格。

荷兰·阿姆斯特丹

凡·高美术馆
Van Gogh Museum

【凡·高作品专门珍藏处】

艺术博物馆

阿姆斯特丹国家博物馆—荷兰·阿姆斯特丹

凡·高美术馆—荷兰·阿姆斯特丹

凡·高美术馆于1973年成立，它收藏了超过200幅凡·高的油画、580幅素描和750封私人信件，是世界上收藏凡·高画作最多的地方。馆内同时展出他的朋友如高更(Paul Gauguin)、西涅克、罗特列克(Henri de Toulouse-Lautrec)，以及秀拉(Georges-Pierre Seurat)、莫奈、毕沙罗等当代画家的作品，让参观者比较凡·高与同时代画家的作品，也更能了解凡·高画风的转变受到哪些影响。

凡·高大多将作品交由其胞弟西奥(Theo van Gogh)保管，当时西奥是巴黎一位艺术交易商人，除了推广凡·高的画作，也为他提供财务上的支援。西奥死后，其遗孀琼安娜(Johanna)返回荷兰居住并大力推广凡·高的作品，自此凡·高的作品才在20世纪初崭露光芒。琼安娜去世后，其子文森·威廉(Vincent Willem)继承遗产，为了能让世人一睹凡·高名作，他将凡·高的收藏品借给市立美术馆展出，此时他便决定建造一座美术馆来纪念凡·高。

美术馆由"风格派"(De Stijl)建筑师李特维德(Gerrit Rietveld)设计，是一栋三层楼建筑物，为主要常设馆藏。1999年又加盖了新的展览大厅，由日本建筑师黑川纪章设计，是一栋具有19世纪风格艺术的半圆形建筑。

地面层和第一层展出的艺术品，依凡·高作画年代和画风发展的顺序展出，部分素描作品和信件因为对光线过于敏感，而被迫收藏保存，其他则移到二楼的特殊展区陈列；而19世纪的收藏品及凡·高临摹或收藏的画作在三楼展出；顶楼则是以平面艺术和研究室为主。

69

《食薯者》
The Potato Eaters

这是凡·高早期重要的油画作品，也是画家很满意的写实农民生活画，表现了凡·高当时对社会边缘人的关怀意识，算是他在努能(Nuenen)时期的代表作品。他利用强烈的明暗对比描绘出农人在经历一天的辛劳工作后，享用晚餐的情景。构图中有5个人围坐在一张木桌前，妇人分配的食物只有马铃薯和黑咖啡，用属于土地的绿色和咖啡色构成画面，而吊在天花板上的油灯散发出昏暗的灯光，不但显现出这户农民的贫困，同时也刻画出农民脸上历经风霜的褶皱痕迹。凡·高曾在他写给西奥的信中表示，这幅画表现了"农人们拿着马铃薯的手，也就是辛勤耕作的那双手"，他希望透过画作让人看到农民艰辛的生活，以及不被生活打倒的坚毅。为了表现最好的构图，凡·高共画过三幅《食薯者》，另一幅收藏在库勒慕勒美术馆。

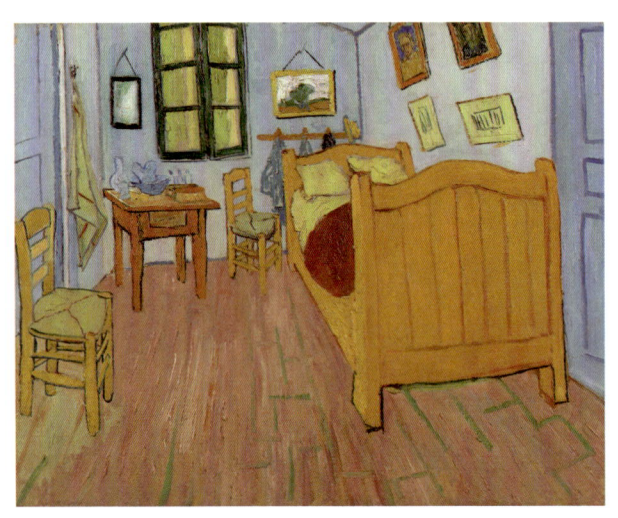

《亚尔的卧房》
Vincent's Bedroom in Arles

这件作品是凡·高的杰作之一，画的正是凡·高在亚尔时的卧房。不只题材特殊，构图也很微妙，由于没有使用透视画法，物体的比例显得有点奇怪。色彩上采用三对互补色，分别是红色和绿色、黄色和紫色、蓝色和橘色，同时还省略了阴影，以使色彩充分传达出他想要呈现的"简单"与"休息"的意念，也有日本版画的风格。1889年9月，凡·高又重新画了两幅相同的画，其中一幅存放在芝加哥艺术协会，另一幅则在巴黎的奥赛美术馆。

《向日葵》
Sunflowers

凡·高在亚尔的"黄色小屋"，内部以蓝色为主调，因此凡·高计划画些黄色的装饰性画作来调和室内的色调。当凡·高于1888年邀请高更与他同住时，他觉得高更的房间应该要由以"向日葵"为主题的静物画装饰，并以橘色的原木细框裱画，于是便满怀激情地完成了一系列画作。高更对凡·高的"向日葵"系列作品感到非常满意，从此向日葵便成为人们对于凡·高的印象之一。

《黄色屋子》
The Yellow House

1888年，凡·高在亚尔镇北边的拉马丁广场 (Place Lamartine)转角处，租了这间"黄色小屋"当作他的画室使用，他梦想着把那里变成一个艺术之家，让他可以和其他画家朋友一同生活。后来他因继承叔叔的遗产而成为该屋的主人，同时也以这间屋子为主题，在画布上留下了精彩的色彩。画中最左处有个粉红和绿色屋檐相间的屋子，是凡·高每天都会前往用餐的餐厅。

《麦田群鸦》
Wheatfield with Crows

凡·高与高更的决裂使他精神完全崩溃，并被送进圣雷米的疗养院治疗，他出院之后住在法国北部的奥维尔休养，而在这期间，他从未停止创作。这幅《麦田群鸦》是凡·高去世前几周的画作，也被认为是他的最后一幅作品，不久之后，他便以自杀结束了生命。明亮的麦田摇曳着不安的线条，小路尽头通往深沉的黑夜，天空漩涡状的笔触显示出画家心中的焦躁不安，仿佛要把观赏者吸入画家内心的阴郁，成群的乌鸦往右上角飞出画面，有人怀疑这正暗示着画家死亡的心境。

《杏花》
Almond Blossom

1890年1月，凡·高在圣雷米疗养院收到弟弟西奥寄来的信，告诉他弟媳已怀孕，他们夫妻决定以凡·高的名字为新生儿命名，并且希望孩子像他一样勇敢又有决心。凡·高得知这个消息后欣喜若狂，以阳光下的蓝天为背景，画了这幅《杏花》送给西奥夫妻，2月盛开在南法的白色杏花，象征春天的到来，也象征新生，这也是凡·高对家族生命得以延续的喜悦和祝福。

《鸢尾花》
Irises

凡·高对亚尔地区亮丽的紫色鸢尾花相当着迷，住在那里时画了许多不同姿态的鸢尾花。这幅画创作于1890年凡·高在圣雷米疗养院休养时，此时他不太能外出，但仍然不停地创作以求精神慰藉，作品多半从自然中找灵感或描绘花卉静物。画中的花朵枝叶充满了生命力，花朵甚至自瓶中满溢而出，画家使用一层层厚颜料提高色彩饱和度，均匀明亮的黄色墙面前，对比的蓝紫色更加显眼。

艺术博物馆

荷兰·阿姆斯特丹 凡·高美术馆

探索凡·高 Explore Van Gogh

想要更多地了解凡·高，就要对他各时期画风有所认识。

努能时期 1883.12—1885.11

受米勒和狄更斯的影响，此时凡·高偏爱以劳动者作为画作主角，画面阴暗，描绘劳动者挖掘泥土的手、坐在织布机前专注的神情、耕作的辛勤，他认为农民画里要有熏肉和蒸马铃薯的味道，田野画中要有小麦和鸟粪的气味。凡·高速写农民累积的成绩在《食薯者》中完全展现，阴暗的屋内，小灯照出熏黑的墙壁、农民身上污秽的衣帽、长年工作结茧的双手和刻满皱纹的脸，忠实表现了劳动者的生命力。

凡·高《火炉旁烹饪的农妇》，1885年，大都会美术馆

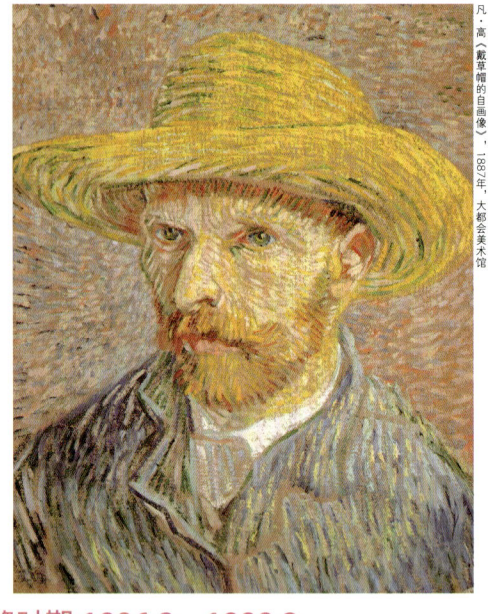

凡·高《戴草帽的自画像》，1887年，大都会美术馆

巴黎时期 1886.2—1888.2

与巴黎的印象派画家们交流，画风转变为明亮多彩，个人风格也逐渐成形。此时的凡·高开始接触欧洲以外的艺术，喜欢上日本的浮世绘画风，不但收藏画作，也临摹了许多日本画师的作品，对色彩鲜艳、线条明快的日本版画相当着迷。在后来定居亚尔的时期，他尝试将日本画的精神运用在法国风景中，《花开的亚尔田野》就是这种风格的代表作。由于没钱请模特儿，所以凡·高画了许多自画像，作为色彩练习的作品。

凡·高《夹竹桃》，1888年，大都会美术馆

凡·高《麦田里的丝柏树》，1889年，大都会美术馆

亚尔时期 1888年

在阳光充足的法国南部，凡·高以自然风景和生活即景创作出许多广受喜爱的知名画作，如《亚尔的卧室》《星空下的咖啡馆》，而"向日葵"系列则是为了欢迎高更的到来而画的作品。这个时期能强烈感受到凡·高对自然的歌颂与对生命的咏叹，但也开始感觉到灵魂的焦虑，色彩鲜艳浓烈，喜欢在同一个画面中呈现高饱和度的对比色，特别是黄与蓝的组合，笔触强劲有力。

圣雷米时期 1889—1890年

在疗养院时不太能外出，作品多半从自然中找灵感或描绘花卉静物。仿佛预知到自己的生命将走到尽头一般，凡·高不断地以田野和人物为题作画，在短短两个月的时间里，他创作了八十多幅画作。受精神疾病所苦，他的画中开始出现漩涡状的笔触，画面中强烈的节奏感让观看者感受到他强烈的躁郁与不安。《星月夜》《鸢尾花》《麦田群鸦》都是这时期的作品。

艺术博物馆

凡·高美术馆　荷兰·阿姆斯特丹 ｜ 日耳曼民族国立博物馆　德国·纽伦堡

德国·纽伦堡

日耳曼民族国立博物馆
Germanisches National Museum

[德国最大的艺术及文化博物馆]

日耳曼民族国立博物馆是德国最大的艺术及文化博物馆，展示了从远古到现代，从日常生活到著名的历史、艺术陈列，包括绘画、雕刻、玩具屋、乐器、武器、狩猎用具等，共有一百二十万件物品，数量相当庞大。

最有名的包括马丁·贝海姆(Martin Behaim)制作的世界上第一个地球仪，因为在当时还没有发现美洲这块新大陆，所以这个地球仪上并没有美洲出现。

其他大师级的创作还包括出自提姆·史奈德、丢勒、伦勃朗等世界知名艺术家之手的作品。大面积的展场再加上丰富的珍藏品，参观这间博物馆可得花上不少时间，不过绝对是值回票价。

73

西班牙·马德里

西班牙国立索菲亚王妃艺术中心
Museo Nacional Centro de Arte Reina Sofía

[西班牙重量级现代艺术展馆]

想了解西班牙现代美术的人，绝对不能错过国立索菲亚王妃艺术中心。

它是全球数一数二重要的现代美术馆，主要收藏了20世纪的西班牙艺术作品，特别是全球知名画家毕加索、达利和米罗的画作，还有其他西班牙先锋画家塔皮埃斯(Antoni Tàpies)、立体主义代表格里斯(Juan Gris)，以及超现实主义、唯美主义等画派的近代艺术家的作品。其中，毕加索的《格尔尼卡》(Guernica)被视为镇馆之宝，在西班牙内战期间，它被放置于纽约的近代美术馆，直至西班牙恢复民主制度后，它于1981年被送回西班牙。

国立索菲亚王妃艺术中心正式开幕于1990年，以西班牙皇后的名字命名，事实上从1986年开始，它已经部分对民众开放，当时地面楼和1楼被当成供临时展览使用的艺廊。今日的建筑主体，前身为卡洛斯三世下令兴建的18世纪医院，从1980年开始，许多现代化的改革和扩张开始出现于这栋老建筑上；1988年时，奥佐尼奥(José Luis Iñiguez de Onzoño)和卡斯特罗(Antonio Vázquez de Castro)两位设计师，为它进行最后的整修工程，同时加上3座外观现代的玻璃电梯。

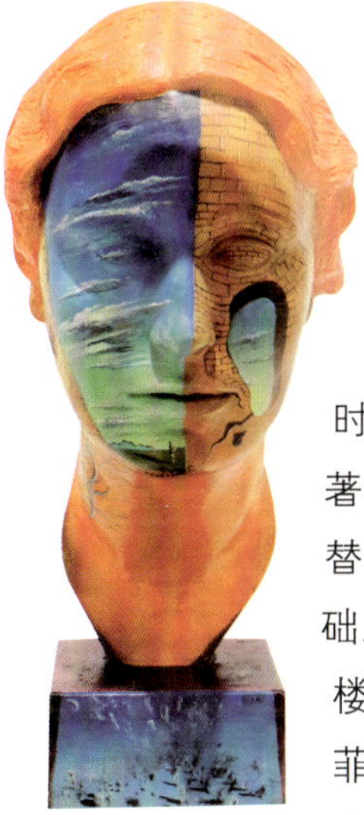

《画家与模特儿》
El Pintor y la Modelo

这幅画是毕加索晚年的作品，当时他已经八十几岁了。历经年少的"蓝色时期"到立体派画风，他在20世纪50年代再度转换风格，开始以自己的方法重新诠释其他著名的历史画作，其中包括维拉斯奎兹、哥雅、马奈等人的作品。

在这幅画中，我们可以看出毕加索作画方式更为大胆，他采用鲜艳的色彩、更强烈的表达，显现画家虽年事已高，但对绘画仍然充满了热情。

《窗畔少女》
Muchacha en la Ventana

因超现实主义享誉国际的达利(Salvador Dalí)，早年曾在马德里的圣费南度皇家美术学院进修，当时的他尚未受到超现实主义的影响，仍以写实的手法处理他的绘画，而这幅画大约是他20岁时的作品。

画中主角是达利当时17岁的妹妹玛利亚(Ana María)，地点是位于卡达克斯的面海度假小屋。画面大量采用蓝色色调，令人联想起毕加索早期的作品，《窗畔少女》构图简单，观赏者透过背对少女的目光，与她分享前方注视的沙滩。

随着时代的发展，艺术不再局限于雕塑与绘画，视觉艺术、更多的馆藏和教学活动、临时展览等，让艺术中心需要更多的空间。2001年时，艺术中心不惜重金礼聘法国著名设计师努维尔(Jean Nouvel)替它增建新大楼，在旧建筑的基础上扩充将近六成的面积，新大楼于2005年落成，使得国立索菲亚王妃艺术中心如今拥有大约八万四千平方米的空间。

尽管国立索菲亚王妃艺术中心以西班牙艺术为主，不过还是可以发现一些像是立体主义画家布拉克(Georges Braque)和德劳内(Robert Delaunay)、超现实主义画家唐基(Yves Tanguy)和曼·雷(Man Ray)、空间主义画家丰塔纳(Lucio Fontana)，以及新写实主义画家克莱因(Yves Klein)等外国艺术家的作品。除此之外，艺术中心内还附设一座免费对外开放的艺术博物馆，里面有超过十万本相关著作，以及三万五千件录音资料和一千件左右的影像。

艺术博物馆

西班牙国立索菲亚王妃艺术中心 西班牙·马德里

《格尔尼卡》
Guernica

格尔尼卡是西班牙巴斯克地区的一座小镇，内战期间，它被共和国政府当作对抗运动佛朗哥政府的北方堡垒，同时身兼巴斯克文化的中心，因此注定了它悲剧般的命运。1937年时，和佛朗哥将军同一阵线的德国与意大利，对格尔尼卡进行了地毯式的轰炸攻击，使当地惨遭蹂躏。

同年，共和国政府委托毕加索绘制一幅代表西班牙的装饰画，以便在巴黎的万国博览会上展出，于是毕加索将他对西班牙深受内战所苦的绝望心情表现于画纸上。这幅画不但日后成为立体派的代表作，也成为毕加索杰出的作品之一。

摒弃战争画面中经常出现的血腥红色，毕加索只以简单的黑、灰、白三色勾勒《格尔尼卡》，反而呈现出一种无法摆脱的阴郁感和沉重的痛苦，以及难以分辨的混乱。画中无论动物还是人的姿态或身形，都展现出防御的动作，却都遭到无情的折磨，被长矛刺穿的马匹、怀中抱着哭泣婴孩的妇女、手持断剑倒卧地上的尸体……无一能躲过厄运的降临。被火烧毁的建筑和倒塌的墙壁，表达的不只是这座小镇遭到摧毁，更反映出内战恐怖的破坏力。至于位于马匹头上、被"邪恶之眼"包围的灯泡，则是毕加索试图以西班牙文中的"bombilla"（灯泡）隐喻英文中的"bomb"（炸弹）。

《手淫成癖者》
El Gran Masturbador

怪诞天才达利，不但举止招人非议，创作更常让人摸不着边际，然而他丰富的想象力和大胆的画风，还是吸引了无数人的崇拜。着迷于弗洛伊德对梦和潜意识的各种著作及理论，他的妄想狂就是弗洛伊德的学说，而发展出混合着记忆、梦境、心理及病理的表达方式。

这位花花公子遇上了加拉(Gala)以后一改恶习，更经常以这位缪斯女神入画，其中《手淫成癖者》便是他替加拉绘制的第一幅画。女人的半侧面和象征卡达克斯海岸的黄色，共同组成画面的主要部分，下方出现的蝗虫，是达利打从孩提时代即感到恐惧的动物，象征着死亡。画作名称大胆露骨，但画面却以极其抽象的方式，表达了因性遭到压迫而生的不安感，画面中隐藏着许多隐喻：狮子头代表性欲，鲜红的舌头和花朵中的雄蕊，则都是阳具的表征。

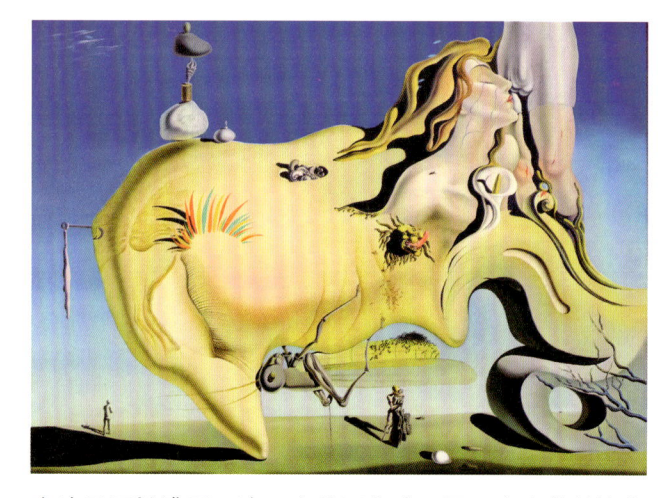

艺术博物馆

西班牙国立索菲亚王妃艺术中心 — 西班牙·马德里

普拉多美术馆 — 西班牙·马德里

西班牙·马德里

普拉多美术馆
Museo Nacional del Prado

[坐拥全球最完整的西班牙艺术品]

　　和巴黎卢浮宫、伦敦大英博物馆齐名的普拉多美术馆，拥有全世界最完整的西班牙艺术作品，其中包括七千六百幅画作、四千八百件印刷品、八千两百张素描，以及一千件雕塑，馆藏之丰令人叹为观止。

　　大部分收藏来自西班牙皇室的绘画收藏，其中最引人注目的是12—19世纪间的西班牙绘画，尤其是宫廷肖像画，里面不乏维拉斯奎兹、哥雅和艾尔·葛雷柯等大师巨作，维拉斯奎兹所绘的《仕女图》更为镇馆之宝。此外，这里也收藏了大量外国艺术家的画作，例如意大利、法国、荷兰、德国以及佛兰德斯等画派。

　　这座新古典式风格的建筑是1785年时，建筑师维拉乌埃瓦(Juan de Villauueva)在卡洛斯三世(Charles III)的任命下设计的，原本打算当成国家历史资料馆使用，在历经多灾多难的命运后，最后在卡洛斯三世的孙子，也就是斐迪南七世(Ferdinand VII)的第三任妻子布拉加莎(María Isabel de Braganza)的建议下，成为一座皇室绘画与雕刻博物馆，而后到了1819年，进一步成为对民众开放的普拉多美术馆。

　　普拉多的地面楼以12—20世纪的西班牙、15—16世纪的佛兰德斯、14—17世纪的意大利画作和雕塑品为主；一楼则主要展出了16—19世纪的西班牙、17—18世纪的佛兰德斯、17—19世纪的意大利画派的绘画；至于二楼则有一小部分18—19世纪的西班牙绘画。

77

《1808年5月3日的马德里》
El Tres de Mayo de 1808 en Madrid

再也没有比人类无情地将暴力施加于另一人的事更惨绝人寰的了,哥雅用此画控诉法军的暴行,以及人性的沦丧。

拿破仑的军队占领西班牙后,马德里市民在5月3日起义对抗,隔天,法军屠杀起义的游击队,甚至无辜的市民。哥雅直到西班牙政权再度复辟后才画出当时的情景,虽是假设性的画面,但画中的悲怆和人道主义关怀仍跃于纸上,这是哥雅最高超的地方。

整幅画的光源来自法军前面地上的那一盏大灯,光线投射在高举双手的马德里市民的白色衬衫上。他十字架式的姿势暗示着他的无辜,和黯淡无光、充满忧伤的天空相互呼应,而他身边的市民则惊恐地躲避着,从他们扭曲的表情中,我们似乎能听到他们的尖叫。

反观法军则像机械人,不带任何情感与同情心,哥雅故意不露出他们的脸部,让他们像是单纯地执行任务、践踏生命也不在乎的模样。

对照起过去的画家总是以英雄、胜利者为主角,哥雅显然不同。在这幅画中,无论是故事主角还是视觉主角,都是失败者、平民,而获胜的一方却遭到他的贬抑,暗示着他晚年后更加愤世嫉俗的倾向。

普拉多美术馆 西班牙·马德里

艺术博物馆

《仕女图》
Las Meninas

表面上看来，小公主和一群侍女、侍从是这幅画的主角，但仔细一看，这幅画大有玄机，小公主后方的镜子和架在前方的大画布是解读整幅画的关键，让观赏者明了这幅画画的其实是一个作画的空间与时间。真正的模特儿其实是镜中映照出的国王与皇后，和观赏者站在同一边，小公主则是闯入者，进来欣赏画家作画的情景，而画家本身也出现于画中，就在画面左侧的大画布后、小公主旁专心看着模特儿。

维拉斯奎兹利用明暗及人物关系让空间和视觉游戏达到登峰造极的境界，他透过镜中映照出的国王与皇后身影，产生既深且广的空间感。从公主和侍女的动作、画布后方画家后倾的姿势来看，维拉斯奎兹更掌握了全体人物行进动作的瞬间，此举影响了两百年后擅长描绘芭蕾舞者的画家窦加(Degas)，以及印象派大师马奈(Manet)，他更以完美的布局与透视，使哥雅和毕加索推崇不已。维拉斯奎兹利用这幅画向所有人证明艺术需要技巧，也需要智慧。

《雅各之梦》
El Sueño de Jacob

这幅画可能是里贝拉(José de Ribera)作品中相当值得探究的一幅，画的是做梦的圣徒，却不让我们看到梦中的内容。观赏者只能从雅各的表情和身后模糊、呈现金黄色的暗示猜测一二，不过我们看到的暗示也可能只是天空的一部分，里贝拉似乎在和我们玩一种好奇心的游戏。

《手放在胸上的骑士像》
El Caballero de la Mano en el Pecho

艾尔·葛雷柯 (El Greco)曾以相同主题绘制多幅画作，然而这幅收藏于普拉多美术馆的作品，无疑是其中最杰出的一幅。画像中的主角虽为骑士，但一般认为是画家本身的自画像。在这幅作品中，我们可以清楚地看出宗教对于当时人们的影响，画中主角将手放在胸口的十字架上，这幅画属于艾尔·葛雷柯早期的作品。

《牧羊人朝拜》
La Adoración de los Pastores

艾尔·葛雷柯晚年画风转变，降低笔下色彩的明亮度，这幅作品是他为自己下葬的教堂——托雷多的圣多明尼克教堂(Santa Dominigo El Antiguo)所绘制的耶稣诞生场景。画中人物几乎失去重量，且人物比例拉长到不合理的状态，以突显精神升华的喜悦，冷色调让颤动的笔触更加明显，宗教热情似乎狂热到即将崩裂的边缘。

《纺织女》
Las Hilanderas

维拉斯奎兹画这幅画的意义何在，一直都是个谜，画中的背景是马德里的皇家纺织工厂，但主题是一则神话故事。在前景中，他画出现实中纺织女工工作的情形，前厅光亮处，女神降临，带来对女织工的惩罚，似乎又在暗示些什么。画面前方抬起头的正是挑战织女星密涅瓦(Minerva)的纺织女工阿拉克涅(Arachne)，其他纺织女工则忙得无暇顾及前厅的骚动。受到人类挑战的织女星降临后将会发生什么故事，气氛相当悬疑。

根据西班牙民间神话，阿拉克涅最后被女神变成蜘蛛，终生纺织不停，但从女神到纺织场，到纺织女变成蜘蛛的过程为何，是画家留给观赏者的想象空间。

《农神噬子》
Saturno Devorando a Su Hijo

哥雅的"黑暗画"恐怖而激烈，画面经常出现血腥的场景。他假托故事诉讼世局，传说农神因听说儿子将夺去其统治权的预言，于是将自己的孩子们分别吞咽下肚。此画说的是人心极端的恐惧，借由农神发狂而紧绷的身体，展现极致的恐惧，显现外来的压迫令人崩溃。

艺术博物馆

普拉多美术馆
西班牙·马德里

《卡洛斯四世一家》
La Familia de Carlos IV

在这张看似平常的家族肖像画中，哥雅(Francisco de Goya)巧妙点出卡洛斯四世一家的个性：国王呆滞的眼神，显现出他的无能和胆怯；掌握实权的皇后位居画面中央，表情精明且蛮横。成为宫廷画家的哥雅，其实感到无比骄傲，所以他将自己放入画中，站在左侧画布后方不起眼的阴暗处，注视着他们的一举一动，显示他和皇室不凡的关系。

仔细观察这幅画，会发现它和维拉斯奎兹的《仕女图》有着些许的类似，因为哥雅尊奉维拉斯奎兹为师，模仿他的优点就是哥雅对维拉斯奎兹表达敬意的方式。

《裸体玛哈》及《穿衣玛哈》
La Maja Desnuda　La Maja Vestida

关于玛哈的身份，其实有两种说法，除了是宰相的情妇之外，也有人说是与哥雅过从甚密的公爵夫人。不过这两幅画之所以引起人们广泛的讨论，其实和《裸体玛哈》有关，由于当时西班牙禁止绘制裸体画，或许正因为如此，才必须创作这两幅连作，一幅能公开对世人展示，一幅供主人私下欣赏。把这两幅画放在一起看，给人一种透视画的错觉。《穿衣玛哈》中贴身的衣物勾勒出模特儿的线条，《裸体玛哈》中大胆的女性裸体则散发出丝缎般的光泽，呈现两种截然不同的"诱惑"。

81

黑山·采蒂涅

黑山国家博物馆
Narodni Muzej Crne Gorn

[五座国家级博物馆联手展出]

"黑山国家博物馆"指的是黑山五座国家级博物馆，包括历史博物馆(Istorijski Muzej)、美术馆(Umjetnički Muzej)、尼古拉国王博物馆(Muzej Kralja Nikole)、涅果什博物馆(Njegošev Muzej)，以及民族博物馆(Etnografski Muzej)，分别坐落在采蒂涅市区内四座重要的历史建筑里。游客可以买张五座博物馆的联票，花上半天时间，把全部博物馆逛一遍，这样会更进一步了解这个陌生的国度。

尼古拉国王博物馆
Muzej Kralja Nikole

这栋建筑的前身为国王尼古拉一世(Nikola I Petrović Njegoš)所住的官邸，完成于1867年，他于1860年到1918年之间统治这个国家，是黑山在成为南斯拉夫之前的最后一任领袖。

博物馆成立于1926年，以这座皇宫的格局为主要结构，结合了原本的军事和民俗博物馆，展出了黑山从中世纪到1918年之前，历代的政治、军事、文化历史等古迹。

这些文物包括尼古拉一世的勋章、军袍、肖像、橱柜案头，以及各个皇室成员的严肃肖像，此外，还有当年的寝饰、绒制家具，以及别国馈赠的动物毛皮标本等。

民族博物馆
Etnografski Musej

民族博物馆就位于涅果什博物馆的地面层楼，从展品和照片，约略可以看出黑山人如何在这块土地上生存，以及农渔牧各行业所使用的工具、织品及民俗服饰。

历史博物馆
Istorijski Muzej

历史博物馆和美术馆都同样坐落在这栋建于1910年的国会大厦里，所收藏的文物跨越年代极广，从石器时代到1955年。尽管只有零星的英文标示，但热心的博物馆管理员会先带着你简单介绍一番，然后留下你自行慢慢欣赏。

博物馆里几件比较重要的展品包括：公元前8300—前5200年，以鹿角所钻磨造的鱼叉；公元2、3世纪，刻着墨丘利神(Mercury)的墓碑；11世纪，多可林国王(Doclean)手持教堂模型，献给圣母子的壁画；16世纪早期，塞尔维亚东正教的手抄福音书；1876年的一次战役中，在枪林弹雨间留下来、有个东正教十字架的黑山国旗。

美术馆
Umjetnički Muzej

美术馆位于历史博物馆的楼上，收藏了一些圣像和黑山各个时代的画作。其中最珍贵的一项收藏，就是一幅拜占庭东正教圣母像(Our Lady of Philermos)，为基督教历史上重要的遗物之一，据说是由圣路克(St Luke)本人所绘，于12世纪从耶路撒冷传送过来。这项展品的陈列十分特别，漆黑的展间又称为蓝色礼拜堂，只有这幅圣母像发出蓝光，圣母的脸部被框在一道马靴状的光环中，周边镶着钻石、珠宝，并由一只黄金盒子装起来，此盒子为18世纪圣彼得堡和莫斯科的金匠和宝石匠共同打造。

除此之外，整座美术馆展出了黑山知名艺术家的画作，包括米卢诺维奇(Milunović)、卢巴德(Lubarda)、达多乌里奇(Dado Đurić)等人，每个人都有不同展间。

涅果什博物馆
Njegošev Muzej

这栋像城堡一样的建筑为俄罗斯人于1838年所建，原本是彼得二世(Petar II Petrović Njegoš)的居所。他可以说是最受黑山人爱戴的英雄，既是王子，又是主教，还是一位诗人。因为他本身喜欢玩撞球，博物馆里就收藏了黑山第一座撞球台，因此这座博物馆又称为"撞球博物馆"(Biljarda)。

博物馆里除了撞球台，还收藏了彼得二世的私人文件、主教十字架、衣服、家具及藏书，还有克罗地亚雕刻大师伊凡·梅什托维契(Ivan Meštrović)为他雕刻的半身像。

土耳其·伊斯坦布尔

圣索菲亚博物馆[①]
Hagia Sophia Museum

[伊斯兰教和基督教共和同聚]

查士丁尼大帝(Justinian I)下令建造的圣索菲亚教堂，是最能展现希腊东正教荣耀及东罗马帝国势力的教堂，同时也是拜占庭建筑的最高杰作。公元562年建成之时，它是当时世界上最大的建筑，高56米、直径31米的大圆顶，历经千年不坠。

九百年后，1453年，奥斯曼苏丹穆罕默德二世(Sultan Mehmet II)下令将原本是东正教堂的圣索菲亚教堂(Hagia Sophia)改建为清真寺(Ayasofya)，直到奥斯曼帝国在20世纪初结束前，圣索菲亚一直是奥斯曼帝国最重要的图腾建筑。

"Sophia"一词其实意指基督或神的智慧，穆罕默德二世攻下这个基督教最重要的据点并刻意改造圣索菲亚教堂，移走祭坛、基督教圣像，用漆涂掉马赛克镶嵌画，代之以星月、讲道坛、麦加朝拜圣龛，增建伊斯兰教尖塔。从教堂变成清真寺，再变成现在两教图腾和平共存的模样，圣索菲亚够传奇，也够独一无二了。

1932年，土耳其国父凯末尔将圣索菲亚改成博物馆，长期被掩盖住的马赛克镶嵌艺术瑰宝得以重见天日。圣索菲亚大圆顶下写着"安拉"和"穆罕默德"的大字，和更高处的《圣母子》马赛克镶嵌画自然地同聚一堂，伊斯兰教和基督教在此共和了。

① 2020年，土耳其政府将圣索菲亚博物馆改为清真寺。——编者注

明巴讲道坛
Minbar

明巴讲道坛位于麦加朝拜圣龛右手边,是由穆拉德三世(Murat Ⅲ)于16世纪所设,典型的奥斯曼风格,基座为大理石。在圣索菲亚还是清真寺时,每周五伊玛(Imam,伊斯兰教传道者)就坐在上面传道。

马哈茂德一世图书馆
Library of Mahmut I

图书馆位于圣索菲亚一楼的右翼,属于奥斯曼后期增加的设施,由马哈茂德一世所建,在雕得非常精美的铁花格门里面,曾经收藏了五千部奥斯曼手稿,如今保存在托普卡匹皇宫里。

大圆顶
The Main Dome

希腊式大圆柱是拜占庭帝国的遗风,大理石石材是从雅典及以弗所运来的,直径31米的大圆顶千年不坠,得力于来自爱琴海罗得岛(Rhodes)技匠烧出来的超轻砖瓦。在被改建为清真寺之前,大圆顶内部应该画满了《全能的基督》马赛克镶嵌画。

撒拉弗图像
Seraph Figures

在圆顶下方基座,有四幅巨大的基督教六翼天使撒拉弗的马赛克图像,不过其中西侧的两幅,是在十字军东征时损毁后以湿壁画形式复原的。

麦加朝拜圣龛
Mihrab

圣索菲亚教堂入门正前方的主祭坛,被改成穆斯林面向麦加祈祷的圣龛,精致的墙面设计,是由佛萨提(Fossati)兄弟所完成。壁龛两侧有一对烛台则是1526年奥斯曼征服匈牙利时掠夺回来的。

艺术博物馆

圣索菲亚博物馆 土耳其·伊斯坦布尔

85

泪柱
Weeping Column

进入皇帝门左边有一根传奇的石柱，据说查士丁尼大帝有一次头痛欲裂，当他走进圣索菲亚倚着泪柱休息时，头痛竟不药而愈。此后，拜占庭人一旦头痛就来触摸大柱，久之，柱上出现一个凹洞，而传说的神迹也越来越神奇。今日，观光客纷纷把拇指插入柱子的凹洞，其他四指贴着柱面转一圈，传说这样愿望就会实现。其实这根大柱带着湿气，是因地底连着贮水池，由地底带起的湿气形成了柱子像在流泪似的。

贝尔加马大理石巨壶
Marble Urns

这个大理石巨壶是挖掘自公元前3世纪的贝尔加马遗址，于穆拉德三世时移到当时的清真寺里，作为贮水之用。

奥斯曼圆盘
Ottoman Medallions

圆顶下的大圆盘分别书写着安拉真主、先知穆罕默德，以及几位哈里发的名字，是19世纪伊斯兰的书法，也是当今世界上最大的阿拉伯字。

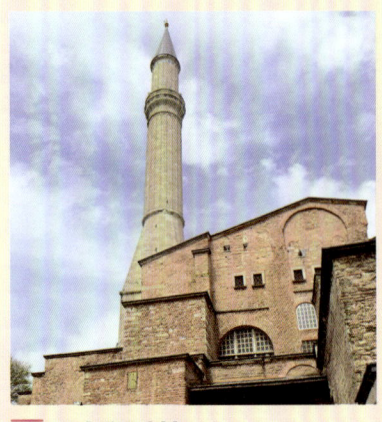

叫拜塔
Minaret

看圣索菲亚的外观，四个角落分立四支尖塔，是圣索菲亚从教堂变成清真寺的最鲜明证据。

苏丹特别座
Sultan's Loge

麦加朝拜圣龛左手边的金雕小高台是苏丹专属的祈祷空间，而且可以看到整个圣索菲亚内景。

净洁亭
Ablutions Fountain

出口处有座净洁亭，建于1728年，根据教规，穆斯林进入清真寺参拜前得先洗脚、洗手净身。

圣索菲亚博物馆内的黄金镶嵌画

《全能的基督》Christ as Pantocrator／皇帝门

皇帝门上方有一幅《全能的基督》马赛克镶嵌画，基督坐在宝座上，右手手势表示祝福，左手拿着福音书，上有希腊文写着："赐予汝和平，我是世界之光。"基督两旁圆图内是圣母及大天使，匍匐在地的是东罗马帝国皇帝里奥六世(Leo VI)。这件公元9世纪的作品，意在显示拜占庭帝国的统治者是基督在俗世的代理人。

《基督与佐伊女皇帝夫妇》Christ with Constantine IX Monomachos and Empress Zoe／二楼回廊

拜占庭帝国权力最大的女皇帝佐伊(Empress Zoe)，财富（一袋黄金）及书卷是马赛克镶嵌画中最具代表性的奉献物。画中佐伊女皇帝长了胡子，基督正赐福于她。

《圣母子》Virgin with the Infant Jesus on her Lap／主祭坛

顺着麦加朝拜圣龛视线往上抬，半圆顶上有一幅马赛克镶嵌画《圣母子》，圣母穿着深蓝色斗篷，抱着基督坐在饰满宝石的宝座上，基督虽为孩童，面容却十分成熟，衣服上贴满金箔，约是公元9世纪的作品。

《康奈诺斯皇帝夫妇与圣母子》Virgin Holding Christ, flanked by Emperor John II Comnenus and Empress Irene／二楼回廊

身着深蓝袍衣的圣母面容年轻，被认为是最好的圣母圣像画；康奈诺斯皇帝(John II Comnenus)及皇后伊莲娜(Irene)衣冠上缀满宝石，黄金马赛克金光闪闪。皇帝手上似乎捧着一袋黄金，皇后则手拿书卷。画作右侧的柱子上还有他们的儿子亚历克休斯(Alexius)，但画作完成没多久他就死了。

《祈祷图》Deësis／二楼回廊

《祈祷图》是希腊东正教圣像画的代表作品之一，描绘的是《最后审判》其中一景。居中的耶稣手势表示祝福，左边的圣母虽只有残片，但悲悯的神情清楚可见，右边则是圣约翰。

《向圣母献上圣索菲亚》Virgin with Constantine and Justinian／一楼出口

圣母是君士坦丁堡的守护者，查士丁尼皇帝手捧圣索菲亚教堂、君士坦丁大帝手捧君士坦丁城，被认为是圣索菲亚成为希腊正教总教堂的证明。出口处放有一片反射镜，可以看清楚。

艺术博物馆

圣索菲亚博物馆

土耳其·伊斯坦布尔

美国·纽约

纽约大都会美术馆
Metropolitan Museum of Art

[全球三大博物馆之一]

这座西半球最伟大的美术馆，总展示面积广达约20万平方米，收藏品超过300万件，从旧石器时代到当代艺术应有尽有，即使只是走马观花，逛完一圈至少也要花上大半天时间。

大都会美术馆的创立，起源于一群艺术家与慈善家，他们意图建立一座能与欧洲大型博物馆相匹敌的艺术中心。1870年筹划，最初于1872年开放的博物馆位于第五大道的一栋大厦内，后来随着馆藏越来越丰富，在20世纪初迁至现址，并持续进行扩张工程，今日博物馆的面积已超过当年整整二十倍之多，全方面且重量级的各类型收藏更是傲视全球。

目前博物馆共分19个部门、数百间展厅，几乎任何时代、地区、形式的艺术，这里都有可观的收藏，而且创作者都是各个时代的大师级人物。以这样的规模来说，如此涵盖全方面的展示，在世界上应该是绝无仅有的。

非洲、大洋洲与美洲艺术
Arts of Africa, Oceania, and the Americas

这里展出了撒哈拉沙漠以南的非洲、太平洋诸岛屿民族、前哥伦布时期的中南美洲等各个部族的手工艺品及祭祀器物，所用材料包括木材、石头、黄金、白银、象牙、布料等，反映了这些民族的生活形态与宗教宇宙观。

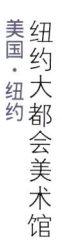

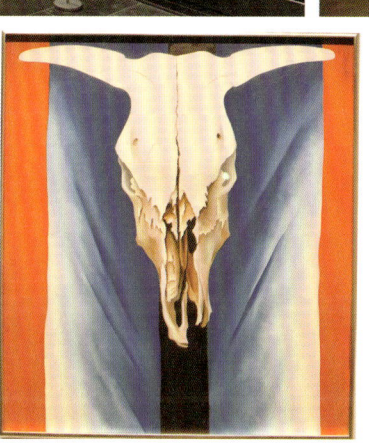

现代与当代艺术
Modern and Contemporary Art

醉心于20世纪现代艺术与当代艺术的人绝不可错过！此处包括达利、马格利特、毕加索、波洛克、欧姬芙、霍普、德·库宁、安迪沃霍尔、罗斯科、薄邱尼、夏卡尔、格里斯等人的作品，收藏极为丰富。

艺术博物馆

美国·纽约 纽约大都会美术馆

89

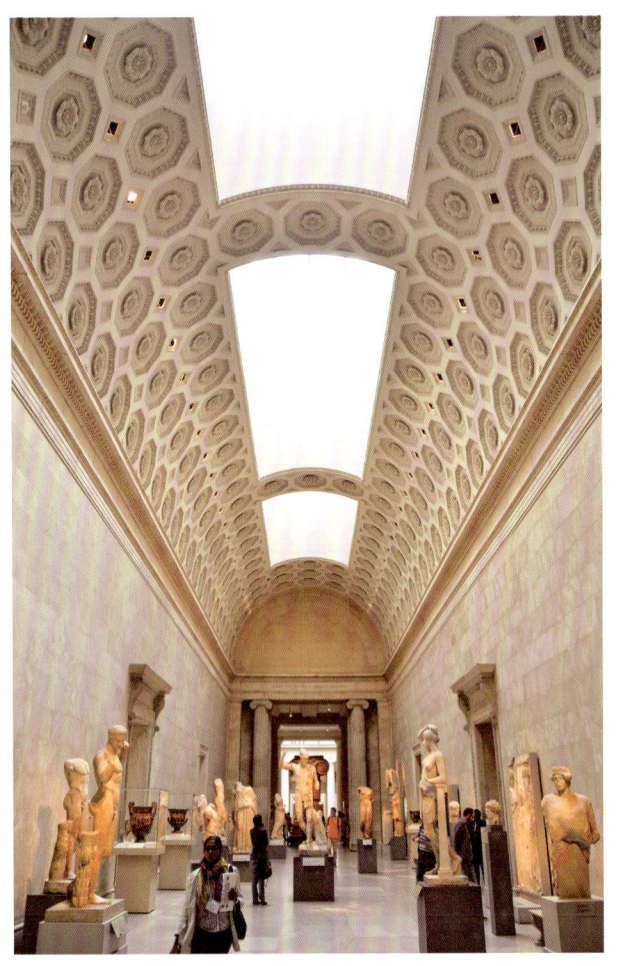

欧洲雕塑与装饰艺术
European Sculpture and Decorative Arts

从意大利文艺复兴时期到18世纪的法国，从贝尼尼到罗丹，历代雕塑大师的作品都在收藏之列。这一区也重现了英、法最辉煌的时期，王公贵族房间中的装饰艺术，包括家具、金属饰物、挂毯、珠玉、墙板装饰等，极尽富丽堂皇之能事。

古希腊罗马艺术
Greek and Roman Art

古希腊罗马文化，可说是现代西方文明的起源，这里的收藏包括古希腊城邦、希腊化时代、罗马帝国，乃至塞浦路斯、伊特鲁里亚、伊特拉斯坎等古老文明的各种器物。观看当时的人物雕塑、陶罐上的彩绘等，不得不佩服在两三千年前，已有如此进步的艺术技巧，由此也可看出当时对于人物体态的美学风气。

埃及艺术
Egyptian Art

这里收藏的埃及古文物，年代横跨五千多年！重要馆藏包括公元前24世纪古王国时期的朋内布(Perneb)古墓、出土自法老重臣梅克特雷(Meketre)墓穴中的日常生活模型、女法老哈特谢普苏特(Hatshepsut)的坐像，以及中王国、新王国时代的珠宝器具等。

其中最引人注目的，是埃及政府赠送的丹铎神殿(Temple of Dendur)。这座神殿建于罗马统治初期(约公元前15年)，原本位于努比亚地区，为了让神殿更传神地展露风华，馆方还特地仿造神殿原址的环境，在周遭设计了一湾流水。

武器与铠甲
Arms And Armor

走进铠甲厅，立刻就被那列并辔而行的骑士队伍所吸引，以"巡行"方式来陈列欧洲文艺复兴时期的盔甲，是这个展厅最大的特色。除了欧洲骑士铠甲与长枪、长戟外，这里也有为数众多的奥斯曼土耳其帝国、莫卧儿帝国或日本武士的盔甲。这些盔甲不论来自何方，其锻造、接榫与装饰皆可看出当时工艺技术的精湛，也象征了那个时代武者的地位。

艺术博物馆　美国・纽约　纽约大都会美术馆

古代近东艺术
Ancient Near Eastern Art

今日战火不断的近东地区，远古时曾是强大文明的发源地，包括苏美尔文明、亚述帝国、巴比伦帝国、新巴比伦帝国、米底亚文明、波斯帝国、萨珊王朝等，都孕育于这片土地上。今日博物馆保存了这些地区的大量古文物，像是建筑、神像、铜器、各式器皿等，在伊斯兰国大肆破坏古代文物的现在，这些当年流落异域的宝物更显得格外珍贵。

罗伯·雷曼收藏
Robert Lehman Collection

罗伯·雷曼是雷曼兄弟的第三代掌门人，也是位大收藏家，这个展厅就是来自他的捐赠。收藏的范围很广，从14世纪到20世纪的作品，从绘画到装饰艺术，都是涉猎的范围，展厅中不乏赫赫有名的大师之作，包括波提切利、葛雷柯、安格尔、高更、莫奈、雷诺阿、马蒂斯等人的画作，都能在这里看到。

乐器
Musical Instruments

这里收集了来自世界各地的古今乐器，包括现存最古老的钢琴、拨弦键琴、各种形制的弦乐器以及东方乐器等。有些宫廷乐器装饰之气派华丽，几乎让人忘了它们当初是为了音乐而存在的。

亚洲艺术
Asian Art

这里收藏不少来自中国、日本、韩国、印度和东南亚的艺术作品，涵盖的时期上自青铜器时代，下至20世纪，内容则包括绘画、书法、佛像、漆器、瓷器、纺织品、玉器等。其中最特别的是用以展示明代家具的阿斯特中国庭园(The Astor Chinese Garden Court)，完全仿造苏州园林而设计。

伊斯兰艺术
Islamic Art

说到伊斯兰艺术，立刻就会联想到繁复的线条与壮观的挂毯，大都会美术馆的展厅远不止于此。这里有来自阿拉伯、土耳其、伊朗、中东等伊斯兰世界的各类型艺术，包括毫雕、建筑、古兰经架、波斯地毯、玻璃器物、金属饰品等，堪称全球最齐全的伊斯兰艺术收藏之一。

艺术博物馆

美国·纽约　纽约大都会美术馆

中世纪艺术
Medieval Art

中世纪的艺术大多是为了宗教而服务，因此这里的展品无论是圣母子像、彩绘玻璃、织锦挂毯、圣物装饰，无论来自罗马、拜占庭、塞尔特，都笼罩着一股神圣的氛围。

19至20世纪欧洲绘画与雕塑
19th- and Early 20th- Century European Paintings and Schulpture

此处的展出以法国艺术为主，尤其是印象派与后印象派的画作，包括莫奈、凡·高、马奈、高更、雷诺阿、塞尚、毕沙罗、秀拉、窦加、罗丹等人的作品。至于非印象派的作品也大有来头，例如学院派的考特、现实主义的库尔贝、野兽派的马蒂斯与立体派的毕加索等的画作。

美国馆
The American Wing

大都会美术馆收藏的美国绘画、雕塑与装饰艺术，不但规模在全美最大，内容也掷地有声。经典之作包括萨金特的《X夫人肖像画》(Portrait of Madame X)与圣高登斯的《戴安娜》(Diana)镀金铜像等，后者这座罗马猎神雕像的原型最初是麦迪逊广场花园塔顶上的风向标，在当时算是纽约地标之一，而博物馆中的这座则是比例缩小1/2的版本。

在装饰艺术部分也有不少可看的杰作，像是蒂芬尼的玻璃工艺、法兰克洛伊莱特的家具与室内设计等，为美国艺术史与家居生活提供了最佳的例证。

艺术博物馆

美国·纽约 纽约大都会美术馆

欧洲绘画
European Paintings, 1250-1800

　　这一区展示的是1250年至1800年之间的欧洲绘画，也就是文艺复兴运动开始成形之前，一直到浪漫主义时代结束。每一张都是震古烁今的名画，这里有乔托、曼特尼亚、克拉纳赫、卡拉瓦乔、梅姆林、鲁本斯、凡·艾克、伦勃朗、维米尔、哈尔斯、维拉斯奎兹、普桑、哥雅、大卫等人的作品，看看这些重量级的名字，就知道这一区多有看头了。

95

美国·纽约

纽约现代美术馆
Museum of Modern Art

【开启纽约接受现代艺术洗礼的时代】

简称MoMA的现代美术馆，其创立最初要感谢三位具有远见的女性：小洛克菲勒的妻子艾比(Abby Aldrich Rockefeller)、玛莉·昆·苏利文(Mary Quinn Sullivan)以及莉莉·布里斯(Lillie P. Bliss)。1921年，她们策展了一批包括毕加索在内的欧洲艺术家作品，受到当时保守的纽约艺术界不留情面的批评，于是她们决心设立一个以现代艺术为主的美术馆。8年后MoMA诞生，自此开启纽约接受现代艺术洗礼的大门。

MoMA让美术馆跳脱以往窠臼，也为纽约艺术注入新血，是纽约文化在20世纪发光发热的重要因素。而让它在世界艺术界立于不朽地位的，要数首任馆长阿弗烈德·巴尔(Alfred H. Barr)，除了前卫的绘画与雕塑外，他的收集还包括建筑、素描、摄影、装饰艺术、印刷品、插画甚至电影等。摆脱了美术馆的刻板印象，使MoMA成为全世界拥有最完整的20世纪艺术的美术馆。

为了容纳不断增加的馆藏，现代美术馆历经大规模扩建整修，日本建筑师谷口吉生以东方艺术的创新理念融入建筑设计，将原先封闭的庭院转变成开放空间，庭院内摆放可亲近的装置艺术及雕塑作品，与参观者有更直接的互动。

在室内展厅方面，1楼规划为雕像花园、接待大厅和餐厅，2楼是当代绘画、影像艺术，3楼是摄影、建筑与设计，4楼、5楼以绘画、雕塑作品为主题，6楼则是特别展示厅。超大片洁白的墙面，以简约的色调衬托出艺术的多彩，楼梯的延伸线条则充分展露出令人震撼的空间美学。

艺术博物馆

纽约现代美术馆　美国·纽约

《睡着的吉卜赛人》
The Sleeping Gypsy

卢梭(Henri Rousseau)被归为后印象派画家，作品中总呈现出一种超自然的梦幻世界，这幅《睡着的吉卜赛人》是最能说明其风格的代表作品。画面里一位黑皮肤的姑娘恬静地沉睡着，而一旁有头神秘诡谲的狮子正嗅着她的芳香，空寂的沙漠里渗着阴冷的月光，画面流露出一种超乎现实的魔幻感。

《星月夜》
The Starry Night

凡·高(Vincent van Gogh)是著名的印象派画家，其作品对后来的表现主义与野兽派皆有很大的影响，本画便是他的代表作品之一。画面中大星、小星回旋于天际，呈现出一种不同于寻常的流动，而与其相对的村庄，则以平实的几何形状挤压在画面下方；兀然突起的柏树则有如火焰般直蹿入天。这样颤动的色光、浓厚的笔触，展现了画家深刻的幻觉，凡·高的不安与烦闷也有如漩涡般跃然纸上。

97

《亚维侬姑娘》
Les Demoiselles d'Avignon

西班牙画家毕加索(Pablo Picasso)创作产量丰富且风格多变，早期的创作注重强烈情绪的表现，因使用的主色调不同，分为"蓝色时期"与"玫瑰色时期"。至1910年后，他的创作风格逐渐发展出以几何图形组合画面的"立体主义"。这幅《亚维侬姑娘》是毕加索1904年到法国南部旅游，受到当地灿烂阳光与艳美色泽所激发出的灵感而画，是立体派发展雏形阶段的作品，还可以看到具象的形体。

《记忆的永恒》
The Persistence of Memory

天才画家达利(Salvador Dali)对弗洛伊德的梦境与潜意识理论相当着迷，导致其绘画建立在"妄想狂理论"上，是梦境、梦想、记忆、心理学、病理学的变形。达利对自己理论的定义是"一种理性自发的行为，以精神错乱联想为基础"，其作品呈现了精确的袖珍画技巧，描绘出错觉而痛苦的梦幻世界。

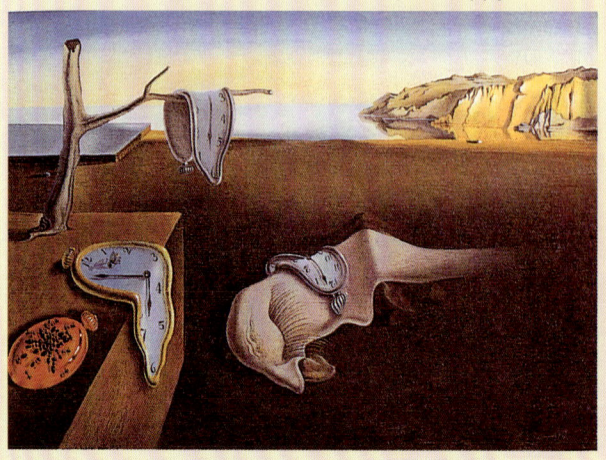

《克里斯蒂娜的世界》
Christina's World

魏斯(Andrew Wyeth)一直都住在乡村，他擅长将平日观察的人物、事件、场景转换成精细的写实作品。他的第一个系列创作即是以一位身障女子克里斯蒂娜为主角的四幅画，把这位残疾女子孤独苦涩的心理表现得淋漓尽致，而其使用的蛋彩颜料，也让画面透露着古朴典雅的风采。

《金色梦露》
Gold Marilyn Monroe

安迪·沃霍尔(Andy Warhol)以绢印复制刷色出来的梦露，一推出便广受好评，奠定了他一代波普艺术大师的地位。而MoMA收藏的《金色梦露》有别于其他的复制梦露组图，是唯一一幅使用金色的图像。金色的高光感，象征了梦露的巨星光芒，但却易逝且脆弱，四周的留白更显出其渺茫的孤绝状态。

美国·纽约

纽约古根海姆美术馆
Solomon R. Guggenheim Museum

[建筑本身与馆藏都令人惊艳]

古根海姆美术馆的建筑本身就是一件旷世巨作，堪称纽约最杰出的建筑艺术作品。这栋美国当代建筑宗师法兰克·洛伊·莱特(Frank Lloyd Wright)的收山之作，从设计到完成都备受争议，其白色贝壳状混凝土结构的外观经常比馆藏更受游客青睐，而中庭内部的走道动线呈螺旋状，大厅没有窗户，唯一的照明来自玻璃天棚的自然采光，五彩变化的颜色，让参观者仰头观赏时忍不住啧啧称奇。

古根海姆美术馆的展示区包括大圆形厅、小圆形厅、高塔画廊和5楼的雕塑区。馆藏多半是实业家所罗门·古根海姆的私人收藏，也有不少是后来基金会从其他地方收购的当代名作，目前共计有雕塑、绘画等三千多件艺术品。

《耕地》 The Tilled Field

古根海姆美术馆中不可错过的收藏，包括米罗的《耕地》，画中以奇异的动物造型展现童稚的梦幻，让欣赏者能够透过他的思维创意，对于大自然、动物和花草树木拥有另类的思考。

《都市人》 Men in the City

雷捷(Fernand Léger)的《都市人》，将人物画成立体的几何图案，与周围机器融合在一块儿，象征了失去人性的世界。

《几个圆形》 Several Circles

另一必看重点是康丁斯基的作品，他作为"蓝骑士"画派的代表人物，在现代绘画史中极具影响力。其作品画面抽象、色彩丰富、线条多变，收藏于古根海姆美术馆中的代表作为《几个圆形》(Several Circles)。

99

加拿大·渥太华

加拿大国立美术馆
National Gallery of Canada

[一部丰富的加拿大本土艺术史]

原本美术馆所在的位置是一间小饭店，1880年时，26位杰出的加拿大艺术家在此展出作品，于是促成了国立美术馆的成立。之后，美术馆曾经过数度迁移，直到1988年新馆落成，国立美术馆正式成为加拿大数一数二的博物馆。

美术馆收藏了来自北美地区和欧洲各国的艺术品，当然，其中最具分量的馆藏就是加拿大本土艺术家的杰作。从北美原住民时代，到欧洲人移民新大陆的时期，从因纽特(Inuit)原住民的手工雕刻，到本土自然派画家汤普森(Tom Thomson)与七人组(Group of Seven)的著名作品，国立美术馆都有收藏，而这些依照年代先后顺序排列的作品，就像是一部丰富的加拿大艺术史。

国立美术馆的设计师摩西·萨夫迪(Moshe Safdie)，也是设计魁北克文明博物馆及蒙特利尔67号住宅区的知名建筑师，美术馆的造型类似哥特式的城堡，据说是来自国会大厦的灵感。

虽然外形复古，但建筑素材却极富现代感，萨夫迪在外观上大量采用玻璃建材，创造出美术馆内的明亮及透明感，使人印象深刻。而美术馆大门口的巨型蜘蛛雕塑则是出自女艺术家路易丝·布尔乔亚(Louise Bourgeois)之手，这尊名为"Maman"(意为母亲)的雕塑，则是她与同样身为女性的母亲间永恒的联系。

艺术博物馆

加拿大国立美术馆
加拿大·渥太华

俄罗斯·圣彼得堡

冬宫与国家隐士庐博物馆
Winter Palace & State Hermitage Museum

[一场绝无仅有的视觉与心灵飨宴]

冬宫坐落在宫殿广场上，原为俄国沙皇皇宫，"十月革命"之后，对一般民众开放，正式定名为"国家隐士庐博物馆"，是所有来到圣彼得堡的旅人最重要的目的地。

其建筑本身除了是18世纪中叶俄国巴洛克风格的杰出典范，质量惊人的艺术收藏品更使它与伦敦的大英博物馆、巴黎的卢浮宫、纽约的大都会美术馆并列为世界四大博物馆。

庞大的宫殿区域包含了5座不同时期兴建的建筑，分别是冬宫(Winter Palace，1754—1762年)、小隐士庐(Small Hermitage，1764—1775年)、旧(大)隐士庐(Old Hermitage，1771—1787年)、新隐士庐(New Hermitage，1841—1851年)、国家隐士庐剧院(State Hermitage Theatre，1783—1787年)，威武的建筑雄踞在涅瓦河畔，气势惊人。

根据历史记载，整个冬宫建筑奠基于彼得大帝的女儿伊丽莎白女王执政时期。伊丽莎白女王聘请意大利建筑师拉斯提里(Francesco Bartolomeo Rastrelli)监造冬宫，它于1754年始建，1762年完工，成为俄罗斯巴洛克主义的建筑代表作。而从落成之日直到1917年，冬宫一直是享有尊荣的皇家宫邸。

继伊丽莎白女王之后扩建冬宫的另一位重要人物就是凯瑟琳大帝。她在冬宫一侧建造了小隐士庐，1764年，柏林富商戈兹克斯基(Johann Ernest Gotzkowski)赠送了225件欧洲名画，她于是在小隐士庐旁边再加建旧(大)隐士庐收藏大量名画、珠宝、玉石

艺术博物馆

冬宫与国家隐士庐博物馆 俄罗斯·圣彼得堡

雕刻、瓷器等，接着又委托建筑师夸伦吉(Giacomo Quarenghi)打造隐士庐剧院，整座冬宫建筑群至此定型。尼古拉一世即位后，同样为了解决容纳收藏品的问题，建造了新隐士庐，并于1852年辟设为博物馆开放参观。

为了彰显权势，凯瑟琳女皇在其在位的34年间(1762—1796年)，不断大量收购艺术品，包括约一万六千枚硬币与纪念章，她在在位的前十年便购置了约两千幅画。图书馆里，三万八千多册书籍则反映了凯瑟琳严肃的阅读生涯。她读伏尔泰和卢梭的作品，并与伏尔泰保持通信多年，一直到伏尔泰于1778年逝世为止，凯瑟琳后来将他约七千册的藏书买下来。

隐士庐博物馆建筑面积广阔，收藏品大致可分为绘画、雕刻、珠宝、家具、古钱、考古文物等，藏量超过两百七十万件艺术品，包括约一万五千幅绘画，约一万两千件雕塑，约六十万幅线条画，一百多万枚硬币、奖章和纪念章，以及约二十二万四千件实用艺术品。

在藏品之外，不可忽略的当然为各个宫殿房间的室内装潢。整幢博物馆的展示走廊加起来将近二十公里长，光是皇室居住的房间及宫殿数量就超过一千间，以隐士庐博物馆的规模，想仔细观赏完所有内容，至少得花上两天的时间，即便时间紧凑，只有一天的参观行程，建议开放时间一到就进宫，至少花一整天的时间欣赏馆藏，这样才不致太匆忙而错过了精彩的展示。

整座博物馆共分三层，以阿拉伯数字编号分成400个房间，几个相连数字间为一个特定主题的展品，并以数不清的走道、回廊、楼梯连接，分布在冬宫、小隐士庐、大隐士庐三栋主建筑之内。

从数千年前的考古出土文物到20世纪的前卫绘画，从踏进这座博物馆的第一刻起，一场无与伦比的视觉与心灵飨宴就开始了。建议进去前事先做些功课，预想好个人特别有兴趣的展间，再按图索骥入内参观，才不会迷失在茫茫人群与艺术之海中。

103

一楼

一楼主要珍藏的是东西方的古代文物，与许多声名显赫的绘画作品相比，这里会被一般走马看花的观光客略过，但这也代表不用跟成群旅行团或来此上课的学生们挤着争看作品，能比较清静自在地饱览这些古代人类无价的文化遗产。

西亚及埃及

位于冬宫一楼的东侧，由此连接小隐士庐，珍藏着俄国考古学家发掘的古埃及和西亚的文物，如石棺、木乃伊、浮雕、莎草纸文献、祭祀用品和科普特人的纺织品，还有世界上最大的伊朗银器，以及巴比伦、亚述、土耳其等地区的文物。

亚特兰提斯雕像

高达5米的巨型亚特兰提斯雕像，是冬宫南侧走廊最特别的装饰，这里原本是隐士庐博物馆的入口，现在入口改到北侧，此处也是婚礼拍照的热门景点。

古希腊罗马

经过小隐士庐的走廊就来到大隐士庐，此区全是古希腊和古罗马的雕像、花瓶等文物，陈列在二十多个大厅里。室内古典主义的设计特别恰如其分地与展品融合在一起。

约旦阶梯

约旦阶梯（Jordan Staircase）是从冬宫一楼通向二楼的主要大阶梯，气派恢宏，在10道撑起大阶梯的花岗岩梁柱之间，装饰着彼得大帝购自意大利的雕塑作品，沿着象牙白大理石台阶拾级而上。这也是在1837年冬宫发生大火之后唯一依照最初设计重修的部分，建筑完全保存巴洛克风格及色调。

18世纪时原本叫作大使阶梯，顾名思义，所有外国使节都要经由这道阶梯上楼参见沙皇。约旦阶梯是19世纪后的名字，每年1月6日，皇室家族会由此下楼走向涅瓦河畔，象征来到耶稣受洗的约旦河畔，在封冻的河面上凿个洞，舀一瓢水，经过大主教的祝福后便由沙皇喝下。

104

二楼

二楼是绝大多数造访冬宫的人停留最久的区域，数不尽的西方经典画作俯拾皆是，而存放这些无价之宝的环境更是令人瞠目结舌，一间又一间的装饰与设计精美无比，是另一个参观重点。

孔雀石厅

孔雀石厅(The Malachite Room)是用孔雀石装饰而成的，厅室内的柱子、天花板、地板、贴金的大门、装饰的瓶子、烛台等都是以绿色孔雀石制成，当初运用的原石高达两吨。

1812年战争画廊

在这个狭长的空间里悬挂着一幅又一幅排列整齐有序的肖像画，全是身着军装的军人，共有332幅画都是1812年拿破仑战争的有功将领，纵使个别看来艺术性并不高，但一字排开的气势颇为壮观。

王座厅

在过去的沙皇时代，许多最正式的仪典都在此厅举行，其中最重大的一次历史事件是1906年国民议会(DUMA)的成立。沙皇尼古拉二世为防积怨已久的社会发生革命，不得不在王座厅主持开幕，这是头一次平民能够进到冬宫来。

阁楼厅

二楼小隐士庐的阁楼厅(The Pavilion Hall)有着整座博物馆最令人惊艳屏息的室内装潢，1858年由建筑师斯塔肯施耐德(Andrei Stakenschneider)主持改建工程，他以白色大理石及黄金改变了凯瑟琳大帝原有的装潢，悬挂28盏水晶吊灯，白色廊柱之间镶满金光闪闪的浮雕纹饰，地板上繁复的马赛克是复制自罗马浴池的图案……众人瞩目的焦点，就是大厅北侧的孔雀钟，由英国钟表师考克斯(James Cox)设计，栩栩如生的细节值得细赏。

提香作品

提香(Titian)是16世纪威尼斯画派大师，对后来的画家如鲁本斯(Rubens)和普桑(Poussin)都有很大的影响。他的作品构思大胆，气势雄伟，构图严谨，色彩丰富鲜艳。中年画风细致，稳健有力，色彩明亮；晚年则笔势豪放，色调单纯而富于变化。此区的《圣赛巴斯提安》(St. Sebastian)画中最能体现他晚年成熟的风格。

艺术博物馆

冬宫与国家隐士庐博物馆 俄罗斯·圣彼得堡

拉斐尔作品与拉斐尔走廊

凯瑟琳大帝在1775年参观过梵蒂冈的拉斐尔厅后印象非常深刻，于是派遣画师前往当地临摹复制成画，并依建筑师夸伦吉的建议，将整座走廊都复制重现，这座工程浩大的走廊直到1792年才全部完工。值得注意的是，一些细节经过了俄罗斯化，例如教皇徽记改成了罗曼诺夫王朝双头鹰的标志。

拉斐尔走廊(The Loggia of Raphael)一旁的拉斐尔厅也有两幅他的作品，一幅是《圣母子》(*Madonna and Child*)，另一幅是《圣家族》(*The Holy Family*)，总是吸引人群驻足细细观赏。

白厅

冬宫2楼的白厅(White Hall)是尼古拉一世为王储(后来继位的亚历山大二世)的婚礼而修建的厅室，现今主要展示法国及英国艺术。大厅的装潢展现洛可可风格，黄金吊灯与拼花地板非常吸引人。

骑士厅

骑士厅(Knights' Hall)的展品与其他展厅展出的艺术作品大相径庭，这里收藏了皇室自世界各地收集来的铠甲、盾牌、刀剑等武器，沙皇尼古拉一世率先开始收藏此类器物。大厅中以四尊全身着16世纪德国铠甲的骑士最为醒目，他们英姿勃发地骑在全身着防护装的高大马匹上。

佛兰德斯画派

此区收藏了17世纪佛兰德斯画派(Flemish)代表画家鲁本斯(Rubens)、范戴克(Van Dyck)等人的作品，丰腴的人物造型、热情饱满的色彩、充满戏剧性的构图，令人赞叹。

黄金会客室

黄金会客室(Gold Drawing Room)是冬宫最美的厅堂之一，室内装潢在19世纪70年代曾大肆整修，从墙壁到天花板都贴覆一层金箔，显得耀眼华丽，现今厅内展示的是皇室收藏的西欧珠宝。

三楼

三楼展示的大部分作品为近代绘画，20世纪几个赫赫有名的大师如莫奈、塞尚、高更、毕加索、马蒂斯等都在此有一席之地。不加修饰的房间让这些名作彻底发光发热。

印象派及后印象派

此区的几个厅展示了印象派的莫奈与后印象派的塞尚、高更等人的画作，几乎每一幅都是从小常在复制图片上看到的名作。从莫奈的朦胧氛围、塞尚的严谨结构，到高更的大胆色彩，在这几间展室里，观者可亲自见识西方绘画史上最大的变革。

俄国前卫派

整个冬宫就只有这么一间展厅是关于20世纪的俄国艺术，大部分的相关作品都收藏在俄罗斯美术馆里，但其中的作品都相当具有代表性，有康丁斯基(Kandinsky)早期奔放不羁的抽象绘画，还有马列维奇(Kazimir Malevich)的《黑方块》，一个黑色方块涂在白色画布上，宣告"绘画的终结"，在20世纪初期引起极大的争论。

毕加索作品

此区展示着毕加索年轻时蓝色时期与立体派的作品，前者多用暗淡蓝灰的色彩与阴影描绘失落与忧郁的人物，后者则大胆地进行造型探索，是毕加索多变面向中相当有趣的风格类型。

马蒂斯作品

冬宫收藏了马蒂斯最重要的作品《舞蹈》，5个牵手跳舞的光裸躯体在平涂的偌大色块上，充满了自由流动的能量。在这幅画对面的《音乐》以类似的结构相呼应，是马蒂斯艺术发展生涯的巅峰之作。

亚洲与中东艺术

此区50个展间里多为非西方艺术与文物，涵盖范围包括东亚的中国、日本，南亚的印度，中东和拜占庭等。

艺术博物馆

冬宫与国家隐士庐博物馆 俄罗斯·圣彼得堡

澳大利亚·悉尼

悉尼新南威尔士美术馆
Art Gallery of New South Wales

[尽展移民文化的特色]

新南威尔士州是澳大利亚新大陆最先开发之地,也是澳大利亚文化的起源,这座展馆虽然并非澳大利亚最大的美术馆,但收藏了不少澳大利亚最精致的艺术品。原住民美术是该馆最吸引国际游客的一大特色。

新南威尔士美术馆共有5层楼,包含19、20世纪的澳大利亚艺术,以及15至19世纪的欧洲艺术,其中包含罗丹(Auguste Rodin)、毕加索(Pablo Picasso)的作品。澳大利亚具有移民历史文化发展,在艺术方面广受欧洲影响,尤其是澳大利亚初期的艺术发展,隐藏着英国艺术的影子,明显呈现移民文化的特色。

新南威尔士美术馆还有亚洲艺术以及临时展览区,经常展出各式各样的艺术作品,同时收藏了中国、日本和东南亚各国的艺术品。

欧洲艺术

除了收藏了许多澳大利亚精致的艺术品,新南威尔士美术馆还珍藏了非常多的20世纪的欧洲艺术品,作品囊括画作、雕塑,值得细赏。

澳大利亚艺术

由于澳大利亚移民历史文化发展仅约两个世纪，艺术亦多受欧洲影响，初期澳大利亚艺术多见英国艺术的影子，呈现移民文化的特色。

刘晓先《我们的神》

艺术家刘晓先(Liu Xiaoxian)出生于中国，于20世纪80年代移民澳大利亚。

罗丹《加莱义民》

毕加索《躺着看书的女人》

阿仙作品

这件作品属于当代艺术家阿仙(Ah Xian)的作品，他在1989年从中国移民至澳大利亚，近年获得许多雕塑奖项。

艺术博物馆 — 悉尼新南威尔士美术馆 澳大利亚·悉尼

中国·北京

北京故宫博物院

[世界现存最大的古帝王宫殿博物馆]

北京故宫博物院乃世界现存最大、最完整的古帝王宫殿建筑群，占地约72万平方米，建筑面积约占15万平方米，计有九千多间宫殿，自明永乐十八年（1420年）建成后，距今约六百年历史，明清两代总共有24位皇帝在皇城内的紫禁城住过，是昔时北京城乃至于全中国的心脏。

北京故宫博物院原名紫禁城，由于新朝代对前朝皇宫称呼为故宫，便以"故宫"取代了旧称，同时它的功能也从皇帝居所转变成博物馆，展示中国保存最完整的宫殿建筑群，以及上百万件历代珍宝文物。1987年，它被联合国教科文组织列入《世界遗产名录》。

想要细游故宫可得花上一整天时间，一般而言，游览路线分为中路、东路与西路三条。中路即紫禁城的中心建筑群，沿着金阶御道一路穿过前朝三大殿（太和殿、中和殿、保和殿）和后寝三宫（乾清宫、交泰殿、坤宁宫），最后是御花园。内东路和内西路看的则是后寝三宫的东、西两侧，各有六宫。另外还有一条外东路，以欣赏珍宝馆的奇珍异宝为主。

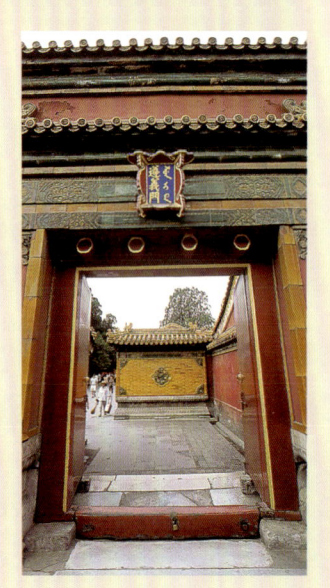

护城河

护城河宽52米，水源来自北京西郊的玉泉山，玉泉水经颐和园、运河、西直门的高梁河，流入市中心的后海，然后从地安门步量桥下引一支水流，经景山西门地道，进入护城河。从康熙起，皇室就在护城河中栽种莲藕，据了解清初皇帝种荷花并非闲情逸致，而是莲藕可补皇室的用度，勤俭之风可想而知。

内金水河·内金水桥

午门后一如纯净飘带蜿蜒流过太和门前广场的内金水河，在太和门广场前形成一道优美的拱形渠，水碧如玉、河道弯曲，又称为玉带河。内金水河最大的功能在排泄雨水，更是救火时重要的水源，此外还可观鱼赏荷，既实用又造景。河上跨着5座汉白玉石雕栏拱桥，内金水桥也是以中桥为主桥，由于位于紫禁城南北中轴线上，所以又称御路桥，专供帝后通行。

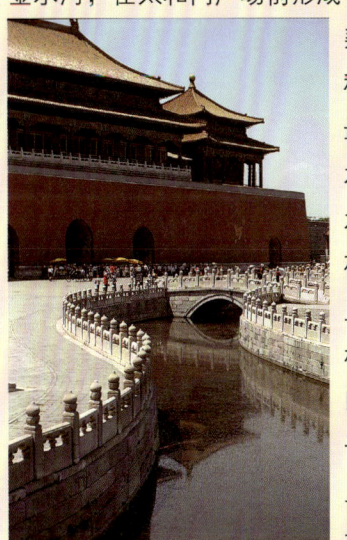

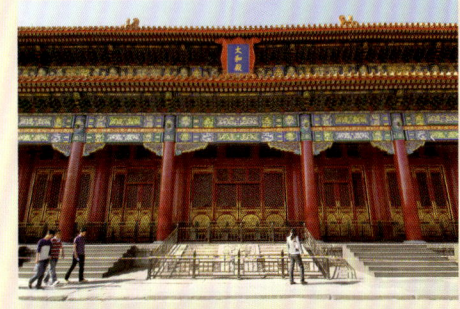

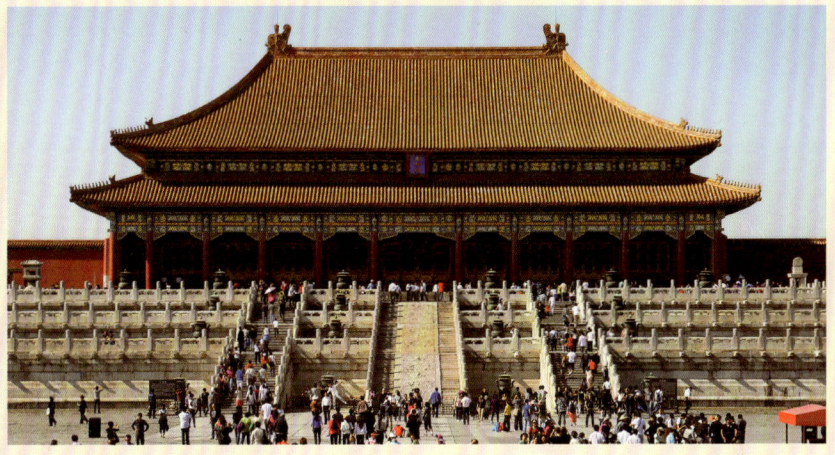

外朝三大殿

太和、中和、保和俗称三大殿，是前朝的主体，明时的名称是奉天、华盖、谨身，后又改名皇极、中极和建极。三大殿建在一座平面呈"土"字形的三层须弥座式的丹陛(台基)上，丹陛南北长230米、高8.13米，依古人的五行原理来看，木火土金水中，土居中，三大殿建于"土"台上，表示是天下的中心。居三大殿中位的中和殿是风水中的龙脉，它用简朴的单檐方形格局，面阔进深各三间，四面开透明门及窗，都是古代明堂的遗制。

三层丹陛的正面铺汉白玉云龙戏珠阶石，两侧有陛阶，三层共有石雕栏板1458根、排水的螭首1142个，都显示了君主至高无上的地位。保和殿的云龙雕石是宫内最大的石雕，由一整块艾叶青石雕成，长16.75米、宽3.07米，总重270吨；下雕海水江崖，上雕九龙腾行于龙云之间，雕工精细、生动，实为石雕精品，也是一方国宝。

内廷后三宫

明代建紫禁城时，后三宫原本只有二宫——乾清宫和坤宁宫，当时皇帝住"乾"清宫，皇后住"坤"宁宫，天地乾坤，各有居所，到了明嘉靖年间才因"乾坤交泰"而加建了交泰殿，完成后三宫的格局。后三宫的规模小于前三殿，四周则由连檐通脊的廊庑贯通，形成一大型的四合院，南北开乾清门和坤宁门，通前三殿、御花园。

和前三殿一样，后三宫也建在高架的"土"台上，但只有一层，形制矮了一截。基台前一条高起地面的"阁道"连接乾清宫和乾清门，方便皇帝往来于宫殿之间，一般人要上下台阶才能登阶入殿，太监侍卫更只能走丹陛桥下的老虎洞。

殿前露台陈列龟、鹤、日晷、嘉量、宝鼎，但略逊于太和殿，特别的是丹陛下两旁各有一座汉白玉文石台，台上各安放着一座镀金的小宫殿，左边是社稷金殿，右边是江山金殿，是清顺治重建乾清宫时增设的。

东六宫

东路分内东路和外东路，内东路包括钟粹宫、景阳宫、承乾宫、永和宫、景仁宫和延禧宫，除钟粹宫在晚清慈安太后居住时添建了廊子外，其余都保持了明代的格局。

外东宫则以乾隆整建为退位养老之用的太上皇宫殿群为主，以皇极殿、宁寿宫为主，包含一座清代四大戏楼之一的畅音阁，还带一狭长却精巧设计的花园。

太上皇宫殿

所谓的太上皇宫殿指的是乾隆让位于嘉庆后的居所。乾隆崇拜祖父康熙皇帝，即位时就立誓在位时间绝不超过康熙的60年，没想到乾隆很长寿，于是退位给儿子后，就在外东路兴建太上皇宫殿，其布局完全是紫禁城的小缩影，和乾隆退位仍掌实权的事实不谋而合。

九龙壁

从乾清门广场东门景远门进入东六宫，向东走即可见宁寿宫入口的锡庆门。锡庆门内、皇极门前有一照壁，用琉璃砖瓦建造，是清代现存的三座九龙壁之一，高3.5米，宽29.4米，由270块彩色琉璃件构成九条蟠龙戏珠于波涛云雾之中的画面，九龙姿态生动，有极高的工艺水准。

珍妃井

外东路中路最北端的景祺阁后，也就是宁寿宫一带的北墙之门贞顺门里，在湘竹掩映的矮墙侧，有一口青石枯井，那正是慈禧太后令太监强把光绪爱妃珍妃投井之地。

御花园

御花园占地约十二万平方米，为长方形，楼亭起伏、檐宇错落，包括养性斋、绛雪轩、万春亭、千秋亭、天一门、钦安殿、浮碧亭、澄瑞亭、堆秀山、御景亭、延晖阁、泰平有象等，御花园的清幽绚丽和严整肃穆的宫廷气氛，恰恰形成了强烈的对比。

御花园的设计为了打破呆板的格局，左右相对的建筑物会故意安排成相对的设计，例如前带宽廊的凸状绛雪轩，相对的就是凹字格局的养性斋。虽北方难有缤纷花草，但擅用假山石点缀，使御花园另有一种北方园林的氛围。

西六宫

西六宫是后妃们住的地方，所谓"三宫六院七十二妃"，指的就是生活在西六宫的嫔妃们。西六宫除永寿、咸福两宫外，其余各宫格局在晚清都经改造，二宫合一，变成两座四进的四合院。现在宫院内外陈列仍多依原样摆设，特别是慈禧太后住过的长春宫和储秀宫。

养心殿

乾清宫虽然是皇帝的正寝，但实际上长住的只有康熙，雍正为给康熙守孝，而改住养心殿，顺治、乾隆和同治也常居养心殿，甚至死于养心殿。直至清末，皇帝的生活起居和日常活动都不出养心殿的范围，养心殿可以说是清朝最高的权力中心，末代皇帝溥仪也是在养心殿签署退位诏书的。

养心殿前的养心门为庑殿式门楼，两侧还有八字影壁烘托气势，门前布置一对鎏金铜狮，使门面典雅而气派华贵；呈工字形的养心殿，有一穿廊连接前后殿，前殿面阔大三间，每间又用方柱分成3间，乍看像9间的格局；前殿明间和西间前檐接建抱厦，东间窗外则敞开，直接面对庭院。

储秀宫·翊坤宫

慈禧进宫被封为兰贵人时曾住在储秀宫，同治皇帝则出生在后殿的丽景轩。慈禧太后50岁寿辰时，储秀宫进行大改建，内装精巧华丽，居六宫之冠。为了万寿庆典，储秀宫的外檐全是花鸟虫鱼、山水人物苏式彩画，玻璃窗格做成"万寿万福""五福捧寿"的图案；屋内的装设全用兰花装饰(慈禧小名兰儿)，家具屏风、碧纱橱全用名贵的花梨木、紫檀木。整个改建改装总共花了六十三万两，在列强分割中国、烽火漫天之时，这笔支出简直足以动摇国本。而与储秀宫连为一体的翊坤宫，则是节日时慈禧接受妃嫔朝拜的地方。

艺术博物馆

中国·北京　北京故宫博物院

113

中国·台北

台北"故宫博物院"

[中华文物上下七千年的珍贵典藏]

中华文物上下七千年的珍贵典藏，从中国大陆的帝都中心，一路颠沛流离，最后落脚在中国台湾这个中国历史上的边陲角落。针对这批文物以及搬迁历史，两岸都各自有不同的解读和情感。

无论如何，从全球的角度来看，这一大批不会说话的文物，早已是人类文明共同的重要资产，超越了国家、民族，或是文化的界限。

1965年，坐落于台北外双溪的新馆落成，属于中国宫殿式建筑，楼高四层，采用较少见的盝顶，即平顶的庑殿，这是古代曾经出现过的建筑形式，整个布局颇具气势。台北"故宫博物院"的收藏主要有三个来源：一是北京的故宫博物院，一是南京的中央博物院，另外一部分则是来自移交、捐赠和购藏的珍品。

台北"故宫博物院"典藏超过六十五万件的历史文物，以种类来分，大致可分为书法、绘画、图书文献、清代宫廷档案、铜器、玉器、陶瓷、缂丝和珍玩等，大多数是清宫中从北宋以来历代帝王的收藏，时间上则涵盖了中国上下约七千年的历史。

清宫的收藏固然享有无上的评价，后来征集的也不乏珍品。例如苏轼的《寒食帖》真迹，素有"天下第三行书"的美誉，此外北魏以下的历代金铜佛像，张大千画庐山图卷，以及大量的史前玉器、陶器、商周铜器，都弥补了原本藏品的断层。

陶瓷器

台北"故宫博物院"的陶瓷器收藏，自宋代以降，每个朝代各擅胜场，尤其是宋明清时代的官窑瓷器，种类十分齐全。其中宋瓷以单色素净的白瓷为主，明清两代官窑设在江西的景德镇，分工十分细密，从抟土、拉胚，到施釉、彩绘，每一件作品要经过72道不同的工序，以彩瓷为主。

绘画书法

台北"故宫博物院"六十多万件的典藏中,书画超过一万件,在书法方面,晋朝王羲之的《快雪时晴帖》、唐代颜真卿的《祭侄文稿》、宋朝黄庭坚的《自书松风阁诗》、宋徽宗的《诗帖》,都是各个朝代的上乘之作。绘画方面,宋朝范宽的《溪山行旅图》、郭熙的《早春图》、梁楷的《泼墨仙人》、李唐的《万壑松风》等都属于中国绘画史上必读的教材。

这些名迹,有的时代久远,有的具有特殊时代意义,有的极具艺术价值,有的颜色剥损严重,因此,只允许在每年气候最佳的时间展出。

铜器及玉器

台北"故宫博物院"的铜器完整呈现了中国古代的青铜文化艺术,地理范围涵盖黄河、长江流域,时间则横跨商朝到汉代约两千年,展现古代中国以"块范法"铸造的酒器、食器,以及礼仪用器。

台北"故宫博物院"收藏的玉器,从新石器时代的《人面纹圭》、商代的《鸟纹珮》、汉代的《玉辟邪》、唐代的《唐玄宗玉册》、宋代的《宋真宗玉册》,一直到清代的《翠玉白菜》,见证了玉石文化在历朝历代的地位。

珍玩

清宫的珍玩文物十分庞杂,从漆器、珐琅到金饰、多宝格,不同材质、不同形式的珍玩,可以看出皇室对于器物的不同品位和喜好。其中乾隆皇帝对多宝格尤为喜爱,这是他闲暇之余作为消遣用的"玩具"。

餐饮及礼品

台北"故宫博物院"有四处地点提供餐饮及伴手礼,位于正馆的"闲居赋"和位于至善园入口左侧的"至善园门厅"供应轻食、茶饮及伴手礼;位于图书文献大楼的"富春居"备有精致套餐;另有菜色及餐具设计都和文物结合的"故宫博物院晶华宴饮中心",让游客心灵和味蕾都得到大大的满足。

自然史博物馆

自然史博物馆源起于收藏家设立的"奇珍异宝陈列室",早期的"百科全书式"博物馆也常见自然界的标本,近代,除了展示生物多样性,更进一步纳入自然保育和关怀环境等内容。本章共收录了芬兰极圈博物馆、日本鄂霍次克流冰馆、瑞士马特洪峰博物馆等14座自然史博物馆。

加拿大
蒙特利尔自然生态博物馆

美国
美国自然史博物馆
拉布雷亚沥青坑博物馆

鹿特丹海事博物馆

马特洪峰博物馆

芬兰
芬兰极圈博物馆

瑞典
哥特堡海事体验中心

英国
荷兰
瑞士
摩纳哥

俄罗斯地理学会

俄罗斯

东京都水之科学馆
鄂霍次克流冰馆

日本

摩纳哥海洋博物馆

伦敦自然史博物馆

新加坡海事博物馆

新加坡

新西兰国际南极中心

新西兰

英国·伦敦

伦敦自然史博物馆
Natural History Museum

[横越千万年的自然演进]

自然史博物馆成立于1881年的复活节，原本属于大英博物馆的一部分。后来与自然相关的馆藏从大英博物馆中独立出来，除了汉斯·斯隆爵士(Sir Hans Sloane)原本的收藏之外，还加进库克船长三次航海从全球各地带回英国的动植物，自然史博物馆于焉成形。

目前自然史博物馆分成四大展区，以蓝、橘、绿、红四色加以区分。蓝区位于主馆场的西翼，最受欢迎的是精彩丰富的恐龙演进展，此外还包括鱼类、两栖类、爬虫、海洋无脊椎动物、哺乳动物等标本。

从蓝区再往里走，会来到橘区，这是2002年开辟的"达尔文中心"(Darwin Centre)，将静态的科学展示化为动态的互动解说。达尔文中心的建筑也是结合高科技的崭新设计，名为"茧"(Cocoon)，其屋顶是一具可充气膨胀的软顶，可以减少支撑屋顶的梁柱。

此外，以玻璃为主体设计的大楼墙壁也内含太阳能百叶窗，能利用电子仪器追踪太阳，随着天气的变化调节角度，维持室内凉爽的温度，更被称为"智慧皮肤"(Intelligent Skin)。达尔文中心只提供参加导览行程的游客参观，而位于西翼外侧还有一座野生动物花园，也属于橘区。

红区名为地球馆(Earth Galleries)，充满绚丽科幻的巨型地球十分震撼人心。本区展示了许多古人类头骨，追溯人类演进史以及地球生态学，这里还有目前发现最完整的剑龙(Stegosaurus)化石，高3米、长约6米。另外还有一处模拟地震的实验室，对欧洲人来说可是很新奇的体验呢！

建筑风格

目前自然史博物馆所在的南肯辛顿这栋建筑，是由当时的年轻建筑师沃特豪斯(Alfred Waterhouse)所设计，建筑风格以文艺复兴和德国仿罗马式为主。

中央大厅曾经的焦点——梁龙

整座博物馆最吸引人的焦点，就是中央大厅那具长达25米的蓝鲸骨骼，这只蓝鲸当初搁浅于爱尔兰东南部海岸，馆方于1891年买下，处理后于1935年在馆内的哺乳类动物馆展出。2017年7月，馆方将蓝鲸标本移至中央大厅，一方面代表博物馆在幕后从事的尖端科学，另一方面是借蓝鲸令民众更加了解生物濒临绝种的问题。

在蓝鲸移入中央大厅之前，昵称"Dippy"的高大梁龙(Diplodocus)骨骼是访客热爱且熟悉的焦点，搭配它的是跷腿坐在中央梯间、凝视整座博物馆的达尔文(Charles Darwin)塑像，这幅熟悉的景象，大家不会遗忘。

蓝区

蓝区位于主馆场的西翼，从恐龙的诞生到灭绝都有详细的介绍，各种骨骼、化石标本和模型图解更令人叹为观止。此外，这里还展示了鱼类、两栖类、爬虫、海洋无脊椎动物、哺乳动物等标本。

绿区

绿区位于主建筑的东翼，展示了鸟类、海洋爬虫类、矿物、灵长类、巨木，包括17世纪灭绝的渡渡鸟标本、生存于侏罗纪晚期的上龙(Pliosaur)及上千岁的加州红杉剖面。

美洲大地懒

美洲大地懒(Megatherium americanum)是草食性哺乳类动物，在更新世冰河期中灭绝了。大地懒的骨骼常被误认为是恐龙。

加州红杉 Giant Sequoia

直径超过4米的加州红杉剖面，在19世纪90年代被砍伐时已有一千三百多岁，树高101米。

渡渡鸟 Dodo

馆内收藏有渡渡鸟标本，渡渡鸟早在17世纪时已经灭绝，绝种将近三百多年。

自然史博物馆

英国·伦敦 伦敦自然史博物馆

摩纳哥

摩纳哥海洋博物馆
Musée Océanographique

[全欧洲规模最惊人的水族馆]

位于峭壁悬崖上的海洋博物馆，是全欧规模数一数二的水族馆，成立起源要归功于摩纳哥亲王阿尔伯特一世(Albert I)所收集的昂贵海洋生物，目前这里也是研究海洋科学的专业机构。

1楼收藏着日本画家的上百幅鱼拓作品，栩栩如生，此楼也常当作新近海洋科学的成果发表场地；2楼收藏数只捕获于20世纪初期的大型鱼类和鲸鱼标本，令人印象深刻；地下室有占地广大的水族箱，可以看到来自热带地区的稀有鱼种，美妙的海底世界让所有前来参观的男女老少都能尽兴而归。

荷兰·鹿特丹

鹿特丹海事博物馆
Maritiem Museum Rotterdam

[欧洲第一大港的海事博物馆]

论气势与规模，鹿特丹海事博物馆独霸欧洲，除了展示船舶模型、港口设施、航海器具、海事历史，馆内还有更多可看之处。譬如在一间挑高的展示厅内，在三面大屏幕的声光特效下，码头上忙碌的一日正要展开，控制室里有一整排宛如电玩界面的模拟电脑，详细解说着鹿特丹的码头运作。在展厅一隅还有条舰船长廊，1950年迄今的各式战舰及货轮模型依年代顺序陈列；一旁的造船蓝图，其缜密复杂的程度，更让人大为叹服。馆方也会经常举办特展活动，展出内容不见得是关于海事议题，通常是受到航海文化启发的艺术、设计，甚至时尚等。

对小朋友而言，来到海事博物馆的目的只有一个，就是"普隆斯教授"(Professor Plons)游戏室，父母可放任小孩在此自由发泄精力。丰富有趣的游戏设施能让孩子动动脑筋，学习航海及物理上的知识。

其实，鹿特丹海事博物馆最引人入胜的地方，是停泊在馆外码头的巴佛(Buffel)舰。这艘打造于1868年的战舰曾服役于荷兰皇家海军，先后担任巡防舰与训练舰的角色，如今重新整修后成为博物馆的展示厅。舰上还原了各舱房过去的样貌，像是舰长室、军官寝室、通信室、士兵吊铺、餐厅、厨房、浴室、火药库等，许多陈列都设计成互动式，例如可以打开水手们的置物柜，看看他们的日常用品，或是到轮机室体验添煤、鼓风的苦力劳动，十分特殊。

121

瑞士·采尔马特

马特洪峰博物馆
Matterhorn Museum-Zermatlantis

[以实景模型细诉马特洪峰山区的故事]

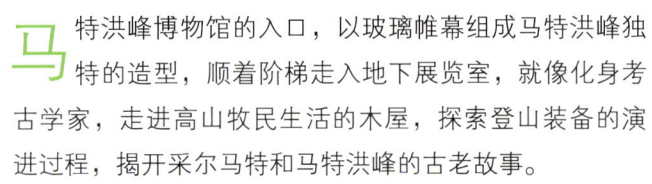

马特洪峰博物馆的入口，以玻璃帷幕组成马特洪峰独特的造型，顺着阶梯走入地下展览室，就像化身考古学家，走进高山牧民生活的木屋，探索登山装备的演进过程，揭开采尔马特和马特洪峰的古老故事。

博物馆以实景模型方式展示，分为自然地质、牧民生活、观光及登山活动等主题。在没有高山铁路和缆车的年代，当地居民在艰巨的环境中发展出与自然对抗的生活智慧，例如防老鼠的谷仓、适合小空间使用的抽屉式床铺。

带动采尔马特旅馆发展的格兰德酒店内部柜台及大厅也呈现在参观者眼前，墙上还有游历此地的名人签名和照片。透过模型可以看到早年登山家们挑战攀爬马特洪峰的各种路径，并且不要错过展示柜中一条断掉的绳索。1865年第一支成功登顶的登山队(爱德华·温珀率领的7人团队)，在下山途中，其中4名队员因登山绳断裂不幸罹难，而这半截绳索，就是当时幸存者所带回的纪念物。

芬兰·拉普兰—罗瓦涅米

芬兰极圈博物馆
Arktikum

[了解酷寒环境所塑造的文化传统]

位于欧纳斯河(Ounasjoki)河边一列长长的玻璃屋，透着清澈与天人合一的美感，在旷野中就像是座现代的半穴居，在阳光珍贵的北国引进大量日光，这就是极圈博物馆，它由一群丹麦建筑师所设计，于1992年开幕。

中央走道左右两侧分为两个展示中心，一是极圈科学中心(Arctic Centre)，另一侧是拉普兰地区博物馆(Regional Museum of Lapland)。

极圈科学中心的研究对象遍及所有极圈活动，从冰河地形、原住民的狩猎行为，到西伯利亚的自然资源、白令海深处的海洋生态，是窥见极圈严酷生活环境的一扇窗。而在气候变迁的影响下，极圈的人类和动物生活环境变化，则是近年来着重研究的方向。

"雪"对极圈原住民的日常生活影响深远，在因纽特人(Inuit)的语言中就有数十种不同的名称，用于指称各种形态的"雪"。拉普兰地区博物馆的展示内容纵贯史前时期到20世纪70年代，地域范围涵盖罗瓦涅米到北极海边的北拉普兰地区，每一个主题都有搭配的影像、手工艺品、音乐，以及与实物等比例的模型，可以轻易了解拉普兰人如何与自然共存，以及在酷寒环境下所塑造的文化传统。

瑞典·哥特堡

哥特堡海事体验中心
Göteborgs Maritima Upplevelsecentrum

[全球最大的船舶实物博物馆]

海事体验中心于1987年开幕，1994年加以扩充形成了今日的规模，可说是世界最大的船舶实物博物馆。

展区共展示了15种功能不同的船舰，包括Fladen号灯号船、Flodsprutan II号救火船、Stormprincess号港口拖船、Herkules号碎冰拖船、Fryken号货船、Nordkaparen号潜水艇、ESAB IV号焊接船、Sölve号炮艇、Småland号驱逐舰、Dan Broström号渡轮，以及数艘19世纪时用来运送货物的平底小货船。

其中以大型驱逐舰Småland号最为壮观，船上所配备的各式武器保存完好，而Nordkaparen号潜水舰则是游客的最爱，游客可进入内部参观，了解船员如何在狭小的空间里工作，是相当难得的体验。

日本·东京
东京都水之科学馆
[寓教于乐认识水资源]

现在生活中打开水龙头便有干净的水流出来,但大家是否知道所使用的水,是怎么从家中水龙头中流出的呢？来到位于台场旁的"东京都水之科学馆",我们就能轻松了解水资源的各种小知识,同时认识水资源,迈进珍惜水资源的第一步。

挑高的中庭建筑 1 楼以水之公园为主题,设置了许多玩水道具,小朋友们都挤在这儿玩水枪,或是进入水下的防护罩,享受被水泼洒的刺激感。

全馆以水为主题贯穿,软硬体设施皆设计得很不错,不只能够供人们动手玩,每天不定时还会举办科学小课堂,在工作人员的带领下来场水的教学实验。这里是东京人假日携家带眷、教导孩子认识水资源的好去处。

日本・网走

鄂霍次克流冰馆

[记录大自然的奇迹]

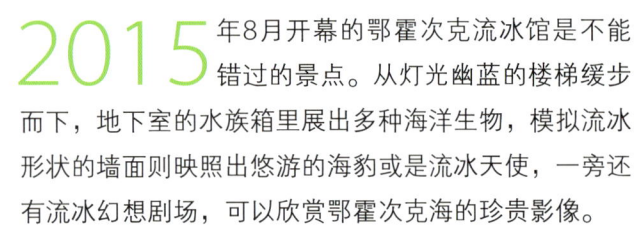

2015年8月开幕的鄂霍次克流冰馆是不能错过的景点。从灯光幽蓝的楼梯缓步而下，地下室的水族箱里展出多种海洋生物，模拟流冰形状的墙面则映照出悠游的海豹或是流冰天使，一旁还有流冰幻想剧场，可以欣赏鄂霍次克海的珍贵影像。

馆内可一窥被昵称为"流冰天使""冰海精灵"的海中生物，还可体验最有趣的"流冰体验室"。在室内只见众人不知甩着何物，原来入场前工作人员会发给大家一条湿毛巾，只要甩着甩着，毛巾内的水分便会结冰，整条毛巾还可以直立起来，这是感受低温的趣味方式。另在露台可见到百吨流冰，借由灯光变换还能欣赏流冰一日内的不同风情。

网走流冰的成因可说是大自然的奇迹，网走位于北纬44度，每到严冬(约1月中至3月中)，中俄边界的黑龙江河水汇入鄂霍次克海，因所含盐分的比例不同，会在海水表面结成薄冰。这片薄冰随着洋流南下，因为受到来自西伯利亚大陆的寒风吹袭，被吹向岸边，随着密度愈来愈高便结成了壮观的冰原。

流冰天使

鄂霍次克流冰馆内可一窥被昵称为"流冰天使""冰海精灵"的海中生物，其实这是名为"裸海蝶"的软体动物，生活在北冰洋南部水深三百五十米的海中，通体透明，外形十分梦幻。

天都山展望台

流冰馆坐落于天都山上，登上屋顶开放的展望台，就可以一览360度无死角的广大全景，将网走湖、能取湖、涛沸湖、藻琴湖，以及远方的知床连山、阿寒山一次尽收眼底。

126

俄罗斯·圣彼得堡

俄罗斯地理学会
Geological Committee

[收集俄罗斯各地的化石及地质切片]

地理学会是俄罗斯地理研究的最高学术机构，在看似表面肃穆的深锁大门后，其实藏着一间精彩的博物馆，而且完全免费。

地理学会附设的这间博物馆收集了大量的化石及各种地质切片，都是来自俄罗斯的各个区域，被分类放在一排排的柜子里。透过透明玻璃，这些造型、色彩、气味各异的岩块就像一面繁密交织的森林，壮观无比，而恐龙、长毛象巨大的骨骼与象牙也是极为稀有的展品。

除此之外，门口有一幅尺寸达26.6平方米、重3.2吨的马赛克镶嵌画，以紫水晶、钻石、花岗岩、红宝石等来自前苏联五百个区域的不同石材，组成一幅前苏联区的大地图。这幅地图总共动用超过七百人来完成，无论是最后成品展现的视觉效果还是大规模的制作过程，都充满了慑人气势。这幅宝石地图获得1937年巴黎世界博览会大奖，且曾经展示在冬宫的王座厅里长达34年之久。

新加坡

新加坡海事博物馆
The Maritime Experiential Museum

[重现郑和下西洋的光辉航海史]

郑和下西洋的故事还给历史老师了吗？没关系，这里有影片帮访客复习一遍。

位于圣淘沙名胜世界的海事博物馆，特别复制了一艘15世纪的郑和宝船，高达三个楼层，并在宝船旁依照海上丝绸之路必经的城市港口，设置了8个露天市集，包括泉州、归仁、马六甲、肯亚马林迪等。跟着当年郑和下西洋的路线，即可逐一探索光辉的航海史，当年麒麟鹿（今日的长颈鹿）就是随着郑和宝船运到燕京的。

游客也可以走进古船内部的台风剧场，登上古船，在360度环绕式屏幕包围下，跟着剧情一起在海上冒险。

128

美国·纽约

美国自然史博物馆
American Museum of Natural History

[美国最重要的自然史研究和教育中心]

自然史博物馆

新加坡海事博物馆 — 美国自然史博物馆

新加坡 — 美国·纽约

　　这间博物馆可能让访客觉得有些似曾相识，是的，这里就是电影《博物馆奇妙夜》的主要拍摄场地。美国自然史博物馆简称"AMNH"，成立于1869年，今日共有45个大大小小的展览厅，以及剧场、图书馆、天象馆等设施，馆藏超过三千两百多万件，是目前世界规模较大的同类型博物馆之一，更是美国最重要的自然史研究和教育中心。

　　这里的布展主题横跨生物学、古生物学、人类学、天文学与地球科学，馆内收藏大致可分为古生物化石、动物标本模型、各民族文化艺术与矿物宝石几个类型。还没走进博物馆，光是大厅里那只数层楼高的重龙化石，就看得人目瞪口呆。其他重点收藏还包括海洋生物厅里那只28米长的蓝鲸模型、数量丰富的恐龙与上古哺乳类动物化石、各地原住民的生活器具与手工艺品等。

　　部分馆藏也曾在《博物馆奇妙夜》片中"客串演出"，如果想"追星"，喜欢玩捡骨头游戏的霸王龙化石在4楼的蜥臀目恐龙厅、专搞恶作剧的卷尾猴在3楼的灵长类厅、总是说"笨笨"的复活节岛摩艾石像则在3楼的太平洋岛民厅。

　　1楼的罗斯福纪念厅，是为了纪念老罗斯福总统对自然史博物馆的支持，该厅常作为特展场地使用。此外，馆方还设有一座圆球体的海登天象馆(Hayden Planetarium)，放映的巨幕(IMAX)影片以探索太空星象为主，夏季还有激光秀等特别节目。

129

美国·洛杉矶

拉布雷亚沥青坑博物馆
La Brea Tar Pits and museum

【极大量的远古化石曝光】

这个地方在冰河时代便是一处沥青坑，大量黏稠的沥青从地表渗出，上面却被树叶或雨水覆盖，不知情的动物经常误陷坑中，无法自拔，最后被大自然所吞噬。又有些肉食动物为了捕食被困住的受难者，结果自己也一头栽进坑中，与它的猎物同归于尽。因此，这里保存了极大量的远古化石，为今人提供了完整的本地生态研究材料。

自20世纪初以来，这里已挖掘出数百万具生物骸骨与化石，年代横跨距今四万到一万年前，物种超过六百种，其中包括不少大型哺乳类，如猛犸象、剑齿虎、恐狼、地懒、野牛等。譬如近年出土完整度最高、曾在考古界引发热议的哥伦比亚猛犸象"Zed"，就是从拉布雷亚挖掘出的。目前这里的考古工作仍在进行，预计未来还会发现更多的古生物化石。

在沥青坑旁的博物馆内，游客可以看到各种具有代表性的冰河时代的生物骨骼，也能透过玻璃观看科学家们在实验室内研究化石。这里还有一间3D剧场，播放关于冰河时代的影片。

在博物馆外的汉考克公园(Hancock Park)里，游客不仅能欣赏大片绿地与远古动物造景，还能参观曾挖掘出大量化石的第91号坑(Pit 91)，以及持续进行中的"23计划"(Project 23)工作现场。

加拿大·蒙特利尔

蒙特利尔自然生态博物馆
Biodôme

[五千多种动植物栖息于一处]

自然史博物馆

拉布雷亚沥青坑博物馆 美国·洛杉矶

蒙特利尔自然生态博物馆 加拿大·蒙特利尔

　　自然生态博物馆可说是完全体现了"四海一家"的精神。面积约为一万平方米的自然生态博物馆，分为热带雨林、常绿森林、圣劳伦斯河海洋生态与极圈区四个部分。约有两百三十种物种、超过五千种动植物栖息在同一个屋顶之下，每一区的气候条件包括温度及湿度等，都依照该地理区的真实状况设定，因此能为该区的动植物营造最适合的生长环境。

　　譬如在热带雨林内，一年四季都维持在24℃左右，茂密低矮的丛林是这一区的特色，像是树懒、金丝猴和许多色彩鲜艳的鸟类，都可以在这里看到。常绿森林区主要以美加交界的五大湖区为设计标准，冬季时大约4℃~9℃，夏季时则有17℃~24℃，在这一区的动物有加拿大山猫和海狸等。

　　圣劳伦斯河海洋生态以展示沿着圣劳伦斯河栖息的鸟类、鱼类和周围生态环境为主，由于圣劳伦斯河最后注入大西洋，因此，这里也可算是大西洋海洋生态圈的一部分。而极圈区的设计模型来自北美及南美两端的极地地带，在这里可观察到企鹅悠游水中的矫健泳姿。

131

新西兰·基督城

新西兰国际南极中心
International Antarctic Center

[体验南极的气候与生态]

南极中心位于基督城是有理由的，新西兰早在1957年便在南极设立史考特基地(Scott Base)，所有前往基地的飞机，都是从距南极3832公里的基督城起飞。为了让所有人都能了解地球最南端的世界，南极中心规划了各种不同的相关体验。

南极四季 Four Seasons of Antarctica

一进大门，即是一座史考特基地模拟区，以光影、声音来表现南极的四季。每天南极中心都会接收一张史考特基地的电子照片和日记，同时注明南极今日的气温和天气概况，以拉近旅客与南极之间的距离。馆内沿路标示了各种关于南极的小知识，比方说，基地的建材是由两层钢铁夹着化学泡绵，以不断循环的热水保温，以应付当地温湿度俱低的严寒气候。

南极风暴 Antarctic Storm

接着，可以踏入极地的冰雪体验。一开始的时候，冰雪室因为无风无雪，气温约-8℃，穿着馆方提供的雪衣、套上防滑的橡胶鞋套，每个人都还可以若无其事地开心拍纪念照；等到风暴开始，风速逐渐增强、气温一路下滑，这样的恶劣天气持续大约五分钟以上，只觉动弹不得，很想立刻逃出生天。想象一下，一旦真正到了南极，这样的天气会持续好几天，自己受不受得了。

雪车体验 Hägglund Rides

坐上与真正极地使用的一模一样的水陆两栖越野车，系好安全带，准备开始一趟跋山、涉水、破冰的旅程。沿途越过陡峭的山坡、跨越冰缝、涉过泥泞，在完全密闭的空间里安全无虞，但是刺激程度丝毫不下主题乐园。这是相当逼真的南极实境之旅。

4D极限剧场 4D Extreme Theatre

比3D更具临场感的4D秀，游客可观看南极生物的冒险故事或《快乐脚》电影中可爱的马布大秀踢踏舞。在15分钟之内，有时座椅随着画面不停摇晃，有时薄雾或强风掠过脸庞，有时又仿佛有东西跳到腿上，过程惊险却趣味横生。

小蓝企鹅 Little Blue Penguins

小蓝企鹅最高只能长到43厘米，平均寿命大约六年半，是新西兰海域体形最娇小的企鹅。南极中心为它们设置了一处良好的生活环境，游客随时可以欣赏它们摇摆前进、纵身跳进水里、大展泳技等矫捷的身影，非常有意思。

此外，国际南极中心还提供了一个需要额外付费的企鹅零距离行程，邀请游客进入幕后的工作区，更近距离地观看企鹅的饲养与哺育等难得的第一手画面。

企鹅喂食 Penguin Feeding

每天10:30和15:30是企鹅们固定的喂食时间，游客可以近距离地看着工作人员一边殷勤地喂它们吃小鱼，一边讲解它们的生活习性，建议入园参观时一定要把时间留给这个节目。

自然史博物馆

新西兰·基督城 新西兰国际南极中心

133

历史博物馆

历史博物馆着力于收藏各类历史文物,保存各时期的文化遗产与记录。随着科技的进步,历史博物馆设立的数量逐渐增多,一些博物馆甚至选择性地收藏某项主题文物。本章收录了美国911纪念博物馆、法国欧洲和地中海文明博物馆、古巴哈瓦那革命博物馆等45间历史博物馆。

加拿大
- 加拿大战争博物馆
- 加拿大历史博物馆
- 皇家卑诗博物馆
- 卡尔加里历史文化公园
- 温哥华博物馆

美国
- 爱利斯岛
- 911纪念博物馆
- 纽约交通运输博物馆
- 爱荷华号战舰博物馆
- 摩根图书馆与博物馆
- 中途岛号航空母舰博物馆
- 垮掉的一代博物馆
- 潘帕尼多号潜艇博物馆
- 电脑历史博物馆
- 旅途博物馆

古巴
- 哈瓦那革命博物馆
- 特立尼达城市历史博物馆

世界博物馆分布图

- 柏林犹太人大屠杀纪念馆
- 史塔西博物馆
- 王宫博物馆与宝物馆
- 罗滕堡博物馆
- 奥古斯特·克斯特纳博物馆

英国
- 约克郡博物馆

德国

拉脱维亚
- 里加历史暨航运博物馆
- 里加犹太区暨拉脱维亚大屠杀博物馆

波兰
- 波兰犹太历史博物馆
- 华沙起义博物馆
- 奥斯卡·辛德勒工厂
- 奥斯维辛集中营

俄罗斯
- 兵库馆与俄罗斯钻石基金会展览

法国 瑞士

匈牙利
- 布达佩斯历史博物馆

希腊
- 欧洲和地中海文明博物馆
- 贝纳基希腊文化博物馆

土耳其
- 巴登历史博物馆

埃及
- 梅芙拉纳博物馆
- 科普特博物馆

中国
- 香港历史博物馆

日本
- 网走监狱博物馆

柬埔寨
- 吐斯廉屠杀博物馆
- 杀戮战场
- 柬埔寨战争博物馆

越南
- 胡志明市博物馆
- 火炉监狱博物馆(河内希尔顿)

澳大利亚
- 墨尔本旧监狱

新西兰
- 奥克兰(战争纪念)博物馆

法国·马赛

欧洲和地中海文明博物馆
Musée des Civilisations de l'Europe & de la Méditerranée (MuCEM)

[令人惊艳的新生古迹]

1983年时，身兼希腊歌手、演员和政治家身份的梅尔库丽(Melina Mercouri)，认为人们对于政治和经济的关注远远超越文化，有必要在欧盟会员国中推动一项宣传欧洲文化的活动。于是希腊文化部在1985年立雅典为首座"欧洲文化之城"，并展开了一系列相关的文化推广计划，之后每年都有一座欧洲城市获选并肩负起这样的责任。到了1999年时，头衔改为"欧洲文化之都"，而马赛正是2013年的重点城市。

这座古老的城市，将区内的古迹与建筑重新活化，五十项建筑计划为它带来崭新的气象与风貌，其中包括多座博物馆，而开幕于2013年6月7日的欧洲和地中海文明博物馆正是最大的亮点。

马赛政府将掌管旧港入口的17世纪圣贞堡垒和被称为"J4"的前港口码头加以整建，以两条高架天桥将旧城区、圣贞堡垒和J4连成一气，形成了一处占地广大的艺术特区。这里除了展出欧洲和地中海文物、新建的博物馆J4外，还有大大小小的展览厅、休闲庭园、咖啡馆和餐厅等，成为马赛最热门的新地标。

圣贞堡垒区

圣贞堡垒位于一座小山丘上，这片历史古迹收藏了马赛的回忆，多条环形步道串联起庭园与建筑，其中包括灯塔、礼拜堂，以及如今被改设为展览厅的守卫室和官员村等。

城墙与守卫室 Les Remparts et La Salle du Corps de Garde

从旧城圣罗兰教堂(Église St-Laurent)前方的高架天桥前往圣贞堡垒，经过皇室门(Port Royal)后，会率先来到守卫室，在这处17世纪的建筑中，可以观看一段介绍堡垒历史的免费影片。如果想欣赏城墙，不妨沿着环形步道(Chemin de Ronde)走上一圈。

136

荷内国王塔
La Tour du roi rené

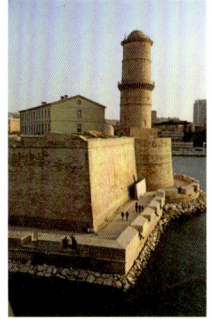

15世纪中叶，荷内国王为了重整这座城市，在昔日被摧毁的默贝塔(Tour Maubert)旧址上兴建了一座塔楼，其前方平台可以欣赏到360度的全景。

乔治－亨利·希维尔建筑
Le Bâtiment George-Henri Rivière

这座位于军队广场(Place d'Armes)上的大型建筑，落成于20世纪，如今成为售票处和特展展览厅，里面有商店和咖啡馆。

官员村和画廊 Le Village et la Galerie des Officiers

紧邻守卫室旁的成片建筑称为官员村，昔日为军营，19世纪后堡垒不再驻军，于是变成展览厅，展出一系列以"娱乐时光"(Le Temps des Loisirs)为主题的收藏，其中包括一组最大的马戏团模型，其他展出包括从事各种活动的木偶、传统服饰与日常用品等。

J4

这个号称以"石头、水和风"建成、占地约一万六千五百平方米的立方体，是欧洲和地中海文明博物馆的核心，出自建筑师里奇奥蒂(Rudy Ricciotti)和卡塔(Roland Carta)的设计。外观犹如纤维体，镂空的设计将马赛灿烂的阳光与明媚的海景邀请入内，使得整个空间在天气晴朗时闪闪发光，特别是投射在木头栈道上的不规则倒影，更带来浪漫且神秘的气氛。博物馆内共分5楼，3座展览厅主要位于1楼、3楼。

地中海厅 La Galerie de la Méditerranée

位于1楼的地中海厅面积约一千五百平方米，展出从新石器时代至今与独特的地中海群居生活相关的文物，其中包括各式各样的日常生活工具，以及图画、素描、版画、圣像等艺术品。展览按照历史发展分为"农业发明与神祇诞生"(Invention des Argricultures, Naissance des Dieux)、"耶路撒冷，三教圣城"(Jérusalem, Ville Trois Fois Sainte)、"公民身份与人权"(Citoyennetés et Droits de l'Homme)和"超越已知世界"(Au delà du Monde Connu)4个主题。

历史博物馆

法国·马赛 欧洲和地中海文明博物馆

英国·约克
约克郡博物馆
Yorkshire Museum

[见证约克从中古时期迄今的重要性]

约克郡博物馆收藏着不同时期的文物，从罗马到撒克逊、维京、中古时代，许多珍贵的欧洲考古遗迹或王室珠宝都是这里主要的收藏，而从这些化石、珠宝、雕刻等物品中，不难看出约克从中古时期到20世纪期间，在历史上占有极其重要的地位。这里除了固定馆藏之外，亦不定期举办特展。

来到约克郡博物馆的人，很难不注意到它的前方有一座美丽的花园，园内景致优美，经常有当地民众和游客在此歇息小憩。值得玩味的还有两座具有历史价值的遗迹，一是多角塔(Multangular Tower)，它是罗马城墙的一部分，据判断始建于公元2世纪或3世纪，原本分成3层、8个塔楼，但目前已看不出完整形貌了；另一焦点是建于1055年的圣玛丽修道院(St. Mary's Abbey)，虽然样貌已所剩无几，但在当时是北英格兰最富有、势力最大的本笃会修道院。

138

德国·柏林

柏林犹太人大屠杀纪念馆
Denkmal für die ermordeten Juden Europas

[2711块碑林纪念浩劫受害者]

美国建筑师艾森曼(Peter Eisenman)在柏林市中心广达1.9万平方米的土地上，竖起多达2711块高大的水泥石碑，一如起伏有致的露天丛林，更像是灰色的血泪印记，深深镌刻在德国土地上。

纪念馆的规划与成立，当初皆备受争议，好不容易才在1999年获得议会支持，开始动工兴建，于2005年5月正式对外开放。来自世界各地的参观者穿梭在那高高低低、宛若墓碑的石林间，漫步、感受、沉思，体会无情杀戮的沉重。如今犹太人大屠杀纪念馆已受外界肯定，是一座令人感动且意义深远的重要建设。

来此参访时请注意，2711块石碑是纪念在浩劫中受害的犹太人，访客到此请安静拍照瞻仰，切勿在石碑上跳跃或摆弄拍照姿势，忘却严肃伤痛的史实。

石碑纪念广场下方的资讯中心采用文物展览方式，阐述犹太人的苦难命运，不仅借着不同背景的家族故事，反映大屠杀前该民族各阶段的生活境遇，也将纳粹霸权在欧洲进行的迫害活动，以历史纪录影片和照片的形式一一呈现在观者眼前，警示世人切勿重蹈覆辙。

139

德国·柏林

史塔西博物馆
Stasi Museum

[终生被监控的白色恐怖]

如果看过2007年奥斯卡最佳外语片《窃听风暴》的人，应该对前东德特务组织"史塔西"(Stasi)的秘密手段感到不寒而栗。根据资料显示，当时监控的特务探员约莫十万人，且另有将近十七万的线民隐身民间，而被监控的东德人则有六百万之多。

位于柏林东郊的史塔西博物馆便是从前史塔西的大本营，过去躲藏在阴暗角落里的各种情报器材，现在都摊在阳光下向世人展示，例如伪装成纽扣藏在大衣里的袖珍照相机、连接着一台录音机的原子笔，甚至连路旁一棵不起眼的树木都可能隐藏着一套录像设备，而在《窃听风暴》中曾出现过的侦防车就展示在1楼的大厅里。

最让人感兴趣的，是位于3楼的指挥总部，包括特务头子梅尔克(Erich Mielke)和他手下们的办公室，以及恶名昭彰的决策会议室。

在柏林围墙倒下后，史塔西特务来不及销毁大量档案文件。德国政府成立史塔西档案局后，制作出约四千万张的索引卡片，当年的受害者可以来此查阅实情，当然，是谁去告的密也就曝光了。

最后，建议读者先去看《窃听风暴》再参观史塔西博物馆，这样会有更深刻的体会。《窃听风暴》这部电影上映后好评不断，夺下了第79届奥斯卡最佳外语片奖。故事描述的是一对情侣遭到史塔西的探员监控，探员渐渐对监控对象产生了同情，并冒着风险暗中帮助他们。电影重现了恐怖统治下的紧张氛围，真实还原了史塔西这个机构的种种恶行，是了解这段历史的好教材。

140

变装的侦防车

电影《窃听风暴》中出现过的同款侦防车，展示在1楼的大厅里。侦防车平常会伪装成快递车，传送机密文件到各地，必要时也充当囚车秘密运送犯人到黑暗基地。

走不出的囚房

4楼走廊的尽头，有一间令人毛骨悚然的囚房。被关进这里，相当于永久性地失去自由，即使靠着出卖别人而获得释放，离开这里后生活也将会受到牢牢的监控。

史塔西局长的办公室

情报头子梅尔克的办公室在那个时代是非常神秘的，他只用自己精挑细选的亲信，还在办公室的门上贴着两层隔音胶条，如今游客可以自由走入这个罪恶深重的地方。

各式窃听设备

如同电影《窃听风暴》中描述的，东德无孔不入地窃听，日常生活中各种常见的物品都有可能是窃听器，人民完全没有隐私。

自由何在

检查哨的玻璃上有着触目惊心的"自由"字样，像是在控诉着统治者的无情冷酷。

公开解密的文件、档案

在恐怖统治下，东德政府许多藐视人权的命令和行动如今被摊开在阳光之下，警示着世人。

藏在车轮中的秘密文件

在秘密警察全面监控之下，还是有一批东德民众积极地对抗白色恐怖。他们将反抗东德政权内幕的出版物藏在衣服内衬里、自行车轮中，有许多人为追求自由而丧生，在参观博物馆的过程中可在心中默默向他们致敬。

历史博物馆

德国·柏林 史塔西博物馆

德国·慕尼黑

王宫博物馆与宝物馆
Residenzmuseum und Schatzkammer

[极尽奢华的皇室珍宝]

王宫博物馆原是巴伐利亚国王的宫殿，与当地许多历史建筑一样，虽在第二次世界大战中毁于战火，却又在战后迅速地依其原始风貌得以重建，令人不由得佩服德国人一丝不苟的重建精神。

宫殿内的部分房间另外辟为宝物馆，展示了历代王室的用品与收藏，除了王冠、宝石、绘画等艺术珍品外，还有数十套整体造型的华贵餐具，着实让人印象深刻。也许你会纳闷，既然宫殿建筑都在战争期间被炸得体无完肤，为什么殿内收藏的物品却仍然完好无损？原来在战争期间，德国人早已把建筑物内的许多珍贵文物迁往安全的地方，使其免于战火的无情破坏。

德国·罗滕堡

罗滕堡博物馆
Rothenburgmuseum

[多元藏品有趣新奇]

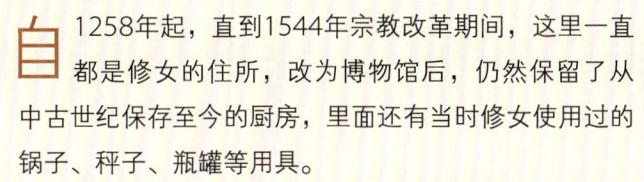

自1258年起,直到1544年宗教改革期间,这里一直都是修女的住所,改为博物馆后,仍然保留了从中古世纪保存至今的厨房,里面还有当时修女使用过的锅子、秤子、瓶罐等用具。

博物馆除了欧洲器械展示外,还有许多知名艺术家的作品,其中一组展现耶稣受难记的珍贵艺术品,是由12幅油画组成的,于1494年创作。博物馆中展示了一个1616年制的大酒杯,是1631年(30年战争期间)老市长卢修为拯救罗滕堡,与盟军将领约定一口气喝下3.25升葡萄酒时所使用的。如今饮酒厅上的娃娃钟定时便会上演这段"一饮定胜负"的传奇故事。

历史博物馆

王宫博物馆与宝物馆 德国·慕尼黑 | 罗滕堡博物馆 德国·罗滕堡

143

德国·汉诺威

奥古斯特·克斯特纳博物馆
Museum August Kestner

[古希腊及古埃及藏品永留汉诺威]

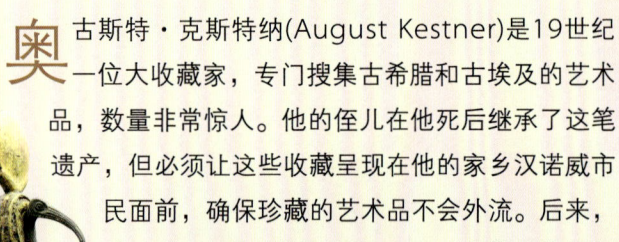

奥古斯特·克斯特纳(August Kestner)是19世纪一位大收藏家，专门搜集古希腊和古埃及的艺术品，数量非常惊人。他的侄儿在他死后继承了这笔遗产，但必须让这些收藏呈现在他的家乡汉诺威市民面前，确保珍藏的艺术品不会外流。后来，在一位印刷厂老板的资助下，收藏又获得加倍扩充，为了收藏这些为数众多的艺术品，这间博物馆于1889年诞生了。

目前博物馆内共辟有"古希腊艺术""古埃及艺术""中世纪的钱币徽章""从古到今的实用艺术"四大展示区，每一区的馆藏都相当丰富，非常有看头。

希腊·雅典

贝纳基希腊文化博物馆
Benaki Museum of Greek Culture

[希腊数一数二的私人博物馆]

这座位于外国使馆区的新古典式样建筑，是希腊数一数二的私人博物馆。博物馆的创办人安东尼·贝纳基(Antonis Benakis)，1873年出生于埃及的亚历山大，他是一位棉花商人，在经商致富后，便将心力投注于艺术品的收藏上，而当他在1926年定居雅典后，决定将他多年来收藏的艺术品捐出，同时也将自家屋宅捐出作为展场，于是贝纳基博物馆在1931年正式对外开放。

馆内收藏从贝纳基捐献的将近四万件展品，到如今扩充至超过六万件，范围遍及绘画、珠宝、织品、民俗艺术品等诸多方面，年代从古希腊时期、罗马时期、拜占庭时期、希腊独立一直到近代，这些展品可以体现希腊的艺术演进。

展品以年代区分陈列，楼层越低则年代越久远，其中最具价值的，是古希腊、拜占庭以及后拜占庭时期的珠宝收藏，早期希腊时代的福音书、礼拜仪式中穿着的法衣，拜占庭时期的圣像、手稿，以及1922年时从小亚细亚搜罗的教堂装饰等，都深获瞩目。另外还有几间展览厅，是仿照奥斯曼土耳其时代保留下来的房屋建成的复古房间。

博物馆的纪念品店，贩售许多仿古艺品，相当精致且极具希腊历史特色，附近的驻外使节常至此购买，作为致赠宾客的礼品。

瑞士·巴登

巴登历史博物馆
Historische Museum Baden

[地方行政长官官邸整修而成的展馆]

13世纪时，旧木桥旁稳重厚实的塔门管控利马河岸出入口，捍卫着老城。1415年瑞士邦联征服了巴登所在的阿尔高地区(Aargau)，并将山丘上原属于哈布斯堡家族的石丹城堡(Stein)夷为平地。新上任的地方行政长官选择入住此处，此后这栋塔楼就作为历任地方长官的官邸(Landvogteischloss)。1798年最后一任地方长官离开后，官邸曾售出成为私有财产、学校和监狱，1913年才由市政府改为历史博物馆，并于1992年在河边增盖新馆。

博物馆中主要呈现了巴登和邻近地区的历史，随着塔楼的螺旋梯层层向上，可以认识史前时代的考古文物、罗马时期至中世纪的艺术、木雕、工艺和绘画，以及18—20世纪巴登地区的生活样貌。新馆重新规划后，以巴登温泉发展与地方关系为主题。

波兰·华沙

波兰犹太历史博物馆
Muzeum Historii Żydów Polskich POLIN

[身临其境了解波兰犹太历史的演变]

博物馆由波兰政府与非政府组织共同设立，展现了波兰犹太人从中古世纪至今的一千多年历史，其成立来自私人捐赠以及其他国家基金会的协助。博物馆内共分8个展区，按不同时期介绍犹太人的故事，包括他们最初是如何来到波兰，又是如何散居世界各地的，在其中一个展间重现犹太人的家庭生活，介绍犹太人与教堂的关系及华丽的犹太会堂，让人得以了解犹太人在648—1772年间的生活。1918—1939年期间，除了经济萧条及反犹太主义之外，也有历史学者认为对波兰犹太人来说像是第二个黄金岁月。

下一个展间来到第二次世界大战时期的大屠杀，包括呈现犹太人在隔离区的生活，以及犹太人在那段时间如何躲藏，有人将小孩托给修道院照顾，或躲藏在自家阁楼、地板下方及墙壁夹缝中等。后方展间就是德军处决犹太人及死亡集中营的故事，因为波兰是欧洲最大的犹太人居住地，波兰犹太人在第二次世界大战大屠杀前有三百三十多万人，约占华沙居民三成以上，所以，德国在这里设立众多死亡集中营。在大屠杀期间约有六百万名欧洲犹太人被杀，其中就有一半是波兰犹太人。

整个博物馆大量运用投影、声音及文字描述，并搭建当时的场景，引导参观者身临其境地了解犹太历史的演变，认识波兰犹太人的传统文化及信仰。

147

波兰·华沙

华沙起义博物馆
Muzeum Powstania Warszawskiego

[记录华沙毁城的血泪史]

对波兰人而言，1944年8月1日掀起的华沙起义是一段惨烈且难以磨灭的记忆，而2004年开幕的华沙起义博物馆，是华沙居民们在事件发生后60周年，向为了守护国家的独立与自由、不惜牺牲性命的烈士们献上的最高敬意。

博物馆的建筑前身，是一座路面电车的发电厂房，红砖建筑的外观洋溢着怀旧气息，颇适合诠释当时的时代背景。一进门可见展馆内竖立着一座贯穿楼层的巨大金属纪念墙，纪念墙不断传出心跳声，墙上写满63天战斗的历程。

博物馆在约三千平方米的展示空间里，展出八百多件收藏品、超过一千五百张照片，以及于1944年8月、9月起义后余生的人们口述当时状况的影片，详细陈诉华沙起义期间当时的生活状况与奋战过程。

展品还包括众多当年的武器、战备，以及一架Liberator B-24 J轰炸机的复制品等，还有一部《废墟之城》(*The City of Ruins*)3D立体影片，模拟1945年Liberator B-24 J轰炸机飞越华沙毁城的那段血泪史。

博物馆收到各地捐赠关于华沙起义及第二次世界大战的历史文物，物品总计超过七万件，在馆内也特设一间展馆展示部分历史文物，包括当时的服饰、脚踏车、军事用品、证件及老照片等，有些还沾有血迹，展馆还有当事人口述的影片。展览区外还有一座自由公园、碉堡和一面纪念墙，墙上刻着超过一万名起义期间牺牲者的姓名，当然还有更多无名英雄不及备载。

148

波兰·克拉科夫

奥斯卡·辛德勒工厂
Fabryka Emalia Oskara Schindlera

[拯救上千名波兰犹太人的历程]

电影《辛德勒的名单》在1993年来到克拉科夫取景拍摄，这部电影说的就是德国企业家奥斯卡·辛德勒如何从他的工厂中，拯救出上千名波兰犹太人的故事。这部电影拿下7个奥斯卡金像奖，也因为这部电影，这段历史才成为众所周知的故事。

奥斯卡·辛德勒工厂内部的展览主题是1939—1945年间，克拉科夫被纳粹占领时波兰人及犹太人生活的情形。目前博物馆内以展览为主，工厂原先的模样不多，这些包括工厂大门入口、1楼及2楼间的阶梯，在1楼还陈列一些当时使用的机具，而辛德勒的办公室就位于3楼，内部陈列简单的木制办公桌椅，上面摆放着他的照片，在桌椅后方墙上，则挂着大幅的世界地图。

博物馆展间非常多，展示内容包括刚占领时的生活情形，紧接而来的是首波纳粹恐怖行动，如逮捕雅盖隆大学的教授等，到占领后人民每日的生活情景、犹太隔离区的设立、集中营的情形，还有波兰地下组织反抗的故事等。这些老照片、历史文物、重建的场景以及老人家口述的影片，带人回顾那段悲惨的生活，其中可见纳粹士兵在大街上抓走无助的犹太人，还有站在吊死犯人旁边微笑入镜的照片等，不言而喻地呈现出当时整座城市笼罩在死亡的阴影之下。

历史博物馆

波兰·华沙 华沙起义博物馆
波兰·克拉科夫 奥斯卡·辛德勒工厂

149

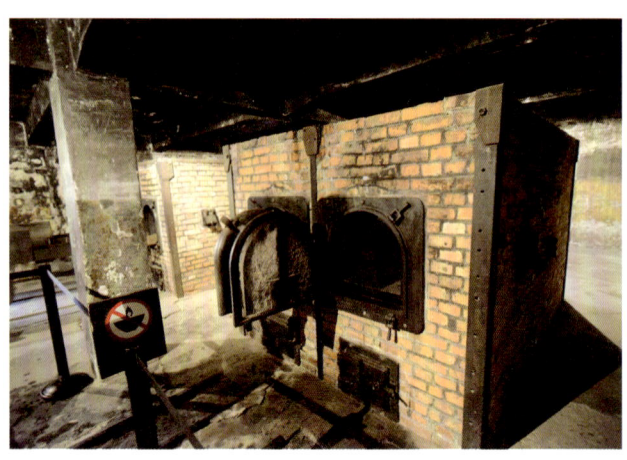

奥斯维辛集中营
Oświęcim(Auschwitz)

波兰·奥斯维辛

[人类史上最血腥的集体屠杀场所]

1940年4月，纳粹德军在奥斯维辛郊外的前波兰军队营房设立了这座集中营，最早打算用来关押波兰的政治犯，没想到后来却变成欧洲犹太人的灭绝中心，成为人类史上最大的实验性集体屠杀场所。据估计，有超过一百五十万人、二十七个国籍的人死于这座"杀人工厂"，这里可说是人类最大的集体坟场。当最初的营房不敷使用，纳粹德军又于1941年在奥斯维辛西方3公里处的毕克瑙(Birkenau)，设立了面积更大的奥斯维辛 II 集中营。

1947年6月，波兰政府在集中营原址设立了奥斯维辛-毕克瑙博物馆，以保护集中营残存的文物。集中营内的房屋内部展示了成堆的囚犯头发，还有犯人遗留下来的皮箱、眼镜、假牙、衣物等，不计其数。从事后的证据看来，被送进毒气室的人表情都是平和的，因为他们被告知是要进去洗澡，而后鱼贯进入一条地道卸除所有衣物，再来到一间伪装成浴室的房间，天花板上甚至装着莲蓬头，只是莲蓬头并没有接上水源。当大门紧闭，毒气便灌了进来，无人幸存，待所有人都死亡之后，纳粹党人便开始剥除死者身上的金牙及头发等，最后将尸体丢到焚化炉燃烧。

匈牙利·布达佩斯

布达佩斯历史博物馆
Budapest History Museum

[收录布达佩斯两千年的历史精华]

位于布达皇宫,又称为"城堡山博物馆"(Castle Museum)的布达佩斯历史博物馆,收藏了布达佩斯两千年来的历史精华,包含了各种出土文物,最珍贵的是博物馆地下室的14世纪皇宫旧址遗迹,同时也展示了皇宫建筑的演进历史。

不过,因历史博物馆中的解说文字以匈牙利文为主,不谙匈牙利文的观光客可能只能看图会意。除了皇宫遗迹外,历史博物馆的时代特区,以照片和物品实体呈现了大时代有形和无形的变迁,颇有启发趣味。

151

拉脱维亚·里加

里加历史暨航运博物馆
Rīgas Vēstures un Kuģniecības Muzejs

[欧洲极为古老的博物馆之一]

这间博物馆早在1773年就开幕，是欧洲极为古老的博物馆之一。

博物馆位于里加大教堂侧翼，共有16个展示厅，诉说着里加八百多年来发展的历程，以及拉脱维亚附近从第10世纪以来的航运发展史。

这间博物馆展示了古时候拉脱维亚人的饰品、生活用具、武器等，还有一艘13世纪使用的船只、汉萨同盟时代使用的度量衡、里加16世纪刽子手所用的剑、全世界最小的米诺克斯(MINOX)照相机、里加银匠的手艺杰作等，它们都是拉脱维亚民族独特的历史遗产。

拉脱维亚·里加

里加犹太区暨拉脱维亚大屠杀博物馆
Rīgas Geto un Latvijas Holokausta Muzejs

[以原物及现代艺术完整呈现悲惨过往]

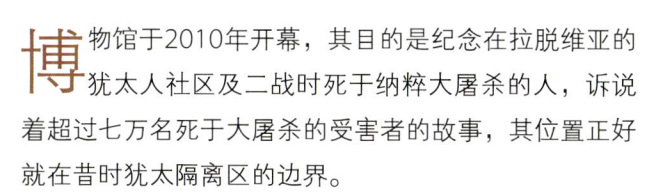

博物馆于2010年开幕，其目的是纪念在拉脱维亚的犹太人社区及二战时死于纳粹大屠杀的人，诉说着超过七万名死于大屠杀的受害者的故事，其位置正好就在昔时犹太隔离区的边界。

馆内分为露天及室内总共九个展区，醒目的第三个展区是位于正中央的火车车厢，内部展示述说了从里加被德国纳粹载向死亡之路的犹太人的故事。

值得注意的还有第四展区，这是一栋两层楼的木屋，这栋19世纪的木屋是2011年才从当时犹太隔离区移置过来的，目前是整修过后的样貌。这栋屋子总面积仅约一百二十平方米，在当时就住进了大约三十个人。一楼展示了犹太隔离区的物品及从前犹太会堂的介绍；二楼重现了当时在犹太区里人们的生活情形，包括当时的家具及每天的生活用品。数张简陋的床、衣柜、桌椅等，就陈列在狭小昏暗的空间中，可以看出当时人们生活十分艰苦。

其余内容还包括从前里加犹太隔离区的照片、犹太文化介绍、纳粹在东欧及中欧对犹太人进行的大屠杀等，馆方以原物及现代艺术完整呈现了那段悲惨的过往。

153

土耳其·孔亚

梅芙拉纳博物馆
Mevlâna Müzesi

[孔亚一级景点]

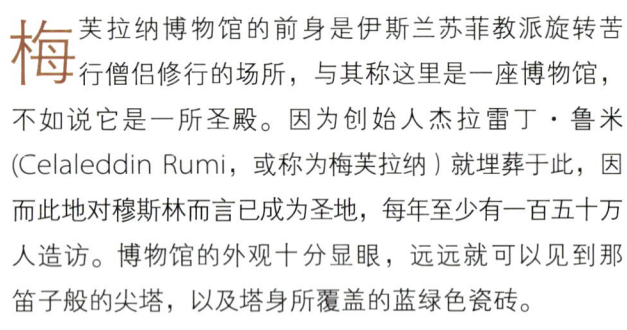

梅芙拉纳博物馆的前身是伊斯兰苏菲教派旋转苦行僧侣修行的场所，与其称这里是一座博物馆，不如说它是一所圣殿。因为创始人杰拉雷丁·鲁米（Celaleddin Rumi，或称为梅芙拉纳）就埋葬于此，因而此地对穆斯林而言已成为圣地，每年至少有一百五十万人造访。博物馆的外观十分显眼，远远就可以见到那笛子般的尖塔，以及塔身所覆盖的蓝绿色瓷砖。

进入博物馆区，中庭的水池过去供苦行僧侣净身，今日则让前来朝圣的信徒使用。中庭两侧分成两个主要展区，一边是梅芙拉纳的陵墓及伊斯兰圣器，另一边则展示了旋转僧侣的苦行生活。

顺着人潮进入陵墓，注意入口左手边有一个偌大的铜碗，称作"4月的碗"，里面放着4月春天的雨水，并浸着梅芙拉纳的头巾，据说具有疗效。

馆内展出了从塞尔柱到奥斯曼时期伊斯兰教的重要收藏，包括各式各样的古兰经、土耳其地毯、吊灯、木雕的麦加朝向壁龛等，而最重要的是一只珍珠贝宝盒，据说里面放着穆罕默德的胡须。

苏菲教派旋转苦行僧侣修行场所

陵墓旁边是"仪式厅"（Semahane），过去苦行僧跳旋转舞时便在这里进行，如今则陈列了仪式进行时所演奏的乐器、僧侣佩戴的念珠、法器等。水池对面的展区则以许多僧侣模型还原了当时在道场的苦行生活。

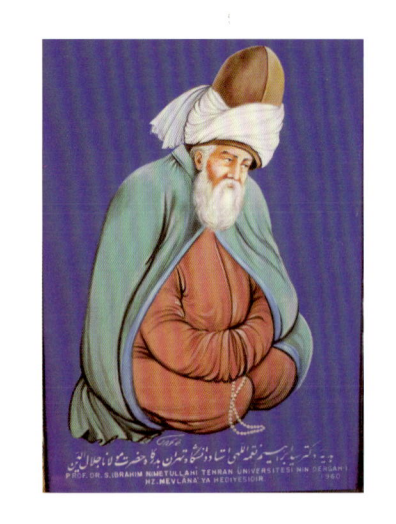

梅芙拉纳石棺

一座座大大小小的石棺成了视觉焦点，梅芙拉纳在死之前曾指示："坟墓不管怎么盖，只要不比蓝色苍穹更为华丽就可以了。"后人便盖了这座拥有天空蓝色的尖塔，他的石棺就安置在正下方，旁边还有他的父亲以及其他地位较高的苦行僧。梅芙拉纳的石棺上缠着巨大头巾，象征其无上的精神权威。

中国·香港
香港历史博物馆
[穿越香江千年文化变迁]

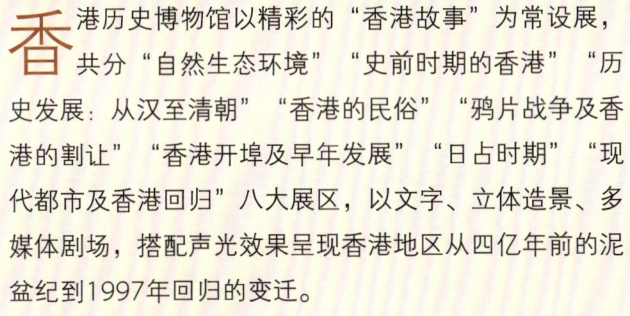

香港历史博物馆以精彩的"香港故事"为常设展，共分"自然生态环境""史前时期的香港""历史发展：从汉至清朝""香港的民俗""鸦片战争及香港的割让""香港开埠及早年发展""日占时期""现代都市及香港回归"八大展区，以文字、立体造景、多媒体剧场，搭配声光效果呈现香港地区从四亿年前的泥盆纪到1997年回归的变迁。

馆内陈设让人感觉仿佛走进了电影里的老香港场景，位于一楼的"茶室"保留了旧式的装潢及地道的饮食，传统的婚丧喜庆、生活百态也都得以生动呈现，让人深深陷入老香港的情怀中。

历史博物馆

土耳其·梅芙拉纳博物馆 ｜ 中国·香港历史博物馆

155

日本・网走

网走监狱博物馆
[重现监狱样貌与生活]

明治二十三年(1890年)设置的网走刑务所，在1984年移建至天都山，原刑务所经修复整建后成为现在的网走监狱博物馆，完整呈现了当时的监狱样貌与生活。此处为明治四十五年至昭和五十九年(1984年)实际使用过的监狱，特殊的"五条式放射状牢房"(五翼放射状舍房)设计完整保留下来，并可让游客真正身临其境体验澡堂和独居黑牢的滋味。

网走监狱博物馆里共有8栋建筑物被指定为重要的文化遗产，包括建于明治四十五年的监狱管理部厅舍、建筑融合日式与西式工法的教诲堂、放射状的舍房及中央看守所。另外建于明治二十九年的旧网走监狱二见冈监狱分所更是现存最古老的木造监狱，也被列为重要的文化遗产。

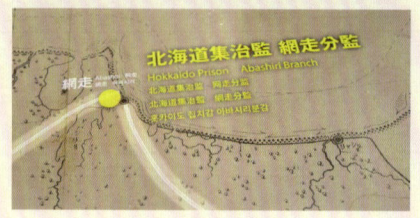

昭和×明治的两大逃狱王

在监狱上方游客还能看到昭和逃狱王"白鸟由荣"正试图逃狱的场景，另外，在网走监狱正门旁则可见明治年间的逃狱王"五寸钉寅吉"的塑像。

五条式放射状牢房

以中央看守所为中心向外放射的5道牢房，只需一个警卫驻守在中央的管理室，就可看管所有牢房。

监狱食

监狱食堂午餐时段备有"监狱食"供民众品尝，监狱食的饭菜正是现在网走刑务所中提供的菜色，在监狱里吃"牢饭"，别有一番滋味。

156

俄罗斯·莫斯科

兵库馆与俄罗斯钻石基金会展览
Armoury & Diamond Fund Exhibition

[克里姆林收藏宝藏的博物馆]

兵库馆的历史可以回溯到1511年,它由瓦西里三世(Vasily Ⅲ)建造,主要为了生产和贮藏皇室武器,后来也生产珠宝、首饰、徽章等。如今为克里姆林收藏宝藏的博物馆,藏品数量达四千多件,包括克里姆林皇家工匠打造的珠宝兵器及各国赠予沙皇的礼物,历史涵盖4—12世纪,区域横跨欧洲、亚洲,是莫斯科典藏最丰富的一座博物馆。

除了兵库馆的9个展厅之外,另外还有一处"俄罗斯钻石基金会展览",收藏了沙皇及皇后的珍贵宝藏,年代可回溯到1719年彼得大帝时。这些宝石包括凯瑟琳大帝(Catherine the Great)的情人奥尔洛夫(Grigory Orlov)所送的190克拉钻石、镶有4936颗钻石的皇冠。

第1厅
展示了12—16世纪的金、银精工雕刻,大部分是与宗教有关的物品。

第3、4厅
主要展示了12—19世纪的盔甲及武器,展现了古代俄罗斯的武力。

第2厅
展出了17—20世纪俄罗斯的珠宝,在走廊另一侧展示了精工雕琢的饰品,以克里姆林为造型设计的复活节彩蛋最值得细细品味。

第5厅
展示了13—19世纪欧洲的银器、瓷器及琉璃等,大部分是欧洲各国赠予皇室的礼物,或皇室在欧洲定做的艺术品,因此格外细致珍贵。

第6厅
除了展出16—20世纪俄罗斯民间的流行服饰外,最主要的有14—18世纪皇室成员的华服、沙皇在登基仪式中所披的圣袍及生活用品等,另外还有神职人员的服装及用品,金碧辉煌令人炫目。

第7厅
全馆最引人注目的一厅,包括沙皇的皇冠、权杖等,黄金上镶满各色珍贵的宝石,引来大批游客驻足围观。另外,这里还展出了13—18世纪各种古代徽章及其他各种仪式用品。

第8、9厅
展示了16—18世纪举行仪式时所遣用的马匹及装饰,有数匹马以标本的形式展示。还有16—18世纪的皇家马车,其中一辆黄金马车是迁都圣彼得堡之后,历代沙皇往来圣彼得堡与莫斯科之间的交通工具。

越南·胡志明市

胡志明市博物馆
Bảo Tàng Thành Phố Hồ Chí Minh

[细数城市过往多舛的经历]

与统一宫只有一街之隔的胡志明市博物馆，展示了关于这个城市的自然与历史。这栋优美的白色新古典式建筑本身，因为与动荡的南越息息相关，而有着曲折的历史。最早是为了当作商业博物馆而设计，但建筑完工后却因为"8月革命"，胡志明市成为南越首府，这幢建筑先是成为法国总督的府衙，接着在吴廷琰主政时改为"嘉隆府"，到了阮文绍时期又成了最高法院。南北越统一后，成立"革命博物馆"，最后于1999年改为"胡志明市博物馆"。

馆内1楼是胡志明市的经济、民生和地理、水文的展示。2楼的展示包括胡志明市的重要历史事件，如法国殖民时期的反抗爱国事件、佛教高僧释广德抗议吴廷琰政府而自焚的照片，以及南北越战争时的战争遗迹等。其中还有为了躲避轰炸而挖掘如迷魂阵的古芝地道的模型，人民在长期南北对抗时为了不被美军发现所使用的不冒烟的锅具，以及用于偷渡武器的带有夹层的小船。

除了展示的文物资料，这座建筑本身就很迷人，希腊式柱头雕琢得极为精细，大厅里的螺旋梯让人联想起衣香鬓影的名流宴会。庭院里还保留了当时的总统座车，以及悠闲的小秋千，难怪这里成了结婚摄影时最爱的取景地点。

博物馆的建筑下还暗藏了玄机，有地下密道与统一宫相通，当年吴廷琰和其兄弟曾由地下密道逃到这里藏匿。后来这里因积水而封闭，不对外开放。

越南·河内

火炉监狱博物馆（河内希尔顿）
Hỏa Lò

[非人道虐待异议分子及战俘处]

这是法国人于1896年所建的"中央监狱"（Maison Centrale），但当地人都称之为"火炉"（Hỏa Lò）。此名称来自监狱所在的地区——一处原是制作陶瓷窑炉的村落，越文名称即为"火炉"。

这是法国人兴建于北越最大的监狱，当时反法殖民的重大政治犯全被关在这里，遭受凌虐、拷问等恐怖待遇。然而，被关在这里的异议分子却也得以互通声息，更加坚定国族主义的信仰，其中有些人锲而不舍地挖通地道逃出监狱，再度加入反法阵营，成为日后独立建国的重要人物。

1954年北越建国后，中央监狱成为国家监狱，收容重大罪犯。1973年南北越战爆发，当时美国空军全力轰炸北越，部分轰炸机被击落，空军驾驶员就被监禁于此，其中包括美国首任驻越南代表彼得森（Douglas Peterson），以及2008年共和党总统候选人麦凯恩（John McCain）。

由于越军同样以多种非人道刑罚对付战犯，恐怖的名声令美军为它取了个"河内希尔顿"的名号。1987年有部越战电影《河内希尔顿》便是以此为名，描述了被关在这里的美国大兵的故事，也因此，"河内希尔顿"成了这座监狱的代名词。

1993年火炉监狱被改建成办公大楼，只有东南角约占原址1/3大小的地方保留为监狱博物馆。馆里制作了许多模型和图片，主要用以展示模拟法国占领时政治犯所遭受的非人待遇。

159

柬埔寨·金边

吐斯廉屠杀博物馆
Tuol Sleng Genocide Museum

[血腥暴虐的明证]

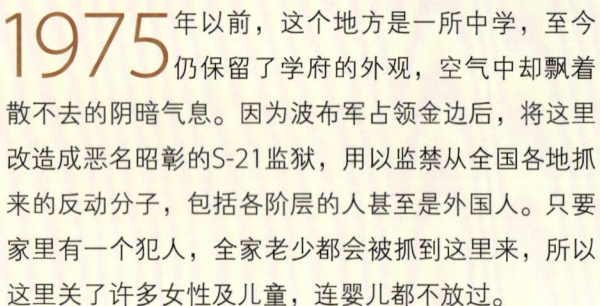

1975年以前，这个地方是一所中学，至今仍保留了学府的外观，空气中却飘着散不去的阴暗气息。因为波布军占领金边后，将这里改造成恶名昭彰的S-21监狱，用以监禁从全国各地抓来的反动分子，包括各阶层的人甚至是外国人。只要家里有一个犯人，全家老少都会被抓到这里来，所以这里关了许多女性及儿童，连婴儿都不放过。

围墙上放置了双重铁丝刺网，并通上电流以防止逃狱；一间间的教室变成了牢房和刑讯室，在大牢房里，每个人都被铐在墙边的铁棍上，头脚交错并排。每天清晨起，狱卒们按照时刻表，用各种惨无人道的手段对付犯人，用各种器具毒打、泼屎尿等，目的就是取得犯人的自白；然而，一旦取得自白书，犯人便被送到位于琼邑克(Choeung Ek)的杀戮场处决，无一幸免。根据记录，S-21总共关了一万七千多人，只有不到十人在波布军1979年败逃时幸存下来。

目前纪念馆里展示了大量受刑人的照片，还有一些关于受虐情景的画作，这是少数幸存受害者之一的纳特(Vann Nath)所绘，画中描绘的血腥残酷手法令人不寒而栗。

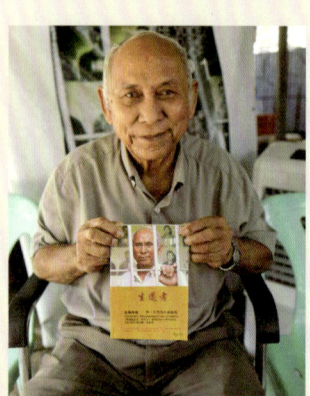

人骨拼图地图

吐斯廉屠杀博物馆曾被译为"波布罪恶馆"，在后方一间空间的墙上，镶有一幅以人骨头拼成的柬埔寨地图，当时被传为馆内最为人知的恐怖遗迹，现在已拆除不再展示了。

柬埔寨·金边

杀戮战场
Killing Filed

[屠杀人民的万人冢]

电影《杀戮战场》描述的正是这片万人冢。在波布军的统治时期（1975—1979年），全国有好几处屠杀人民的杀戮场，用以处决和埋葬思想犯，这个位于琼邑克的杀戮场只是其中之一，这里原本是果园和华人的墓园。大部分的犯人在被处决前，都先被送到S-21（也就是今日的吐斯廉屠杀博物馆）凌虐、逼供，最后才送到这里来处决。

目前看到的一个个大坑，都是挖出骨骸的地方，共有86处，另外还有43处未开挖。政府决定尚不开挖，免得再度惊扰亡魂。迄今挖掘出的受害者共计8985人，全都是被蒙住眼睛后处决，有些还遭到捆绑，其中有一处墓地出土的都是无头尸，他们的头骨或许成了波布人骨地图的一部分。

1988年，柬埔寨政府在这里建了一座纪念塔，将五千多个头骨依性别、年龄分层堆放于塔内，并于每年5月9日举行纪念追悼仪式。游客结束游览后，总不禁燃上一炷香，献上最诚心的悼念，衷心希望所有亡者得以安息。

历史博物馆

吐斯廉屠杀博物馆 柬埔寨·金边

杀戮战场 柬埔寨·金边

161

柬埔寨·暹粒

柬埔寨战争博物馆
War Museum Cambodia

[零距离接触参与过战争的武器]

翻开柬埔寨20世纪的历史会发现其中充满了战争，从和法国的独立战争开始，接下来越战遭到美军的轰炸和越军的入侵，最后是无止境的内战，长时间的战争是柬埔寨发展落后的主要原因。

这座博物馆收藏了这些战争中留下来的各种武器和装备，其中大部分都是苏联制和中国制的，只有少数的美国制武器。展示空间展出的是各式各样的枪、手榴弹和地雷，搭配旁边的描述可以了解这些武器当初在战争中扮演的角色。

广大的中庭则展示了大量的坦克车、野战炮和防空炮，博物馆的一个角落里还有米格战斗机和军用直升机。博物馆的最深处有一块扫除地雷的还原场景，让人们了解这项危险的工作该如何执行。

军事迷在这里可以得到极大的满足，可直接拿起步枪、机关枪、手榴弹等武器，是很难得的体验。零距离接触这些参与过战争的武器，看着弹孔、弹痕和大量的毁损，搭配展间关于这些战争的记载，会清楚地感受到战争的残酷。这也是设立战争博物馆的主要目的，让世人了解战争的真实面貌，从残酷的过去中反省，并展望一个没有战争的未来。

美国·纽约

爱利斯岛
Ellis Island

[充满美国梦的移民岛]

历史博物馆 | 柬埔寨战争博物馆 柬埔寨·暹粒 | 爱利斯岛 美国·纽约

  爱利斯岛是进入美国这个遍地黄金梦幻国度的前哨站，大概有超过四成的美国人祖先曾在这座11公顷的小岛上暂居，因此这里又有"移民岛"之称。

  爱利斯岛原名"Oyster Island"（牡蛎岛），由于位于哈德逊河出海口，战略地位显著，在独立战争中扮演了重要的防御角色，岛上堡垒即是这时期兴建的。19世纪末，因移民日益增加，而原本设在炮台公园的移民检查站不堪负荷，因此在爱利斯岛另设较大的移民关防，自1892年到1954年间，约有一千两百万名移民在爱利斯岛上停留，等待移民官员检查。

  等待的移民中，搭乘1等舱和2等舱的乘客不需候检，只有3等舱的乘客在经过恶劣拥挤的船底长期航行后，还必须接受冗长的体检和文件验关过程，而其中约有2%的人被拒绝入境。

  在电影《教父2》中，年幼的柯里昂搭船逃往美国时，就有出现爱利斯岛的画面。第一次世界大战后，现行的签证申请制度开始实施，爱利斯岛的功能逐渐消失，成为非法移民收留所，于1954年正式结束任务。直到1990年爱利斯岛才再度开放，转变成开放参观的移民博物馆。

  岛上建于1900年的检查站，1楼展示移民历史，2楼大厅为当年的登记室。过去每天约有五千名刚下船的移民挤在这里，等候移民官叫名，接受官员问话、身家调查、身体检查等一连串严格措施，接着还得在岛上居住一段时日等候通过许可。

  在2楼及3楼的展示厅中，可以看见当年移民们携带的家当行李、住在这里的生活情形，以及检查过程、私下娱乐等，昔日一切历历在目，让游客感同身受。

163

美国·纽约

911纪念博物馆
9/11 Memorial & Museum

[从废墟中勇敢再站起]

纽约世界贸易中心(World Trade Center)的双子星大楼，楼高417米与415米，过去是纽约第一高楼，也是资本主义世界的象征，然而这一切在2001年9月11日遭逢巨变全毁了。

那是个原本风和日丽的上午，金融区熙熙攘攘的人潮正准备开始一天的工作，但于美东时间8:46时，一架美航班机直接撞进世贸北楼，燃烧的楼层冒出熊熊黑烟。就当大家惊骇着不知发生何事时，9:03另一架联航客机撞进南楼，人们才清楚是遭到攻击了。救灾现场一片混乱，大楼里的人逃命撤离，突然之间，南楼于9:59轰然塌下，30分钟后北楼也化为灰烬，激起的烟尘如同海啸，光鲜的下城顿成地狱。

这次事件造成2979人死亡，反恐从此成为流行名词，世界也跟着进入另一个时代。关于911的前因后果，以及全球局势的后续发展，足以写成一整柜专书，在此不做讨论，遗憾的是，人类相互间的屠杀，至今似乎有增无减。

位于世贸遗址下方的这间博物馆，将后人带往那曾被瓦砾掩埋的深处，以影像、文件、新闻片断、录音内容等，巨细靡遗地陈述着这段往事，所有罹难者也都在此被一一纪念。

164

池面映楼

流水流进方池中央的深洞，仿佛要将一切苦难与罪恶带走，而池面倒映着新的世贸大楼，或许也在期盼着未来的光明。

南北池

双子星大楼倒下之后，南北楼成了南北池，两池周围改建为巨大的纪念广场(The 9/11 Memorial)，池畔围墙边上刻满了罹难者的姓名。

灾难遗物

实体陈列则包括大楼残余的钢梁、原本楼顶的天线、救灾中损毁的消防车等，看那坚硬的钢铁竟能如此扭曲变形，可以想象当时情况之惨烈。

历史博物馆

911纪念博物馆 美国·纽约

美国·纽约

纽约交通运输博物馆
New York Transit Museum

[亲身操控交通工具]

走在布鲁克林高地,明明地图上没有标示地铁,眼前却有个地铁站入口,这是怎么回事?其实这个入口通往的并不是地铁站,而是纽约地铁的历史。

这里原本是1936年兴建的法院街(Court Street)地铁站,车站关闭后成为博物馆的陈列空间。地下1楼展示了地铁、公车等交通工具的发展历史、现况,以及对能源、环保的展望,许多展品都能让游客亲自动手操作,非常受孩子们的欢迎。另外像是历年月台闸门的演变、今昔每一代的代币及票卡,也相当有趣。

地下2楼是博物馆的重头好戏,月台两侧长长的轨道上停靠了将近20辆车厢与车头,最古老的甚至有百年以上历史,像是1904年出厂的布鲁克林联合高架电车车厢与1910年出厂的电缆车头等。

除了可以观察运输动力的发展脉络,还可以坐在这些老车厢的座椅上怀旧一下。车厢内部还保留了当时的广告与地铁路线,一一浏览百年来的消费文化和流行品位,也是件有意思的事。

美国·洛杉矶

爱荷华号战舰博物馆
Battleship USS Iowa Museum

【身经百战的无敌战舰】

爱荷华号上的火力

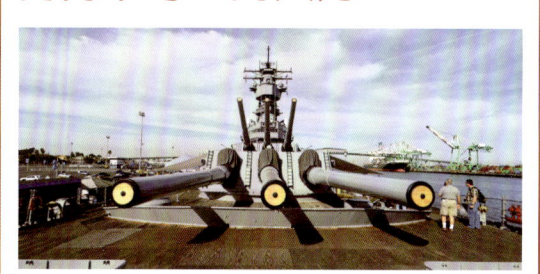

爱荷华号上最恐怖的火力,来自3组配备16英寸/50倍口径舰炮的炮塔,每组炮塔各有3门巨炮,每门炮都可以从45度仰角到5度俯角独立发射和移动,其装载弹药时的重量达两千吨,几乎和一艘驱逐舰的重量相当。

6门5英寸/38倍口径双联装高射炮。

4个密集阵近程防御武器系统,昵称为R2-D2。

这是箔条诱饵弹发射器。

用来发射战斧式巡弋飞弹的ABL装甲箱筒发射器。

鱼叉反舰导弹。

爱荷华号第一次服役是在1943年,是美军6艘爱荷华级战舰中的第一艘。当时太平洋战争正进行得如火如荼,爱荷华号投入战局后屡建功勋,并曾护送小罗斯福总统及他的幕僚安全抵达北非,而1945年的东京湾受降仪式中也有它的身影。

二战结束后,爱荷华号又参与了韩战与两伊战争,直到2006年才正式从海军除籍。综观其军旅生涯,爱荷华号一共获得11枚战斗之星与14枚勋表,可谓战功彪炳。2011年,政府将爱荷华号捐赠给民间组织,并于翌年拖到长滩附近的圣佩德罗港(San Pedro)作为海上博物馆之用。

游客可上船参观战舰上的各单位设备与厅室内观,一窥当年海军官士兵们在海上的生活环境。最精彩的还是舰上的各种武器,各式武装随着时代演进而不断升级,参观之后便不难理解,其赫赫威名可不是侥幸得来的。

美国·纽约

摩根图书馆与博物馆
The Morgan Library & Museum

[收藏珍贵稀有的古代典籍]

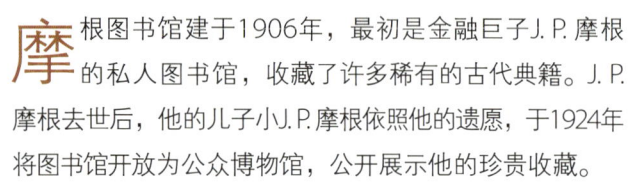

摩根图书馆建于1906年，最初是金融巨子J. P. 摩根的私人图书馆，收藏了许多稀有的古代典籍。J. P. 摩根去世后，他的儿子小J. P. 摩根依照他的遗愿，于1924年将图书馆开放为公众博物馆，公开展示他的珍贵收藏。

博物馆于21世纪初进行扩建，请来曾设计出巴黎蓬皮杜艺术中心与伦敦摘星塔的著名建筑师伦佐·皮亚诺操刀设计，于2006年重新开放。参观重点仍是在旧图书馆内，宏伟如教堂圣殿般的圆形大厅两侧，一边是原始图书馆，一边是J. P. 摩根的书房，金碧辉煌的华丽装潢加上满书柜的藏书，人说书中自有黄金屋，在这里应是黄金屋中自有书。

重量级且公开展示的馆藏有：1454年印刷的古腾堡《四十二行圣经》，此为西方文明史上见证印刷术奇迹的第一批书籍；亦称为《摩根圣经》的13世纪十字军手绘本《圣经》，最初为精美的图画叙事，后来才加上拉丁文字，由于曾为阿巴斯大帝所拥有，因此又加注了波斯文等多国文字。

另有莫扎特亲笔手写的第35号交响曲乐谱，以及贝多芬、德彪西等乐圣级大师的手写乐谱；梭罗、左拉、雪莱、狄更斯等人的亲笔手稿；北方文艺复兴大师鲁本斯与伦勃朗等人的素描画作。其他馆藏还包括多部珍贵的泥金装饰手抄古本、早期的印刷书、上古时代西亚地区的滚筒印章等。

美国·圣地亚哥

中途岛号航空母舰博物馆
USS Midway Museum

[一座于海洋中航行的微型城市]

中途岛号航空母舰打造于1943年，不过当它正式下水服役时，二战已经结束了一个多月。战后，中途岛号曾参与韩战、越战与海湾战争，并于西太平洋、南中国海及阿拉伯海域执行过多次人道救援任务，1992年结束协防日本的任务从横须贺港返航后，即于圣地亚哥港退役。除役后的中途岛号停泊在圣地亚哥海军码头，2004年开放为博物馆供民众参观。

登舰之前要先估量一下时间，因为这艘庞然巨物不是一时半刻能够看得完的。舰船上可以参观到将领、军官与水手们的生活空间，游客会发现航空母舰就像一座微型城市，足以维持起居、饮食、娱乐、医疗、信仰等生活机能，而想要知道如何执行航母勤务，这里也有详细的实物介绍，如战情分析、炸弹装填、雷达操作、资讯收发等，许多勤务复杂的程度令人叹为观止。另外，也别忘了到顶层甲板参加免费的舰桥导览，行程中可以看到舰长寝室、驾驶台与指挥塔。

当然，最精彩的部分是在飞行甲板上，这里停了29架退役战机，包括F4幻影战斗机、F14雄猫战斗机、F/A18大黄蜂攻击机、SH2海妖直升机等，其中有多架战机可让游客爬进驾驶舱内，亲手拉起操纵杆过过干瘾。如果真的想要"飞"一下，舰内也有几台货真价实的飞行模拟机，机会难得，值得体验。

美国·旧金山

垮掉的一代博物馆
The Beat Museum

[纪念那段自由不羁的时代]

　　垮掉的一代(Beat Generation)深深影响了美国的20世纪50年代,不但在旧金山历史上占有一席之地,对战后美国更是影响深远。

　　"垮"这个字同时带有"被打垮"(Beaten down)和"被祝福"(beatific)之意。时值冷战时期,麦卡锡主义正当其道,传统道德秩序普遍受到质疑,一群以凯鲁亚克、金斯伯格为核心的知识青年,于是决定用离经叛道来挑战权威压迫,用惊世骇俗来吓退道貌岸然,他们酗酒、嗑药、鼓吹思想解放、大谈自由恋爱,同时也在文学、哲学、社会学等领域都大放异彩,其卓越才华与狂诞行径可与竹林七贤相比拟。

　　这间博物馆就是为了纪念这群披头族(Beatnik)而设立的,馆内有大量文献、照片及报道叙述垮掉的一代的始末。无论是否认同他们的行为,都应该感谢他们,为后代面对死气沉沉的保守势力冲出一道自由解放的裂口。

170

垮掉的一代的始末

故事起源于20世纪40年代末，杰克·凯鲁亚克(Jack Kerouac)与尼尔·卡萨迪(Neal Cassady)的公路旅行，他们的思想在旅途上逐渐成形，即在颓废中找到幸福，幻灭中发现真理，而这一切，都被记录在凯鲁亚克的小说《在路上》(On the Road)中。这部小说被50年代的叛逆青年视为圣经般的著作，为垮掉的一代奠定了存在的基础。

城市之光书店 City Lights

位于哥伦布大街261号的城市之光书店可说是垮掉的一代的活遗迹，它不只是一家出版发行披头诗集的书店，事实上，它本身就曾经是垮掉的一代的一部分。

1953年时，诗人劳伦斯·弗林盖蒂(Lawrence Ferlinghetti)在北滩创立了这家书店，专门贩卖一些思想前卫的文哲书籍和咆勃音乐。垮掉的一代的核心成员，包括凯鲁亚克(Jack Kerouac)与金斯伯格(Allen Ginsberg)等人，经常聚集在此讨论写作方法和朗读诗篇。至今书店2楼仍为诗人保留了一处空间，不定期举办诗歌发表与读书讨论会，延续了开店以来的传统。

2楼同时也为垮掉的一代开辟专区，像是凯鲁亚克的著作《在路上》和《达摩流浪者》、金斯伯格的《嚎叫》、巴勒斯(William S. Burroughs)的《裸体午餐》等名著，都有齐全的版本。

1楼贩卖的书籍包罗万象，以文哲类及各类型的政治思潮为主，书店内也有座椅让人可以坐下来细细阅读，这里是旧金山城内文艺气息最浓厚的角落。

来历不简单的车

那台看起来风尘仆仆的1949年款的哈德森，并非当年卡萨迪的爱车，而是2012年翻拍《在路上》的同名电影中所使用的道具。

垮掉的一代人物的用品

这里有不少其核心人物使用过的物品，例如弹过的琴、穿过的夹克、躺过的沙发等。

美国·旧金山

潘帕尼多号潜艇博物馆
USS Pampanito

[二战中功勋彪炳的潜艇]

位于45号码头的潘帕尼多号(SS-383)是一艘巴劳鳡级的潜水艇,曾在二战末期出过6次任务,活跃于中途岛战场一带,总共击沉6艘、损伤4艘敌舰,可谓战功彪炳。潜艇退役后便停泊于此,于1982年开放为博物馆供民众参观,还在1997年的喜剧片《潜艇总动员》中担纲重要场景。

购票登艇参观,可进入引擎室、鱼雷室、战情室及各级军士官的生活起居空间,实在很难想象如此狭窄密闭的环境竟能容纳这么多人一同执勤。而舰上的许多机具也拆开了部分外壳,让游客观看当中的运作构造。

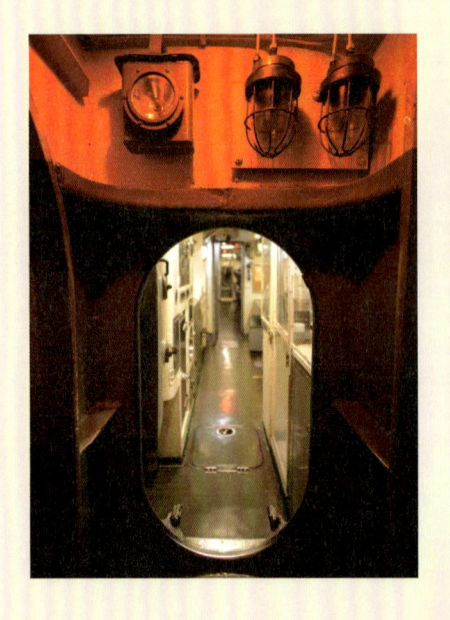

柴油引擎

庞大的柴油引擎,使人得以了解在核子动力潜艇发明前,潜艇是如何获得动力及被操控的。

鱼雷室

鱼雷上方就是装填兵的寝铺,不知睡在炮弹上是什么感受。

控制室维持低度光源

潜艇上的每分每秒,每个仪表显示都至关重要,为了避免在突发状况发生时照明失效造成短暂眼盲,因此控制室的灯光始终保持低度光源,让操作人员能适应黑暗。

美国·山景城
电脑历史博物馆
Computer History Museum
[电脑时代的朝圣地]

科技的日新月异快得令人难以想象，十年前，人们还不知道智能手机为何物，二十年前，人们才刚学会拨号上网，三十年前，家用电脑只有8位元。我们这个时代，电脑和网络是生活中不可或缺的工具，其实不过四十年前仍是没有电脑的世界。

电脑历史博物馆位于谷歌总部附近，距离苹果和脸书(Facebook)总部也不远，作为电脑时代的朝圣地来说，真是再适合不过了。主展览"革命"以20个展厅详述电脑起源与未来展望，从古老的算盘到最新的苹果手机，从打孔卡到半导体集成电路，这当中经历了无数划时代的突破，而电脑的进化也并非到此为止，此时此刻的不可能，说不定几年后就成了理所当然。

除了主展外，还有几个非看不可的陈列。巴贝奇的差分机2号(Babbage Difference Engine No.2)堪称电脑的前身，由查尔斯·巴贝奇于1849年设计，能精确进行31位元的数学计算。虽然他有生之年并未完成，但后人却于一百多年后照着他的蓝图将之实践成真。

PDP-1是DEC公司于1959年制造的程序数据处理机，能进行即时互动与图像显示，而IBM 1401展示间则模拟了1959年商用电脑中心传输资料的过程。最后要看的是谷歌的自动驾驶车，这辆能自动导航、观察路况并规避碰撞的车辆，未来只要人们能接受新的习惯，自动驾驶普及将不再是梦。

美国·旧金山 潘帕尼多号潜艇博物馆

美国·山景城 电脑历史博物馆

美国·拉皮德城

旅途博物馆
The Journey Museum

[横跨二十五亿年的旅程]

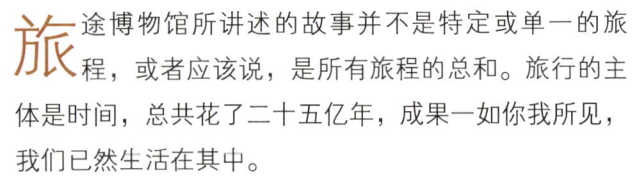

旅途博物馆所讲述的故事并不是特定或单一的旅程，或者应该说，是所有旅程的总和。旅行的主体是时间，总共花了二十五亿年，成果一如你我所见，我们已然生活在其中。

这座博物馆分为四个部分，企图用最完整的方式，建构出黑山这片土地以及土地上的人民的所有面相。旅行的一开始，火山隆隆作响，神秘的黑山于焉诞生，经过种种地质作用所形成的岩石与矿物，经过亿万年所演化的动物与生态，直接影响了这个地区的历史发展。冰河时期结束，人类活跃的时代来临，透过考古现场，游客可以探测出史前人类的活动轨迹。

在博物馆的第三个部分，游客可以进入苏族拉科塔人(Lakota)的野牛皮帐篷中，坐下来倾听酋长们娓娓道来的故事，或是根据他们的传统器物，了解原住民的生活、战斗、狩猎与游戏。

接着白人来了，拓荒者们引进的不只是火枪与牛群，还有崭新的文化与价值观。一场冲突在所难免，不同传统与文化的激荡，让旅途又迈进了下一个时代。旅途博物馆的展示像一幅连环图画，我们看完之后回到当下，想必对这片土地又有了新的感受。

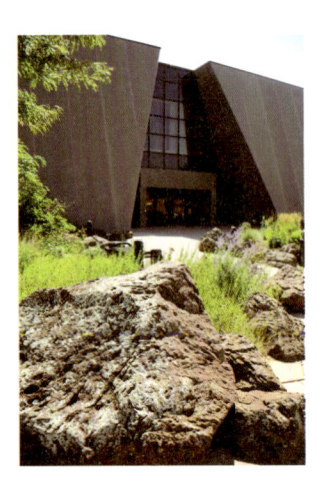

加拿大战争博物馆
Canadian War Museum

加拿大·渥太华

[形塑加拿大人千年历史的战争]

走进战争博物馆，才发现加拿大居然打过这么多场仗。从数千年前原住民部落间的纷争、12世纪的维京人入侵、英法美在新大陆上的交锋，到加拿大出兵参与的二战。正如博物馆入口开宗明义地写着：战争形塑了加拿大与加拿大人五千年来的历史。

这里展示了不少军事装备，可看到曾经登陆诺曼底的Forceful III，以及德国闪击战中的要角Sturmgeschütz III。这些可都不是模型，而是真正在沙场上冲锋陷阵过，它们有些是退役的装备，有些则是缴获而来，从焦黑的炮痕与变形的装甲中，我们可以想象当年战事的激烈。

博物馆中也布置了许多战争场景，让游客深入战壕、穿越沼地，一窥战地生活的艰辛。各项展品前的触碰式屏幕也非常有趣，设计得就像电玩界面一样，参观者可以从中学习到不少历史与军事知识。

加拿大战争博物馆所陈述的不只是加拿大曾经发生及参与过的大小战事，同时也反映出战争在各个时期对社会形态与生活层面所带来的影响。它的目的是让人们更加了解战争的本质，进而展望没有战争的未来。

加拿大·加蒂诺

加拿大历史博物馆
Canadian Museum of History

[身临其境认识加拿大丰富精彩的历史]

位于魁北克省加蒂诺市(Gatineau)的加拿大历史博物馆，因和渥太华市仅一河之隔，所以常被认为是渥太华的景点。

这座占地广大的博物馆，馆藏特别丰富，分成四个楼层，一楼大展厅挑高的空间里放置了三十多座雕刻精美的图腾柱，年代大约在19世纪到20世纪，所刻画的内容展现了加拿大太平洋海岸附近的原住民文化，大展厅的背后便是神秘而精彩的加拿大原住民展区。

二楼包含了儿童博物馆与CINÉ+影院，儿童博物馆就像是世界历史的小缩影，以角色扮演的方式，让孩子认识世界其他地区人们的生活。每个场景都有特别为孩子准备的服装与道具，于是在中国市集上、北欧码头前、日本拉面店里、美国大西部小木屋中，一幕幕由孩子自导自演的异国狂想曲就这么展开了。

CINÉ+是北美第一间使用4K高画质呈现3D影像的视听影院，在巨型银幕前，人们仿佛身临其境跟随君主斑蝶跨洲迁徙，回到诺曼底登陆的那一天，或是潜入海底探索加拉巴哥群岛的古生物。

三楼及四楼的加拿大历史展厅，主要展示的是曾经在这块土地上发生的故事，从11世纪维京人登陆加拿大、英法之间的七年战争，一直到近代的外国移民屯垦发展史，除了欧洲探险队与军队的进攻路线、毛皮贸易、海上捕鲸业等，也有华人的移民故事与史料展示。文明史以实物模型加上故事看板的方式解说，内容相当精彩。

177

加拿大·维多利亚
皇家卑诗博物馆
Royal BC Museum
[七百万件展品构成精彩纪录长片]

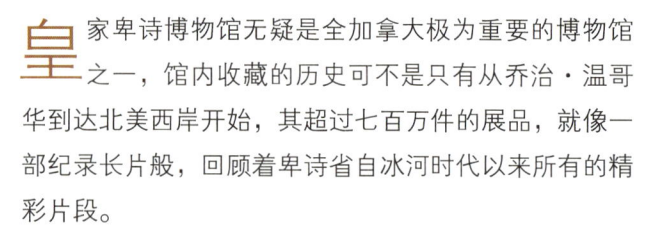

皇家卑诗博物馆无疑是全加拿大极为重要的博物馆之一，馆内收藏的历史可不是只有从乔治·温哥华到达北美西岸开始，其超过七百万件的展品，就像一部纪录长片般，回顾着卑诗省自冰河时代以来所有的精彩片段。

当中最有名的，便是北美原住民的图腾艺术作品。这些图腾原本是原住民家中的梁柱，或是竖立在家门前、代表家族源流的信物，每一个精美的图案与符号都有其象征意义，可惜今日多已无法解读，但也因此更添其神秘。

除了自然历史与原住民艺术外，3楼还有一区以真实比例重建了19世纪初期的维多利亚古镇，就好像电影《回到未来》一样，见证了早年岁月的生活面貌。此外，不定期更换的主题特展也是博物馆的重头好戏，来自全世界不同文明、不同时代的古物艺术齐集于此，包罗万象的展出总是令人大呼过瘾。

雷鸟公园 Thunderbird Park

雷鸟公园是一处大型的户外原住民文化展示区，公园内矗立着许多原住民图腾柱，以及一排长形的木制矮屋，这是原住民传统的建筑，称为"长屋"。

在20世纪40年代，雷鸟公园内的原住民图腾柱是博物馆中的馆藏，为了营造原住民族生活的情境，而被展示在馆外的空地上。如此过了十年左右，因为担心这些珍贵的艺术品长期遭受风吹雨淋，当局决定将真品摆入博物馆中，另外重新雕刻一模一样的图腾及摆设，放置在公园内供人参观。

当时馆方请了一位知名的原民雕刻家蒙哥·马丁(Mungo Martin)承揽所有的雕刻工程。蒙哥除了雕刻图腾柱外，还搭建了原住民长屋，而现今我们参观的雷鸟公园，便是经过蒙哥·马丁巧手布置过的成果。

汉默肯之屋 Helmcken House

和雷鸟公园仅隔几步之遥的汉默肯之屋，是维多利亚现存最古老的一栋房子，如今则是皇家卑诗博物馆的一部分。这栋房子建于1852年，是约翰·汉默肯(John Helmcken)医师当年为了心爱的妻子而建，他的岳父是维多利亚发展史上赫赫有名的詹姆士·道格拉斯(James Douglas)，也就是哈德逊湾公司(Hudsons Bay Company)的老板。詹姆士后来因为出任卑诗殖民领地的首任首长，故常被称为"卑诗之父"。汉默肯之屋的屋龄已经将近一百六十年，屋内摆设仍然维持原样，让人仿佛步入时光隧道，重回到19世纪之初。

179

加拿大·卡尔加里

卡尔加里历史文化公园
Heritage Park Historical Village

[走进19世纪的卡尔加里小镇]

想要回到过去，不用把跑车改装成时光机，也不需要哆啦A梦的口袋，只要到历史文化公园买张门票，就能走进19世纪末的卡尔加里小镇。这座公园的设立宗旨，就是要让活生生的历史存在于21世纪的今日。

在面积广达51万平方米的园区里，林立着180栋屋舍与店面，其中半数以上都是货真价实的历史建筑，年代在1860年到1928年之间，多是从卡尔加里周边地区迁至这里保存。这些建筑包括旧时的牧场、农庄、有钱人家的别墅等，游客都可以进去参观，看看一百年前的生活是什么样的情形。

最有趣的是，公园里有上百位穿着古装的工作人员与游客互动，这些工作人员被要求完全融入古人的生活，譬如身穿19世纪服饰的女性无法进入弹子房，因为这在"她们那个年代"是不被允许的事。

当然游客没有这种限制，大可随心所欲穿梭在小镇的各个角落里：走进铁匠铺观看铁匠如何打制器具；到报社让社长教你铅字印刷；或是去烘焙坊买个古早味的面包；而在农场庄园里，女主人正在烤饼干给客人吃，在上流人家中，钢琴课才正要开始。其他像是哈德逊湾公司的毛皮交易站、原住民帐篷、军营、杂货店等，各有"先民"热情地向游客示范古时候的大小事，而餐厅、酒吧、药房等，也都还在营业。

大门旁的汽油巷博物馆（Gasoline Alley Museum）展示了为数惊人的古董车，经典款如福特T型、奥本6-76、L-29 Cord等，都在展示之列。如果对古老的交通工具着迷，不妨在入园时购买套票，可搭乘从前太平洋铁路的蒸汽火车环绕公园一圈，或乘坐曾航行在库特尼湖上的桨轮式蒸汽船SS Moyie号。各种精彩有趣的表演与活动，更是从早到晚轮番上演，让人大叹一整天都玩不够。

历史博物馆

卡尔加里历史文化公园
加拿大·卡尔加里

加拿大·温哥华

温哥华博物馆
Museum of Vancouver (MOV)

[披露成为全球最适宜人居城市的秘密]

温哥华向来被公认为是全球最适宜人居的城市,到底是什么样的文化背景和历史条件,将温哥华形塑成今日的样貌,这就是温哥华博物馆要告诉人们的故事。博物馆内展示了温哥华自建城以来,一直到20世纪80年代的所有城市元素,包括早期城市居民的日常生活、休闲活动与流行文化,衣食住行等各个方面,都有相当精彩的展示。

依照馆方安排的路线,跟随先民的脚步,一同经历移民开荒时期、两次世界大战的征召、经济的繁荣起飞、60年代的嬉皮摇滚,以及各种社会议题的抗争等。透过这些历史片段,人们更能准确地观察温哥华的现在,并预想其未来,这也正是博物馆成立的宗旨。

此外,由于原住民相信螃蟹是港口的守护者,因此,博物馆正门口放置了一尊巨大的不锈钢螃蟹。这只螃蟹站立在喷水池上,当水柱喷出时,水花便会打在它身上四处飞溅,蔚为壮观。

古巴·哈瓦那

哈瓦那革命博物馆
Museo de la Revolucion

[里里外外都是浓缩的革命史]

对于切·格瓦拉或是卡斯特罗的粉丝而言，革命博物馆绝对是必游景点。

革命博物馆建于1920年，原本是巴蒂斯塔政权期间的总统府，所以，建筑精致而富丽堂皇。内部装饰更是由当时的纽约蒂芬尼公司赞助施工，类似巴黎凡尔赛宫的镜厅。直到1959年革命以前，共有22任总统曾在府内办公。

卡斯特罗执政之后，不愿意以这里当作办公室，选择新城区一栋不起眼的大楼当作执政中心。这里则被规划成博物馆，展示了许多独立革命时的文件、物品，以及共产党革命的史迹。

博物馆里里外外都是革命史，门口是1961年猪湾战争时卡斯特罗搭乘的SAU-100坦克车；1957年3月，学生响应革命而枪击巴蒂斯塔，当时的弹孔如今还留在博物馆大厅墙面上；后方公园则有卡斯特罗与81名革命军用来横渡墨西哥湾的格拉玛号。

古巴·特立尼达

特立尼达城市历史博物馆
Museo de História Municipal

[展现19世纪蔗糖产业巅峰时期的富裕景象]

历史博物馆的建筑在1827—1830年属于波列家族(Borrell Family)，之后被"甘蔗谷"的德裔地主坎特罗(Dr. Justo Cantero)买下，他以自己的名字为豪宅命名为坎特罗宅(Palacio Cantero)，并进行大肆整修。

走进挑高宏伟的大门，可以看到华丽的壁画、圆拱形的廊柱、雕花精细的天花板、法国的瓷器花瓶、威尼斯的玻璃杯组和西班牙的宫廷式家具，每一处都展现了19世纪蔗糖产业巅峰时期的富裕象征，可说是古巴全国最美丽的国宝。

展览室围绕在殖民建筑典型的拱廊中庭旁，以照片和文物的形式展示西班牙殖民的航海图、特立尼达的建城历史、黑奴交易的血泪过往、防御海盗入侵城镇的大炮武器、蔗糖产业的兴衰，以及独立战争和革命时期当地的活动。

比历史更吸引游客的，藏在中庭北侧的阶梯上方，爬上木头旋转梯，360度的特立尼达旧城区景观在眼前展开，翠绿山峦包裹小镇鳞次栉比的红瓦屋，小巧方正的主广场和蜿蜒的彩色房子排列出特立尼达最迷人的风景。

澳大利亚·墨尔本

墨尔本旧监狱
Old Melbourne Gaol

[进入看守所亲身体验罪与罚]

墨尔本在19世纪中叶即开始发光发热,主要拜附近发现金矿所赐。世界各地、各阶层的人们争相涌入淘金,龙蛇杂处,使得当时墨尔本的监狱成为人满为患但也最先进的监狱之一。

"退役"多年的墨尔本旧监狱,内部刻意保持早年的格局,在狭小的牢房里还陈列着曾经关过的犯人档案资料,甚至还有他们临受吊刑前的脸部石膏像,阴森的气氛让人不寒而栗。

有趣的是,位于监狱隔壁的旧警局看守所(City Watch House),从2008年底开始也开放给大众参观,并且推出"罪与罚体验"(Crime & Justice Experience),让每位参观者都变身为被抓进看守所的犯罪嫌疑人,身穿制服的警察摆出审问的架势,疾言厉色地要大家说一个口令、做一个动作,"嫌疑人"都会乖乖配合,因为生怕一个不小心就被罗织罪名关禁闭。

由于看守所拘留的多半是醉酒闹事、行窃等犯小罪的罪犯,所以这里的活动空间比监狱宽敞些,但一旦被关进密不透光的禁闭室,还是令人觉得恐惧、无助。从"自投罗网"排队进入看守所到重见天日,其实只有约莫半个小时的过程,心生好奇的游客不妨试试这特殊的体验。

历史博物馆

古巴·特立尼达　特立尼达城市历史博物馆
澳大利亚·墨尔本　墨尔本旧监狱

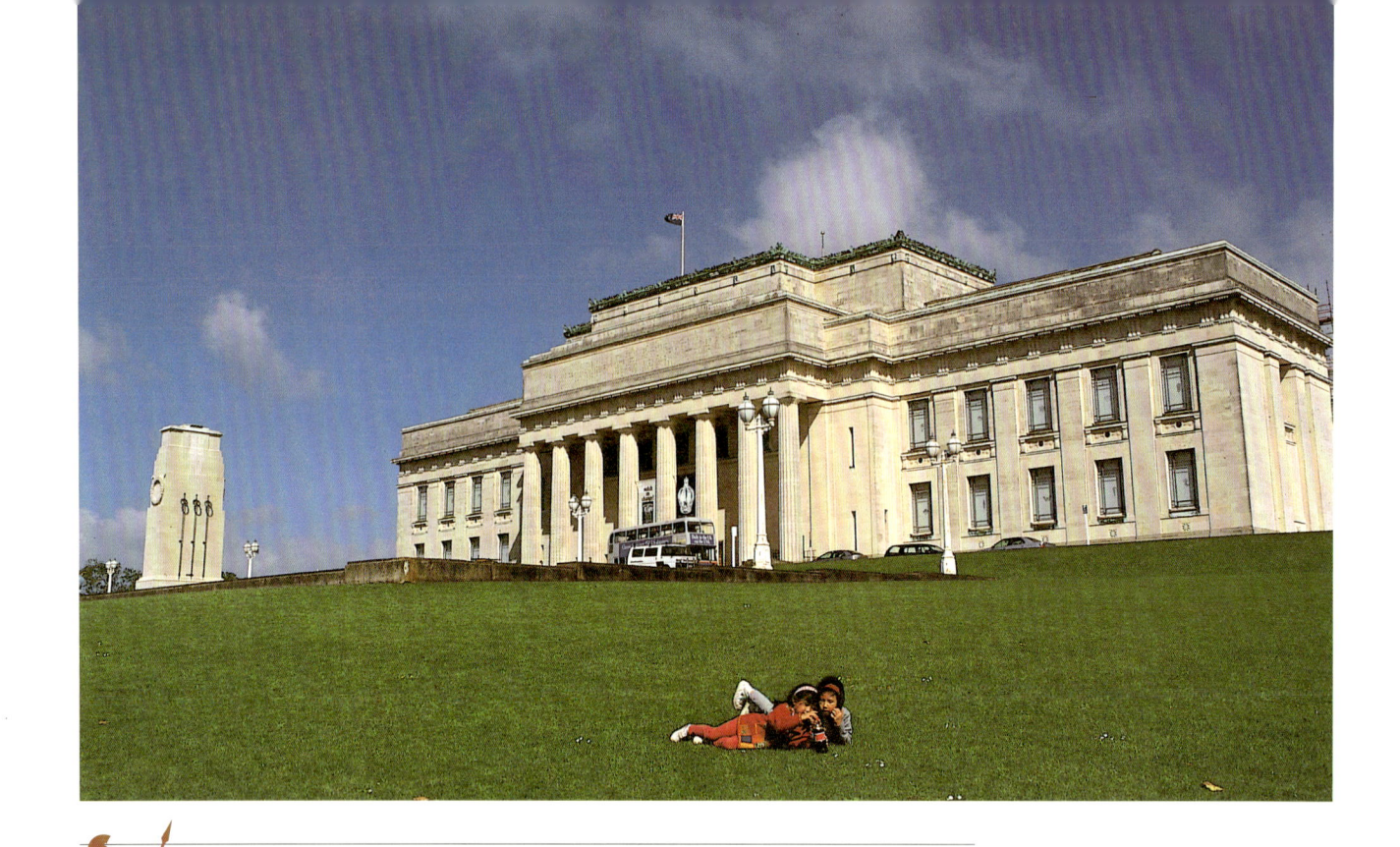

新西兰·奥克兰

奥克兰(战争纪念)博物馆
Auckland Museum

[收藏丰富的毛利文化及纪念令人伤痛的战时过往]

奥克兰博物馆不但是新西兰，同时也是南半球重要的博物馆之一，其重要性来自丰富的毛利文化收藏。

在地面层展馆里，游客可以深入认识毛利人的所有方面，小自毛利人日常生活使用的器具、武器、工艺品，大至整间毛利会馆、首领居所、大型独木舟等都有展示。其繁复的雕刻工艺，在原民的粗犷中又带有几何线条的精致，难怪雕刻家们在毛利社会中享有崇高的地位。

这里保存的毛利文化不只是物质上的，还有许多非物质的文化和技艺。馆内除了介绍毛利人的历史、神话、宗教观外，还有毛利妇女现场示范编织工艺，而每日数场的战舞表演，更是毛利之旅的重头戏。

博物馆2楼是有关新西兰自然历史的展览，从火山、海洋，到海岸、陆地，都有许多多媒体的互动性展示。从新西兰挖掘出的大型恐龙化石及已绝种动物"恐鸟"(毛利语：Moa)的复原模型，在这里都能看到喔！

3楼则是纪念新西兰人心中伤痛的战争博物馆，记录了从新西兰战争、波耳战争、第一次世界大战到第二次世界大战的完整始末，最令人印象深刻的是两架二战中留存的战机，分属英国主力的喷火式战机及日本的零式战机。

毛利妇女编织工艺

博物馆中展示的毛利文化,除了可见的建筑、工艺品,还保存了许多和非物质文化有关的,如现场可见到战舞表演,还可看到毛利妇女示范编织工艺。

二战中的英国及日本主力战机

在3楼进入纪念战争博物馆,可以了解新西兰经历波耳战争、第一次世界大战、第二次世界大战的战争史,最重要的展品为两架二战中的主角,一架是英军主力的喷火式战机,另一架则是被新西兰军队缴获的日本零式战机。

毛利文化馆藏多样丰富

博物馆关于毛利文化的馆藏丰富多样,观者可以深入了解毛利人的各项文化,包括毛利人的日常用具、武器、工艺品,现场甚至可以见到毛利会馆、首领居所、独木舟,令人叹为观止。

恐龙及恐鸟模型

博物馆2楼展出了新西兰的自然历史,这里也能看到在新西兰本地挖掘出的大型恐龙化石,以及已绝种动物"恐鸟"的复原模型。

187

埃及·开罗

科普特博物馆
Coptic Museum

[展现埃及文明的演进史]

阿布希加教堂(Abu Serga Church)建立在"神圣之家"(Holy Family)洞穴上，据说这里是耶稣一家人为了躲避希律王迫害的藏身之处。教堂里坐落着科普特博物馆，它犹如一本埃及文明的演进史，包含了古埃及、希腊、罗马、科普特至现在的伊斯兰文化，特别是从早期基督教时代到7世纪阿拉伯人征服初期的艺术品格外珍贵，也让它成为世界上最重要的科普特艺术重镇。

科普特博物馆于1910年由帕夏(Marcus Simaika Pasha)创立，除了珍贵的文物外，此区居民也大力捐赠衣物、壁画和圣像，再加上1939年时埃及考古博物馆将其中的基督教收藏搬到这里后，使得博物馆规模大大扩张。除分成13个展览室的旧翼外，1947年更开放了拥有17个展览室的新翼，后者主要用于安放由法国古埃及学家马斯佩洛(Gaston Maspero)所收藏的科普特时期的古物。

如今博物馆多达一千五百件的展出藏品中，可以看到许多精致的石器、木头和金属工艺品，以及手抄本、织品，甚至一整片墙的修道院壁画……这里值得花上一些时间好好欣赏。

🏛 科普特语的《圣经》

这是从努比亚地区昆沙·威兹(Qasr-el-Wizz)的教堂中找到的《圣经》，根据判断为10—11世纪的文物。《圣经》以科普特语书写，首页为交织红、绿、黑三色的十字形，此图案最早使用于5世纪，有些页面点缀着像是鳄鱼、孔雀等动物的图案。事实上，中世纪的修士以图案设计手写《圣经》的风气相当盛行，这本《圣经》可以看出努比亚地区的修士在美学上的技术与观念。

🏛 衣服

这些衣服约是6—7世纪时埃及人穿的衣服，以亚麻布织成，上面有象征科普特宗教的十字形图案。据此还可判断当时的织品深受东边拜占庭帝国与伊斯兰早期文化的影响，以单纯的图腾为象征图案。

🏛 科普特标志

科普特时期的标志就是基督教的十字标志，在阿拉伯的伊斯兰文化全面传入埃及之前，埃及是信奉科普特教(基督教)的。因此，此时期的建筑物上都绘有这个标志，目前当地仍然有科普特信徒，不过数量极少。

木雕祭坛

这个祭坛原存放在老开罗区的圣萨吉厄斯教堂(Church of St. Sergius and Bacchus)、圣芭芭拉教堂(Church of St. Barbara)内,这件5世纪时的文物,是现今埃及地区发现最古老的祭坛。祭坛共由12根柱子支撑,上面装饰着雕满花纹的拱门,以及许多十字与豆荚形状的图案,象征着只要经过洗礼,人们的灵魂就可以获得再生。祭坛上有一座高大的木材圆拱保护着,是法蒂玛王朝后特别加上去的部分。

科普特与科普特教派

"Copts"(科普特)一词来自希腊文,原是指"埃及人",后来演变成"埃及基督徒"的统称,也就是所谓的"科普特教派"。据传早在公元40年左右,使徒圣马可(Saint Mark)便到埃及亚历山大宣扬教义,基督教在埃及迅速传播开来,至7世纪因阿拉伯人入侵带入伊斯兰教,科普特教派遂逐渐没落。

科普特教派在发展上历经艰辛,特别是受到罗马皇帝戴克里先(Diocletianus)的迫害,但科普特教派创立了所谓的太阳历,其宗教节日与部分新基督教派略有出入。此外,科普特教派还发展出科普特语(Coptic Language),这是古埃及基督徒借用希腊文字拼写古埃及文发音进而创造出的语言,但随着被阿拉伯文取代,如今科普特语只存在于教会中。

亚当和夏娃的画像

这是一幅颇有意思的画作,画中裸身的男女就是《圣经》中人类的始祖亚当与夏娃。画风是纯粹东罗马帝国(拜占庭)形式,一旁的解说文字为科普特语。

医生用的仪器

这些器材是当时医生所使用的手术用品,从中可以看出当时的医疗技术堪称先进。

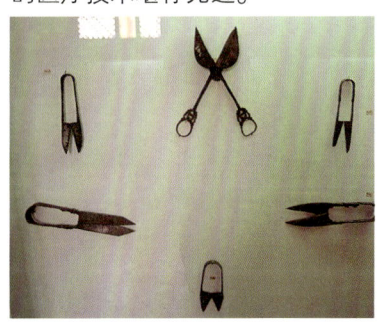

耶稣画像

根据亚美尼亚人与阿拉伯人的文献记载,圣家族(包括圣母、襁褓中的耶稣、约瑟)曾长途跋涉来到开罗,居住于旧开罗区中的一个洞穴里。他们抵达的时间约为公历的6月1日,所以,每年那天科普特教会都会举办庆祝活动,同时也可以在科普特博物馆,甚至科普特教堂内看到描绘此情景的画作。

考古博物馆

考古博物馆以收藏及展示考古遗址出土的文物为主，包括珍藏图坦卡门墓葬品的埃及博物馆、探究古埃及神秘葬仪的木乃伊博物馆、收藏自迈锡尼以降希腊古迹精华的雅典国立考古博物馆、再现古城繁荣风华的土耳其以弗所博物馆以及全球驰名的中国秦始皇兵马俑博物馆。

加拿大
加拿大皇家泰瑞尔古生物博物馆

美国
洛杉矶盖蒂别墅

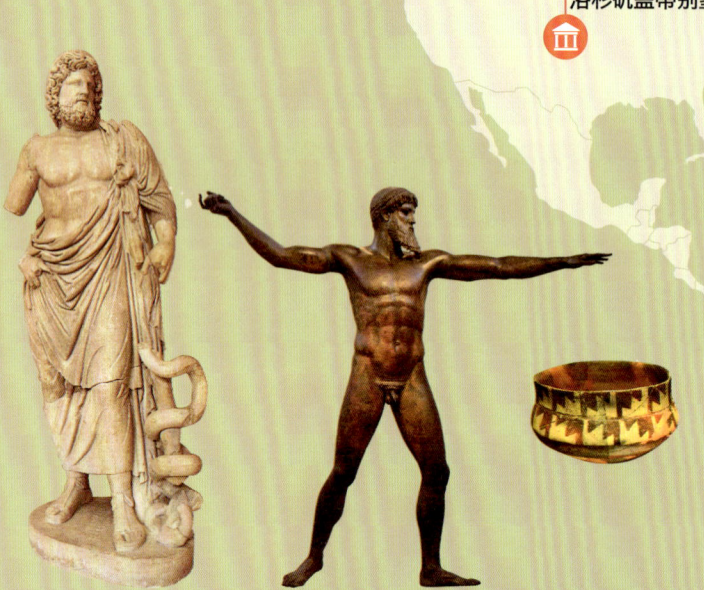

克拉科夫市集广场地下博物馆
波兰
萨格勒布考古博物馆
克罗地亚
意大利
希腊
土耳其
那不勒斯国立考古学博物馆
伊斯坦布尔考古博物馆
以弗所博物馆
安纳托利亚文明博物馆
安塔利亚博物馆
秦始皇兵马俑博物馆
中国
雅典国立考古博物馆
德尔斐考古博物馆
奥林匹亚考古博物馆
罗得考古博物馆
伊拉克利翁考古博物馆
埃及
埃及博物馆
木乃伊博物馆
卢克索博物馆
岘港占婆雕刻博物馆
越南

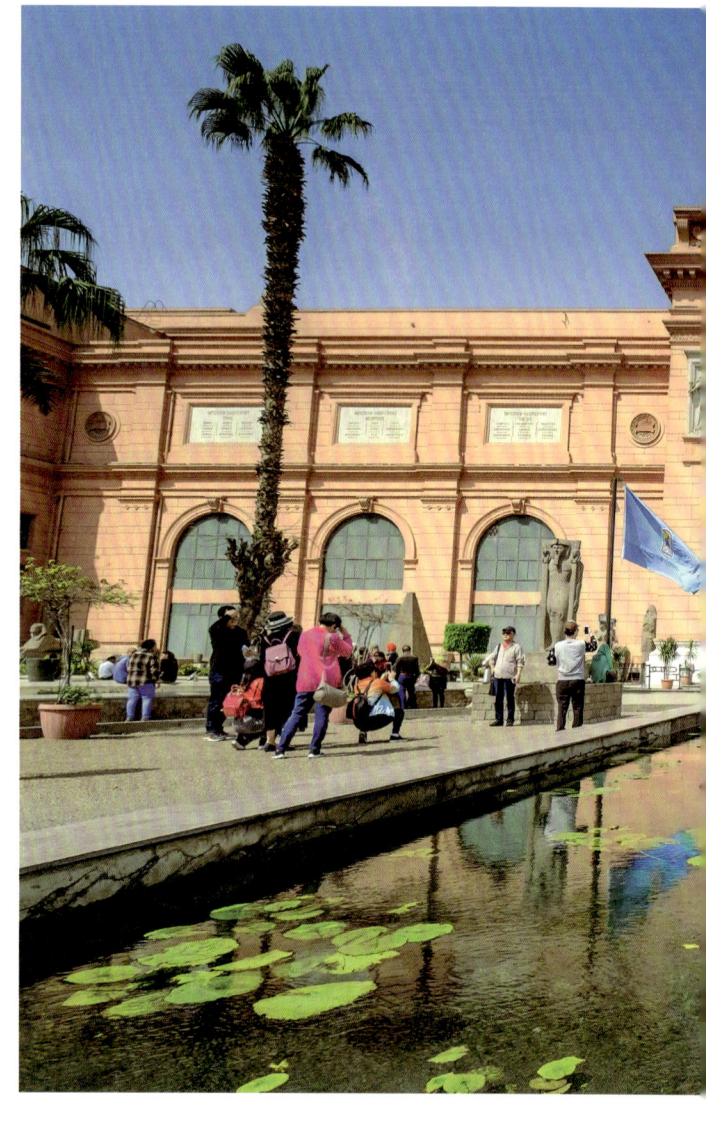

埃及·开罗

埃及博物馆
Egyptian Museum

[傲视全球的考古博物馆]

如同巴黎卢浮宫是艺术的麦加，埃及博物馆也拥有相同的地位。超过十万件的馆藏，涵盖古埃及各个时期的珍品，在一万五千平方米、分成两个楼层的空间中展示，其中，又以图坦卡门的收藏最为震古烁今。

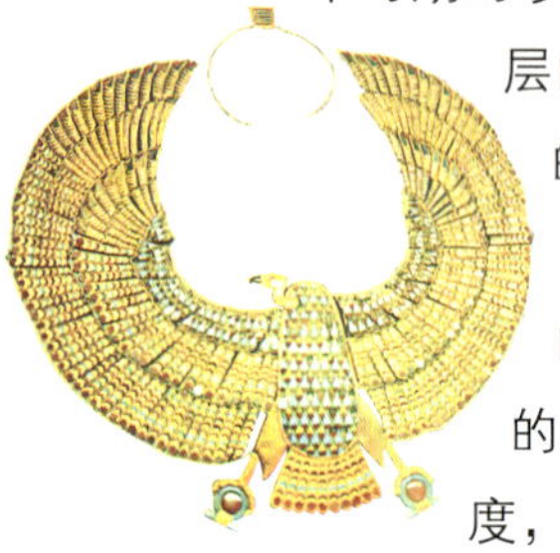

放眼全球，以"考古"为主轴的博物馆，没有可与埃及博物馆匹敌的。纵然以每分钟参观一件展品的速度，也得耗费九个月的时间才足以参观完毕，而这还不包括藏于地下室约四万件的出土文物。

兴建这座博物馆的念头源于1835年，埃及统治者穆罕默德·阿里(Mohammed Ali)鉴于各处考古地点屡屡遭受恣意掠夺，萌生了建造博物馆的想法。这项理想落实不易，当时的埃及虽实质上由他统治，但名义上仍属奥斯曼帝国(Ottoman)管辖，政情复杂，他很难专心监督考古文物的收藏，但眼见英国大英博物馆及法国卢浮宫相继筹设埃及馆，埃及政府决定加快脚步。

1858年，由法国考古学家马里埃特(Auguste Mariette)成立古物部门，直到1902年博物馆正式落成时，所有的珍稀文物才正式展出。遗憾的是，一生为成立博物馆竭力奔走的马里埃特已于1881年1月逝世，长眠于博物馆内的花园，其纪念碑上的雕像凝视着远方，博物馆内也收藏了不少他发现的文物，像是卡夫拉雕像、拉和阗与诺福蕾雕像以及美杜姆的鹅壁画等。

埃及博物馆是一栋出自法国建筑师之手的建筑物，辟有百间展览室，环绕着挑高的中庭，馆方将这些为

考古博物馆

埃及博物馆

埃及·开罗

数可观的文物分为两大类型分层展示，1楼(Ground Floor)按文物年代依序逐室展出，2楼(First Floor)则依主题展示。

2007年6月，埃及最高古文物委员会证实，1903年发现的一具无名女木乃伊，就是三千多年前统治过古埃及的首位女法老哈塞普苏(Hatshepsut)，埃及考古学家宣布这项考古消息后，又引起一次热潮。这具木乃伊原存放在帝王谷编号为KV60的古墓中超过1个世纪，后被搬迁到埃及博物馆。当时尽管有多位学者怀疑，但是苦无直接证据证实她就是哈塞普苏，最后靠着一颗牙齿才水落石出。哈塞普苏女王的木乃伊成了埃及继图坦卡门的木乃伊被发现后，考古史上最重大的发现。

大埃及博物馆
Grand Egypt Museum

埃及博物馆中的馆藏众多，由于现有的博物馆空间、设备已显不足，于是打造了大埃及博物馆。大埃及博物馆距离吉萨金字塔区约两公里，馆内预计展出从拉美西斯广场迁移至此的拉美西斯二世雕像，以及包括图坦卡门的珍藏等约五万件文物，整体文物收藏量达十万件。

除了收藏量相当可观之外，建筑本身的设计也不容错过。2003年，华人建筑师彭士佛的设计图从评选中胜出，他设计出一座位于沙漠中的现代博物馆，不仅建筑造型有特色、与周边环境呼应，还能透过博物馆的玻璃墙面直接欣赏金字塔。大埃及博物馆预计于2021年开幕，最新资讯详见网站：gem.gov.eg/。

193

图坦卡门黄金面具
Gold Mask of Tutankhamun

材质： 黄金

尺寸： 高54厘米、宽39.3厘米、重11公斤

出土地点／年代： 卢克索尼罗河西岸帝王谷图坦卡门墓／1922—1923年

所属年代： 第18王朝

揭开了4层外棺及3座人形棺之后，便是包裹着亚麻布的法老木乃伊。未曾被盗墓者惊动的木乃伊，罩着一具精致的纯金面具，保护着法老的头部及肩部。面具重达11公斤，显现法老头戴那美斯(Nemes)头饰，前端镶饰着红玉髓、天青石、铅玻璃所制的兀鹰及眼镜蛇，法老无瑕的双眼则以石英及黑曜石镶嵌，胸前佩戴的项圈多达12排，大量运用了天青石、石英、天河石及多彩的铅玻璃。无与伦比的工艺，达成了图坦卡门永世不朽的愿望。

胸饰 Pectoral

材质： 黄金、白银、宝石、铅玻璃等

尺寸： 高14.9厘米、宽14.5厘米

出土地点／年代： 卢克索尼罗河西岸帝王谷图坦卡门墓／1922—1923年

所属年代： 第18王朝

图坦卡门墓葬的重要发现除了黄金面具、内棺外，还有数量庞大的陪葬珠宝。这些珠宝件件设计繁复，运用多种珠宝融合守护神祇，例如这件亮眼的胸饰主要由荷鲁斯之眼、绿玉髓圣甲虫、眼镜蛇以及莎草纸花、莲花苞等组成，极尽巧思之能事，工艺更是一流。

彩绘箱 Painted Casket

材质： 木　**尺寸：** 高44厘米、宽43厘米、长61厘米

出土地点／年代： 卢克索尼罗河西岸帝王谷图坦卡门墓／1922—1923年

所属年代： 第18王朝

这件描绘细致的木箱是图坦卡门墓中的精品，顶盖及四面绘满精致的图案，主题围绕着法老率军攻克敌人的英勇战绩。

正面的装饰画描绘了法老驾着双轮马车，缰绳系在腰臀处，双手张弓射击叙利亚军及努比亚军，大批敌军及战马惊慌失措，仓皇败逃。侧面的画则描写了图坦卡门化身为狮身人面迈步践踏敌人，顶盖画着法老张弓猛击代表敌人的野生动物。在发掘之初，这件木箱内放置着金制凉鞋、刺绣镶金的衣服、项链、皮带等物品，幸亏被考古学家及时发现并收藏，在挖掘过程中才未遭受偷盗破坏。

人形棺
Gold Coffin of Tutankhamun

材质： 木与黄金

尺寸： 最内层的黄金内棺高51厘米、宽51.3厘米、长187厘米

出土地点／年代： 卢克索尼罗河西岸帝王谷图坦卡门墓／1922—1923年

所属年代： 第18王朝

当4层外棺被一一打开，里面存放着一座石棺，移去石棺外盖后，考古学家发现里面静躺着璀璨夺目的人形棺。

如同层层相套的外棺，精致的人形棺也多达3座，最外层的两座人形棺为木质贴覆金箔，而最里层的人形棺竟是纯金打造，重达110.4公斤。3层人形棺均采用法老仿冥神欧西里斯(Osiris)的姿势，头戴那美斯头饰，前端镶饰代表上下埃及的兀鹰及眼镜蛇，假须尾端微翘，双手各执连枷权杖及弯钩权杖，遍身镶嵌多种珍贵的宝石，工艺之精湛及耗资之庞大都令人咋舌。

外棺 Gilded Wooden Shrines

材质： 木

尺寸： 最外层的第一层高275厘米、宽328厘米、长508厘米，第二层高225厘米、宽235厘米、长374厘米，第三层高215厘米、宽192厘米、长340厘米，最里层的第四层高190厘米、宽148厘米、长290厘米

出土地点／年代： 卢克索尼罗河西岸帝王谷图坦卡门墓／1922—1923年

所属年代： 第18王朝

　　1923年2月17日，当英国考古学家霍华·卡特(Howard Carter)拆除图坦卡门墓最里层的砖门时，他赫然发现偌大的墓室里竟摆放着几乎同等体积的外棺。4座贴覆金箔的木造外棺，以厚达6厘米的橡树板制成，层层相套，旧时盗墓者开启第一道外棺即宣告放弃，使放置在外棺内的人形棺及法老的木乃伊得以保存。考古学家耗费了84天才完成拆卸外棺的工程，4座外棺的内、外都雕饰了神祇及《死亡之书》的内容，这是研究古埃及最珍贵的史料。

图坦卡门头戴白冠及红冠的雕像
Golden Statues

材质： 木　　**尺寸：** 分别高59厘米及75.3厘米

出土地点／年代： 卢克索尼罗河西岸帝王谷图坦卡门墓／1922—1923年

所属年代： 第18王朝

　　图坦卡门墓内的雕像数量相当多，这些精雕细琢的木雕在法老生前陆续完成后即覆盖上亚麻木，仅保留脸部暴露在外，除却少数雕像因特殊因素涂抹黑色的沥青(一说为黑色的树脂)外，其余所有的木雕品一律都贴覆金箔。这两座分别戴着红冠及白冠的雕像主体为木雕，红冠可能是以红铜制成，白冠可能是采用皮革制成，两座雕像均显露长颈、凸腹、丰臀的特征，显然还留存着阿肯纳顿时期的艺术表现特色。

图坦卡门黄金王座
Throne of Tutankhamun

材质： 木　　**尺寸：** 高102厘米、宽60厘米、长54厘米

出土地点／年代： 卢克索尼罗河西岸帝王谷图坦卡门墓／1922—1923年

所属年代： 第18王朝

　　这座遍贴金箔的王座雕刻精美，并运用白银、宝石、铅玻璃镶饰，极尽华丽，被考古学家视作空前的发现。

　　王座前端两侧雄踞着两只公狮，4只椅脚为狮掌，扶手处装饰着两条头戴红白双冠的眼镜蛇，护卫着扶手前端所刻的皇家椭圆形饰徽。靠背处的细腻雕饰是这座王座最精彩的部分，雕饰出图坦卡门坐在放有软垫的王座上，右臂斜靠在椅背上，头戴精心制作的假发及庆典专用的王冠，身穿打褶长裙、系着华丽腰带、戴着璀璨多彩的项圈，悠闲地沐浴在太阳神阿顿(Aten)的照耀下。皇后安克赫娜蒙(Ankhesenamun)站在法老面前，手捧一罐油膏为法老涂抹，她所穿戴的王冠、假发、项圈、长袍、凉鞋也同样奢华。画面中的这对夫妻同穿一双鞋，显现出鹣鲽情深。

图坦卡门的卡雕像
Ka Statues of Tutankhamun

材质： 木　**尺寸：** 高192厘米、宽53.5厘米、长98厘米
出土地点／年代： 卢克索尼罗河西岸帝王谷图坦卡门墓／1922—1923年 
所属年代： 第18王朝

这两座高192厘米的雕像表达了卡(Ka)的概念，卡与巴(Ba)都是古埃及人解释类似灵魂的观念：卡是生命原始的雏形，巴则近似于死者存在的一种形式，两者与肉体都密不可分。因此，墓室中摆设了两座卡雕像护卫尸体不受破坏。

这两座贴覆金箔的木雕几乎一模一样，差别仅在褶裙上的刻饰，以及一个头戴斑纹包头巾，一个戴着假发，两者发饰前端都镶有贴金箔的青铜眼镜蛇。皮肤上涂抹黑色的沥青，象征化身为冥神欧西里斯，褶裙及环扣分别雕着图坦卡门的出生名"Tutankhamun"及登基名"Nebkheperura"。不同的两个名称是法老在不同阶段获取的称谓，两者都会嵌入神祇名字，以显示法老人神合一的地位，由于正式的名称相当冗长，一般仅简化使用。

兽形寝具 Funerary Couches

材质： 木
尺寸： 3座兽形寝具的尺寸分别为：高156厘米、宽91厘米、长181厘米，高134厘米、宽126厘米、长236厘米，高188厘米、宽128厘米、长208厘米
出土地点／年代： 卢克索尼罗河西岸帝王谷图坦卡门墓／1922—1923年
所属年代： 第18王朝

这3座分别雕有狮头、牛头及杂交生物的寝具是丧礼专用物品，象征意义大于实用性。镶饰牛头的寝具，象征着大水，环绕寝具的外缘绘有代表夜空的豹纹，最奇特的就是混杂着河马头、豹身、鳄鱼尾的寝具。这头怪兽具有双重身份：一是在黄昏时分吞噬太阳，到了黎明又诞生太阳的女神努特(Nut)；另一个身份就是冥界的怪兽阿穆特(Ammut)，当亡灵进入冥界未通过"秤心仪式"的考验时，在一旁虎视眈眈的阿穆特就会一口吞噬心脏、撕裂亡灵，使亡灵坠入深渊、不得重生复活。

内脏储藏罐外棺 Golden Canopic Shrine

材质： 木
尺寸： 高198厘米、宽122厘米、长153厘米
出土地点／年代： 卢克索尼罗河西岸帝王谷图坦卡门墓／1922—1923年
所属年代： 第18王朝

这座存放内脏储藏罐的外棺，形似一座有4柱撑顶的小亭，上端有带状眼镜蛇雕饰，下端为平撬，四面各立有一位张臂护卫的女神，分别为伊希斯神(Isis)、奈芙蒂斯神(Nephthys)、奈斯神(Neith)和塞勒凯特神(Selket)，她们自然展露身材曲线，展现出阿肯纳顿时期的艺术表现特点。而外棺深刻的铭文也是为保护法老直到重生。

内脏储藏罐 Canopic Jars

材质： 雪花石膏
尺寸： 高85.5厘米、宽54厘米、长54厘米
出土地点／年代： 卢克索尼罗河西岸帝王谷图坦卡门墓／1922—1923年
所属年代： 第18王朝

这组内脏储藏罐以优质的雪花石膏雕成，安置在贴覆金箔的平撬上便于移动。与外层4位女神对应的，是荷鲁斯4位守护内脏罐的儿子，各司其职地保护法老的肝、肺、胃、肠。

香水瓶
Alabster Perfume Vase

材质： 雪花石膏
尺寸： 高70厘米、宽36.8厘米、长18.5厘米
出土地点／年代： 卢克索尼罗河西岸帝王谷图坦卡门墓／1922—1923年
所属年代： 第18王朝

这个精致的瓶子是以雪花石膏雕成，为填装香精及油膏用，繁复的雕饰呈现出代表"联合"的象形文字。两旁站立着尼罗河神，将莲花和纸莎草捆绑在一起，象征统一上下埃及，这个形象经常出现在法老座的两侧。

萨哈特优南的王冠
Diadem of Queen Sit-Hathor-Yunet

材质： 黄金、天青石、红玉髓、铅玻璃等
尺寸： 高44厘米、宽19.2厘米
出土地点／年代： 拉洪／1914年
所属年代： 第11王朝

这顶纯金打造的公主王冠，镶有以天青石、红玉髓、多彩铅玻璃等嵌制的眼镜蛇以及15朵花饰，后方高立的双羽为皇室与神权融合的象征。整件作品看似简单，实则精致复杂，展现了中王国时期顶级的镶嵌工艺。

荷鲁斯站在鳄鱼上之石碑
Relief of Horus the Child Standing on Crocodiles

材质： 页岩
尺寸： 高44厘米、宽26厘米、厚11厘米
出土地点／年代： 亚历山大／1880年
所属年代： 托勒密王朝

这块石碑铭刻的图案等同于符咒，在医学尚不发达的古埃及，人们相信借由荷鲁斯的神力能避免甚至治愈蛇、蝎的咬伤。在这块号称具有疗效的石碑上，荷鲁斯呈现孩童的形象，裸着身子且留有侧边发束，他脚踏鳄鱼，右手持蛇、蝎、羚羊，左手持蛇、狮。在两边各立有莲花和纸莎草，头上则有守护妇孺的贝斯神(Bes)看顾着他。

萨哈特优南的镜子
Mirror of Queen Sit-Hathor-Yunet

材质： 黄金、白银、黑曜石等　**尺寸：** 高28厘米、宽15厘米
出土地点／年代： 拉洪／1914年　**所属年代：** 第11王朝

萨哈特优南是萨努塞二世(Senwosert II)的女儿，她的陵墓曾遭偷盗，仅有少数陪葬的珠宝因藏于墙缝中而幸存，这面镜子就是留存的精品。

这面三千八百年前使用的镜子，以薄银为镜面，用黑曜石做成的握柄形似纸莎草，下端饰有花形，上端还镶有带牛耳的哈特女神纯金头像，护佑女主人年轻、美丽、喜悦。

捕鱼模型
Meketre's Model Fishing Boats

材质： 木
尺寸： 高31.5厘米、宽62厘米、长90厘米
出土地点／年代： 卢克索尼罗河西岸麦肯彻墓／1919—1920年
所属年代： 第11王朝早期至第12王朝早期

这组活力十足的木雕，展现了两队渔民分乘两艘纸莎草扎编成的绿舟，在尼罗河中捕鱼的情景。小舟的前端及后端各有一名划桨人熟练地操控方向，其他的渔民则忙碌地收网。鲜活的造型和色彩，显露了古埃及人与尼罗河之间的密切关系。

麦肯彻墓统计牲口数量之模型
Model of Meketre Counting Cattle

材质： 木
尺寸： 高55.5厘米、宽72厘米、长173厘米
出土地点／年代： 卢克索尼罗河西岸麦肯彻墓／1919—1920年
所属年代： 第11王朝早期至第12王朝早期

这组木雕描述了麦肯彻和儿子及4名书记坐在亭内，检视并计算牛群数量，牛群是个人的重要财富，也是缴纳税款的依据。可见到监工站在亭前向麦肯彻鞠躬致敬，其他人则手持长棍维持秩序，确保检阅顺利进行。牛群在棍棒和绳索牵引下鱼贯走过小亭前，所有的人物都裸露上半身、穿缠腰布、赤足，场面相当热闹。

木工工作坊模型
Meketre's Model Carpenters' Workshop
材质： 木
尺寸： 高26厘米、宽52厘米、长66厘米
出土地点／年代： 卢克索尼罗河西岸麦肯彻墓／1919—1920年
所属年代： 第11王朝早期至第12王朝早期

这组忙碌的木工工作坊作品，仔细地刻画出每位木工尽责工作的场景。居中的木工将木块绑在支架上拉锯，后方有一群人坐在火炉边锻造木雕所需的工具，旁边有名木工以锤子及凿子敲打榫接木块，其他的人则忙着打磨、镶嵌。这组木工作坊原是安放在一个白色大箱内，以细绳和黏土封藏，箱内还放着斧、刀、凿子、钻子和锯子等器具。

努比亚弓箭手和埃及持矛军模型
Models of Nubian Archers and Egyptian Pikeman
材质： 木
尺寸： 努比亚弓箭手高55厘米、宽72.3厘米、长190.2厘米，埃及持矛军高59厘米、宽62厘米、长169.8厘米
出土地点／年代： 艾斯尤特／1894年
所属年代： 第11王朝

这两组军队发掘自麦沙提（Mesehti）王子墓，他处于政局紊乱、暴乱频传的时期，使得麦沙提王子去世后，都不忘雕刻两组军队护卫他越过冥界。这两组行进的军队各有40名士兵，皮肤黝黑的努比亚弓箭手穿着超短缠腰布，前垂布条饰有红绿双色的几何图案，持矛的埃及军肤色较浅，手持盾牌及长矛，两队士兵高矮参差表现出行军时的动态。

河马雕像
Statuette of a Hippopotamus
材质： 蓝瓷
尺寸： 高11.5厘米、长21.5厘米
出土地点／年代： 卢克索尼罗河西岸／1860年
所属年代： 第2中间期

肢体形状逗趣的蓝色河马，身上画着生长在尼罗河里的水中植物，陪衬着可爱小鸟，这些花鸟和河马的眼、嘴、耳都以明显的黑色描画。在古埃及时代，河马并不受欢迎，它既是邪恶之神赛特的化身，又常在现实中掀翻船只，但在墓葬中，河马象征着富饶多产，因此，第11王朝至第16王朝常见以河马工艺品作为陪葬品。

皇室家族石碑
Stela of Akhenaten and His Family
材质： 上彩石灰岩
尺寸： 高44厘米、宽39厘米
出土地点／年代： 泰勒阿玛纳／1912年
所属年代： 第18王朝

掀起宗教革命的阿肯纳顿（Akenaten）在这块石碑中展现了和皇室成员们的亲密关系。在画面中阿肯纳顿推崇的太阳神阿顿从上端射下万丈光芒，赐予皇室生命及富足。戴着蓝冠的阿肯纳顿和皇后纳芙蒂蒂（Queen Nefertiti）舒适地坐在软垫凳上，大女儿梅丽塔顿（Meritaten）站在两人之间和父亲取乐，其他两个小女儿站、坐在母亲的腿上，一家人亲爱和乐的景象真实而感人。

小鳄鱼木乃伊
Animal Mummies : Crocodile
尺寸： 厚4.5厘米、宽6.4厘米、长37.5厘米
出土地点／年代： 卢克索尼罗河西岸／1864年
所属年代： 罗马统治时期

制作动物木乃伊在古埃及是相当普遍的情形，由于许多神祇都具有动物的化身，因而制成的动物木乃伊同神祇，为丧葬中不可缺少的陪葬品。这只鳄鱼木乃伊为鳄鱼神索贝克（Sobek）的化身，象征着尼罗河及富饶，它身上缠绕的亚麻布以明暗双色交错成几何图案，展现了罗马时期制作木乃伊不重防腐，反而重视外在装饰的特点。

阿蒙霍特普四世雕像
Statue of Amenhotep IV

材质： 砂岩
尺寸： 全身雕像高239厘米、半身像高185厘米
出土地点／年代： 卢克索卡纳克／1926年
所属年代： 第18王朝

不同于传统法老所展现的俊美健壮形象，阿蒙霍特普四世表现了窄脸、瘦颊、细眼、厚唇、长耳、窄肩、细腰、丰臀等特色。他雌雄同体的特征相当明显，彻底颠覆了古埃及传统美学，并留下了肥胖与优美、做作与写实、夸张与具象、萎靡与振作、隐疾与秘闻等永无休止的争议，成为跨越古今的风云人物。

阿肯纳顿和家人浮雕
Relief Showing Akhenaten and His Family

材质： 上彩石灰岩
尺寸： 高53厘米、宽48厘米、厚8厘米
出土地点／年代： 泰勒阿玛纳／1891年
所属年代： 第18王朝

这块石灰岩浮雕出土于皇室陵墓，混杂于一片碎片当中，学者们推测这块石板可能是为阿肯纳顿的二女儿梅克塔顿(Maketaten)所作，她在母亲分娩时夭折。石板显示了阿肯纳顿带领着皇后纳芙蒂蒂向太阳神阿顿敬奉莲花，身后跟随着大女儿梅丽塔顿(Meritaten)，她一手拿着叉铃，一手牵着妹妹。

哈塞普苏女王头像
Limestone Head of Hatshepsut

材质： 上彩石灰岩
尺寸： 高61厘米、宽55厘米
出土地点／年代： 卢克索尼罗河西岸哈塞普苏灵殿／1926年
所属年代： 第18王朝

这座头像原位于尼罗河西岸哈塞普苏灵殿(Temple of Hatshepsut)第3层柱廊外侧，夺取王位的哈塞普苏女王为了树立权威，不仅以男装示人，而且仿效其他法老建造仿冥神欧西里斯(Osiris)姿势的雕像。这位企图心旺盛的女王头戴红白双王冠、饰假须，采用男性肤色专用的红砖色，刻意展现男性的阳刚特质，但柔和的双目和容颜，却显露了女性阴柔本质。

纳芙蒂蒂未完成头像
Unfinished Head of Nefertiti

材质： 石英岩
尺寸： 高35.5厘米
出土地点／年代： 泰勒阿玛纳／1932年
所属年代： 第18王朝

直到目前为止，学者们对这位皇后的身世背景仍不甚了解，由她频频和法老阿肯纳顿双双出现在浮雕中，可知她拥有崇高的地位。这座头像未完成的原因，据推测是工匠将雕像分成数个部位分批雕琢而后拼合，也可能是工作坊的习作，虽然完成度不高，但已成功地展现了皇后匀称美丽的容颜，留与后世无限的遐想。

阿肯纳顿与年轻女子雕像
Statue of Akhenaten with a Female Figure

材质： 石灰岩
尺寸： 高39.5厘米、宽16厘米、长21.5厘米
出土地点／年代： 泰勒阿玛纳／1912年
所属年代： 第18王朝

这件作品虽小，但表现出罕见的亲昵举止。头戴蓝冠、身穿短袖上衣的法老坐在椅上，抱着大女儿梅丽塔顿亲吻(近来学者们推测此女子很可能是阿肯纳顿另一名妻子基亚)。亲密的举动不仅推翻了宫廷正经严肃的对外形象，也为当时的艺术表现注入了革新的力量。

考古博物馆

埃及·开罗

埃及博物馆

萨努塞一世之柱
Pillar of Senwosret I
材质： 上彩石灰岩
尺寸： 高434厘米、宽51厘米、长95厘米
出土地点／年代： 卢克索卡纳克阿蒙神殿／1903—1904年
所属年代： 第12王朝

在20世纪初，考古学家在卡纳克阿蒙神殿(Temple of Amun at Karnak)的第7塔门前的前庭挖掘出两万多件青铜像、石雕像及石碑，这座饰有法老浮雕的立柱就是出土的文物之一。此立柱属于第12王朝的萨努塞一世(Senwosert I)，立柱的四面分别雕刻着法老拥抱荷鲁斯、阿顿、阿蒙、卜塔四位神祇，状至亲昵的举止展现法老为人神一体的超凡身份。

拉和阗与诺福蕾雕像
Statues of Rahotep and Nofret
材质： 上彩石灰岩
尺寸： 拉和阗高121厘米、宽51厘米、长69厘米，诺福蕾高122厘米、宽48.5厘米、长70厘米
出土地点／年代： 美杜姆／1871年
所属年代： 第4王朝

这两座原安置在墓室中的雕像造型精美，比例匀称。体格健硕的拉和阗王子(Rahotep)身穿缠腰布，颈上系着心形护身符，一旁的妻子诺福蕾(Nofret)头戴假发及装饰花王冠，隐约露出真发，颈上的项圈繁复多彩，长袍以宽肩带系住。两人的肤色忠于传统美学，男性为红砖肤色，女性为略显苍白的乳黄色。双眼分别镶嵌石英及水晶作为眼白和瞳孔，严肃的表情和写实的面容，显露出夫妇俩尊贵的地位与不可侵犯的威权。

侏儒塞尼伯全家雕像
Seneb the Dwarf and his Family
材质： 上彩石灰岩
尺寸： 高34厘米、宽22.5厘米、长25厘米
出土地点／年代： 吉萨／1926—1927年
所属年代： 古王国时期，约第6王朝(一说是第5王朝)

早在第1王朝时期，埃及境内就出现了两种类型的侏儒，一类为非洲赤道属矮小人种的俾格米(Pygmy)部族，另一类为病变畸形的侏儒。侏儒外观特殊，只能担任照顾牲口、娱乐主人等工作，塞尼伯(Seneb)是突破侏儒外形限制获得高位的第一人。这座由塞尼伯墓出土的全家福雕像，经过巧思设计，塞尼伯交握双手、盘起双腿，跟前的一对裸身吮指的子女构成了视觉延长的错觉，加上他的头部及躯体是按常人的比例雕刻，使得观者一眼看不出他矮小的体形，十分巧妙。

美杜姆的鹅壁画 Panel of Meidum Geese
材质： 上彩灰泥
尺寸： 高27厘米、宽172厘米
出土地点／年代： 美杜姆／1871年
所属年代： 第4王朝

古埃及社会常见在灰泥墙上作画，颜料取得容易，如红色、黄色取自赭土，白色取自石膏，黑色取自煤烟，其他如蓝铜矿、绿松石、孔雀石等也都是颜料来源。这些天然矿物研磨成粉后与水调和，再加上蛋清作为黏合剂就可配色作画。遗憾的是，这种蛋彩画保存不易，这幅壁画是极少数幸存的佳作之一，笔触细腻，色彩鲜丽，是少见的写实作品。

书记雕像 Seated Scribe
材质： 上彩石灰岩
尺寸： 高51厘米、宽41厘米、侧面31厘米
出土地点／年代： 塞加拉／1893年
所属年代： 大约是公元前25世纪，第5王朝早期

阅读及书写在古埃及是项特殊技艺，只有专业的书记、皇室的子女、掌权的祭司及地位崇高的官员才拥有这方面的能力。这座书记雕像延续传统的盘膝坐姿，左手拿着展开的纸莎草纸卷，右手握着笔，双眼凝视远方像在沉思，鲜丽的眼线和镶嵌的眼珠使雕像栩栩如生，头上戴的假发微微向后拨，露出面容和双耳，展现了雕刻手法的突破。

孟卡拉三人组雕像群
A Triad of Menkaure

材质： 硬砂岩
尺寸： 3组分别高92.5厘米、93厘米、95.5厘米
出土地点／年代： 吉萨／1908年
所属年代： 第4王朝

　　居中的法老身穿缠腰布、头戴统治上埃及的白冠，法老所站的居中位置、王冠高度、左脚向前跨越的姿势，强调了法老的地位远高于身旁两位神祇。位于法老右侧的哈特女神顶着牛角及太阳圆盘，站在左侧的是上埃及各省拟人化的表征，顶着护佑该省的守护神，两位女神均穿着贴身的长袍，匀称的身材展露无遗。

卡夫拉雕像 Statue of Khafra

材质： 闪长岩
尺寸： 高168厘米、宽57厘米、长96厘米
出土地点／年代： 吉萨／1860年
所属年代： 第4王朝

　　吉萨金字塔区中的卡夫拉金字塔无疑使卡夫拉王(Khafra)成为知名度最高的法老，这座拥有四千五百年历史的雕像以闪长岩雕成，法老头戴斑纹头巾、饰假须，表情刚毅沉着。王座两侧前端雕饰着两座雄狮，侧面交缠的纸莎草及莲花象征统一上、下埃及。鹰神荷鲁斯(Horus)在法老头部后方展翅护卫，象征王权及神权合而为一，也显露了法老正是荷鲁斯在世间的化身。

纳麦尔色盘 Narmer Palette

材质： 页岩
尺寸： 高64厘米、宽42厘米、厚2.5厘米
出土地点／年代： 希拉孔波利斯／1894年
所属年代： 前王朝时期，约公元前3100年

　　这件色盘的正面浮雕分为3个部分：上端为法老头戴红白双王冠、手持权杖，查看被斩首的敌人，顶端两侧雕有哈特女神头像，头像间的符号是纳麦尔的名字；位于中央部分的两头长颈交缠的野生动物象征着反叛势力终于被顺利收服，上下埃及得以统一；底端雕刻着法老化身为一头猛牛，攻克敌军及碉堡。色盘的反面雕刻着戴着统治上埃及白冠的法老斩杀敌人，整体画面充分展现了法老结束乱局、一统埃及的豪情。

木头祭司雕像
Wooden Statue of Ka-Aper

材质： 希克莫木材
尺寸： 高112厘米
出土地点／年代： 塞加拉／1860—1870年
所属年代： 大约是公元前25世纪，第5王朝早期

　　木材的可塑性优于石材，除却臂膀可拼装，立像的背部也无须支柱，但缺点是容易腐坏。这尊四千多年前的卡佩尔(Ka-Aper)祭司雕像，意外地保存良好，成功刻画出祭司浑圆的脸形和发福的体形，表现出他享有富裕生活及崇高地位。最精彩的雕饰在眼部，眼白镶嵌石英、瞳仁采用铅玻璃、角膜为透明水晶、眼眶以铜镶框，做工精致。

左塞尔雕像
Limestone Statue of Zoser

材质： 上彩石灰岩
尺寸： 高142厘米、宽45.3厘米、长95.5厘米
出土地点／年代： 塞加拉／1924—1925年
所属年代： 第3王朝

　　这座雕像原安置于沙卡拉阶梯金字塔北端的小圣坛内，是极少数历经四千六百年依旧幸存的文物，极为珍贵。雕像以整块石灰岩雕刻而成，左塞尔姿态庄严，虽然面容受损，但高耸的颧骨、浑厚的嘴唇、凹陷的双眼，充分展现出法老刚毅的神情。基座前端雕饰着眼镜蛇及兀鹰，象征统一上、下埃及，一侧雕刻着法老左塞尔(Zoser)的名字。

考古博物馆

埃及·开罗　埃及博物馆

埃及·卢克索

木乃伊博物馆
Mummification Museum

[揭开木乃伊的神秘面纱]

木乃伊博物馆位于尼罗河畔，是埃及少数的现代化博物馆之一，所有的展品都与木乃伊有关。沿着展览路线循序前进，可看见木乃伊的制作步骤，过程非常繁复，首先要为尸体涂上香膏，接着一层层地裹上白色的布条。古埃及人相信死者会来到诸神面前，以秤心仪式决定死者是能得永生还是遭冥界怪兽阿穆特吞食，透过古埃及人对木乃伊的描绘，可以了解到他们对于死亡的看法。

从太阳崇拜到冥世信仰，古埃及人由大自然的规律体验生命循环的定律，他们敬畏死亡、期待重生。日升日落的运行，让他们深信所谓的死亡只是灵魂暂时离开躯体，他们必须为来世预做准备，将尸身制成木乃伊，以利于灵魂重返躯体复活。

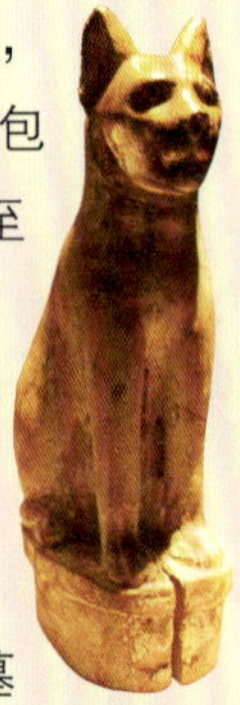

木乃伊的制作源自何时，目前并无定论，在第1王朝的墓地中，曾发现一截以亚麻布包裹的残肢，或许可视为最早的"证物"。至于完整的尸身，应属于自沙卡拉阶梯金字塔出土的左塞尔法老。

木乃伊博物馆创立于1997年，埃及建筑师巴克利(Gamal Bakry)巧妙运用光线，将位于地下1楼的展览厅营造成森冷的墓室。位于入口处的阿努比斯雕像迎接游客，羊、猫、狒狒各种动物木乃伊及棺木一字排开，非常神奇。其中最特别的是鳄鱼木乃伊，古时底比斯的尼罗河畔有许多鳄鱼，古埃及人把鳄鱼当神来崇拜，于是创造了鳄鱼神索贝克，因此，这里保存着许多鳄鱼木乃伊。

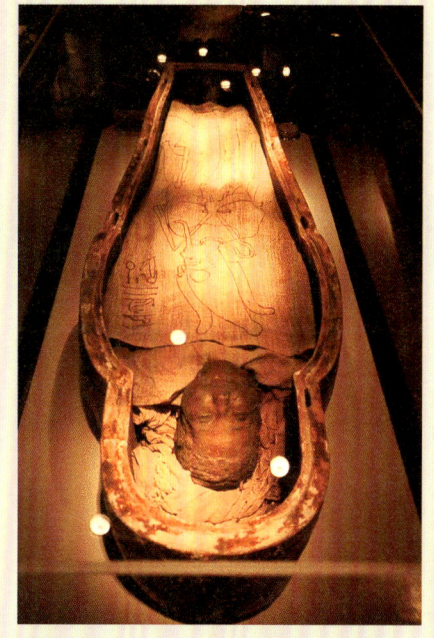

马萨哈第木乃伊

这尊木乃伊是第21王朝统帅军队的将领及祭司马萨哈第(Maseharti)，其父就是篡夺法老位的大祭司皮涅杰姆一世(Pinedjem I)。

木乃伊棺木

羊木乃伊棺木

羊是克奴姆(Khnum)的化身，这座羊木乃伊棺木上覆盖着贴有金箔的面具。

狒狒木乃伊

狒狒是智慧之神的化身，这只放在小棺木中的狒狒于帝王谷出土。

猫木乃伊

猫为女神贝斯特(Bastet)的化身。

鳄鱼木乃伊

鳄鱼是掌管尼罗河泛滥的索贝克神(Sobek)的化身。

脑部剖面

由此可观察到木乃伊的脑部曾以沥青填充的痕迹。

圣翅

圣翅象征着来世与重生，其洞孔的作用在于方便缝在木乃伊的裹尸布上。

考古博物馆

木乃伊博物馆 埃及·卢克索

木乃伊制作方式及葬仪

古埃及人制作木乃伊的技术并非一蹴而就，而是经过时间的累积才慢慢改进的，最早期的处理方式相当粗糙，尸身未经有效的防腐处理，内脏也没完全清除，因此，尸身几乎都已腐烂无存。直到新王国时期之后，木乃伊的制作方法渐次成熟，同时留存了大量文献，为后世揭开了木乃伊的神秘面纱。

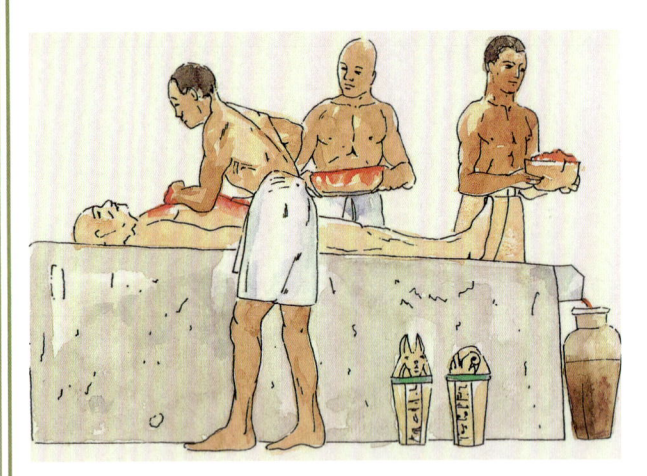

❶ 取出内脏

将尸身送到专门处理木乃伊的工作坊，放置在设有排放尸血沟槽的石台上，先用钩子自鼻腔钩出脑浆，接着在体侧开一切口，取出除心脏以外的内脏。取出后以椰枣酒、香料清洗内脏，含有14%乙醇的椰枣酒可以发挥消毒的作用。接着将内脏浸入泡碱约40天以脱去水分，然后涂抹一层香精，甚至再加涂一层树脂，最后包裹放入内脏罐中。

❷ 内脏罐

储存内脏的保存罐称作"卡诺皮克罐"(Canopic jar)，罐盖最初使用的材质为青石，并无固定造型。第18王朝之后，采用荷鲁斯4个儿子的造型，改由这4位神祇护佑死者的脏器。

❸ 尸身的脱水处理

尸身去除内脏后，同样须以椰枣酒、香料进行清洗、消毒，并浸入泡碱脱水。泡碱是种天然形成的类似盐的物质，富含碳酸钠、氯化钠和硫酸钠，能迅速渗透尸身吸收水分。为了确保在40天内完成干燥尸体的程序，有时会以浸透芳香树脂胶的亚麻布包裹尸身，一来可加速吸取尸身组织的水分，二来可使尸体不致产生恶臭。

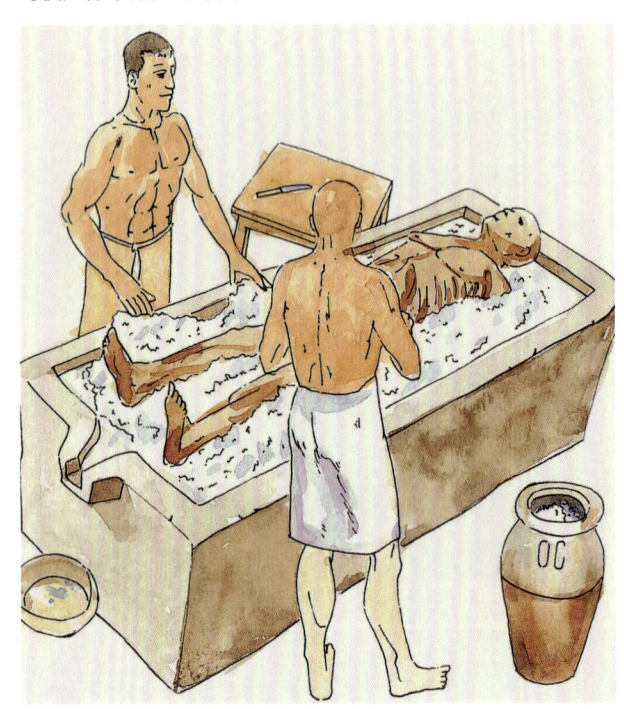

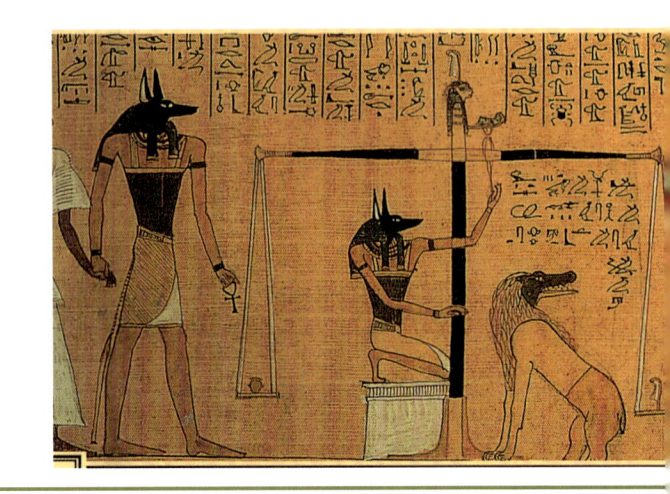

神名	外观形象	守护的器官	守护的方位	呼应的神祇
Amset (Imsety) 艾姆榭特	人	肝	南方	Isis 伊希斯
Duamutef 多姆泰夫	狼	胃	东方	Neith 奈斯
Hapy (Hapi) 哈比	猴	肺	北方	Nephthys 奈芙蒂斯
Qebesenuef (Qebehsenuf) 奎贝塞努夫	鹰	肠	西方	Selket 塞勒凯特

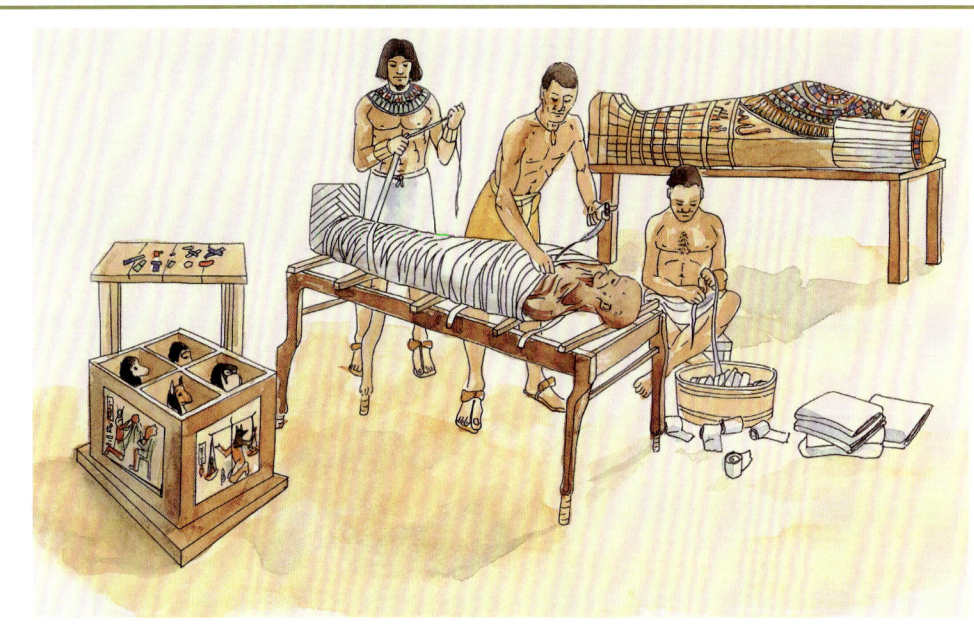

❹ 尸身的后续处理

尸身脱水之后，用浸泡过树脂的亚麻布填塞脑腔，并以没药、肉桂、浸过树脂的亚麻布填充胸腔。身侧的切口以树脂浆、蜂蜡密封后，覆盖一块薄金片或护身符。嘴、耳、鼻同样以蜂蜡涂封，凹陷的眼眶垫入亚麻布再合上眼皮，恢复生前形象。

尸身的处理是层层涂上芳香的没药、珍贵油膏以及具有防腐抗菌特效的雪松油，最后加涂一层融化的树脂，以阻隔湿气侵入尸身，然后以浸过树脂的亚麻布条紧紧包裹尸身，并依次放入护身符。

❺ 护身符

护身符的式样撷取自象形文字，种类相当多，目前能辨识的大约有荷鲁斯之眼(Oudjat)、圣甲虫(Scarab)、伊西斯结(Tyet)、节德柱(Djed)、生命之钥"安卡"(Ânkh)、纸莎草柱、灵魂"巴"(Ba)、蛇头、双指、双羽等275种，通常放置在木乃伊尸身和裹尸布之间，以保护死者通达冥界。如最常见的圣甲虫是放置在心脏位置，因古埃及人深信心脏是思想的所在，而圣甲虫可防止心脏在死者进行"秤心仪式"时，说出不利于主人的供词，另外象征永恒、稳定的节德柱则是放在胸膛或脖子部位。

❻ 开口仪式

耗时约70天，木乃伊制作宣告完成后，就为木乃伊佩戴珍贵的珠宝、面具，而后放入彩绘精美的人形棺中举行葬礼。在棺木置入墓室之前，祭司会持木制弯钩杖碰触木乃伊的嘴部举行"开口仪式"，以唤醒死者的意识及身体各部位的功能，让死者复活重生。

❼ 秤心仪式

《死亡之书》（又名《亡灵书》）是死者重生复活、通往来世的"指南"，此书衍生自古王国金字塔文、中王国棺椁文，完整版共192章。书中记载着死者的亡灵由阿努比斯(Anubis)带领进入冥界审问，高踞在天平上的正义女神玛特(Maat)将代表真理的羽毛和亡灵的心脏放在天平的两端，图特(Thoth)在一旁记录裁决结果，亡灵一一对42位审判官自白生前可能犯下的罪行。如果所言不实，天平失去平衡，蹲踞在旁边的鳄鱼头怪兽阿穆特就会一口吞噬心脏、撕裂亡灵，使亡灵坠入深渊，不得重生。如果亡灵通过审判，就会被带领到冥神欧西里斯(Osiris)跟前，静待复活的宣判。

考古博物馆 — 埃及·卢克索 — 木乃伊博物馆

埃及·卢克索

卢克索博物馆
Luxor Museum

[展出重量级底比斯文物]

坐落在卢克索神殿以北约1公里处的卢克索博物馆貌不惊人,但典藏着底比斯身为国都时期最具代表性的文物,见证了往昔那段叱咤风云的岁月。

这座外观规矩整齐的博物馆,出自埃及建筑师哈金(Mahmoud al-Hakim)之手,主体建筑面对尼罗河,正面门廊长55米、宽2.8米、高20米,周遭绿树成荫。该博物馆开幕于1975年,展示了横跨古王国末期至伊斯兰统治的马穆鲁克王朝期间出土于底比斯的文物,包括许多新王国时期的雕塑、陶器、珠宝,其中最吸引人的是石像雕塑,大多来自卡纳克神殿。另外,这里还有部分发现自图坦卡门之墓的船只、烛台与兵器。

敬奉鳄鱼神索贝克石碑

1967年挖掘斯瓦希里·阿尔蒙特运河时同时还发掘出这块石碑,上半部雕着祭司皮亚(Pia)带着儿子伊海夫纳(Iy-Hevnef)敬奉鳄鱼神索贝克,下半部雕着皮亚带着儿子、母亲伊亚(Iya)、妻子蒂娜努布(Tinet-Nebu)敬奉鳄鱼神,最底端的六列象形文字为祈祷文。

哈特女神牛头雕像

这件精美的牛头雕像出自图坦卡门的陵墓,为哈特(Hathor)女神的化身,她执掌爱与喜悦,也负责引领法老的灵魂进入冥府。这件作品的主体为木雕,镶嵌着铜制牛角及天蓝石眼睛,上部贴覆金箔,下部及基座则涂抹象征冥府的黑色树脂。

萨努塞三世头像

这座以红色花岗岩雕琢的萨努塞三世(Sesostris III / Senusret III)头像属于第12王朝的作品。戴着红白双王冠的法老面容严肃,执着的双眼、深刻的皱纹、凹陷的脸颊、紧闭的双唇,显现这位法老刚毅不屈的个性。

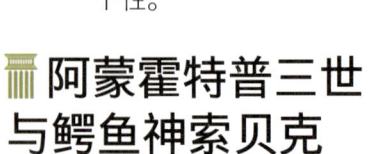

阿蒙霍特普三世与鳄鱼神索贝克

这件雕像是1967年挖掘斯瓦希里·阿尔蒙特(Sawahil Armant)运河时发现的。戴着阿特夫(Atef)头冠、人身鳄鱼头的索贝克(Sobek)神赐予法老生命,年轻的法老头戴斑纹法老头巾,他的帝号写在背面的石板上。

阿蒙霍特普三世头像

这件高达215厘米的头像，于1957年发掘自西岸阿蒙霍特普三世灵殿(今曼侬石像所在地)。圆润的脸庞、细长的双眼、丰厚的嘴唇展现了法老高贵的仪表。

阿肯纳顿头像

推翻阿蒙神信仰，掀起宗教革命改尊太阳神阿顿的阿肯纳顿，在埃及历史上留下了改革的一页。这尊高141厘米的头像反映他实事求是的风格，一扫法老一贯俊美雄壮的形象，还以长脸、瘦颊、斜眼、厚唇的真貌。

图特摩斯三世浮雕

这件浮雕展现了法老穿戴王冠及假须的模样，虽属公元前1490—前1436年的作品，色彩依旧鲜丽。

阿蒙霍特普四世壁画

原位于卡纳克神殿东方的阿蒙霍特普四世神殿已不复存在，后世挖掘出的碎块超过4万件。这面壁画便是利用283块碎石拼贴而成的，画面展现了人民耕作、饲养牲口等日常生活的情景。

图特摩斯三世雕像

这座硬砂岩雕像作品虽有缺失，但仍展现了动人的高超技艺。这位年轻的法老头戴斑纹头巾、饰以假须，左脚向前跨步，双手自然垂放于身侧，手中握着代表威权的象征物，腰带中央镌刻着名字，脸庞线条柔美，炯炯有神的双眼衬着弯眉、高鼻和带着笑意的双唇，展现了法老保有永恒的青春。

哈布之子雕像

这尊黑色花岗岩雕像头戴厚重的假发，盘腿坐在基座上，左手拿着展开的莎草纸卷、右手握着笔，垂皱的腹部象征着他出身富贵。这位哈布之子(Son of Habu)，就是阿蒙霍特普三世时期赫赫有名的建筑师及皇室顾问。

葡萄榨汁机装饰

这件小巧的雕饰刻着一名裸体男子斜身倚靠枕上，右手拿着酒杯、左手握着一串葡萄的姿态，在四周法老雕像群的包围下，显得相当突出。

阿蒙霍特普三世与荷鲁斯

这座仅高45.5厘米的玄武岩雕像,为公元前1405—前1367年的作品。法老头戴斑纹头巾和红白双王冠、饰假须,右手握着弯钩权杖,鹰神荷鲁斯头戴假发及双王冠,左手握着生命之钥"安卡"(Ânkh),相互交臂环抱对方。

阿蒙霍特普三世雕像

1989年1月,当卢克索神殿的研究工作还在持续之际,一批雕像意外地出土面世,其中包括了这尊高249厘米的阿蒙霍特普三世雕像。这位被哈塞普苏女王篡夺王位的年轻法老,头戴统一上下埃及的红白双王冠及假须,腰部前端饰有眼镜蛇图案,双手握着卷形饰物,呈行进姿势的双脚穿着凉鞋,年轻的脸庞充满自信,胸前的项圈和臂环印子显示曾覆有金箔。

无头眼镜蛇雕像

眼镜蛇为古埃及皇室和下埃及的守护神,它常出现在王冠及头饰的前额部位,代表着法老的统治威权。这座从卢克索神殿出土的眼镜蛇雕像,展现了蛇身竖直盘蜷两圈,神态威猛,基座雕刻着法老塔哈卡(Taharqa)为阿蒙·拉卡·穆特夫(Amun Ra Ka Mutef)神祇所钟爱。

霍朗赫布与阿蒙神

这座同样是自卢克索神殿出土的雕像展现了法老霍朗赫布(Horemhab)站在阿蒙神前,前者头戴斑纹头巾、饰假须,右手握着弯钩权杖,阿蒙神则坐在王座上,头戴双羽冠,饰尾端微翘的假须,右手碰触法老的头饰,左手前伸碰触法老的臂膀,护卫着他所钟爱的法老,并赐予法老如太阳神般永恒不朽的生命。

霍朗赫布与太阳神阿顿

这座闪长岩雕像显示了法老霍朗赫布(Horemhab)跪在太阳神阿顿跟前,双手敬奉球形器皿。法老头戴斑纹头巾及红白双王冠、饰假须,穿着缠腰布及凉鞋,阿顿端坐在王位上,头戴假发及双王冠,所饰的假须尾端微翘,右手掌心向下,左手握着生命之钥"安卡"。王座侧面雕刻着捆绑莲花及纸莎草的尼罗河神哈比(Hapy),象征统一上下埃及。

伊努尼特女神雕像

这件精美的伊努尼特(Iunyt)女神雕像,是1989年随阿蒙霍特普三世雕像出土的文物。坐在王座上的女神穿着合身长袍,显露出婀娜动人的身躯,长及胸前的披肩长发衬托出姣美的容颜,弯眉、美目配上浅笑的唇,展现了新王国完美无瑕的雕刻技艺,无怪乎有人赞誉这尊雕像为"卢克索的蒙娜丽莎"。

意大利·那不勒斯

那不勒斯国立考古学博物馆
Museo Archeologico Nazionale

[珍藏庞贝及艾尔科拉诺的出土物]

国立考古学博物馆内最精彩的收藏是从庞贝以及艾尔科拉诺等挖掘出土的壁画、古钱币及日常工艺品，以及16世纪时法尔内塞家族(Farnese)挖掘出的仿希腊式罗马时代的雕刻。

博物馆原为骑兵营，之后成为那不勒斯大学，到18世纪波旁王朝时被查理七世(Charles VII)改为博物馆。地面层(Piano Terra)展出了收藏的希腊罗马雕像；夹层(Piano Ammezzato)多是庞贝出土的马赛克壁画和古代钱币，此外，还有秘密展览室(Gabinetto Segreto)展出了古罗马时期的春宫画，以及以希腊神话中生殖保护神普里阿普斯(Priapus)为主题的工艺品；顶层(Primo Piano)大厅穹顶的巨型湿壁画是意大利画家巴德利诺(Pietro Bardellino)1781年的作品，描绘了当时那不勒斯国王及皇后天神化的模样，主要展出了庞贝出土的湿壁画、生活用品及庞贝古城的模型。

公牛像
Toro Farnese

同样是公元前3世纪的巨作，描述了希腊神话中，双胞胎安菲翁(Amphion)和泽萨斯(Zethus)为报复底比斯(Thebes)的皇后迪尔斯(Dirce)虐待他们的母亲安提奥普(Antiope)，将迪尔斯绑在公牛角上拖行处死。此雕像由一大块完整的大理石雕磨而成，栩栩如生。

亚历山大镶嵌画
Alexander Mosaic

巨型马赛克拼贴使用大理石和有色琉璃混合镶嵌，重现了公元前333年伊苏斯战役(Battle of Issus)中，亚历山大大帝和波斯国王大流士三世(Darius III)作战的场景。

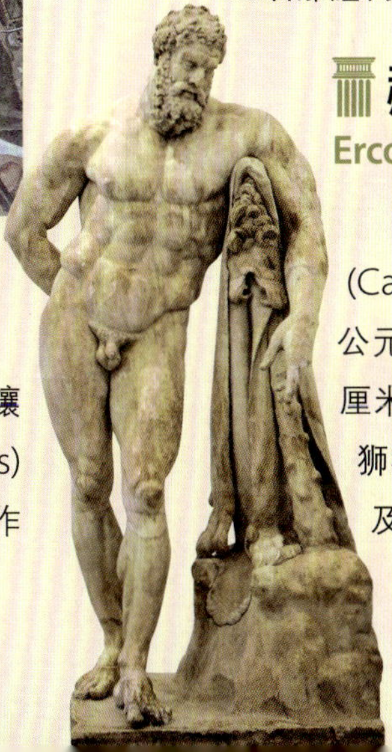

赫拉克勒斯像
Ercole Farnese

1545年从罗马遗迹卡拉卡拉浴场(Caracalla)出土的赫拉克勒斯雕像，是公元3世纪的大理石佳作。雕像高317厘米，赫拉克勒斯倚着猎杀的尼米亚巨狮狮皮及橄榄木棒，肌肉线条、发丝及表情都非常细致。

209

希腊·雅典

雅典国立考古博物馆
National Archaeological Museum

[认识希腊古文明最生动的教材]

位于雅典的国立考古博物馆，收藏了希腊所有古代遗迹的精华，特别是史前文明展览厅中，展示着自迈锡尼遗迹中挖掘出土的各种宝藏，为希腊史前历史空白的一页描绘出鲜明的轮廓。整个希腊文明的演替，反映在人像雕刻的形式风格上，沿参观方向前进，可以看到数千年历史演进的痕迹。

博物馆中主要分为史前(Prehistoric Collection)、雕刻(Sculpture Collection)、青铜器(Bronze Collection)、花瓶与小艺术品(Vases and Minor Arts)、古埃及文物(Egyptian Collection)和古塞普勒斯文物(Cypriot Collection)共六大类，之后再依不同时代、地区或文明细分为更小的展览厅。

史前文物分成展示希腊本土各地陶器的新石器时代(前6800—前3000)展览厅，陈列爱琴海诸岛等地发现的各种陶器、大理石雕像等的西克拉迪文明(前2000—前1000)展览厅，以及从伯罗奔尼撒半岛挖掘出土的黄金制品、青铜器、象牙雕刻等的迈锡尼时期(前1600—前1100)展览厅。

雕像展览厅于史前文物展览厅旁环绕成圈，从中可以看出希腊人对于人体比例、美感的演替过程，从最早受到埃及文明的影响到后来罗马时期的作品。另外比较有趣的铜器收藏室、埃及文物展览厅以及首饰收藏，虽然范围不大，但展出的物品都非常精致。

位于2楼的提拉文明(Antiquities of Thera, 前1600)展览厅，同属史前时代文物，主要展出了从圣托里尼岛南边出土的阿克罗提尼古城遗迹，色彩鲜艳的壁画，有助于现代人了解当地公元前的生活形态。从这些史前文物当中，我们可以看到一个截然不同的古希腊文明，充满幻想、神话，同时又因为融合其他文明的色彩而显得多彩多姿，它们是整个博物馆的展览品当中最让人印象深刻的部分。

史前文明展览厅
Prehistoric Collection

此时期的古希腊人已从游牧生活进入农耕生活形态，农业技术逐渐演进，也发展出豢养动物的方法，展出的陶器上的绘画多为几何图案或波形纹，颜色以红、黑两色为主。人像有的以陶土捏塑，有的以大理石雕刻，大部分为女性。

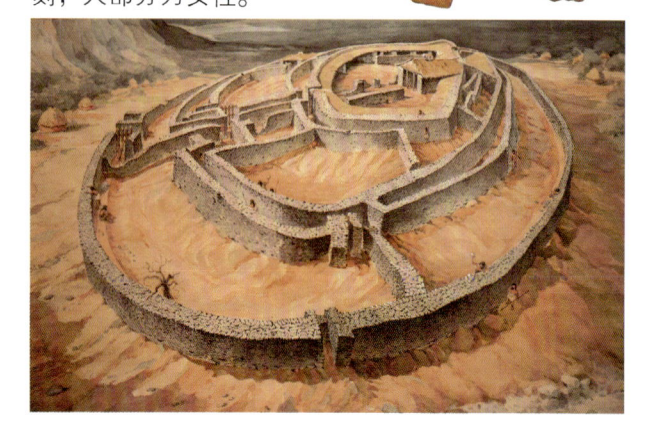

西克拉迪文明展览厅
Cycladic Collection

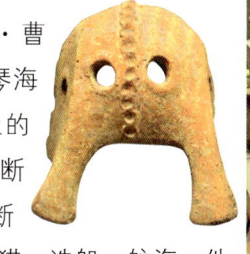

此展览厅展示了克利斯多·曹塔斯(Christos Tsountas)从爱琴海上的西克拉德斯群岛上挖掘出土的雕像、青铜器、陶器等，年代推断为公元前三千年。可以大胆推断当时的居民善于渔猎、造船、航海，他们不但拥有高明的雕刻技术，还会切割大理石、铸造青铜工具和武器，更令人印象深刻的是，从一些生动的雕像上得知，西克拉迪文明时期已经发展出各种乐器。

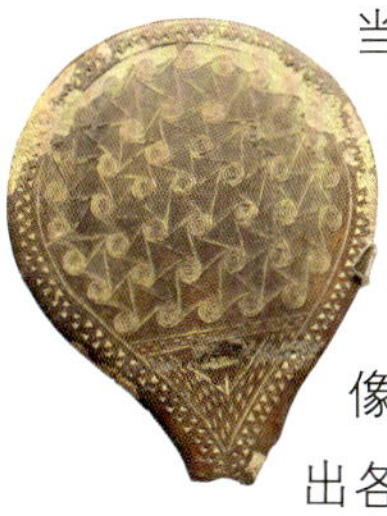

女性大理石像
这座雕像高约1.5米，从阿摩哥斯岛(Amorgos)出土，其特征为没有尖锐的棱角、双腿比例修长、膝盖处微微张开、双手交叉抱在前胸、左手在右手上方、手部雕刻平板、胸部微凸、面部成平滑的区面、中央有挺直狭窄的鼻梁突出等。

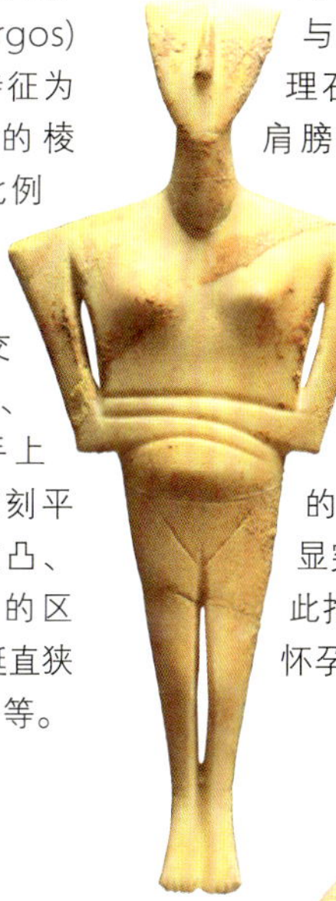

怀孕女性大理石像
这座雕像发现于锡洛斯岛(Syros)，特征与上述的女性大理石像类似，但是肩膀较宽、手臂微张，头部不是椭圆形而呈倒三角形。唯一与众不同的地方是：在交叉的双手下，有明显突出的腹部，因此推断，这是一尊怀孕妇女的雕像。

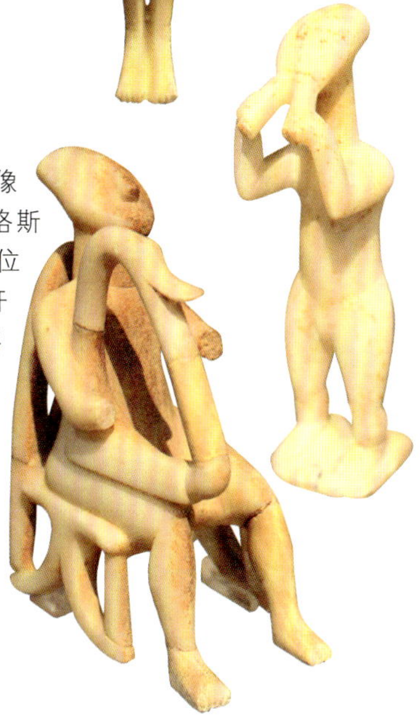

音乐家群像
两座男子的雕像非常稀有，发现于凯洛斯(Keros)小岛，其中一位吹奏双管的笛子，张开的双脚仿佛随着音乐摇摆，动作活泼。另外一个坐在椅子上、手抱着竖琴，相当精致，乐器、人、椅子的雕刻一气呵成，不但考虑到比例平衡，还兼顾从各角度欣赏的美感。

提拉文明展览厅
Antiquities of Thera

提拉文明(前1600)展览厅中陈列着色彩非常鲜艳的壁画，以及描绘精细图案的陶器，全是从圣托里尼岛南边阿克罗提尼古城出土的遗物，证实了史前时代爱琴海上除了克里特岛上的米诺安文明，圣托里尼岛也有一个经济发达、生活富足的提拉文明。

渔夫壁画
推测出现于公元前16世纪，从壁画中，可以看到一位年轻健美的裸体男性，两手各持一大串丰富的渔获。从图中可以推测当时已拥有优秀的捕鱼技术，而海鲜料理应该是当时的主食(现在圣托里尼岛上反而以羊、牛等肉类料理为主)。

拳击少年
这幅壁画非常有名，常常出现在明信片上，无论是动作还是表情都非常鲜明活泼，是一幅经典之作。

迈锡尼时期展览厅
Mycenaean Antiquities

藏品大部分是从迈锡尼城遗迹和墓穴中挖掘出土的，展示着金面具、金指环、金杯，装饰黄金图案的青铜匕首、牛头、狮子头造型的酒器、皇冠及各种黄金打造的饰品，显示在公元前1600—前1200年之间，迈锡尼文明拥有高度的工艺技术、完整的社会组织和发达的商业。最重要的是，一些类似克里特岛上的图案、造型以及死者脸上覆盖金面具的仪式(来自埃及)，证明迈锡尼文明与爱琴海甚至远至埃及，都有文化上的交流，这也说明了迈锡尼文明时期，希腊人已拥有高水准的航海技术。

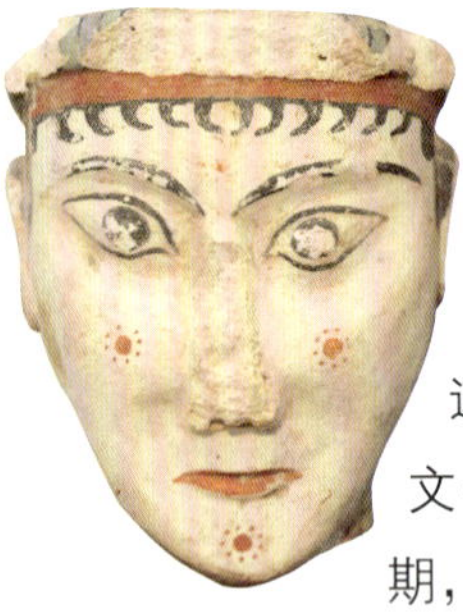

阿伽门农纯金面具

迈锡尼时期展览厅中有4张金面具，论雕工和保存的完整性，以"阿伽门农纯金面具"最让人赞叹。从胡须、鬓角、眉毛流动交错的线条，可看出工匠技艺。当时迈锡尼人以死者的面貌打造黄金薄片面具，得以永久保存死者轮廓，这种概念源自埃及，由此可知，早在公元前12世纪以前，迈锡尼与埃及已有文化交流。

青铜匕首

这把青铜铸造的匕首发现自迈锡尼城一位男子墓，不但证明了迈锡尼时期仍属于青铜器时代，同时也说明了当时金属装饰工艺已达巅峰。匕首两侧都有纯金的图案装饰，一面叙述了5位武士与雄狮搏斗的场景，另一面描绘了狮子追捕羚羊的画面。

鸽子金杯

《荷马史诗》里曾有一段对金杯的描述："杯子的每个把手上站着一只金鸽子，仿佛在饮水，把手下方有两条长柄支撑着……"自四号墓穴中出土的这只鸽子金杯竟和这段描述相似，让人再度怀疑荷马描述的古希腊故事或许并非完全虚构。

兽头酒器

在众多金杯当中，最受注目的就是青铜打造的公牛头酒器，其中高举的尖角、鼻子、头顶上的装饰花纹为纯金材质，两种不同素材的结合，充满了平衡美感。另外一座狮头造型酒器，则完全以黄金打造。这两件华丽的酒器，反映了当时迈锡尼王室的浮夸生活。

战士出征陶器

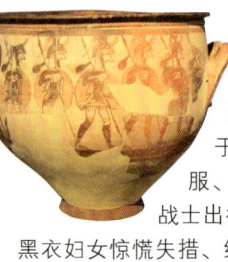

在迈锡尼城的出土物中，有许多描述战争、狩猎的场景，从图案中可认识关于迈锡尼时期人们使用的盔甲、头盔、战服、战车、盾牌、各种兵器等的造型。这只战士出征陶器，由战士们脸上空虚的表情，一旁黑衣妇女惊慌失措、绝望的姿态，可以推想这是迈锡尼时期末期，将要被多利安蛮族毁灭之前的作品。

🏛 青铜器展示厅
Bronze Collection

　　这个区域展示了非常丰富的希腊古代青铜器收藏，除了几件大型铜器塑像外，大部分是收藏在玻璃柜里小巧的装饰品或生活用具，收集地点从伯罗奔尼撒半岛、雅典到克里特岛都有。其中最有趣的是一个拥有巨大男性性器官的妖精萨蒂尔(Satyr)及宙斯像迷你版，样式生动活泼，非常值得一看。

🏛 花瓶与小艺术品展览厅
Vases and Minor Arts

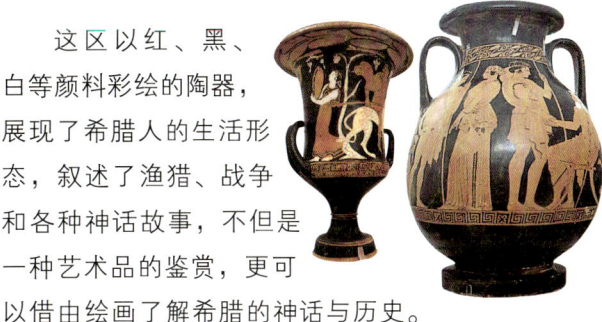

　　这区以红、黑、白等颜料彩绘的陶器，展现了希腊人的生活形态，叙述了渔猎、战争和各种神话故事，不但是一种艺术品的鉴赏，更可以借由绘画了解希腊的神话与历史。这里所搜罗的陶器无论在数量还是品质上，其他博物馆都很难与之匹敌。

🏛 雕刻展览厅
Sculpture Collection

　　展出从公元前8世纪到公元5世纪的雕刻作品，超过一万六千件，数量相当庞大，主要发掘自阿提卡地区、希腊中部、伯罗奔尼撒半岛、爱琴海各岛，部分来自希腊西部、马其顿、塞普勒斯等地，其中许多都曾经是当年的风云代表作。

库罗斯青年雕像

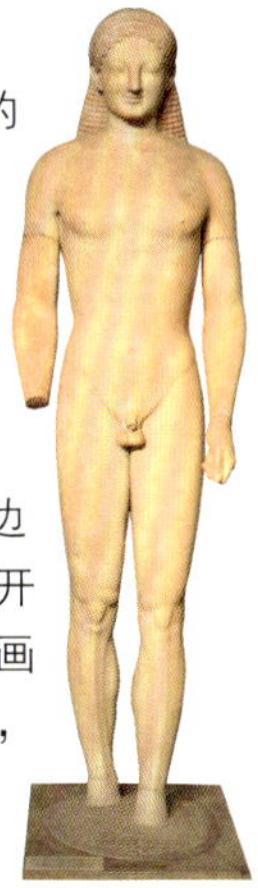

　　不同地方、不同时期的库罗斯(Kouros)像，显现雕刻技术的演进，如《苏尼翁库罗斯》(前600)与库罗斯(前560—前550)差别明显，前者头部的比例过大，卷发工整而死板，左右两边几乎平行对称，后者两脚张开打破对称，无论是肌肉的刻画还是脸部表情都比前者生动，看得出人像雕刻技术大有进展。

骑马的少年

　　这座雕像是全馆展示品中的杰作之一，推断雕像完成的时间是公元前140年。躯体瘦弱的小孩乘坐在即将飞跃而起的马背上，显得非常生动。有趣的是，铜像竟然也是在宙斯（或波赛顿）像发现地阿提米席翁海岬附近海域发现的。

菲席克列伊亚像

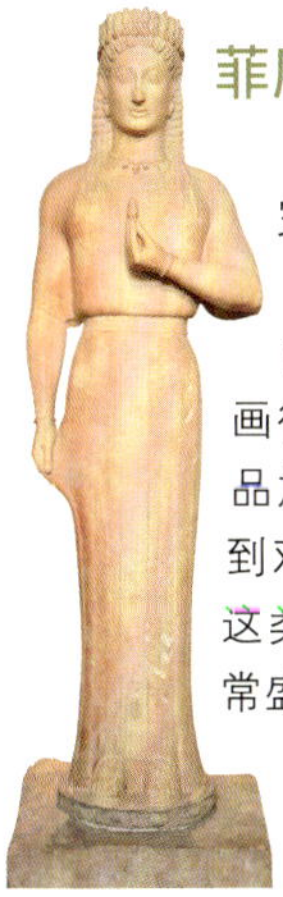

　　这座立于坟墓上的雕像，完成于公元前550—前540年之间。裙子前的花纹、脚上的鞋子、手上戴的饰品都刻画得非常清楚。从雕像手持物品放在胸前的姿态，可以感受到对死者逝去所引发的感伤，这类纪念死者的雕像在当时非常盛行。

宙斯（或波赛顿）

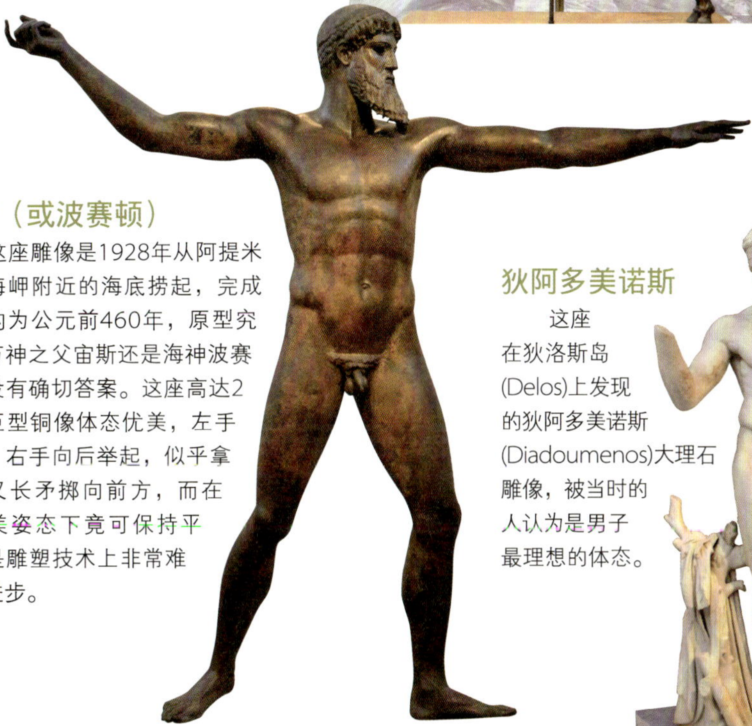

　　这座雕像是1928年从阿提米席翁海岬附近的海底捞起，完成时间约为公元前460年，原型究竟是万神之父宙斯还是海神波赛顿，没有确切答案。这座高达2米的巨型铜像体态优美，左手平伸，右手向后举起，似乎拿起三叉长矛掷向前方，而在此优美姿态下竟可保持平衡，是雕塑技术上非常难得的进步。

狄阿多美诺斯

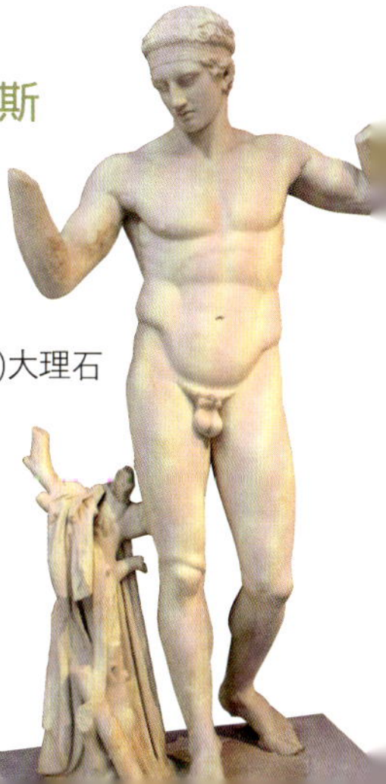

　　这座在狄洛斯岛(Delos)上发现的狄阿多美诺斯(Diadoumenos)大理石雕像，被当时的人认为是男子最理想的体态。

雅典国立考古博物馆　希腊·雅典

希腊·德尔斐

德尔斐考古博物馆
Archaeological Museum of Delphi

[技艺精湛的雕刻杰作]

从德尔斐市区前往阿波罗圣域前，会先抵达德尔斐考古博物馆，造型简约、现代的它，最初由希腊政府和挖掘德尔斐遗迹的法国考古学校一同创立于1903年，今日的面貌是经过多次整合后的结果。

考古博物馆中收藏的展品，以德尔斐遗迹中出土的文物为主，其中大致可分为两大类：一类为昔日当作供品的青铜像和大理石像，以及青铜器、珠宝和各类黏土器皿；另一类则是装饰神殿或宝库等建筑的带状雕刻、三角楣浮雕等。

展品在时代上则区分为史前、几何时期（Geimereric Period）、古朴时期（Archaic Period）、古典时期（Classic Period）、希腊化时期（Hellenistic Period）以及罗马时期（Roman Period），其中又以公元前7世纪—前6世纪德尔斐发展达到巅峰的古朴时期最具看头。至于收藏德尔斐考古博物馆镇馆之宝《马车夫》青铜像和《舞者之柱》的古典时期，也不能错过。

马车夫
The Charioteer

这尊青铜雕像是博物馆中杰出的收藏之一，身着传统高腰束带马车服饰希顿（Chiton）的年轻男子，右手依旧拿着缰绳，他是马车竞赛中的冠军，头上戴着象征胜利者的镀银缎带，正在接受民众的喝彩。男子的脸部是这件作品最出色的地方，不同材质镶嵌而成的眼珠与眼球搭配微张的嘴唇线条，表现出一种谦逊的神色。这尊年代回溯到公元前470年的作品，是当时在皮西亚庆典中赢得马车赛冠军的波莱扎洛斯（Polyzalos）献给阿波罗神的供品，事实上这件作品相当庞大，原本还有马车与骏马，不过其他部分已残缺不堪。

舞者之柱
Column with the Dancers

舞者之柱原本是支撑某座巨大金属三脚瓮（Tripod）的底座，上方有3位少女的雕像。高度超过11米的它曾是阿波罗圣域中引人注目的古迹之一，整体以大理石雕刻而成，根据推测应该是公元前4世纪时希腊人奉献的礼物之一。

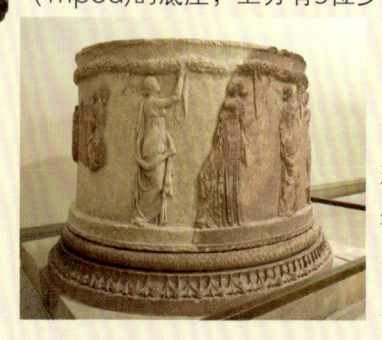

大地肚脐
Omphalos

一块象征德尔斐为世界中心的石头，复制了曾经放置于阿波罗神殿中圣坛的原石，推测应为希腊化或罗马时期的作品，上方装饰着被称为阿格雷农的网纹。

安提努斯像
Antinoos

安提努斯是罗马皇帝哈德良的挚友，为了纪念在悲剧中丧生的他，哈德良下令境内许多城市和圣域必须崇拜他，同时献纳了多座雕像加以纪念。这尊位于德尔斐的安提努斯像大约出现于公元130—138年间，微略侧倾的脸庞，展现了淡淡却令人动容的忧伤。

斯芬尼亚人宝库的装饰
Decorations of Treasury of Siphians

考古博物馆中大量收藏了斯芬尼亚人宝库的装饰，包括三角楣上的雕刻与带状浮雕。北侧带状浮雕叙述了希腊众神大胜巨人族，可以看见阿波罗和阿特米斯联手出击，以及赫拉跪踩在一位死亡战士身上的场景，值得注意的是，浮雕中的希腊众神都面对右方，那是希腊艺术文化中对于获胜者的表现方式，而巨人族自然面对左方。东侧浮雕则重现奥林匹克众神观赏特洛伊战争(Trojan War)的场景，浮雕左边呈现的是神界，右边则是战争场景。

斯芬克斯像
Sphinx

在希腊神话中角色混乱的斯芬克斯，经常被当成圣域中的献纳供品或是葬礼纪念碑。这尊斯芬克斯像原本耸立于一根位于加亚祭坛旁高11米的柱头，是纳克索斯岛人(Naxian)于公元前560年左右献给德尔斐的供品，它庞大的体积象征了献祭者的财富与显赫。

阿果斯双男子像
The Twins of Argos

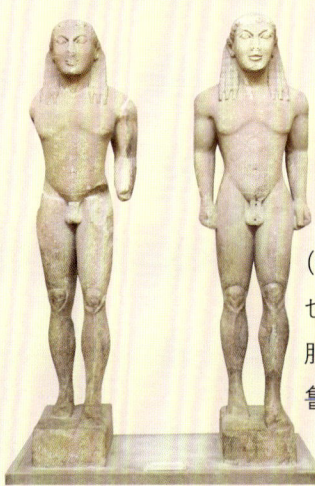

这两尊高达2米的雕像，是公元前6世纪时的作品，出自阿果斯艺匠之手，部分学者认为他们是当地传说中的双胞胎英雄克利奥比斯(Cleobis)和毕顿(Biton)，但也有人认为他们是宙斯的双胞胎儿子卡斯托耳(Castor)和波鲁克斯(Pollux)。无论如何这组雕像都见证了即将进入古朴时期的艺术发展。

考古博物馆 | 希腊·德尔斐 | 德尔斐考古博物馆

215

希腊·奥林匹亚

奥林匹亚考古博物馆
Archaeological Museum of Olympia

[细赏公元前精美雕刻工艺]

奥林匹亚考古遗址的现场只剩下颓圮的建筑，挖掘出土的文物，如今都收藏在考古博物馆里。总共12个展厅，陈列文物数量多且精美，记得预留足够的时间参观。

博物馆的镇馆之宝，是一尊在赫拉神殿中发现的荷米斯(Hermes of Praxiteles)的雕像，单独陈列在一间展间里。它的四周总是围满参观者，游客不难找到这件作品的所在位置。这是公元前4世纪希腊雕刻家普拉克西特利斯的代表作，体态完美的众神信使荷米斯，正怀抱着还是婴儿的酒神戴奥尼索斯(Dionysos)。

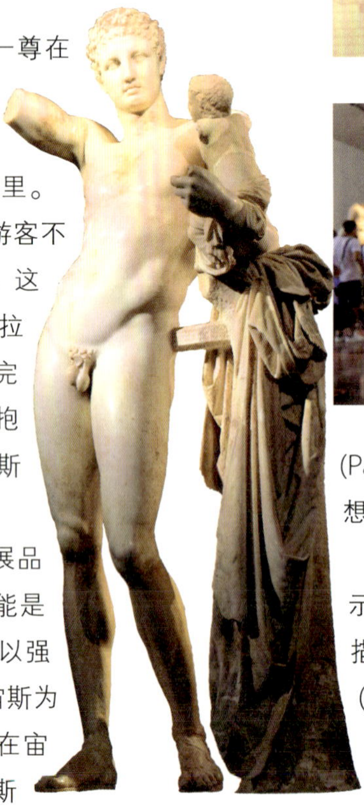

除此之外，比较著名的展品还包括位于第二展厅一尊可能是赫拉女神的头像，第四展厅以强抢加尼米德(Ganymede)的宙斯为故事主题的赤陶作品，以及在宙斯神殿发现，出自佩奥尼奥斯(Paeonios)之手的胜利女神像(Nike)，细致的雕刻很难想象是出自公元前5世纪的工艺。

最壮观的展品是位于博物馆中间的展厅，展示了从宙斯神殿挖掘出土的三角楣饰，上方浮雕描绘了希腊神话里佩罗普斯(Pelops)和欧诺玛奥斯(Oenomaus)之间的战车追逐，拉庇泰人(Lapiths)与半人马(Centaurs)之间的打斗，以及赫拉克勒斯(Hercules)完成12件苦差的故事。

希腊·罗得岛罗得市

罗得考古博物馆
Archaeological Museum of Rhodes

[建筑本身就特异出色]

罗得考古博物馆设立于15世纪的骑士军团医院旧址上，整座建筑本身就是一件非常美丽的展示品。它展出的众多古物当中，又以"罗得岛美神艾芙洛迪特"（Aphrodite of Rhodes）的大理石雕像最为知名，该作品完成于公元前1世纪。

下一间展示厅中，则收藏了另一座公元前4世纪雕刻的"达拉西亚美神艾芙洛迪特"（Aphrodite of Thalassia）像。希腊神话中的艾芙洛迪特，到了罗马世界就变成众所周知的维纳斯，这两座美神像都描绘了美神刚从海里浮出的模样，她们蹲跪在岸边，双手捧着柔软的秀发让太阳晒干，栩栩如生，非常动人。

除美神雕像外，考古博物馆里还收藏着一尊太阳神赫利俄斯（Helios）的头像，该雕像在骑士团长宫殿旁、太阳神庙遗迹中被发现。大量彩绘陶器也是考古博物馆的重要收藏之一，它们的年代大多在公元前9世纪到公元前5世纪之间。

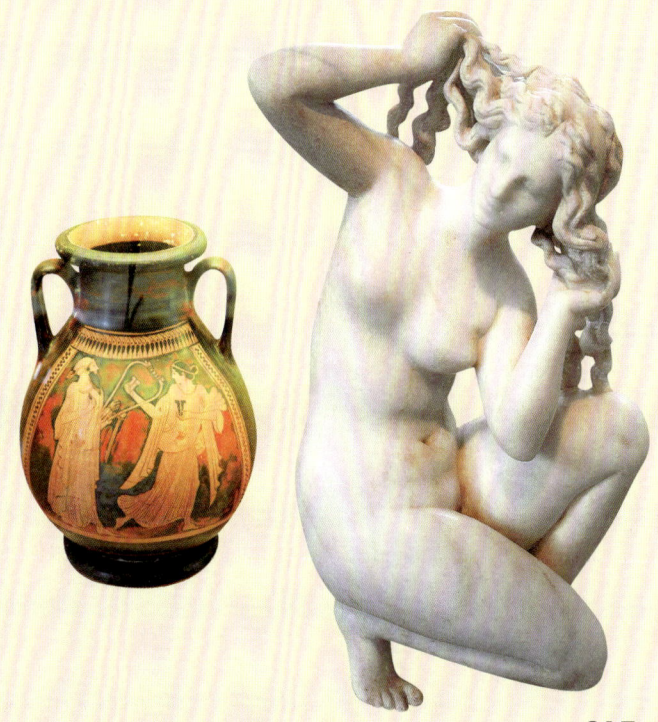

217

希腊·克里特岛伊拉克利翁

伊拉克利翁考古博物馆
Heraklion Archeological Museum

[世界最古老的米诺安文明展品]

这座博物馆最珍贵之处，在于能欣赏到世界最古老的米诺安文明的展品。馆内分二十多间展示室，象形文字陶板、公牛头酒器、持蛇女神像以及黄金蜜蜂坠饰，都是该馆不可错过的珍宝。

象形文字陶板
Phaistos Disc

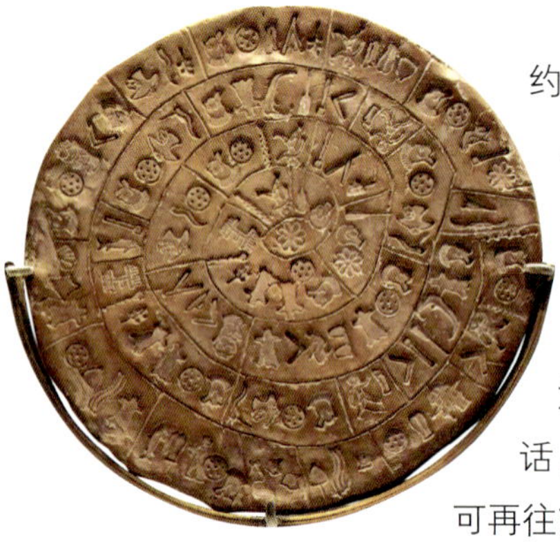

这个圆形陶板大约是公元前17世纪的产物，陶板的发现令考古学家非常兴奋。如果能证实陶板上的刻文为一种古老文字的话，人类书写的历史可再往前推进一步。

公牛头酒器
Bull's Head Rhyton

这尊公牛头酒器由20厘米高的黑色石头雕刻而成，据推断是公元前16世纪的作品。两只牛角以黄金打造，形成一个很漂亮的弯曲弧度，最精彩的是牛头上的眼睛镶嵌着水晶，令整座酒器栩栩如生。公牛角的标记，在克诺索斯遗迹里四处可见，是米诺安文明最明显的象征，同时也为牛头人身怪物的神话再添一笔神秘色彩。

持蛇女神像
Snake Goddess

持蛇女神像出土于克诺索斯遗迹，雕刻非常精细，成为考古博物馆中精彩的展览品之一，根据推测大约出现于公元前16世纪。在米诺安文明的记载中，蛇象征生殖和繁衍，因此这座雕像可能与繁衍子孙有关。

黄金蜜蜂坠饰

博物馆陈列了许多精致的珠宝饰品，其中许多以黄金打造而成，说明了米诺安王国工艺技术非常高超，制造了大量精致的饰品，促进海上贸易。这个黄金蜜蜂坠饰是最经典的代表作，蜜蜂身躯上细腻的纹路，连现代的金属工艺都望尘莫及，制造年代可回溯到约公元前17世纪。

波兰·克拉科夫

克拉科夫市集广场地下博物馆
Podziemia Rynku

[以现代科技互动装置呈现中世纪的生活文化]

克拉科夫市集广场自2005年开始考古的挖掘工作，整个研究持续五年之后，对外开放展示。整个地下展览大量运用现代科技，以互动方式呈现克拉科夫自中世纪的生活、文化及历史，我们从中可发现当时克拉科夫就已经与其他欧洲城市之间有密切的往来交流。

克拉科夫市集广场自13世纪以来就是居民们主要的公共区域，至今仍是如此，馆内还拍摄了一段影片，呈现出中世纪市民生活的样貌。此外，展示在此处出土的丰富古物，包括硬币、理发用具、斧头、装饰品、服饰、运输工具等，琳琅满目的用具让人进一步认识了这片土地上自古以来人们生活方式的各种演变。

而在此处出土的墓葬，保留了原始墓穴的模样，研究者还用现代科技根据骨头形状模拟出主人原来的面貌，并发现其中一个出土的头骨留有手术的痕迹。

博物馆自开放以来，有趣的互动装置非常受到亲子喜爱，想了解古代人是怎么测量身高、体重的话，内部还有仪器让旅客亲自操作，并直接换算成如今的度量单位。最有趣的还有3D建筑模型的展示，用特效呈现圣玛丽教堂历年来的演变。

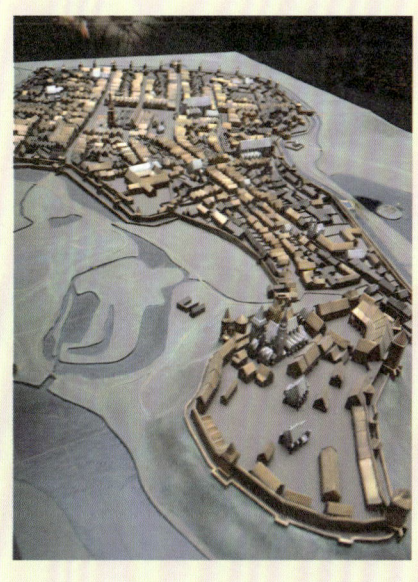

考古博物馆

希腊·克里特岛伊拉克利翁考古博物馆

波兰·克拉科夫市集广场地下博物馆

219

土耳其·伊斯坦布尔

伊斯坦布尔考古博物馆
İstanbul Arkeoloji Müzesi

[百万件考古及文明演进的重要收藏]

身为拜占庭及奥斯曼两大强盛帝国的首都达两千年，伊斯坦布尔拥有考古及文明演进上的重要收藏，特别是小亚细亚及安纳托利亚高原从史前到今日，一直是文明交会合流的焦点，丰富的文化资产也使得这座博物馆的馆藏超过一百万件。

伊斯坦布尔考古博物馆的兴建和19世纪一次重要的考古发现有很大的关系。一位牧羊人在古名为西顿(Sidon，即今日黎巴嫩境内的赛达)的皇家墓园掘井时发现了多座石棺，于是当时的奥斯曼皇家博物馆(Ottoman Imperial Museum)馆长哈姆迪·贝(Osman Hamdi Bey)前往运回这批文物，并且在苏丹的支持下盖了考古博物馆。石棺成了博物馆的镇馆之宝，考古博物馆因此也有"石棺博物馆"(Museum of Sarcophagi)的称号。

伊斯坦布尔考古博物馆主要分成主馆考古博物馆(Arkeoloji Müzesi)、古代东方博物馆(Eski Şark Eserler Müzesi)、瓷砖博物馆(Çinili Köşk)三栋建筑，主馆又分为旧馆与新馆。要注意的是，由于考古博物馆整修多年，随着整建进度不同，游客可能会遇到部分厅室未开放或一些展品不在陈设之列的情况。

希腊化及罗马时期雕塑
Sculptures of the Hellenistic and Roman Imperial Period

亚历山大大帝立像 Alexander the Great

亚历山大的表情充满自信，微张的嘴在希腊化时代或贝尔加蒙风格中，是用在雕塑神的，可见作者将亚历山大大帝比喻为太阳神阿波罗，赋予他神性。此雕像为公元前3世纪的作品，于伊兹米尔附近的马格尼西亚(Magnesia)发现。

海神像 Okyanus Heykeli

出土于以弗所，他就是希腊神话中著名的海神波赛顿。

阿波罗像 Apollo

阿波罗居然被雕成腰软、臀线突出，而且脚的比例过短的形象，完全不是熟悉的太阳神的阳刚气质。这尊雕像所雕的凉鞋很华丽，符合以弗所一带在公元2世纪时富强的社会状况。

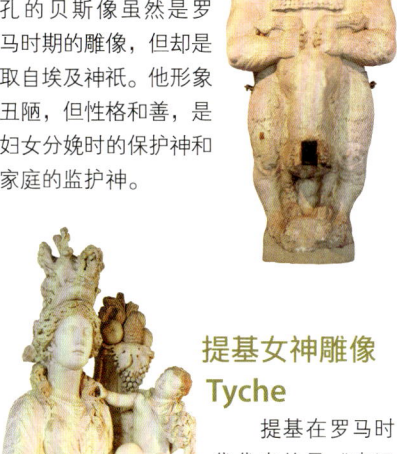

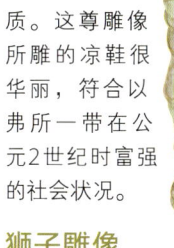

少年雕像 Ephebus

少年正靠在柱上休息，他斗篷披身，低着头，重心在右脚，左脚则弯曲轻松地靠在右脚上，呈现出运动后神情疲态和充满知性的少年内心世界。有人从小男孩强壮的右小腿判断，小男孩可能是运动员，因此一般猜测这尊雕像原本应该是体育馆的装饰品。

贝斯像 Bes

这尊拥有5张脸孔的贝斯虽然是罗马时期的雕像，但却是取自埃及神祇。他形象丑陋，但性格和善，是妇女分娩时的保护神和家庭的监护神。

提基女神雕像 Tyche

提基在罗马时代代表的是"幸运女神"，从雕像上淡淡的色彩推断，它原本应该是彩色的，雕像所展现的丰饶，应该是罗马帝国显示在政治及军事上强盛的最佳代表。这尊雕像有2.6米高，女雕像繁复的头饰、垂坠多褶的衣袍，以及身后的水果篮，都是引人细看之处。

女柱头 Caryatid

雅典帕特农神庙的女柱头让我们看到柱头在建筑上的支撑力。在塔勒斯(Tralles)地区挖掘出的女柱头，看起来比帕特农神庙的女柱头粗一些，且两脚着地，重心微微地放在右脚，和帕特农神庙的女柱头重心全放在左脚不同。

狮子雕像 Aslan Heykeli

这尊残破的狮子雕像似乎平凡无奇，但来头不小，这就是古代七大奇迹之一哈里卡纳苏斯的摩索拉斯陵墓(Mausoleum of Halicarnassus)的残余雕像，更完整的雕像目前都存放在大英博物馆。

雅典娜大战人头蛇身巨怪 Relief of Gigantomachy

欧洲进入黑暗时期后，希腊及爱琴海人纷纷移民至以弗所等地，又因其位于贸易动线上，所以以弗所等地的希腊化风格又有一种华丽复杂的表现手法，《雅典娜大战人头蛇身巨怪》就是一个代表性的例子。

萨波头像 Head of Sappho

这是罗马时代人像的最佳范例，刻画的是抒情女诗人萨波，她曾经写过关于爱神艾芙洛迪特(Aphrodite)的赞美诗。

考古博物馆

土耳其·伊斯坦布尔 伊斯坦布尔考古博物馆

221

锡顿皇家古墓场与石棺
Royal Necropolis of Sidon & Sarcophagus

哀伤女子石棺 Sarcophagus of Mourning Women

石棺上雕的18名表情哀伤、姿态各异的女子，分别站在一座希腊爱奥尼克式神殿的柱子间，这种把整个石棺刻上神殿及石柱的装饰，又称为"柱型石棺"。考古博物馆的立面就是仿照这个石棺上的神殿建造的。

亚历山大大帝石棺 Alexander Sarcophagus

大理石石棺上的雕刻，以描绘亚历山大大帝大败波斯的战争场面闻名，亚历山大大帝头戴狮头头盔骑在战马上，预备射出长矛，包头巾的波斯士兵惨败。科学上尚不能证实这具石棺是否属于亚历山大大帝，但从历史的角度来看，可能性微乎其微。

吕西亚石棺 Lycia Sarcophagus

典型的吕西亚石棺，棺盖特别高耸，上面的浮雕包括一对狮身人面像以及半人马图案。

古代东方博物馆
Eski Şark Eserler Müzesi

这里所展示的除了部分美索不达米亚的考古收藏，例如尼布甲尼萨二世(Nebuchadnezzar Ⅱ)时代的巴比伦城墙，对土耳其最具意义的就属于安纳托利亚高原的考古珍藏了，特别是从西台帝国(Hittite)首都哈图夏(Hattuşaş)出土的宝物，例如有别于埃及、具有西台帝国风格的人面狮身像，以及世界历史上最早的和平条约《卡迪栩条约》(Treaty of Kadesh)。

这是一块黏土板，上面篆刻着公元前1269年西台帝国和埃及法老拉美西斯二世(Ramesses Ⅱ)签订的条约。

瓷砖博物馆
Çinili Köşk

位于考古博物馆建筑群最里面的瓷砖博物馆，建筑物本身是1472年由苏丹穆罕默德二世下令兴建的别馆，为目前伊斯坦布尔现存最古老的由奥斯曼所盖的非宗教性建筑。过去这里原本属于托普卡匹皇宫的第一庭院，建筑正面有非常精致的瓷砖，博物馆里则收藏了塞尔柱、奥斯曼早期的陶瓷、17世纪至18世纪的伊兹尼瓷砖，以及收集自土耳其各地的古老陶瓷器。

土耳其·塞尔丘克

以弗所博物馆
İzmir Efes Müzesi

[再现以弗所古城生动景象]

以弗所遗址中具有价值的考古文物，包括雕像、马赛克镶嵌画、湿壁画、钱币等，几乎都收藏在这处博物馆，创造出生动繁复的古城景象。

从以弗所移过来的雕像和浮雕值得细赏，包括哈德良(Hadrian)神殿门楣上的带状浮雕、罗马皇帝图密善(Domitian)如巨人般的雕像，以及奥古斯都(Augustus)的雕像等，而以弗所的阶梯屋(Terrace Houses)、医药学校(School of Medicine)，这里也都有详尽介绍。

馆内还有一间展览室专门介绍格斗士(Gladiator)，看过电影《神鬼战士》的人一定对这些在竞技场里与野兽搏斗、供皇室贵族娱乐的场面不陌生，这里就展出了神鬼战士的雕像。

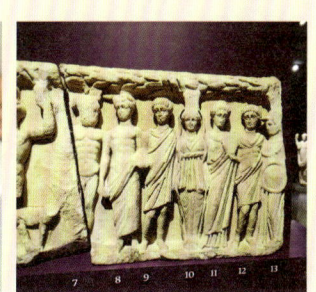

阿特米斯雕像
Artemis

镇馆之宝就是两尊造型奇特的阿特米斯雕像。希腊神话里，丰饶女神阿特米斯被塑造成贞洁的处女，属原野女神，主宰狩猎事宜。她与阿波罗是孪生兄妹，手持弓箭。在以弗所，阿特米斯被塑造成一个多乳头的乳母形象，雕像上竟有一百多个乳房，其中有头冠的是公元1世纪的作品，另一尊则是公元125年到175年之间的作品，今天塞尔丘克将这雕像作为城市精神的象征。

爱神伊洛斯
Eros

爱神伊洛斯也就是一般人所熟知罗马时期的爱神丘比特，博物馆里就有不少爱神的雕像。不能错过的是一件伊洛斯骑在海豚上的青铜雕像，这是在以弗所图拉真喷泉发现的，作品不大，但弥足珍贵。

223

土耳其·安卡拉

安纳托利亚文明博物馆
Anadolu Medeniyetleri Müzesi

[收藏安纳托利亚百万年历史]

这座博物馆的藏品多半以安纳托利亚区域的古代历史为主轴，其重要性与伊斯坦布尔考古博物馆等量齐观，一楼主展场完全呈现古代土耳其本土的意象。

博物馆本身的建筑是一座15世纪的有顶市集(Bedesten)，屋顶上面有10个圆顶。从展厅右侧进入，从旧石器时代、新石器时代、石器铜器并用时代、铜器时代、亚述帝国(Assyrian)、弗里吉亚(Phrygian)、乌拉尔图(Urartian)、里底亚(Lydian)，依着逆时钟排列下来，其中曾经在安纳托利亚历史上扮演极重要角色的西台帝国(Hittite)文物，占据展厅正中心的主要空间，至于希腊罗马时期的雕像则被安置在地下楼层。

旧石器时代
Palaeolithic

主要展品出土自安塔利亚西北27公里的卡拉恩洞穴(Karain Cave)，约公元前两万五千年的遗迹，当时的人们过着狩猎生活，留下许多石器和骨器。

新石器时代
Neolithic

人们开始在村落定居，种植作物、畜养牲畜，并制作贮藏和炊煮器皿。土耳其最重要的新石器时代考古遗址为位于孔亚(Konya)东南方50公里的恰塔霍育克(Çatalhöyük)，目前已被列为世界遗产。代表性文物是一尊大地之母泥塑——《坐在豹头王座上的女神》，年代约为公元前5750年，女神有对大乳房，象征多产，双腿之间似乎有一个小男孩正要出生。此外，还有彩绘在墙上的《红牛》壁画，描绘了狩猎情景，年代约为公元前六千年前。

石器铜器并用时代
Chalcolithic

从石器渐渐进入铜器的时代交替期，人们的房舍已经盖在石头基座上，并以晒干的泥砖为建材。这个时期的主要工艺品包括了精致的陶器、绘有图案的雕像，多数都是从哈吉拉(Hacilar)出土的，地点接近帕慕卡雷(Pamukkale)，因为出土的多半是彩绘的陶器，也可以说是彩陶文化。

🏛 铜器时代
Bronze Age

多数土耳其铜器时代的工艺品发现于阿拉加霍育克(Alacahöyük)的墓穴里,其工艺技术已臻完美,具有宗教象征意义的各式太阳盘(Sun Disc)是瞩目焦点,其中《三头鹿太阳盘》也成了今天安卡拉城市的象征。墓穴中也发现了金、银、合金、琥珀、玛瑙、水晶等饰品。

🏛 亚述殖民贸易时期
Assyrian Trade Colonies

大约与安纳托利亚早期铜器时代的同一时间,亚述商人来到安纳托利亚进行贸易,同时带来了他们从苏美人学到的楔形文字,这也是安纳托利亚历史上最早出现的文字记录。

🏛 西台帝国
Hittite

曾经与埃及并驾齐驱,三千多年前在安纳托利亚高原显赫一时的西台帝国,其帝国遗物(主要从首都哈图夏出土)以安纳托利亚文明博物馆的收藏最为完整,博物馆不但把中央的主力展区腾出来,更按照帝国不同时期陈列展品。西台帝国最著名的半狮半鹫兽、雷神浮雕、狮身人面像、狮子门等石雕作品,质量均佳。

🏛 弗里吉亚
Phrygian

弗里吉亚王国位于安纳托利亚高原中西部,领土原本是西台帝国的一部分,公元前8世纪后半期是国力最强盛的时候,其首都为戈尔迪翁(Gordion)。展品中,最不可思议的是一件可折叠的木制桌子。

🏛 乌拉尔图文化
Urartu

位于安纳托利亚东部一带,其文化成就主要表现在建筑和冶金技术上,建筑包括了神殿、多柱式的宫殿、水坝、灌溉渠道、水塘、道路等,留给后世的文物有象牙雕塑、银针和铜针、宝石项链等。

🏛 希腊罗马时代
Greek & Roman Age

位于展厅的地下室,有地中海和爱琴海常见的大理石雕、铜雕、陶罐等,从这区的门往外走就是户外庭院,摆放了不少残破的陶缸、陶罐和大理石柱。

考古博物馆 土耳其·安卡拉 安纳托利亚文明博物馆

土耳其·安塔利亚

安塔利亚博物馆
Antalya Müzesi

[罗马大理石雕像杰作聚集]

安塔利亚博物馆依照年代分厅展示邻近地区出土的雕像、石棺、陶器、圣画像，展品质量均丰，堪称除了伊斯坦布尔考古博物馆、安卡拉的安纳托利亚文明博物馆之外，最能傲视土耳其的博物馆。

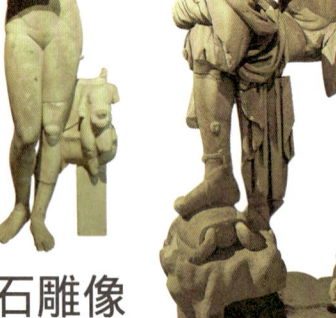

石棺厅
The Hall of Sarcophagus

石棺厅里的石棺也都是佩尔格出土物，其中以《夫妻石棺》以及《赫拉克勒斯石棺》最为惊人，石棺浮雕上生动雕刻着赫拉克勒斯完成国王交付的12件苦差，升格为神的故事，样式属于"小亚细亚柱式"石棺。此外，不妨搜寻角落里一座不起眼的小石棺，那是为小狗所打造的石棺。

罗马大理石雕像
Roman Marble Sculpture

馆内所展示的几乎都是出土自佩尔格(Perge)、公元2世纪的罗马大理石雕像，也是整座博物馆的精华所在。其中《舞者》(Dancer)及《荷米斯》(Hermes)是瞩目的焦点，不论雕工还是体态的平衡，都是罗马时期的上乘之作。除此之外，亚历山大大帝、罗马皇帝哈德良(Hardian)、图拉真(Trajan)、众神之王宙斯(Zeus)、众神之后赫拉(Hera)、太阳神阿波罗(Apollo)、智慧女神雅典娜(Athena)、爱神阿芙洛迪特(Aphrodite)、丰饶女神阿特米斯(Artemis)、命运之神提基(Tykhe)等，希腊罗马重要神祇几乎全数到位。

2011年，美国波士顿美术馆把同样出土自佩尔格的《休息中的赫拉克勒斯》上半身归还给土耳其，让原本断裂成两截的雕像得以合体。

基督圣物室
Christian Artworks

圣物室里陈列着拜占庭早期留下来的黄金画作、银器等，最名贵的展品当数"圣诞老人"圣尼古拉(St. Nicholas)的骨骸。公元11世纪，位于德姆雷(Demre)圣尼古拉教堂里的石棺被意大利人敲开后，仍有几片骸骨、几颗牙齿遗留下来，展示在圣物室里。

226

克罗地亚·萨格勒布

萨格勒布考古博物馆
Archeological Museum

[馆藏价值为克罗地亚之最]

馆藏高达四十万件，主要分为史前、埃及、希腊、罗马、古代与中世纪欧洲、钱币收藏等主题，其中钱币收藏达二十六万件，在欧洲可谓名列前茅。史前馆收藏的《鸽子祭器》和埃及馆收藏的《萨格勒布木乃伊》均为镇馆之宝；希腊馆以手绘陶器最具可看性，罗马馆则收藏了罗马帝国时期的雕塑、浮雕、碑铭，主要是从达尔马齐亚中部的沙隆纳(Salona)遗址中挖掘出的古物。博物馆后面有一座庭园，陈设了许多罗马时代留下来的石雕残骸。

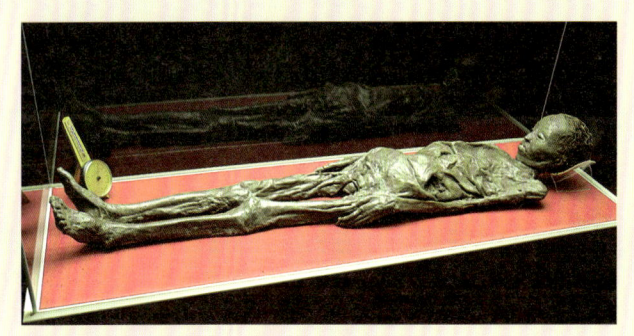

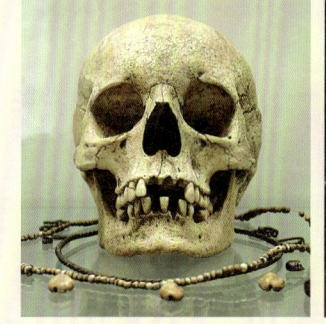

萨格勒布木乃伊与伊特鲁利亚的亚麻书
The Zagreb Mummy & Etruscan Linen Book

这是一具女性的埃及木乃伊，肌肉、毛发很完整，年代可推溯到公元前4世纪，根据陪葬的纸莎草书记载，她名叫内西亨苏(Nesi-hensu)，是埃及底比斯(Thebes)一位占卜师的妻子。19世纪中叶，一位克罗地亚贵族从埃及带回作为私人收藏，后来捐赠给克罗地亚国家博物馆。

真正在考古学上具有高度价值的是被当成裹尸布的一本亚麻书，整本书是以伊特鲁利亚文(Etruscan)所写。整本书展开有340厘米，共1200个字，是目前全世界保存最完整的一本伊特鲁利亚文字书籍，文字的意义仍在破解中。

鸽子祭器
Vučedol Dove

这只鸽子形状的祭器，是克罗地亚最珍贵的国宝，不仅为象征克罗地亚的图腾，也被印制在20元的克罗地亚纸币上。整只器皿高19.5厘米，据推测应该属于公元前三千年的铜器时代，尽管材质粗糙，仍十足代表前伊利亚文明(Illyrian，亚得里亚海东岸沿海和山区的古代称呼)的精致工艺技术。

越南・岘港

岘港占婆雕刻博物馆
Bảo Tàng Điêu Khắc Chăm Đà Nẵng

[消失的古国艺术殿堂]

自1915年，法国远东学院(Ecole Française d'Extreme Orient)便开始进行占婆雕刻的收集工作，这些文物于1936年起才由越南政府成立博物馆管理。博物馆为半露天开放式，陈列的方式是依占婆文化的重要遗址分成4区。

美山馆
Mỹ Sơn

美山位于岘港西南方60公里处，是目前所知最早也最大型的占婆宗教中心。馆内最重要的文物是一座刻有修行隐士生活的大型林迦(Linga)，另一重要作品是原位于美山E1区的三角楣，刻绘了印度毗湿奴神(Vishnu)躺在蛇神形成的床上，肚脐上长出一株莲花，莲花里长出了梵天大神(Brahma)，接着创造了宇宙万物。

东阳馆
Đông Dương

位于岘港南方约70公里的东阳，9世纪时一度成为占族的首都。东阳的文物包括许多石雕人像，表情极为夸张，例如高2.18米、丰唇大鼻的守护神(Dvarapalas)，脚踏怪兽，表情狰狞。

茶荞馆
Trà Kiệu

位于岘港南方约50公里处的茶荞，已被证实是占婆文献里记载的狮城(Simhapura)，重要馆藏有"黑天林迦"和大跳毁灭之舞的湿婆神。黑天(Krisiha)是毗湿奴神的化身之一，而跳舞的湿婆打开额头上平时闭合的第三只眼，目光所及产生烈焰摧毁万物，破坏后万物再重生一次。

拾满／平定馆
Tháp Mắm / Bình Định

拾满／平定时期约12世纪末到13世纪初，馆中鸟神迦卢荼(Garuda)吃蛇的雕刻是这时期常见的图腾，雕刻形式与吴哥形式不同，反而比较接近爪哇样式──鸟喙较圆，而且有丰满的乳房，而吴哥的鸟喙较为尖长。

228

中国·陕西西安
秦始皇兵马俑博物馆
[深埋两千多年的地下精锐部队重现天日]

1987年，联合国教科文组织将秦陵兵马俑列入了世界遗产。秦始皇陵墓工程前后历时38年，征用70万民工打造阿房宫和陵园，陵区面积超乎想象，高耸的陵冢、巨硕的寝殿雄踞于陵园南北侧，震惊寰宇的陪葬兵马俑坑就位于距陵冢1.5公里处。

自兵马俑出土后，陕西省组织考古队勘查挖掘，自3处兵马俑坑中掘出两千多件陶俑、陶马及四千多件兵器，预估还埋藏着惊人数量的兵马俑待陆续出土。

1979年10月，秦始皇兵马俑博物馆成立，馆区分建一、二、三号兵马俑坑展览大厅、铜马车展览厅、出土兵器陈列室及环幕电影放映厅。其中一号坑是战车、步兵混编的主力军阵，军容严整，造型各异，展现了秦军兵阵及卓越工艺。

二号坑由4个小阵组合成一曲尺形大阵，战车、骑兵、弩兵混编，进可攻、退可守，体现了秦军无懈可击的军事编制。三号坑依出土武士俑排列方式，推断为统帅所在的指挥中心——"军幕"，因未遭火焚，陶俑出土时保留原敷彩绘，可惜考古队不具备保存技术，任由武士俑身上彩绘全数剥落殆尽。

这批地下精锐部队军阵严整，塑像工艺超群，兵器异乎寻常地锋利，20世纪才研发的铬化防锈技术，秦人在两千多年前已经熟练使用。秦人超越今人智慧的谜，还留在兵马俑坑里待解。

美国·洛杉矶

洛杉矶盖蒂别墅
The Getty Villa

[专门收藏古希腊罗马与伊特鲁里亚文化古物]

保罗·盖蒂在经营产业之余，也是位艺术收藏爱好者，他早在1954年便开了间艺廊用以展示藏品。后因艺廊空间不敷使用，盖蒂决定盖一间真正的博物馆，可惜盖蒂别墅于1976年完工后，盖蒂没能亲自验收，即在两年后逝世。

此处专门收藏古希腊、古罗马与伊特鲁里亚文化的古物，年代横跨公元前6500年至公元400年，著名馆藏不计其数，包括《兰斯当的赫拉克勒斯》《获胜的青年》，后者被早期学者认定出自伟大的希腊雕刻家留西波斯(Lysippos)之手。其他如刻有阿喀琉斯生活场景的石棺、古希腊雅典运动会的奖杯、距今有四千多年历史的基克拉泽斯文明(Cycladic)雕像等，也都值得一看。

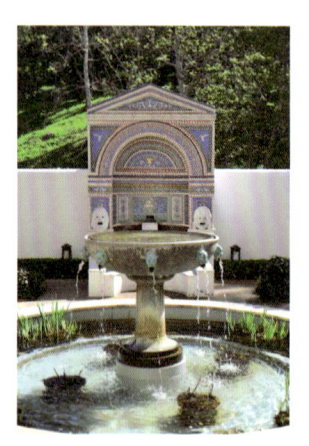

水榭中庭

别墅中最有名的景致，是中央有着狭长水池的列柱廊中庭，中庭里布置了许多罗马雕像，附近还有一座香草花园。

希腊式剧场

门口处的希腊式剧场可容四百多位观众，常有夜间表演演出。

基克拉泽斯文明雕像

距今四千多年的基克拉泽斯文明雕像也值得一看。

古希腊奖杯

这可不是花瓶，这是古希腊雅典运动会的奖杯！

考古博物馆

美国·洛杉矶 洛杉矶盖蒂别墅

《兰斯当的赫拉克勒斯》
Lansdowne Heracles

《兰斯当的赫拉克勒斯》被视为罗马时代仿制古希腊塑像的代表性作品，是这里的镇馆之宝。

仿建恺撒岳父的宅邸

博物馆本身是仿建古罗马的帕比里别墅(Villa dei Papiri)，那是恺撒岳父的宅邸，与庞贝城一同毁于维苏威火山爆发。

马赛克装饰

罗马帝国时代的马赛克装饰，大约是公元150—200年的作品。

古希腊罗马收藏

这里的古希腊罗马收藏数量在世界上首屈一指。

231

加拿大·德拉姆黑勒

加拿大皇家泰瑞尔古生物博物馆
Royal Tyrrell Museum

[全国唯一专门研究恐龙化石的博物馆]

1884年，地质学家约瑟夫·泰瑞尔在红鹿河谷的恶地形中发现了亚伯达龙(Albertosaurus)的化石遗骸，后来在这一带又有不少恐龙化石出土，使阿尔伯塔省俨然成了世界研究上古爬虫类的重镇。

20世纪80年代起，政府当局将所发现的数百具恐龙化石移到此处，并于1985年设立博物馆。这里不但可以看到三十五种以上的恐龙骨骸化石，同时更是全球规模最大、件数最多的恐龙骨骸展示中心，因此每年都吸引了超过一百万的游客。

博物馆的馆藏丰富多元，生动有趣的科技声光效果，向所有恐龙迷们热情问好。同时馆方也借由高科技的电脑多媒体模拟与动态展出，让人仿佛搭乘时光机器回到45亿年前的地球，穿梭于进化演变的历史中，从最初地球的形成到生物的诞生，以及恐龙和哺乳类动物的出现，一直演变到今日的世界等，均有非常详尽的介绍。

每年夏天馆方会精心规划各种恐龙1日游或半日游行程，包括徒步健行、游览恶地化石地床，甚至还有营队活动，让游客能够借由探索恶地中动植物生态的过程，更加珍惜这片人类居住的土地，以及思考如何保护美好的大自然。

踏进这片恶地形中，开始可能会觉得这里灰蒙蒙的，毫无生气，其实仔细一看，这儿有火山或冰河等时期所遗留下来的矿石，包括石灰岩、泥土、砂土、冰河石等，各种颜色的土石散布在这个区域里，真是美不胜收；夏季，恶地仙人掌开出颜色鲜艳的美丽花朵，独特造型的花卉植物和岩石景观交织成为五彩缤纷的世界。

考古博物馆

加拿大·德拉姆黑勒

加拿大皇家泰瑞尔古生物博物馆

世界第一大恐龙

来到德拉姆黑勒游客中心，游客一定会对矗立于户外的恐龙模型赞叹不已，可别小看这只恐龙，它可是世界最大的钢架中空恐龙模型，高度有25米，重达66000公斤，据说比真正的暴龙大上4倍。除了仰之弥高的外尺寸，游客还能走进其内一探究竟，通过足以容纳12个人的恐龙大嘴巴，沿着恐龙肚子里的106阶楼梯攀爬而上，可登高鸟瞰小镇市容及其外围的恶地形风光。

233

科学博物馆

科学博物馆展示宇宙、航空各种成就，呈现科学发展的成果、全球最新科技、原生生态系等供大众探索。本单元收录了展示阿波罗10号指挥舱的英国伦敦科学博物馆、见证俄罗斯探索太空的辉煌史的俄罗斯莫斯科太空博物馆、展示数百架飞行器的美国西雅图航空博物馆等。

纽约科学馆
无畏号海空暨太空博物馆
加州科学院
旧金山探索博物馆
俄勒冈科学工业博物馆
西雅图航空博物馆

美国

伦敦科学博物馆
英国
德国
德意志博物馆

俄罗斯
莫斯科太空博物馆

伦敦科学博物馆
Science Museum

英国·伦敦

[完整呈现累积数世纪的科学发展成果]

科学博物馆以大量的硬体展示，忠实呈现数个世纪以来的科学发展成果，尤其英国是全球工业革命的发源地，因此从早期的蒸汽引擎到最新近的太空工业科技，这里都能尽显各种科学奇迹。

科学博物馆馆内主要分为"科学"(Science)、"医学"(Medicine)、"资讯与通信技术"(ICT)和"工程技术"(Engineering Technologies) 四大类，其中最值得参观的，包括以陆地运输与太空探险为主的展区，各色引擎、火车头、车辆等一字排开，让观赏者自觉渺小。

另一处不可错过的展览区是"欢迎翼"(Welcome Wing)，除了体验震撼力、临场感十足的巨幕(IMAX)电影院，登上太空船的Simex模拟器，游客还可以坐在充满科技感的餐饮区体验未来世界。

创造现代世界
Making the Modern World

此展区展出了许多对近代世界发展相当重要的物品，带大家亲眼见证自工业革命之后的各种科学成果。

探索太空
Exploring Space

此展区对于太空科学的发展与研究、火箭的设计和运行方式,甚至导弹的演进等,都有详尽的导览。

火箭号
The Rocket

史蒂文生(Stephenson)在1829年完成的"火箭号"蒸汽火车头,奠定了蒸汽火车运输的发展基础,史蒂文生也被认为是蒸汽火车之父。

阿波罗10号
Apollo 10

曾上过太空的阿波罗10号指挥舱,是馆内重要的藏品之一。

飞行区

位于3楼的飞行区能完全满足人类的想象空间,不论是早期的热气球、滑翔翼复制品,还是现代各种喷射机,这里应有尽有。爬上高架空桥可以近距离观赏一辆辆高悬于天花板上的飞机和引擎,令人大开眼界。进入飞行实验室,还有模拟驾驶舱可亲自操作。

科学博物馆

英国·伦敦 伦敦科学博物馆

俄罗斯·莫斯科

莫斯科太空博物馆
Cosmonautics Museum

[见证俄罗斯探索太空的辉煌史]

冷战时期苏联的太空成就史无前例。1957年，苏联发射了人类史上第一颗人造卫星——史波尼克一号(Sputnik I)；1961年，出现了第一位进入太空的人类加加林(Yuri Gagarin)。虽然日后美国奋起直追登陆月球，并在许多实际应用层面上取得了更大的成果，但那五十多年前的壮举仍是俄罗斯人永远的骄傲。

在国民经济成就展览场之外，有座直上云霄高达100米的纪念碑，造型为发射的火箭，就是为了纪念当年史波尼克一号的成功发射而建造的。纪念碑底下就是太空博物馆，一走进去，加加林的铜像如救世主般展开双臂迎面而来。馆内展示着各式各样俄罗斯太空探险的光辉成绩，如卫星、太空舱、太空衣、太空食物、太空狗等。

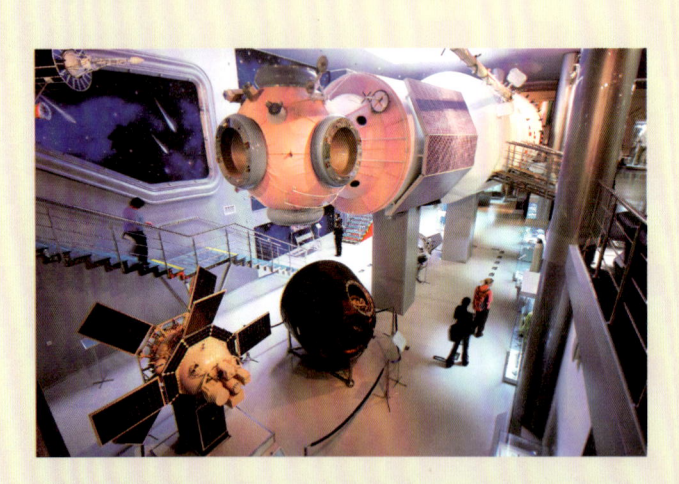

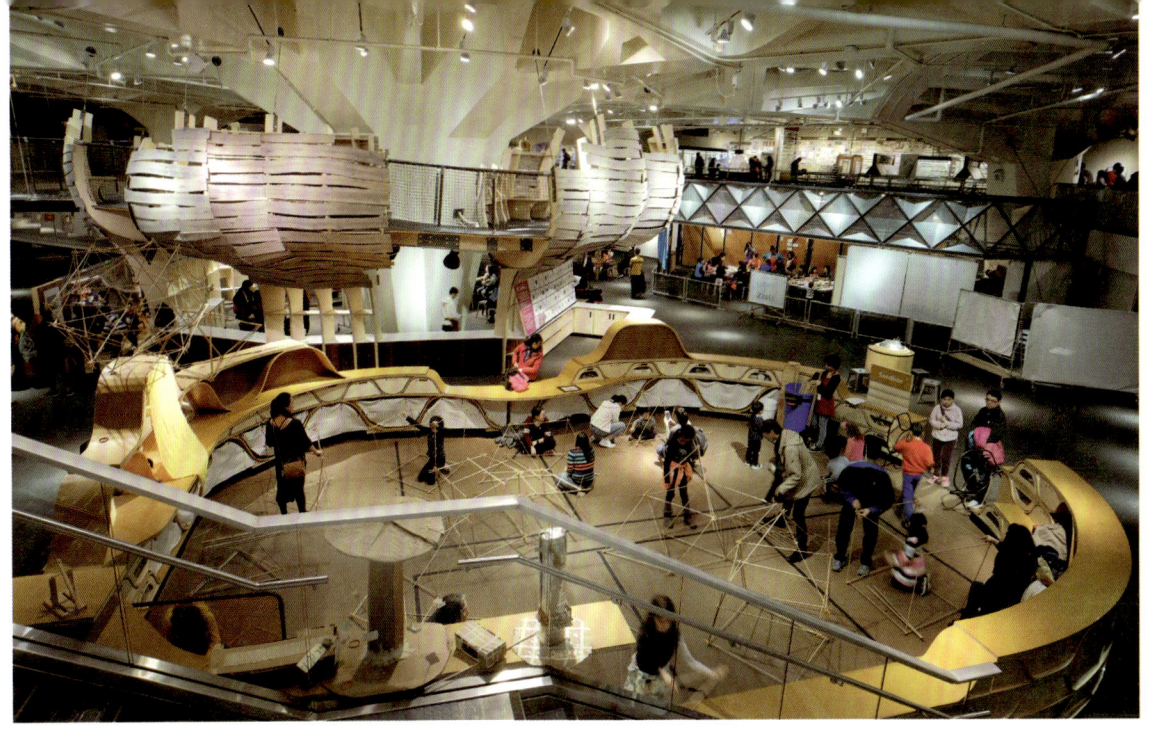

纽约科学馆
New York Hall of Science

美国·纽约

[以互动式游戏认识科学原理]

1964年的世界博览会留给法拉盛草原可乐娜公园的，并不只有尤尼舍(Unishere)而已，还有这间纽约科学馆。

纽约科学馆以"设计、操作、玩乐"为理念，这里没有单调的图文模型，而是充满了引人跃跃欲试的互动式科学游戏。不论是小孩还是大人，都能在丰富有趣的游戏或竞赛中，重新认识运行在生活周遭的科学原理，例如声波的传送、光影的捕捉、位相几何学等，皆可亲自动手体验，就连复杂的牛顿定律公式，也能让人在简单的游戏中轻易了解。

其中最有趣的是位于2楼大展厅中的"联结的世界"(Connected World)，这是面接近360度的全景互动式屏幕，屏幕上共有丛林、沙漠、湿地、山岳、河谷与平原6种环境，每个环境都有各自的动植物生态，而其共同水源则是屏幕中央高达11米多的瀑布。在游戏当中，屏幕会感应游客的手势与动作幻化出不同结果，玩家的每个决定会产生不同的影响，要如何保持各生态体系间的平衡，需要动点儿脑筋。

美国·纽约
无畏号海空暨太空博物馆
Intrepid Sea Air Space Museum

[全美最大的海空军事博物馆]

无畏号海空暨太空博物馆号称全美最大的军事博物馆，其主体为曾参与马绍尔海战等多次战役、最后于1982年除役的无畏号航空母舰(USS Intrepid)，舰上分为飞行甲板、展示舱、飞机库和第三舱4层展示空间。

飞行甲板上停放了十余架不同年代的战机与直升机，绝大多数都曾实际参与作战任务，让游客得以近距离一睹这些昔日的空战英雄。从甲板上还能登上舰桥，看看舰上官兵如何在不同时间和天气下，运用雷达等通信设备航行于茫茫大海中。

飞机库则开辟为主要展览厅，其中包括一座播放无畏号相关影片的剧院和分为4个展区的"探索博物馆

科学博物馆 | 无畏号海空暨太空博物馆 美国・纽约

厅",透过将近二十种互动设备与飞行模拟器,让参观者得以亲身体验飞行或航海的滋味。至于展示舱和第三舱中,则保留了舰上的卧室、餐厅、阅读室等设施,重现官兵们在海上生活的面貌。

除了无畏号外,游客还可参观黑鲈号潜水艇(USS Growler),潜水艇内部密如蛛网的电线以及多如繁星的监控设备等,皆让人大开眼界。另外,曾为航空史树立里程碑的协和号超音速客机(Concorde),也展示于这座博物馆中。

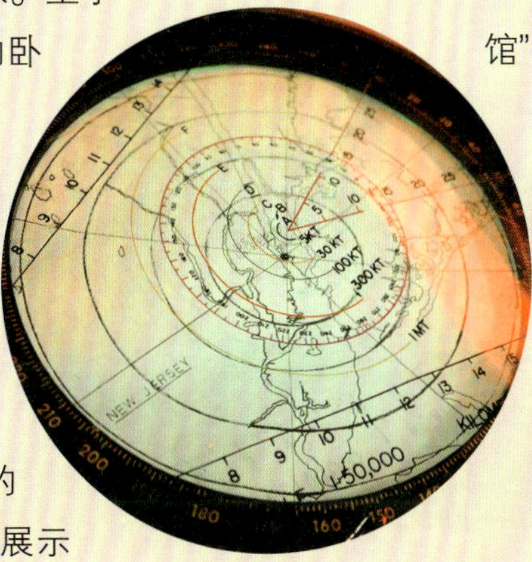

在2013年,博物馆开放了"太空馆"(Space Shuttle Pavilion),这里是美国国家航空航天局(NASA)第一架太空梭"企业号"(Space Shuttle Enterprise)的新家,馆内设置了17个展览区,包括原始文物、照片、影片等,带领参观者进入神秘的太空世界。

241

美国·旧金山

加州科学院
California Academy of Sciences

[世界最绿能的博物馆]

加州科学院成立于1853年，馆内有两座大型球体结构的展品：一座在内部模拟雨林环境，种植许多热带植物，并饲养不少稀有的鸟类、昆虫与爬虫类动物；另一座球体则是现今全球最大的数位天象仪，其屏幕直径宽达75米，定时播放星象节目与精彩震撼的科普影片。两座球体的下方是一片面积广大的斯坦哈特(Steinhart)水族馆，栖息着将近四万种海洋生物，除了有海底隧道、全球最深的室内珊瑚礁展览馆、海星触摸池，还有濒临灭绝的非洲企鹅馆。

高达四层楼的奥舍(Osher)热带雨林区内，容纳了超过一千六百种动物，从蓝色蝴蝶到毒性青蛙，让人啧啧称奇。科学院的其他部分，主要为自然科学博物馆，以生动有趣的方式，配合多媒体互动式器材，展示了有关生物演化、地球科学、环境保护等方面的知识。

在7至9月每周四晚上是限定21岁以上的人才能进入的成人之夜，除了有更酷更炫的科学展示，还结合了鸡尾酒会与现场乐团表演，每个礼拜都有不同主题。

世界最绿能的博物馆

这座号称"世界最绿能的博物馆"成立于1853年，经过整修后，于2008年在金门公园内重新开放。

白化症的明星动物

后门附近的沼泽池中，有只罹患白化症的美洲短吻鳄，是科学院里的明星动物。

巨型水族箱

水族馆内有"加州海岸"与"菲律宾珊瑚礁"两个巨型水族箱，呈现了精彩纷呈的海底世界。

242

互动式多媒体

静态展厅内以生动有趣的方式，配合多媒体互动式器材，展示了有关生物演化、地球科学、环境保护等方面的知识。

企鹅馆

这里居然连濒临灭绝的非洲企鹅都有！

暴龙化石

门口大厅内立着一座暴龙化石，令刚进门的游客印象深刻。

海底隧道

身为加州重要的科博馆之一，海底隧道是必要设备。

上万种动植物惊奇连连

这里展示了上万种的动植物，令人眼界大开。

热带雨林区

雨林区的圆球内设计成4个楼层，让游客得以观看不同高度的雨林生态。

科学博物馆

美国·旧金山 加州科学院

243

美国·旧金山

旧金山探索博物馆
Exploratorium

[探险发掘有趣科学]

这里名为"Exploratorium"而非"Museum",强调了这里是一个探险发掘的场所。诚如博物馆的创办人法兰克·欧本海默(Frank Oppenheimer)所说:"这间博物馆所关注的目的只有一个,就是让普通人都能了解运行在他们周围的世界。"他本身是一位粒子物理学家,他的哥哥就是大名鼎鼎的"原子弹之父"罗伯特·欧本海默。

探索博物馆成立于1969年,曾被《科学美国人月刊》推荐为"全美最棒的科学博物馆"。馆内的展览品都是可以亲手操作的科学游戏,总数多达六百多项,这在当时可说是彻底打破了人们对科学博物馆的想象,其游乐场式的教学方式,也为后世同类型博物馆树立了典范。

馆内借由互动实验,让人们实际观察到各种现象的科学道理,领域包括力学、光学、气象学、声学、电子学、生物学等,没有艰涩难懂的科学术语,没有复杂恼人的定律公式,有的只是眼见为凭。因此不管你的年龄是大是小,无论你对科学有没有兴趣,都能在这里玩得很开心。

美国·波特兰
俄勒冈科学工业博物馆
Oregon Museum of Science & Industry (OMSI)

[互动操作寓教于乐]

博物馆里面的展示非常有趣，馆内辟有五大展厅，分别为：地球科学、生命科学、物理科技、科学实验室以及科学游乐场。互动式展览品占了绝大多数，有的可以实际操作，有的则设计成游戏，譬如可以操控机械手臂来下一盘四子棋，或是利用软垫亲手搭建一座拱桥等，因此总能让孩子们乐不思蜀。

最令人兴奋的展览是需要另外购票的潜水艇之旅，这艘潜艇可不是复制模型，而是真正从美国海军退役的攻击式潜艇蓝背鱼号(USS-Blueback，SS-581)。登艇行程约45分钟，游客可以试着用潜望镜观看水面，触摸到货真价实的鱼雷，甚至跳上水手的床铺，感受官兵们在深海中服役的生活情景。

博物馆里也有一座球形剧场，除了播放宇宙天象的节目外，还播放受欢迎的纪录片，包括《史前星球：与恐龙同行》《狂野的澳大利亚北部》《海洋：我们的蓝色星球》《阿波罗11号：第一步》《国家公园探险》《帝王蝶的迁徙》《超级救援狗》，以及二十多部好莱坞科幻影片。

245

美国·西雅图

西雅图航空博物馆
The Museum of Flight

[航太迷必访圣地]

西雅图既然是飞机大厂波音公司的发迹地，其航空博物馆也是全球同类型博物馆中的顶尖翘楚。航太迷们来到这里一定乐不思蜀，巴不得在此宿营住上几天，所有航空发展史上的传奇与动力科学的里程碑，都在这里与游客零距离接触。

这里的展示从莱特兄弟的设计草图开始，一直到外太空的无穷探索，表现出人类对飞行的种种渴望。这当中也有些非常有趣的尝试，譬如在个人汽车尾端装上机翼的飞行汽车(Aerocar)，以及直接背在身上像火箭人一样的喷射推进器等。

而在琳琅满目的数百架飞行器中，一定要看的重点包括黑鸟式侦察机(M-21 Blackbird)，这可是航速超过3马赫的传奇神物，还有世界第一架战斗机Caproni Ca-20、二战时曾来华助战的飞虎队战机等。

博物馆外小停机坪上的展示更为精彩，包括曾搭载过艾森豪威尔、肯尼迪等人的总统专机空军一号(Air Force One)、世界第一架波音747原型机，以及曾经以超音速客机名震天下的协和式(Concorde)等，其中空军一号与协和式客机还开放让游客登机参观。

另一个参观重点是红谷仓(Red Barn)，这里便是波音工厂的诞生地，里面展示了早期的生产机具，供人了解当年是如何用纯手工打制出木造的飞行器的。

此外，博物馆内还有许多模拟机可以体验，像是模拟空战场景的模拟驾驶舱、NASA用来训练太空人的无重力状态模拟等，虽然需要另外收费，但机会难得，值得排队等待。

246

科学博物馆

西雅图航空博物馆　美国·西雅图
德意志博物馆　德国·慕尼黑

德意志博物馆
Deutsches Museum
德国·慕尼黑

[真实潜艇、火箭任你搭乘]

德国的工业水准世界一流，这座以工业发展与技术为主题的德意志博物馆，展示水准自然也是全世界数一数二的。无论是飞机、潜艇、火箭，还是纺织机、发电机、造桥技术、隧道结构，各项主题皆巨细靡遗。

这些展示对一般游客来说，想要寓教于乐地尽兴而归，可能有点儿困难，但对于从小就能把化学元素表与三角函数学得滚瓜烂熟的理科学生来说，肯定会开心得不得了，因为这里的潜艇与火箭可不只是模型而已，而是可以潜入深海里与飞到外太空的真品。

德国人也不怕高科技机密外泄，将潜艇与火箭都剖开了让访客可以进入舱内参观。这是一座教育性高于娱乐性的博物馆，馆内不但有许多适合学校团体的参观行程，连博物馆附设的商店也有不少深具启发性的教材，相当适合亲子同行。

工艺博物馆

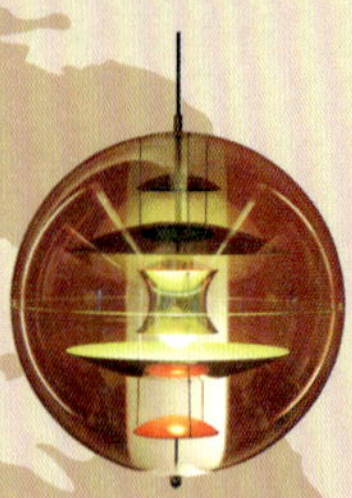

这类以工艺创作为主题的博物馆，展现了兼具欣赏与实用价值的工艺类艺术品。本章收录了展示历年家具设计和工艺品的丹麦设计博物馆、显露西班牙贵族豪奢风华的古巴哈瓦那殖民时期工艺博物馆，以及全球收藏最多装饰艺术品的英国维多利亚与阿尔伯特博物馆等。

加拿大
温哥华岛席美娜斯

美国
好莱坞杜莎夫人蜡像馆

古巴
哈瓦那殖民时期工艺博物馆

丹麦设计博物馆
丹麦
英国
维多利亚与阿尔伯特博物馆
德国
维特拉设计博物馆

德国·魏尔

维特拉设计博物馆
Vitra Design Museum

【名列世界首屈一指的现代家具博物馆】

设计博物馆位于跨越德国边境后的小镇，是设计古根海姆美术馆的弗兰克·盖里(Frank Gehry)在欧洲的第一件作品。白色的建筑外观像是正展开的花苞，又像瞬间凝结的漩涡，在碧绿草地上以巨型雕塑的艺术姿态伸展。

博物馆内部实际面积并不大，不同的地板高度区隔展区，斜坡道、塔楼、引进自然光的斜屋角，建筑特殊的外形，让室内展览空间也值得细究。

德国家具品牌维特拉(Vitra)执行长罗尔夫·费赫尔鲍姆(Rolf Fehlbaum)于1989年以私人基金会的方式成立了设计博物馆，规模及收藏品的丰富性都可名列世界首屈一指的现代家具博物馆，馆藏范围从19世纪

维特拉设计博物馆
德国·魏尔

的家具一直到现代家具，以查尔斯和埃姆斯(Charles and Ray Eames)、纳尔逊(George Nelson)、阿尔托(Alvar Aalto)、潘顿(Verner Panton)、拉姆斯(Dieter Rams)、赫滕(Richard Hutten)以及托内(Michael Thonet)等人的作品为主。馆方根据不同主题规划更换展出的收藏，每年两次与当代知名设计师合作，举办与设计及现代艺术相关主题的临时性展览。

博物馆后方占地广大的建筑群是工厂区(Vitra Campus)，可说是集合知名建筑师之大成，有安藤忠雄设计的会议厅(Conference Pavilion)、哈迪德(Zaha Hadid)设计的消防站，盖里(Frank Gehry)设计的工厂车间等。只有参加建筑导览行程方可参观，建筑迷不可错过。

博物馆右侧的焦点是赫尔佐格和德梅隆(Herzog & de Meuron)设计的家具展场(Vitra Haus)，外形像一层层向上堆叠的积木，里面展出了维特拉历年来的经典款设计家具，最棒的是大部分陈列的椅子都可以实际坐坐看。

入口处设有餐厅和商店，建议先搭乘电梯至顶楼，再慢慢逛下来，感觉像是在逛宜家卖场，不过不管在室内设计还是家具设计的品质上都更加分，其中一百张名家椅收藏系列，足以让所有设计迷尖叫赖着不肯离开。

英国·伦敦
维多利亚与阿尔伯特博物馆
Victoria & Albert Museum
[全球收藏最多装饰艺术品之处]

145 间展室、走道全长13公里，建于1852年的维多利亚与阿尔伯特博物馆，是现今全世界收藏最多装饰艺术品、横跨三千多年历史的工艺博物馆。它收藏了自17世纪至今的潮流服饰、彩色玻璃制品、中古宝藏等，丰富多样，令人赞叹。

入口大厅处，由艺术家奇胡利(Dale Chihuly)创作的大型琉璃水晶装置艺术，搭配维多利亚式红砖建筑与古典时期内部装潢，时空交错的元素一开始就宣示着馆藏的多元性。该馆的展示主要分为"欧洲""亚洲""现代""材质与技术"4个主题及特展空间。2楼的"欧洲"区展示了16世纪以来，英国各朝代的皇室收藏品及欧洲文艺复兴工艺品，并拥有世界上最多的后古典时期的雕塑。

底层有印度、中国、日本、韩国等多国的历史文物，其中收藏的印度文物号称全世界最多，韩国文物年代则可追溯至公元300年。崇拜时尚的人，一定会喜欢服装展示区(Dress Collection)，从马甲上衣、撑架蓬蓬裙到现代时尚服饰；17世纪初的方巾帽到19世纪的大型花边帽。所有服饰配件的演进与潮流，这里都有实品提供完整的说明，朋克教母韦斯特伍德(Vivienne Westwood)设计的晚礼服、三宅一生的褶皱装也都被收藏在此。

经过评选，该馆于2016年从剑桥公爵夫人(凯特王妃)领得"英国最佳博物馆"奖项。据说参与这项评选的博物馆，必须于赛前的12个月有特别的策展创意成就，此奖项2011年由大英博物馆所得。

丹麦·哥本哈根

丹麦设计博物馆
Designmuseum Danmark

[亲炙丹麦设计大师的作品]

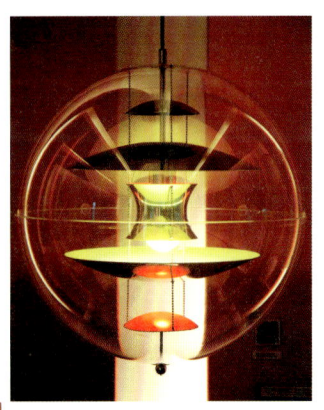

想认识丹麦设计，不能错过设计博物馆。丹麦设计博物馆坐落在一幢洛可可风格的古建筑内，其前身是腓特烈国王的医院。馆内展览室围绕中庭四周，图书馆与设计工作室可供大众使用，展区面积最大的就是依照时序陈列的丹麦设计工艺展。

陈列区将丹麦历年的家具设计和工艺品依16—17世纪、17—18世纪、18—19世纪、1810—1910年、20世纪分类展示，每一区都有各年代的设计背景说明，并陈列了当时的代表作品，每个展品都清楚标示出其出产年代和设计者的名字。这里收藏品相当丰富，游客可欣赏到许多早已不在市面上生产的设计商品，例如著名灯具品牌Le Klint的经典设计师克林特(Kaare Klint)，不仅为灯饰设计，同时也是当时著名的雕刻家，他设计的一座《分件式木床》就在展区中。

这里也有丹麦设计大师雅各布森(Arne Jacobsen)作品的专区，就连他过去为小学设计的课桌椅都在展品之列。除了固定展览，另有不定期展出的特别主题展区。

253

加拿大·温哥华岛

温哥华岛席美娜斯
Chemainus

[小镇墙面成为全球最大的画布]

席美娜斯的居民原本只以伐木业维生，1982年，当城里唯一的工厂关门大吉后，居民们担心失去生计，便举办了一场别开生面的"壁画节"，邀请许多国际知名的艺术家来到席美娜斯，誓要将此地变成全世界最大的画布。

于是小镇中心的墙面被绘上一幅幅生动的画作，这些壁画有的描绘写实，有的笔触抽象，有的线条优美，有的色彩丰富，内容大都是关于席美娜斯的过去与憧憬，每一幅都具有极高的鉴赏价值。截至2019年，席美娜斯镇上已有54幅壁画，且数量还在不断增加当中，从此，席美娜斯的镇民们可以抬头挺胸地向世人说：我们的城镇或许很小，但却是世界最大的露天美术馆。

从游客中心出发，沿着黄色油漆脚印，就能逐一

工艺博物馆

加拿大·温哥华岛

温哥华岛席美娜斯

欣赏这些大型壁画。每幅壁画都有编号，其中最有名的是编号12的《原住民遗产》，画着3个巨型头像，代表本地过去与现在的3个部族，由名画家伊嘉图(Paul Ygartua)绘于1983年；编号6的《驯鹿号抵达马蹄湾》，画中的原住民公主站在海边的山丘上，凝望着三桅帆船缓缓驶近，构图和意境都非常美。

编号8的《1891年的席美娜斯》，描绘的是一百多年前的小镇景色，让人可以对照小镇的今昔变迁；编号33的《一个中国男孩的回忆》，则是华人艺术家程树人1996年的作品，记录着早期华人在加拿大建立社区的生活情景。

除了与小镇历史、生活有关的主题外，某些壁画内容也说明了这些建筑物的用途，例如邮局、医院、单车行、电信局、铁路局等，从壁画中就可看得出来。

255

美国·洛杉矶

好莱坞杜莎夫人蜡像馆
Madame Tussauds Hollywood

[真实走进好莱坞经典场景]

全球主要的观光城市中，经常都能看到杜莎夫人蜡像馆，而好莱坞杜莎夫人蜡像馆就位于明星区，特别吸引人。这里秉持杜莎夫人蜡像馆一贯的布展作风，除了紧贴最新娱乐焦点外，还想方设法增加与游客之间的互动性，让人仿佛真实走进明星世界。

沿着红地毯走进馆内，迎面而来的就是一群演员在举行派对，游客可以踏上舞台和碧昂丝、史努比狗狗同台献技，或是与乔治·克鲁尼静坐品尝美酒，同时出席的还有威尔·史密斯、贾斯汀、朱莉亚·罗伯茨、布拉德·皮特等当红巨星。离开派对后，立刻进入好莱坞经典场景，游客最喜欢做的事，就是坐在奥黛丽·赫本身旁享用蒂凡尼早餐，以及跨上骆驼与阿拉伯的劳伦斯合照，为这些黄金时代的名片增加新角色。

其他展厅也都各有主题，像是西部片、黑帮电影、现代经典、动作英雄、大师导演、体育明星等，游客穿梭其中，重温好莱坞数十年来的传奇故事，而故事还在延续，每几个月就有新的明星蜡像出来亮相。在出口前的最后一间展厅，特别安排了奥斯卡颁奖典礼，近几年得奖的最佳男、女主角全都盛装出席，感谢影迷们对好莱坞电影的支持。

古巴·哈瓦那

哈瓦那殖民时期工艺博物馆
Museo de Arte Colonial

[感受西班牙贵族风华]

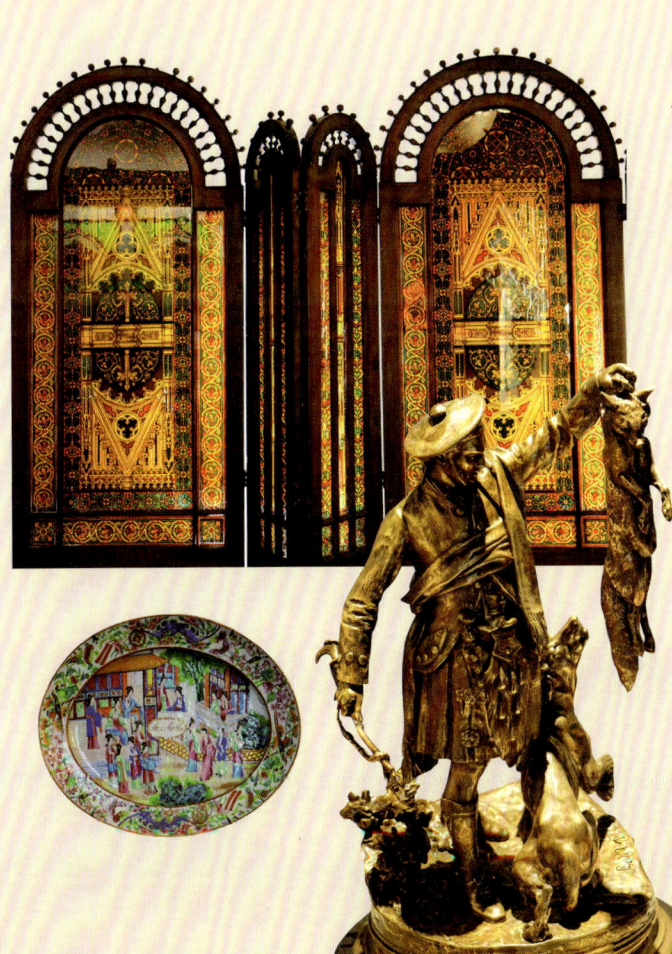

穿越阴凉门廊，教堂广场的喧闹与热气瞬间消失，鹅黄色主调的宽敞中庭枝叶扶疏，让人感觉仿佛走进了18世纪的安达卢西亚的贵族豪宅。

灰白色石墙上镶嵌着亮蓝窗棂，这栋广场上最古老的建筑依旧显眼，1720年由古巴总督查孔(Don Luis Chacón)所建，原本是巴尤纳侯爵的官邸(Palacio de los Condes de Casa Bayona)，现在是殖民时期工艺博物馆，展示了西班牙殖民时代的家具和装饰艺术。

宅邸本身是古巴保存最好的殖民风格建筑之一，里里外外都能找到17—19世纪殖民风格的建筑元素，例如锻铁栏杆与灯具、黑白格纹大理石地板、精雕细琢的木头彩绘天花板、彩绘玻璃门窗，二楼阳台则是俯瞰教堂广场的绝佳位置。

内部展品由古巴各处豪宅收集而来，布置成18—19世纪哈瓦那贵族家庭的日常样貌，当时殖民地贵族极尽所能炫耀奢华，使用法国的书柜、意大利的摆饰、英国的瓷器餐具、西班牙的床架、中国的瓷盘等，可以看出与欧洲宫廷同步，也显示在殖民地身份地位的表征。

民族博物馆

这一种形式特殊的博物馆,是以"民族志观点"收藏、展示各种民俗生活相关的文物。本章收录了窥探铁幕生活点滴的东德博物馆、全球保存最完整维京文物的挪威奥斯陆维京船博物馆、首间专门展示南亚文化的新加坡印度传统文化馆、收藏原住民文化的南澳博物馆等。

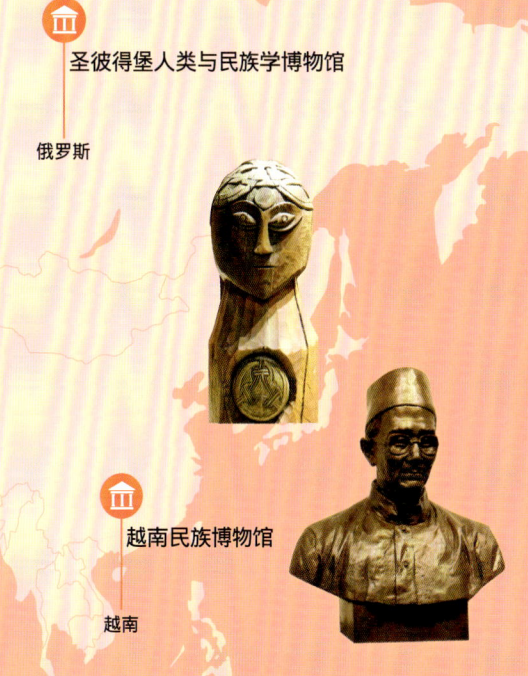

奥斯陆维京船博物馆
罗弗敦维京博物馆
挪威

圣彼得堡人类与民族学博物馆
俄罗斯

布拉格犹太博物馆
德国 捷克

东德博物馆
黑森林博物馆

西班牙

安达卢西亚之家

埃及

努比亚博物馆

越南民族博物馆
越南

新加坡

新加坡牛车水原貌馆
新加坡印度传统文化馆
新加坡马来传统文化馆

南澳博物馆
澳大利亚

德国·柏林
东德博物馆
DDR Museum
[窥探东德生活点滴]

第二次世界大战结束后，德国东部包括东柏林在内被苏军占领。在苏联的控制下，德意志民主共和国(即东德)宣告成立，从此，东德与西德的人民走向南辕北辙的生活。

这间博物馆虽然以"东德"为主题，但并没有严肃的议题，大多是展示东德人民衣食住行的生活面貌。馆内有相当大的部分被布置成东德典型家庭的样貌，每一件物品都可以拿起来把玩审视。在这间博物馆里，游客既不必如以往一般在窃听监视与物质短缺的情形下生活，又可以彻底体验东德在铁幕中的生活。

东德手足球台

东德时期的手足球台，这种游戏在欧洲十分流行，很多酒吧都有手足球台，来到这里不妨试试！

试驾东德汽车

最有趣的是在入口附近的东德汽车，游客可以坐进去发动引擎，随着前方的屏幕穿梭在东柏林的街道上。

用裸体追求自由

在解放身体这件事上，德国可是领先欧洲。裸体主义的德文为"Freikoerperkultur(FKK)"，英文意思是"Free Body Culture"，约于1920年在德国发展起来。两德分裂后，东德人将此作为追求自由的最后权利，所以发展更甚。据说网上流传过德国总理梅克尔年轻时在东德参加天体营的照片，当然这从未被总理办公室证实。

随意进出东德民众家

游客可以肆无忌惮地在馆内布置的东德民众家里翻箱倒柜，拉开衣橱看看东德人民都穿些什么，打开厨柜和冰箱看看他们吃些什么，坐在东德人的沙发上观看东德的电视节目，随手再翻阅一本东德出版的书籍。

德国·特里贝格
黑森林博物馆
Schwarzwaldmuseum

[享受黑森林独有的乐钟和甜点]

民族博物馆

德国·柏林 东德博物馆 ｜ 德国·特里贝格 黑森林博物馆

黑森林是位于巴登·符腾堡州西南边的大片森林，葱郁的林木犹如黑色的遮幕般，在这广袤的森林中孕育出当地的独特文化。来到特里贝格(Triberg)造访黑森林博物馆，即可看到从前黑森林中的传统房屋、制钟人的工作室与传统服饰。

馆中还有各种会自动弹奏乐曲的机器展示，喜欢音乐的人可在馆中尽情聆听各种音乐箱演奏的乐曲，响亮的音效丝毫不输给现场演奏。

来块黑森林蛋糕吧！

黑森林蛋糕(Schwarzwälder Kirschtorte)是德国萧瑟寒冬里的美味蛋糕，以隆冬森林雪白与黝黑交织的景观命名。利用黑森林山区丰富的樱桃物产，做成酿制的樱桃酒和腌渍樱桃，一层层巧克力蛋糕底、抹上鲜奶油、拌以樱桃酒、铺上樱桃果肉，再撒上巧克力碎末的蛋糕，层层铺排间尽显黑森林山区的丰饶与浓郁，以黑森林来命名，再适合不过了。

布谷鸟报时的咕咕钟

咕咕钟可以说是黑森林的代表，从1640年库兹兄弟发明了第一台"木架钟"至今，咕咕钟已发展成钟内的布谷鸟会自动出现。这个以精湛技术所制造出来的咕咕钟，运用钟锤来产生动力，即使不用电池也可以永久使用。

261

西班牙·科尔多瓦

安达卢西亚之家
Casa Andalusí

[时光流转回到12世纪]

坐落于犹太会堂旁的安达卢西亚之家是展示哈里发(Caliphate)统治时期的迷你珠宝盒，穿过那扇窄小的大门，时光便流转回到12世纪。

一座美丽的喷泉发出潺潺水声，四周点缀着五彩缤纷的盆花，为建筑提供舒适的凉意。穿过雕刻着阿拉伯图案的摩尔式拱廊，小小的厅房里展示着手工造纸机器，这项来自中国的技术，10世纪时随着穆斯林从巴格达传入了西班牙，而科尔多瓦正是欧洲第一个懂得造纸的城市。

从另一道门出去，一条狭巷通往另一座迷你的中庭，沿途经过以昔日城墙为墙的建筑结构，短短的路程却浓缩了10个世纪的变迁。至于地下室则保留了哥特式的浅浮雕，里面收藏了一些历经不同朝代的金、银、铜币。

挪威·奥斯陆

奥斯陆维京船博物馆
Vikingskipshuset

[全球保存最完整的维京文物]

维京船博物馆展示了三艘在奥斯陆峡湾出土的维京船，是目前全世界保存最完整的维京文物。船只同属墓葬船，分别以出土地奥斯伯格(Osberg)、哥克斯塔德(Gokstad)和图恩(Tune)来命名，伴随出土的还包括精美的木雕、织品。

奥斯伯格是其中最大的一艘，发现于1904年，同时还有三辆雪橇及一辆拉车。这些木制品当时都已分解成碎片，但橡木本身并未腐化，科学家以现代技术一片片拼凑复原。其中一辆出土的雪橇，就是由1061块碎片重新拼凑起来的。

重建完成的奥斯伯格长22米，最宽处5米，需要30位舵手，狭长的造型使得船只适合在深窄的峡湾区域活动，船首有交缠的马、蛇、鸟等图腾，显示了维京人具备很高的工艺水准。

船里有两具女性遗骸，一位是拥有较高社会地位的女性，另一位是陪葬婢女。珠宝及武器等陪葬品都已被盗，留下梳子、服饰、鞋、纺织器具及纺织品等日常用品。同时出土的拉车，据推测应是祭祀游行时的用品，因为轭无法转弯，只能直行。

哥克斯塔德于1880年出土，出土时的保存状况较奥斯伯格为佳，是一位男性酋长的墓葬船，另有一辆雪橇及三艘小船陪葬。图恩则是以其出土时的模样展示，并未重建，它的建造时间和哥克斯塔德差不多，都是公元850—900年间。

另外，同时展出的还有在波尔(Borre, 位于西福尔郡)所出土的文物，例如雕饰精美的金、银饰品，今天看来仍具有现代感。据考证，波尔是维京皇室的主要墓地，而且奥斯伯格和哥克斯塔德的墓主应属波尔皇族之一。

挪威·罗弗敦群岛/伯格

罗弗敦维京博物馆
Lofotr Vikingmuseum

[走进千年前的维京时代]

伯格位于西沃格岛(Vestvågøy)正中央，是罗弗敦群岛(Lofoten)的主要农业区，1983年在此地展开考古挖掘，发现了至今规模最大的维京时代建筑，周围区域陆续有许多珍贵的维京文物出土。

维京博物馆重现了当时称霸北欧海域的强悍民族的生活面貌，共分为三个区域，入口处的现代化建筑以维京船为灵感，大厅天幕就是船底骨架造型。这里以影片开场，介绍了维京人的历史文化，展厅内陈列了生活用品、首饰和服装等考古文物，部分出土的玻璃珠和陶器来自南欧和土耳其，显示了罗弗敦群岛上维京人向外拓展的足迹。

建于公元500年的长屋经过整修后复原，这是维京酋长的住所，也是部族的聚会场所和宗教中心，长83米的鱼鳞木瓦屋下，包含五个相连的房间。妇女们织布缝鞋、围着火炉煮食、睡觉、娱乐、晾晒动物毛皮等活动都在同一个空间中进行，屋内有许多木工雕刻饰品，还有穿着维京服饰的工作人员在长屋中示范织布动作、用火炉煮汤。

长屋后方的丘陵草坡圈养着牛马，往湖泊的方向步行，经过石器时代遗址和中世纪居民的遗址，可见湖边停泊着一艘仿制高克斯塔号(Gokstad)的维京战船、重建的维京船屋和打铁铺，夏季可以尝试亲自摇桨，划维京船出航，也可以当一日维京勇士，在一旁的户外训练场体验射箭和投掷斧头。这里在每年8月上旬举办维京庆典(Viking Festival)，以戏剧、仪式、音乐、市集和各式各样体验活动带领游客走进千年前的维京时代。

捷克·布拉格

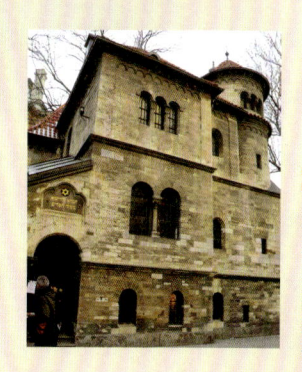

布拉格犹太博物馆
The Jewish Museum in Prague

[全球犹太艺术收藏极为丰富的博物馆之一]

成立于1906年的布拉格犹太博物馆，是犹太区最重要的历史和文化遗产，由历史学家利本(Hugo Lieben)与捷克犹太复兴运动代表斯坦(Augustin Stein)，为保存珍贵的布拉格犹太教会堂文物而设立。1939年后，犹太博物馆因纳粹占领波希米亚和摩拉维亚而暂时关闭，直到1942年，纳粹答应成立中央犹太博物馆，收藏波希米亚和摩拉维亚的犹太相关文物。

二战之后，犹太博物馆转为国有，经过1989年政权和平转移，中央犹太博物馆在1994年10月分归布拉格的犹太区及捷克的犹太联盟所有。

布拉格犹太博物馆是全世界犹太艺术收藏极为丰富的博物馆之一，包含四万件收藏品与十万册书籍，分布在博物馆所属的6个犹太教会堂和墓地，每个犹太教会堂的建筑和收藏物都有不同特色，梅瑟犹太教会堂(Maisel Synagogue)的展览包括10世纪到18世纪末期的宗教圣器，如皇冠、盾饰、法杖、烛台、婚礼用品等文物。梅瑟犹太教会堂室内设计为特殊的摩尔式(Moorish)风格。

平卡斯犹太教会堂(Pinkas Synagogue)墙上刻满了1942年至1944年，于泰瑞辛(Terezin)集中营遭纳粹屠杀的犹太人姓名，约有八万人之多。克劳森犹太教会堂(Klausen Synagogue)保存了宗教仪式上的宝物和文件。一旁的纪念馆是犹太丧葬协会(Obradni Sin)提供丧葬的宗教仪式，葬仪厅(Ceremonial Hall)展示了犹太人的传统文化和习俗，尤其是偏重与疾病、死亡和葬仪有关的文物。另有全欧洲最大的旧犹太墓园(Old Jewish Cemetery)，共有一万两千座墓碑在这块面积狭小的墓园中层层相叠，最多叠到十二层之高。

俄罗斯·圣彼得堡

圣彼得堡人类与民族学博物馆
Kunstkamera

[无奇不有的怪异收藏]

这是俄罗斯历史上第一座博物馆，1727年由彼得大帝建立。"Kunstkamera"的表面字义为"奇异阁楼"（Cabinet of Curiosities），这是文艺复兴时期兴起的潮流，统治者、贵族和科学家将还不为人所知、无法分类或命名的物品收集在一起，兼具好奇或研究的目的，也反映了他们控制世界的欲望。

1697年，彼得大帝前往欧洲旅行时，曾参加荷兰最有名的解剖学者弗烈得瑞克·卢斯奇（Frederik Ruysch）的课程，对卢斯奇毕生收藏的解剖标本深深着迷，在1717年重游旧地时，向卢斯奇买下两千多件收藏品，全数运回圣彼得堡。

他兴建这间"奇异阁楼"，除了向世人展示惊人的收藏，还含有深刻的目的，就是要借着这些异常的标本来教育国民，以科学的眼光破除恐惧与迷信。

在狭窄阴暗的展示室中，各种畸形人的标本都装在玻璃罐中以福尔马林浸泡，有双头婴儿、胸前连着另一个无头婴儿的畸形儿、仅剩一半头颅的婴儿、4只脚的畸形婴儿、两张脸的婴儿等，无奇不有。

光是收购这些标本并不能满足彼得大帝的怪异癖好，他在有生之年，甚至还收藏了多种活生生的畸形生物，包括双头的羊和小牛等。彼得大帝的一位贴身随从，就是身高227厘米的"巨人"波尔杰瓦斯（Bourgeois），他死后的骨架也被展示在博物馆里。

除了这些触目惊心的怪异收藏外，博物馆后来扩展至富有教育性质的人类学及民族学领域，范围涵盖欧亚非各个文化圈，以蜡像、模型、实际搜罗的器物等展示世界各地的服装、生活用品、居住环境及手工艺品，收藏齐备而详尽，堪称是俄罗斯最好的人类学与民俗学博物馆。

器官标本

除了连体婴之外，还有许多为研究解剖学而收藏的器官标本，残破的四肢、局部的颜面、被削去一半头盖骨的头颅，都十分吓人。

民俗学展示

除了彼得大帝怪异的收藏之外，另在民俗学展示厅可观赏非常精彩的收藏，有许多栩栩如生的标本，连中国的棺材也列在其中。

罗蒙诺索夫展厅

罗蒙诺索夫（Mikhail Lomonosov）是18世纪俄国的伟大科学家，他是一位全才型的人物，在化学、物理学、天文学、矿物学、冶金学、文学、诗学等方面都有惊人的贡献，包括质量守恒定律、热动力学说、原子/分子学说的建立都跟他有关，他对世界科学发展有巨大贡献。博物馆3楼的这间圆形空间，规划为罗蒙诺索夫的实验室并展示与其相关的物品，重现了那个科学的黄金时代。

木乃伊

除了浸泡在罐子中的标本之外，馆内还收藏了几具干燥的连体婴木乃伊，变形的表情及姿态很难让人直视。

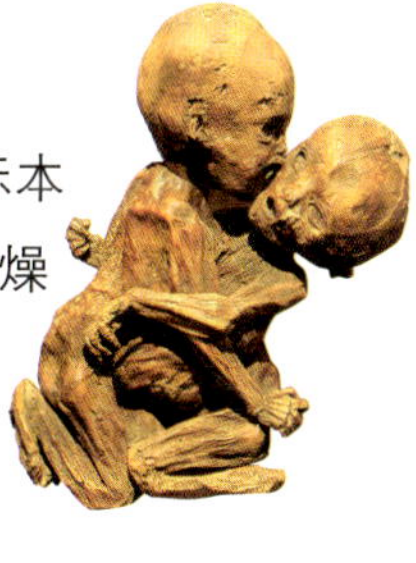

连体婴

18世纪时，畸形的连体婴总是引发人们的好奇与恐惧，不幸的母亲还被谴责是恶魔，并且由于当时医术不发达，这些双头的畸形儿出生不久就夭折了。

畸形人

这是卢斯奇收藏的标本中最令人惊讶的一个，在成形的幼儿胸前还附着一个无头的畸形身体，双手环抱着健康幼儿的肩膀。更令人讶异的是，玻璃罐旁展示着一张类似案例的成人连体黑白照片，令人瞠目结舌。

民族博物馆

俄罗斯・圣彼得堡 圣彼得堡人类与民族学博物馆

267

越南·河内

越南民族博物馆
Vietnam Museum of Ethnology

[展现54支民族的文化]

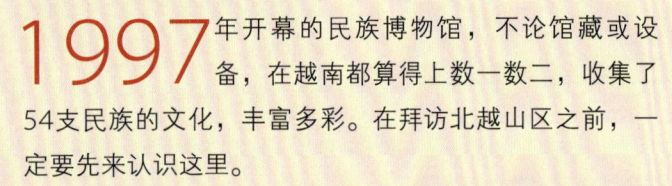

1997年开幕的民族博物馆，不论馆藏或设备，在越南都算得上数一数二，收集了54支民族的文化，丰富多彩。在拜访北越山区之前，一定要先来认识这里。

博物馆可分为室内和室外两大部分，室内展示各个民族多彩的民俗服饰、乐器、婚丧喜庆用品、祭祀用品，以及日常用的刀具、耕作器具、武器，同时有影音辅助和文字解说，可帮助游客深入了解每个民族的特色与文化背景。

户外展示区非常有趣，由不同族群部落的人搭起多座少数民族特有的屋舍，包括岱族的高脚屋、巴拿族的高顶屋、嘉莱族的墓屋、埃第族的长屋、越族的屋舍、傜族的半穴居房、占族的双层屋顶房等。特殊的住房表达了不同民族适应环境的需求，也反映了不同的社会组织与宗教信仰，这是十分有趣的展览，值得深入了解。

嘉莱族的墓屋

嘉莱族的人去世后，与母系的亲族合葬于部落里的墓屋。墓屋的四周以许多大型人像雕刻为装饰，代表这些人将陪伴死者前往另一个世界，而房屋4个角落的人和动物，代表着仆役，也将随之前往来世。祭祀死者的仪式结束后，整座墓屋会被砸毁。

巴拿族的高顶屋

有着独特高尖屋顶的茅草屋，屋顶的高度达17米，是巴拿族的社区中心，所有的祭祀活动都在此举行，未成年男子会在此学习狩猎、编织竹篮、传统道德、聆听祖先的传说与故事等。独特高顶造型的意义，有一说是高高的屋顶得以直达天听，被视为沟通天地间讯息的桥梁。

埃第族的长屋

埃第族算是占族的分支，为母系社会。房屋为长形的高脚屋，里面的成员为女儿及孙女儿组成的大家族，长屋的长度可扩充，从长度可辨认是几代同堂，从窗户的数目也可算出家族女性成员数量。房屋正面有两组楼梯，一组供家人使用、一组供客人使用；楼梯上刻了一对女性乳房，这是埃第族的神圣标志，也代表了母系社会的家族体系。

新加坡

新加坡牛车水原貌馆
Chinatown Heritage Centre

[重现华人初到新加坡时的艰困生活]

来到新加坡，肯定已看了不少店屋外观，但是可曾到店屋内部造访过？又或者是否对早期新加坡华人的生活充满好奇？牛车水原貌馆可以满足游客所有的好奇心。

牛车水原貌馆是一处占地三间店屋的展示馆，前半段的旅程带游客认识华人们初到新加坡时的艰困生活，包括生活环境的恶劣、鸦片与赌博的危害等，许多曾经住在店屋中的人也会现身说法；在后半段的旅程中，游客将进入真正的店屋生活，房间里的摆设皆由当年店屋居民提供，依照原来的模样如实陈列。

华人生活的衣食住行，皆在此原汁原味地展现。游客可以借由馆内实物，想象妈姐、商人、工匠、苦力等不同行业的人在店屋中生活的情景，回到那一段辛酸的过往，倾听店屋的精彩故事。

什么是"红头巾"？谁又是"妈姐"？

华人移民来到新加坡，生活多半不易，来自广东三水地区的妇女有很多在工地靠做苦力维生，由于天气炎热，她们多半戴着红色头巾，借以吸汗散热，因此被人称为"红头巾"。还有些妇女以帮佣为业，到有钱人家打杂或当奶妈，她们任劳任怨，誓言终身不嫁，名为"妈姐"。

新加坡
新加坡印度传统文化馆
Indian Heritage Centre
【首间专门展示南亚文化的文化馆】

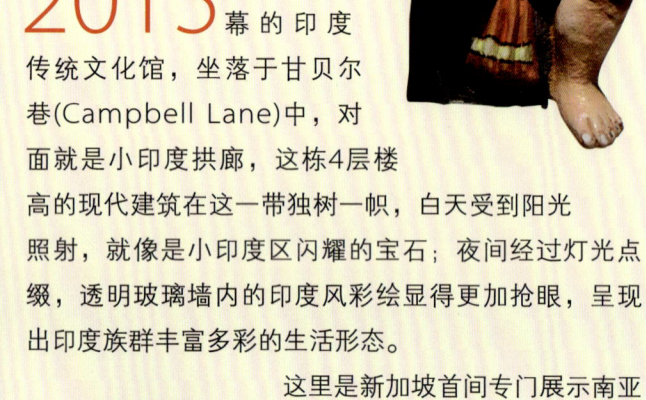

2015年5月开幕的印度传统文化馆，坐落于甘贝尔巷(Campbell Lane)中，对面就是小印度拱廊，这栋4层楼高的现代建筑在这一带独树一帜，白天受到阳光照射，就像是小印度区闪耀的宝石；夜间经过灯光点缀，透明玻璃墙内的印度风彩绘显得更加抢眼，呈现出印度族群丰富多彩的生活形态。

这里是新加坡首间专门展示南亚文化的文化馆，馆内共有5个永久展区，分别展出1—21世纪期间南亚族群与东南亚的发展历史，涵盖宗教、移民、政治、社会等主题，以及印度族裔对现代新加坡的贡献。

馆内共展出443件文物，包括佛像、布匹、服饰、木雕、首饰、老照片及手写史料等，部分为国家馆藏，其中有约46%的文物是由海内外民众捐赠或出借的，当中包括印度商人家族捐赠的金项链，项链上的图案反映出印度的英法殖民历史。

民族博物馆

新加坡印度传统文化馆

印度文化

　　印度人是新加坡第三大种族，占总人口的9.2%，而今日的新加坡是海外印度人口最多的国家。新加坡大多数的印度人是在1819年英国殖民时期后的移民，最早的移民包括工人、士兵和囚犯等。而到了20世纪中叶，开始出现性别比和年龄分布都较为均衡的印度裔社区。

　　新加坡的印度人大部分来自南印度，另外，约有55%的新加坡印度人信仰印度教，25%信仰伊斯兰教，还有12%信仰基督教。若想近距离感受印度教信仰，可以到兴都庙参观，位于牛车水的马里安曼兴都庙建于1827年，是新加坡最古老的印度兴都庙，内部供奉能治愈传染病的马里安曼女神，形式则是标准的南印度达罗毗荼式庙宇。

　　印度食物有地域南北之分，还因信仰不同而有所限制，印度教信徒认为牛是神圣的，所以不吃牛肉，信仰伊斯兰教的穆斯林则不吃猪肉。为了这两大族群的禁忌，印度餐厅通常不提供牛肉和猪肉，而是以鸡肉和羊肉为主，搭配海鲜和蔬菜，以及大家熟知的naan或米饭。虽然料理的口味不同，南北的差异到了新加坡，却完全不成问题，因为多数印度餐厅融合南北料理，想吃什么都吃得到。

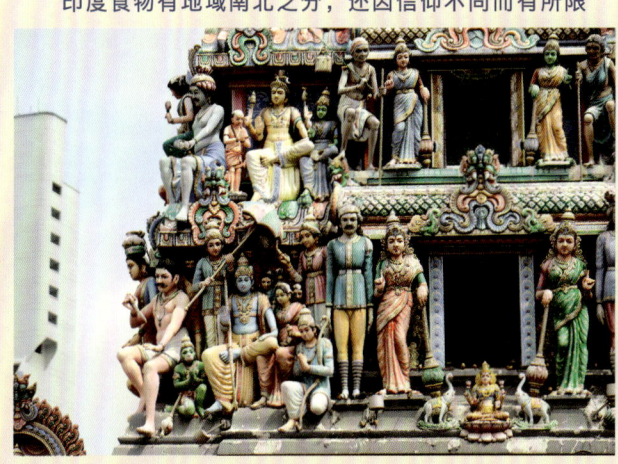

　　除了料理之外，南北印度的服饰和习俗也有差异。在新加坡，经常看到身穿沙丽的印度妇女，北印度妇女穿着上衣和裤子两件式的，南印度则是由肩上到下摆围上一件沙丽，由细微的差异便可看出不同。

　　经过两百多年的发展历程，大多数的印度人都将小印度视为家乡，在此固守文化传统，可说这里是在新加坡最具民族色彩的一区，每当屠妖节及大宝森节举行时，场面都非常盛大。

271

新加坡

新加坡马来传统文化馆
Malay Heritage Centre

[完整介绍马来文化传承]

这座规模气派的别墅庭园原本是马来苏丹居住的宫殿。1819年，莱佛士利用马来皇族的内斗，拥立了胡申苏丹，并与他签下租借条约，而胡申苏丹也获得了名义上统治者的地位，这座宫殿便是由胡申的儿子阿里苏丹于1840年所建。

今日园中的两层楼建筑成为展示马来文化的博物馆，从马来人如何来到新加坡、早期马来人的生活，到近代马来人的文化成就，都有完整的介绍。尤其还能看到马来电影巨擘拉姆利(P. Ramlee)所执导的电影片段，以及今昔马来人家中的摆饰等，非常有趣。

另外，在马来传统文化馆外面有一栋醒目的黄色别墅，当地人称之为"黄色豪宅"。这栋豪宅曾经为马来皇族所有，但是沧海桑田，如今已成为一家名为Tepak Sireh的餐厅，任何人都可进去享用东南亚料理。

马来文化

　　马来人是新加坡第二大种族，占新加坡人口的**13.4%**。马来人的外表很容易辨别，女性通常穿着纱笼，头上戴着头巾。甘榜格南的亚拉街有许多店家以卖纱笼布为主，可以看到许多穆斯林妇女在选购，其中不少即是马来人。

　　新加坡的马来人大多都信奉伊斯兰的逊尼派，他们不食用猪肉，并且滴酒不沾。因此，在新加坡的许多餐厅里都不难发现"Halal"标志，Halal的原意是指合法的，在此则表示食品在食材及烹调过程中都符合伊斯兰教义的规范，通过清真认证。不过，遵守规范并不表示饮食处处受限，除了有许多速食店通过清真认证之外，也可以找到有认证的海南鸡饭及面摊，饮食选择并不只局限于马来料理。值得注意的是，为了尊重文化差异，如果在小贩中心用餐，需要自行收拾碗盘时，回收架又分为Halal和非Halal两种，不可混淆。

　　穆斯林的重要节日在每年回历9月份，一整个月的斋戒中，从日出到日落都不能进食。斋戒月结束后则举办一系列盛大的庆祝活动，其中又以芽笼士乃和甘榜格南地区最为热闹。从斋戒月开始，芽笼士乃街边会有各种摊位林立，包括传统美食小吃、服饰、生活用品等，日落后就是最热闹的时间，即使不是穆斯林，穿梭其中，也能感受到所在地的民俗风情。

民族博物馆

新加坡马来传统文化馆 新加坡

273

埃及·阿斯旺

努比亚博物馆
Nubia Museum

[建坝工程衍生文物保存计划]

20世纪60年代，为了彻底整建尼罗河，纳瑟政府着手兴建高坝，尽管可解决水患和旱灾等问题，然而水坝形成的人工湖，却会全盘淹没努比亚部落和部分神殿群。为了拯救这些珍贵的文物，埃及向国际求援，数十个国家的考古学家、工程师、摄影师赶赴埃及，在建坝工程启动之后，竭尽所能地迁移神殿、收集文物，衍生出40项工程的庞大计划，其中包括努比亚博物馆的创建，其成果斐然，堪称该计划中的典范。

博物馆于1997年11月开幕，展现了努比亚地区从史前时代到现代六千多年的完整历史、文化与艺术。展场约可分为8个部分，从石器时代、金字塔时代、努比亚文化、科普特时代、库什王国(Kush Kindom)到伊斯兰时期等，此外还有一个用来陈列联合国教科文组织在该地区参与抢救与维护等工作过程的展场。

主建筑由埃及建筑师哈金(Al-Hakim)担纲，他以古典风格设计外观，内部的参观路线、陈列设计及灯光效果均属佳作。馆藏涵盖从史前时期到新王国时期的雕像、浮雕、武器、用具，馆方还运用大量的模型、照片、文字辅导说明，并另辟科普特区、伊斯兰教区，解说努比亚在第5—12世纪历经宗教信仰转变的过程，当然，联合国教科文组织抢救文物的贡献也辟有专区详细介绍，其中包括让阿布辛贝神殿和费丽神殿起死回生的鬼斧神工重建工程。

拉美西斯二世雕像

这尊位于展览大厅醒目位置的拉美西斯二世雕像，来自尼罗河河谷中的胡珊神殿(Temple of Gerf Hussein)。

努比亚屋宅

馆方运用模型重现努比亚部族装饰丰富的多彩屋宅和生活情景。

公羊木乃伊棺木

这座贴有金箔的公羊木乃伊棺木，是大象岛上克奴姆神殿旁出土的文物，传说人类是由羊头人身的克奴姆神自陶制的轮中创造出来的。

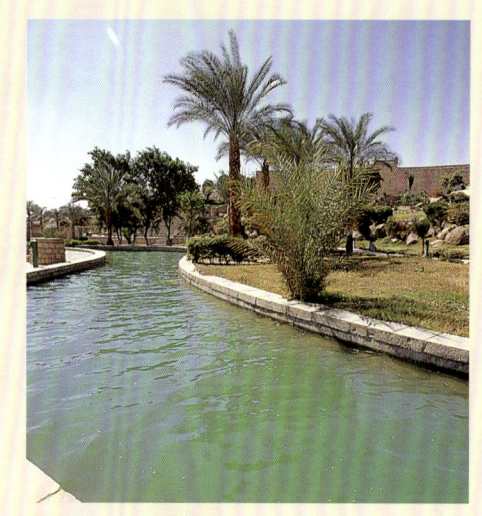

户外园区

园区的泉水设计表达了流淌的尼罗河赐予埃及美景和生命。

木乃伊面具

馆内展示的数个木乃伊面具都贴有金箔，这个由大象岛出土、蓄须的木乃伊，其身份为祭司。

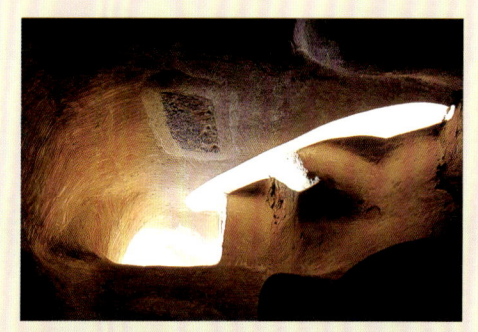

史前岩洞

户外展区摆设了彩绘史前岩画的石洞，岩画内容涵盖多种动物。

努比亚部族 Nubian Villages

努比亚曾是库什王国(Kush Kingdom)的领土,这片从阿斯旺尼罗河河畔直到南部喀土穆(Khartoum)的地区,由于衔接南埃及与苏丹,因此被称为"埃及与非洲交流的通道"。尽管几乎寸草不生,但努比亚却蕴藏着丰沛的金矿、铜矿、碧玉、紫水晶等矿源,不缺交换谷物的货品,而非洲其他地区出产的象牙、黑檀木、香料、鸵鸟毛也都经由努比亚运往北方的埃及。因此,在阿斯旺兴建高坝之前,努比亚曾享有独霸一方的日子。

阿斯旺建坝是整治尼罗河必要的手段,英国在接管埃及之后,曾三度建造及扩建水坝。20世纪60年代,夺回政权的纳瑟上校(Colonel Nasser)再度投注人力与时间兴建高坝,彻底解决了供电及灌溉等问题。在高坝带来水位高涨的情况下,此区据估约有二十四座教堂、城堡和墓地等许多努比亚的建筑遗迹都遭到严重的威胁,其他还包括费丽神殿以及阿布辛贝神殿等,所幸在世界教科文组织的协助之下,遗迹被一块块拆解后,另觅高地重组,至于该地区所有挖掘出来的手工艺品和文物,则收藏于努比亚博物馆。

1971年,高坝落成,埃及人民受惠,努比亚人民却被迫四度迁徙,美好的家园及无价的文物消失于水库中。即便如此,这支在许多昔日出土壁画与雕刻中被描述成商人或佣兵的民族,依然坚守着自己的传统,保留了自己的独特文化、建筑和语言。他们今日多散居于纳瑟湖湖畔、大象岛、孔翁波或是苏丹南部,因此许多游客来到阿斯旺总会顺道拜访努比亚村落。

在尼罗河西岸、贵族陵墓附近有一处规模不算小的努比亚村落,色彩缤纷的低矮房舍,以黏土烤制的砖块砌成,门口和墙壁装饰着骆驼、鳄鱼、花、鸟等图案,屋顶或呈圆拱状,或拥有阶梯与平台。有趣的是,这些房舍中庭有时可见兽栏,里面养着凶猛的鳄鱼,因为对努比亚人来说,能把鳄鱼当宠物可是尊贵的一大象征。

澳大利亚·阿德莱德

南澳博物馆
South Australian Museum

[世界数一数二的原住民文化收藏]

南澳博物馆的展示大致分成四大类，一类是南澳的自然史，一类是生活在南澳的纳林杰里族(Ngarrindjeri)原住民文化，另一类是太平洋岛屿美拉尼西亚和巴布亚新几内亚的原住民收藏，还有一部分则是南极探险家道格拉斯·莫森爵士(Sir Douglas Mawson)的探险历程。

一进博物馆入口，游客便可以看到巨大的抹香鲸骨架；博物馆里连同太平洋岛屿与原住民议题的相关收藏，多达三千多件，这里号称全世界数一数二的同类型博物馆；至于道格拉斯·莫森爵士则是澳大利亚籍最著名的南极探险家，目前澳大利亚设在南极的科学研究站便是以他的名字命名的。

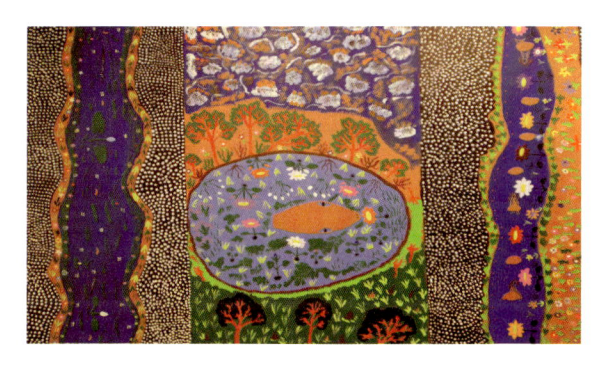

277

人物纪念博物馆

此类博物馆引导大众认识特定人物，本章精选并收录了二战英国首相秘密指挥部的丘吉尔战争室、启蒙现代艺术的毕加索美术馆、史上唯一一位荣获诺贝尔物理学奖和化学奖的波兰居里夫人博物馆、纪念童话大师的丹麦安徒生博物馆、创作"怪医秦博士"的手冢治虫纪念馆等。

加拿大
- 贝勒瑜之家
- 劳雷尔之屋

美国
- 西奥多·罗斯福出生地
- 查尔斯·舒兹博物馆
- 流行文化博物馆

古巴
- 狄亚哥·维拉奎斯故居

福尔摩斯博物馆
丘吉尔战争室
华莱士博物馆
简·奥斯汀之家博物馆

安徒生博物馆　　居里夫人博物馆
　　　　　　　　肖邦博物馆

歌德故居
丹麦
　　　　　　鲁本斯故居
英国　德国
　　比利时　波兰　　　　　　　　陀思妥耶夫斯基纪念馆
　　　　奥地利　　　　　　　　　托尔斯泰纪念馆
法国 瑞士　匈牙利
　　　　　　李斯特·费伦茨纪念馆
　　　　　　　　　　　　　　　　　俄罗斯
　　　海顿博物馆

西班牙
　　　　　　　　　　　　　　　　　　　　手冢治虫纪念馆
　　　海蒂村博物馆　　　　　　　　　　　吉卜力美术馆
　　　　　　　　　　　　　　　　　　　　久保田一竹美术馆

　　　雨果纪念馆　　埃及　　　　　　　　日本
　　　雷诺阿博物馆
　　　　　　　　盖尔·安德森博物馆
　　　　　　　　　　　　　　　　　　胡志明博物馆
　　　达利剧院美术馆
　　　毕加索美术馆　　　　　　　　　越南

英国・伦敦

福尔摩斯博物馆
Sherlock Holmes Museum

[拜访闻名全球的名侦探]

叼烟斗、总是戴着一顶猎帽的福尔摩斯，在柯南·道尔(Sir Arthur Conan Doyle)笔下成为闻名全球的名侦探，与他的助手华生医生带领读者破案无数。小说中福尔摩斯所居住的地方为贝克街(Baker St.)221b号，1990年在这个地址成立了博物馆，馆内的布置摆设都以小说中提及的情节为佐，更增添福尔摩斯旧居的真实性。

博物馆就是一幢3层楼的小巧公寓，内部空间不大。小说中福尔摩斯和华生住在贝克街221b号的2楼，前方是他们共用的书房，后端则是福尔摩斯的卧室，书房中陈列着许多福尔摩斯用的"道具"，如猎鹿帽、放大镜、烟斗、煤气灯、手枪等。

福尔摩斯的房东是韩德森太太(Mrs. Hudson)，因此在博物馆购票的收据就是一张由韩德森太太出具的住宿证明，是福尔摩斯迷相当喜爱的收藏品；3楼则以蜡像的方式重现小说中的剧情；还有装扮成维多利亚时代警察的演员，站在门口欢迎你；你也可以和起居室内扮成华生的演员拍照留念。至于博物馆附设商店中的店员，全部打扮成维多利亚时代的女仆，相当有趣。

英国·伦敦

丘吉尔战争室
Churchill War Rooms

[二战英首相的秘密指挥总部]

在财政部的西北转角,隐藏着一处低调的入口,通往令人惊讶的地下世界,这里就是第二次世界大战时英国首相丘吉尔的秘密指挥总部。

1939年英国向德军宣战后,隔年遭受德军猛烈轰炸,长达两个多月,伦敦惨遭德军飞机空袭。丘吉尔因而和核心幕僚转移地下,隐居于这座防弹的地下碉堡中,密谋各项战略与对策。

第二次世界大战结束后,这座地下碉堡被完整保留下来,它见证了当时艰苦的岁月,经过规划后,以博物馆的形式对外开放,共分为三个展览区。

内阁战争室
Carbinet War Rooms

内阁战争室几乎完整保留原貌,有丘吉尔和内阁密商的会议厅,以及丘吉尔因压力过大在椅上留下的抓痕,还有丘吉尔和夫人、内阁等人狭小的地下生活空间,另有丘吉尔和罗斯福总统的越洋电话通信室及厨房。挂满地图的地图室让人感受到二战的紧张气氛,不同颜色的大头针标示出联军的进展与路线,至于首相室则是丘吉尔对外发表激励士气广播的地方。

丘吉尔的地下碉堡生活揭秘
Undercover: Life in Churchill's Bunker

位于上述两个展览厅之间,采访战时和丘吉尔一同生活于地下碉堡的职员,透过他们的叙述还原当时的生活。

丘吉尔展览室
Churchill Museum

丘吉尔展览室于2005年丘吉尔过世40周年纪念时开放,收藏了丘吉尔童年时的照片、发束、信件和资料,以及原声演说,还有一份长达十五米的互动式年表,让参观者可更深入认识他的生平。

人物纪念博物馆

英国·伦敦 福尔摩斯博物馆

英国·伦敦 丘吉尔战争室

英国·伦敦

华莱士博物馆
Wallace Collection

[累积四代的艺术收藏]

在马里波恩南端的曼彻斯特广场(Manchester Square)旁，有一栋漂亮的18世纪末的豪宅，它是昔日赫特福德(Hertford)侯爵的府邸，后来传入了华莱士爵士(Sir Richard Wallace)的手中。爵士继承的不只是建筑，还有历经四代的艺术收藏，其遗孀在他过世后将它们全数捐给了政府，唯一的要求是所有的藏品一律不得外借。

博物馆于1900年开幕，其收藏以15—19世纪的艺术品为主。它的每位主人对丰富馆藏做出了极大的贡献：第一任侯爵是18世纪英国知名肖像画家雷诺兹爵士(Sir Joshua Reynolds)的赞助者；第二任侯爵买下了这栋建筑；第三任侯爵喜爱Sèvres的瓷器和荷兰绘画；第四任侯爵让博物馆的收藏数量达到顶峰，他自我流放巴黎期间，买下了布歇(Boucher)、弗拉戈纳尔(Fragonard)、瓦尔托(Warrteau)等法国画家的作品，也因此使这间博物馆以18世纪的法国绘画著称，其中弗拉戈纳尔的《秋千》(The Swing)可说是镇馆之宝，他同时也收藏了许多家具和雕塑。至于华莱士本人，则专攻意大利珐琅陶器和文艺复兴时期的作品。

对参观者来说，与其说它是一间博物馆，倒不如说它是一栋装饰得极其华美的宅邸。由25间昔日的大小会客室、廊厅和餐厅等空间改设成的博物馆，每个房间都令人惊艳，让人误以为闯入了某位贵族的家。

哈尔斯《微笑的骑士》(The Laughing Cavalier)

瓷器

"The Study"展间展示了不少来自法国塞夫尔的瓷器。

精美的洛可可式建筑与绘画

源自18世纪法国的洛可可(Rococo)风格，是一种精美装饰设计，经常使用C形、S形的曲线或涡旋花纹，表现装饰的华丽与精巧，从华莱士博物馆内的装饰和洛可可风格绘画都能看出此特色。馆内收藏了包括瓦尔托、布歇、弗拉戈纳尔等18世纪法国画家的作品，他们都是当时洛可可风格的代表画家。

武器与盔甲

华莱士博物馆的收藏品约五千五百件，主要可分为四大类：绘画与细密画(Picture & Miniatures)、瓷器与玻璃(Ceramics & Glass)、雕刻与艺术品(Sculpture & Works of Art)，以及武器与盔甲(Arms & Armour)，其中以武器与盔甲收藏最丰。

赏析重点

布歇《日出》(The Rising of the Sun) 　雷诺兹《简·鲍尔斯小姐》(Miss Jane Bowles)

弗拉戈纳尔《秋千》(The Swing)，这件作品可说是镇馆之宝。

鲁本斯《彩虹风光》(Landscape with Rainbow)

人物纪念博物馆

英国·伦敦　华莱士博物馆

283

英国・温彻斯特

简·奥斯汀之家博物馆
Jane Austen's House Museum

[《傲慢与偏见》的创作处]

简·奥斯汀出生于汉普郡的史提文顿(Steventon)，父亲是当地教区的牧师，在父亲的鼓励下，她从小就喜欢阅读。虽然受正式教育只到11岁，但她靠着自学和大量的阅读，10岁就开始写作，奠定了日后扎实的写作基础。

简的家庭环境并不富裕，因哥哥爱德华(Edward)被有钱亲戚奈特家(Knight)领养，简才有机会进入上流社会社交圈。当时的社交场合、舞会为年轻人提供了结识异性的机会，渴望爱情和婚姻的简，结识了一些男士，但与他们的交往都无疾而终，不过这些社交场合为简提供了一个观察男女相处的绝佳机会，之后她在小说中写出了男女绝妙的对话和互动。

简·奥斯汀的写作主题总离不开爱情，以18世纪的英国社交圈为题材，穿插今日仍流行的小道消息和耳语，加上生动描写的人物个性和对话，使读者能跨越时空的藩篱，仿佛直视这些有趣的人物，演出生命的精彩片段。

这栋17世纪的房子，是简·奥斯汀从1809—1817年的住家，简在这里度过人生最后一段时光。自从搬到乔顿(Chawton)之后，简的写作力旺盛，先后将之前的手稿做了整理，并创作新的小说，在她的文学生涯中，重要的作品《理性与感性》(Sense and Sensibility)、《傲慢与偏见》(Pride and Prejudice)、《爱玛》(Emma)都是在这个阶段完成的。

能拥有宽敞的住家和宁静的环境，都得拜她哥哥爱德华所赐，住在这栋红砖屋里，简有回到家乡的归属感，才能全心投入创作。

简·奥斯汀之家分为几个参观重点，包括客厅(The Drawing Room)、饭厅(Dining Parlour)、简·奥斯汀的卧房(Jane Austen's Bedroom)，其中饭桌旁的小桌椅是简·奥斯汀写作的地方，屋内展示有简的几样物品和笔迹手稿，以及简的作品初版。另外穿着当时服装的模特儿，可让我们得知当时的穿着，也十分有趣。

饭厅(Le Salon à Manger)别出心裁的家具和摆设都出自雨果的设计。

红厅(Le Salon Rouge)展出了雨果家庭成员的画像和一些他的收藏。

工作室(Cabinet de Travail)勾勒了雨果成年后的生活，他就是在这个房间里完成了《悲惨世界》的创作。

卧室(La Chambre)展现了雨果的人生如何走向终点，他在这里度过了人生最后阶段。

法国·巴黎

雨果纪念馆
Maison de Victor Hugo

[名著《悲惨世界》诞生处]

中国厅(Le Salon Chinois)展现了他对东方文化和装饰的热情。

雨果纪念馆位于孚日广场的东南隅，这位写下《巴黎圣母院》等多部脍炙人口作品的19世纪法国著名文学家，曾于1832年带着妻子和4个小孩在此居住，长达16年，并于此期间完成了大部分《悲惨世界》(Les Misérables)的手稿。

雨果是法国最伟大的作家之一，同时也是个思想家，引领了法国19世纪的浪漫主义文学运动。他也十分关心时事，积极参加社会运动，他在法国人心目中的地位崇高，死后被葬在万神殿。

这栋孚日广场上最大的建筑，1902年时改为雨果纪念馆，如今馆内规划为3层空间对外开放，1楼为书店，2楼为特展空间，不定期举办与雨果相关的主题展。3楼的永久展，重现雨果一家人居住于此的模样，并以素描、文学作品、照片画像和雕像等，展示了雨果不同时期的生活。

法国·卡涅

雷诺阿博物馆
Musée Renoir

[创作不辍的坚强意志]

1907年，迈入晚年的印象派大师雷诺阿(Pierre-Auguste Renoir)来到了卡涅(Cagnes-sur-Mer)，定居在市郊的寇蕾特(Collettes)。在妻子爱琳(Aline)和三个儿子的陪伴下，身受风湿之苦的雷诺阿仍努力作画，但因两个儿子重病，爱琳照料儿子过于操劳，结果反而早一步辞世。

雷诺阿之所以会选择寇蕾特定居，是因为他看上了这片被老橄榄树林包围的庄园。雷诺阿时常在户外作画，但因重病需有人搀扶照料，一些来自卡涅的年轻女孩，服侍着年迈的雷诺阿，也成为画家的模特儿。雷诺阿非常迷恋人体透明白皙的肌肤，认为美丽的肌肤能吸引光线，年轻女孩便成为他作画的最佳素材，甚至由于过于迷恋，雷诺阿还把自己的儿子克劳岱(Claude，小名CoCo)画成小女孩的模样。

雷诺阿也和朋友莫奈(Claude Monet)一样喜爱描绘大自然，莫奈在吉维尼花园(Giverny)创作出《睡莲》系列，雷诺阿也画下了他心爱的橄榄树及玫瑰花。雷诺阿的画家好友安德烈(Albert André)是这里的常客，他画下了雷诺阿工作时的模样。由于晚年的雷诺阿右手几乎瘫痪不能持笔，于是他就将画笔绑在手上，坐在一张木制的轮椅上作画，要去户外的时候就换乘便轿，由人抬出去作画，雷诺阿就这样创作不辍，直到1919年12月3日他过世的前一天。

雷诺阿博物馆保留了他生前的故居原貌及古老橄榄树环绕的花园，在屋内可以看到十幅画作真迹，夏季和冬季使用的两间工作室，他的大衣、围巾和拐杖等个人用品。在这座遗世独立的庄园里，我们看到的不只是美丽的印象派色彩，绿色的树林和蓝色的海岸，还有一位伟大画家的坚强意志，深深感动着前来的每一个游人。

德国·法兰克福

歌德故居
Goethe-Haus

[《少年维特的烦恼》藏在这里]

极受德国人崇敬的浪漫主义大文豪歌德(Johann Wolfgang von Goethe)，于1749年8月28日诞生在这栋建筑物里，他在这里生活了26年，并完成了包括《少年维特的烦恼》在内的早期作品。

歌德诞生于一个富裕的家庭，他的成长轨迹在这处故居里都可以一一寻访。这处故居虽在二战时曾化为瓦砾，但战后德国人凭着毅力与无上敬意，重建了今日所见的歌德故居，房舍的建筑技术完全仿古，摆设也与原本的一模一样，毫不马虎。不仅如此，歌德故居所在的小巷子也依旧保持着文雅的气氛，让游客能立时进入歌德文学中的古典世界。

必看重点／2楼

洛可可风格的沙龙是接待客人的地方，中国风的墙纸和暖炉看得出歌德一家对中国文化的向往，音乐厅则是歌德练琴的地方。

最经典的歌德肖像画

画家蒂施拜恩(Tischbein)在两人于1787年同游意大利时，为歌德画下了《歌德在罗马平原》(Goethe in Der Römischen Campagna)，画中的歌德斜躺着，若有所思地直视远方。

必看重点／3楼

母亲的房间有歌德双亲和他本人的肖像，父亲的房间有许多的藏书。

必看重点／4楼

著名的《少年维特的烦恼》和《浮士德》的初稿，都是歌德在这个房间里完成的。

人物纪念博物馆

法国·雷诺阿博物馆 — 德国·法兰克福 歌德故居

西班牙·菲格拉斯

达利剧院美术馆
Teatre-Museu Dali

[独一无二的超现实迷宫]

位于巴塞罗那以北130多公里处的菲格拉斯(Figueres)是超现实主义大师达利的家乡，他于1904年出生于此，15岁就举办个人画展，1974年时将家乡的老剧场改建成达利剧院美术馆。

"我希望我的博物馆是一座独一无二的超现实迷宫，所有参观的人走出我的作品后，会有一股戏剧般的梦幻情绪。"达利共花了13年的心血参与美术馆的成立工作，使得它从建筑到展出的作品都是呕心沥血之作。常态展示的一千五百多件馆藏包含从少年时期的手稿，到成年后印象派、未来派、立体派和超现实主义的创作，表现方式跨越油画、版画、素描、雕塑、空间装置、3D摄影等素材，再加上其他同领域艺术家的作品，使得它成为超现实主义里重要的美术馆之一。

达利将剧院美术馆视为一件艺术作品，每一步都能颠覆观赏者的想象。从排队买票开始，游客就慢慢进入他的世界，例如建筑物正面上的雕像，分别是3位希腊神话中掌管命运的女神和白色士兵，头顶着长面包，对达利而言，面包不代表任何具体意义，而是一种能超越自由想象的象征；至于屋外空地上，则是加泰隆尼亚作家普约尔(Francesc Pujols)的雕像，他是达利眼中具备组织及架构联想能力的大师和先驱者。

大厅

像天文台的玻璃圆球下，可看到中庭的挑高展览厅，舞台后方是达利为纽约大都会歌剧院上演的芭蕾舞剧《迷宫》创作的布景画。大厅右侧高悬着一幅充满玄机的马赛克画作，近看是加拉的背影，但如果往后退二十米，就会看到林肯的头像。

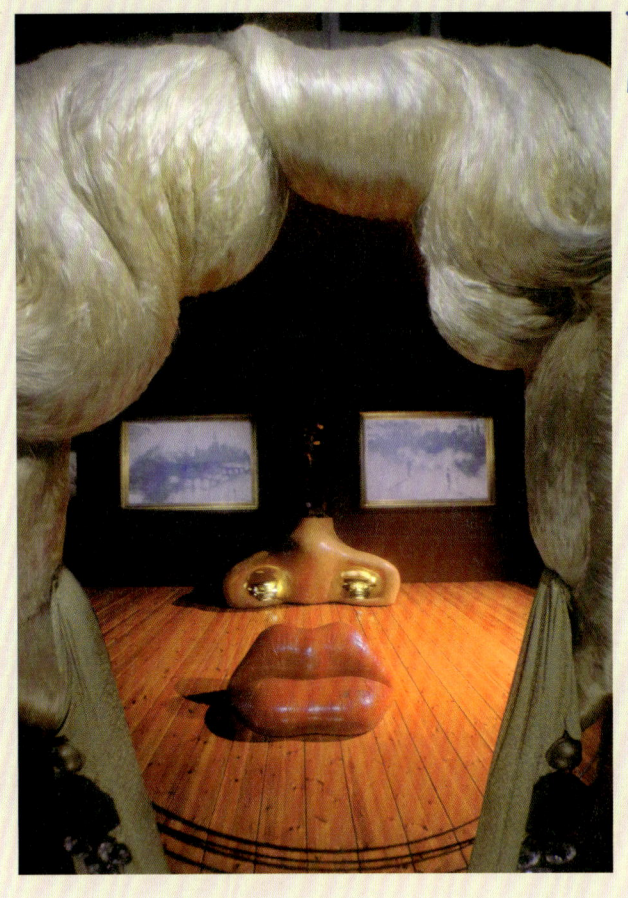

梅·韦斯特房间
Mae West Hall

达利因为从报纸上看见了美国著名艳星梅·韦斯特小姐的照片，便想设计"一间看起来像梅·韦斯特小姐的脸的房间"。于是，他请设计师制作出唇形椅、鼻状壁炉，再到巴黎定制了两幅以点画法画成的黑白风景画，以及犹如真人头发般的窗帘，成功地将平面的照片变成立体的影像，再邀请观者来挑战，"将立体世界变成平面(例如拍照)"。

风之宫
Palau del vent

这是达利设计的艺术家基本生活空间：一间客厅、画室及卧室。在客厅里，最值得细细观赏的是头顶上的壁画。达利以安静、明亮、丰富的风格，描述了他与妻子加拉仿佛升天般踏入天堂的景象。

珠宝展览馆

除了绘画、雕塑、戏剧等创作，达利设计的珠宝也堪称一绝。达利的珠宝设计展览馆里，可以看见达利以各种人体器官如口、眼、心脏、眼泪以及各种植物、昆虫等形状设计的精致珠宝，繁复拟真，却又有着宛若异世界的特质。

建筑顶端

整栋建筑物的顶端，环绕着一个个小金人和白色巨蛋，像一座童话中的城堡。

人物纪念博物馆

达利剧院美术馆　西班牙·菲格拉斯

289

毕加索美术馆
Museu Picasso

西班牙·巴塞罗那

[启蒙现代艺术的大师]

尽管出生于马拉加，毕加索(Pablo Picasso)却一直以加泰隆尼亚人自居，在巴塞罗那度过了他的"蓝色时期"。

美术馆由五座建于13世纪至15世纪的宫殿组成，馆藏以毕加索早期的创作为主，依创作的时间顺序展示，包括《初领圣体》、《科学与慈爱》、《仕女图》、《母亲肖像》和《父亲肖像》等。虽然毕加索的《亚维侬姑娘》《格尔尼卡》等名画并未收藏于这间美术馆中，不过馆藏达四千多幅，可以看到这位画家如何从青涩迈向成熟，最后走出自己风格的画风。透过素描、版画、陶艺品、油画等作品，毕加索早期居住在巴塞罗那和巴黎时期的创作，以及晚年师法维拉斯奎兹等大师名画的解构画作形成强烈对比，让人见识到他贯穿现代艺术各流派的洋溢才华。

《仕女图》
Las Meninas

毕加索非常敬仰维拉斯奎兹，重新用立体派画风构图诠释《仕女图》，并且画了44种版本，这幅是毕加索画的第一幅《仕女图》。

原来的《仕女图》是以公主为中心，而在毕加索的版本里却有两个主角，除了公主，另一个是身形巨大且不成比例的画家，毕加索借此表示画家本人在艺术的产生过程中是最重要的。右下角出现的小狗是毕加索的爱犬朗普(Lump)。

《初领圣体》
La Primera Comuníon

这是毕加索15岁时的作品，也是他在艺术界正式出道的作品。画中的女孩是毕加索的妹妹罗拉(Lola)，正在进行她的初领圣体仪式。这是天主教很重要的仪式，意味着孩子正式被教会接受，与成年礼有异曲同工之处。画中表现了复杂的细节，如白纱和桌布的纹路，青少年毕加索的画功已和经验丰富的艺术家不分高下。

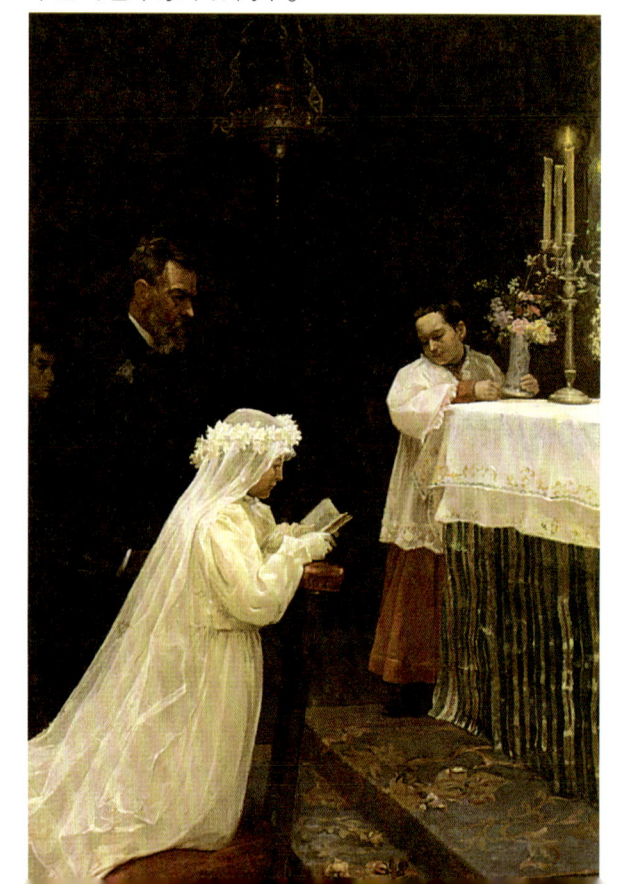

奥地利·埃森施塔特

海顿博物馆
Haydn-Haus Eisenstadt

[古典乐派交响乐之父]

身为维也纳三大古典乐派音乐家之一的约瑟夫·海顿(Joseph Haydn)，一生中创作了104首交响乐，确定了交响乐的形式，连贝多芬的第1号、第2号交响曲都深受海顿的影响，他因而被誉为"交响乐之父"。

海顿出生于奥地利东部的罗拉村(Rohrau)，是造车工人的儿子，7岁时由于嗓音优美而加入维也纳圣史蒂芬大教堂合唱团，之后曾在街头卖唱、当音乐老师以维持生计，1761—1790年曾在埃森施塔特的爱斯特哈泽家族里担任宫廷乐长的职务。

这栋博物馆就是由海顿居住了31年的居所改建的，馆里收藏了海顿画像、18世纪出版的乐谱、1780年的钢琴、家具，以及海顿厅的外观图。游客在这里也可欣赏到海顿的音乐。

人物纪念博物馆 | 毕加索美术馆 西班牙·巴塞罗那 — 海顿博物馆 奥地利·埃森施塔特

291

瑞士·迈恩费尔德

海蒂村博物馆
Heididorf

[小天使在阿尔卑斯山上]

虽然海蒂(Heidi)的故事可以用任何一处瑞士阿尔卑斯山区作为背景，但是由于约翰娜·史匹里(Johanna Spyri)当初就是来到迈恩费尔德(Maienfeld)探望好友并从事写作，因此，迈恩费尔德被认定为正牌的海蒂故乡。在海蒂村中，游客可以看到书本及动画中所描绘的情景在眼前真实重现。

海蒂村包含一座已有三百年历史的海蒂小屋(Heidihaus)、海蒂博物馆及小农场。此外，这里也是前往海蒂牧场的健行路线起点。一走进海蒂小屋，游客就看到海蒂与彼得相对而坐，桌上还放着海蒂尚未完成的功课；2楼的角落，海蒂做到一半的木工还放在架上。时间在此恍若静止，这里刻画的不仅是书中的画面，更是瑞士山间小镇的历史即景。

商店及售票处楼上是海蒂博物馆，有关于作者的介绍，以及被翻译成各国语言的小说和绘本。有趣的是，各种版本的海蒂不只身材相貌设定不同，连年龄似乎也不太一样，而瑞士拍摄的真人版海蒂影片则是本地人的儿时回忆。

在博物馆外的小农场，游客可以近距离跟小羊咩咩亲近，草地上放牧的牛群不时传来叮当牛铃乐音，一切就像是海蒂生活的纯朴世界。

波兰·华沙

居里夫人博物馆
Maria Skłodowska Curie Museum

[史上唯一获诺贝尔物理学奖和化学奖的得主]

被视为女中豪杰的居里夫人是波兰著名科学家的代表之一，为了纪念这位获得诺贝尔奖的伟大科学家，波兰特别把她的故居改建为居里夫人博物馆，供后人纪念景仰。

居里夫人于1867年在此出生，生前的最后一年也在此地度过。博物馆中展示的都是与居里夫人的研究相关的资料，以及一些个人使用过的用品，如化学分析图表、实验用具等。居里夫人早年在巴黎留学，后来与居里先生结婚，一起研究放射性元素，她因为化学元素镭而先后获得诺贝尔物理学奖和化学奖。

居里夫人
Maria Skłodowska Curie

1867年，玛莉亚·斯克多罗夫斯卡出生在华沙福瑞塔街16号(ul Freta 16)一个小康家庭，4岁时就展现出令家人吃惊的读书天分，但由于当时波兰的女生不能接受高等教育，因此，24岁那年，求知欲旺盛的玛莉亚离家到巴黎求学，26岁即以第一名的成绩毕业，获得"物理科学学士"的学位。

翌年，玛莉亚与法国籍物理学家皮耶·居里(Pierre Curie)相识、相恋、结婚，成为居里夫人。志同道合的俩人一起做研究，共同发现了比放射性元素铀威力还强大的镭(Radium)和钋(Polonium)。1903年获得了诺贝尔物理学奖，居里夫人成了诺贝尔奖第一位女性得主。

1908年，居里夫人成为巴黎梭尔邦大学(La Sorbonne)第一位女性教授；1911年，她又因成功地分离镭元素而获得诺贝尔化学奖。她认为人类累积的智慧应该由众人共享，所以并没有为她的发现申请专利，继续过她清苦、简朴的生活。

她在华沙设立了镭研究所，第一次世界大战期间，为了载X光设备到前线救人，她成为第一批拥有驾驶执照的女性之一。1934年7月4日，长期接触放射性元素的居里夫人死于血癌，在法国长眠。1995年，巴黎的万神殿(Pantheon)特地安置居里夫妇的骨灰，居里夫人又成为史上唯一一位非法国出生却得以安息在万神殿的荣誉居民，可见法国人对她的尊崇。

人物纪念博物馆 | 瑞士·迈恩费尔德 海蒂村博物馆 | 波兰·华沙 居里夫人博物馆

波兰·华沙

肖邦博物馆
Muzeum Fryderyka Chopina

[古典宫殿结合尖端科技]

肖邦的爱国情操和浪漫创作是波兰人的骄傲，造访波兰，当然不能错过最具代表性的肖邦音乐之旅。

为了纪念肖邦200岁冥诞，2010年崭新开幕的肖邦博物馆，硬体建筑本身是古典优雅、颇具历史性的奥斯特罗格斯基宫（Pałac Ostrogski），而内部的展出与设计运用了多种尖端科技与建材，形成奇妙的组合。

展品分布在4个楼层的展示空间里，这里除了展示近五千件包含肖邦的肖像画、塑像、乐谱真迹、笔记、信函、亲笔签名和他所使用过的护照、手表、钢琴外，还利用各种互动式的设施让参观者了解他的生平、聆听他不同时期的作品，连门票都设计成可以启动部分音乐、影片的钥匙，相当引人入胜。

人物纪念博物馆

肖邦博物馆
波兰·华沙

肖邦 Fryderyk Chopin

细数波兰历史上知名度最高的头号人物，应该非"钢琴诗人"肖邦莫属。

肖邦是波兰引以为傲的爱国钢琴家，他的父亲其实是具有波兰血统的法国人，在塞拉佐瓦渥拉担任家庭教师，与肖邦母亲结识后，于1806年在此地成婚。

1810年2月22日，肖邦出生。他在孩提时代就有十分优异的音乐表现，赢得不少掌声，"神童莫扎特第二"的称号顿时传为佳话。在钢琴家母亲和演奏小提琴与长笛的父亲熏陶之下，他7岁就有自己的作品问世，8岁开始举行音乐演奏会，音乐天赋充分展露。肖邦13岁进入华沙音乐学院，把他在音乐上的优秀天赋展现到极致，20岁时肖邦前往维也纳进修，后定居巴黎。

肖邦创作的流传至今的数百首作品中，有将近两百首是钢琴独奏曲，这也是他被称为钢琴诗人的原因。肖邦更被视为爱国钢琴诗人与波兰音乐家代表。

他20岁离开波兰到维也纳学习音乐时，就带了装满波兰泥土的银杯同行，他去世后，这个银杯也随着一起下葬。此外，肖邦最著名的事迹就是他逝于巴黎之后，他的姐姐依照他的遗言，把他的心脏取出带回波兰，现藏存在华沙的圣十字教堂中。

当然，肖邦的爱国情操也清楚地呈现在他创作的乐曲中。肖邦的作品包含了波兰舞曲(Polonaise)和马簇卡舞曲(Mazurka)，两者都是波兰最具乡土色彩的舞曲代表，肖邦以波兰固有的乡土舞蹈曲为本，重新赋予创新的形态和内容，进而表达他心中对国家的情感和热情。此外，创作多元化的肖邦还有诙谐曲、摇篮曲、圆舞曲、即兴曲、幻想曲、前奏曲等多种作品。

295

匈牙利·布达佩斯

李斯特·费伦茨纪念馆
Liszt Ferenc Memorial Museum

[匈牙利一代音乐宗师的故居]

匈牙利有许多知名的音乐家，其中最为人所熟知的就是在布达佩斯创建音乐学院的李斯特。

李斯特的作品与其他匈牙利作曲家的作品同样都隐含着高贵的爱国情操，触角深入民间大众，反映社会，他的某些作品中隐约散发出吉卜赛民俗音乐的味道。

目前的纪念馆是李斯特于1881—1886年间居住的房子，里面陈列展示了许多与这位匈牙利一代音乐宗师相关的生平文物，以及他使用过的钢琴、乐谱与肖像。在周日上午，也会有年轻的音乐家在此弹奏钢琴，琴声与房子内的一景一物倒是令人有种回到李斯特年代的布达佩斯的感觉。

比利时·安特卫普

鲁本斯故居
Rubenshuis

[佛兰德斯派艺术大师的豪宅]

佛兰德斯派艺术大师鲁本斯(Peter Paul Rubens)在意大利学画8年后,因母亲辞世而返回比利时安特卫普,之后就在这栋宅院中度过了人生的最后29年(1611—1640年),虽然在这期间他到处旅游,但最后总是回到这个由他亲手打造的华丽豪宅中。在他去世后,这栋文艺复兴－巴洛克风格的故居陆续被转手了好几回,直到1937年才由市政府买下,经过精心修复后,重新开放给画迷朝圣。

屋内展示了大师的卧房、起居室,还包括用来娱乐访客与达官贵人的艺廊,很早便已享受成功滋味的鲁本斯,在这里展示他和其他艺术家的雕塑及画作。此外,从花园里观赏华丽的楼房装饰,不难看出当时鲁本斯走红的程度。

屋内另一边为大型工作室,据称鲁本斯曾在此完成超过两千幅作品。当时他受到上流社交圈的青睐,为了应付庞大的订单,许多大幅作品通常由他设计指点后,再交由学徒们画上背景完成。

屋内展示了鲁本斯数十幅画作,包括他的自画像、第二任妻子海伦的肖像,以及年轻时的画作《乐园里的亚当与夏娃》等。

丹麦·欧登塞

安徒生博物馆
H.C. Andersen Hus

[拜访童话大师诞生地]

2005年安徒生200年诞辰纪念时，欧登塞(Odesne)为扩大庆祝，将安徒生博物馆重新整修，馆内展示了安徒生一生不同时期遭遇的故事，并将当时他所使用的用品、书信、手写原稿、绘图，以及影响他的师长及朋友的照片，搭配文字说明，巨细靡遗地介绍他的生平。

不仅如此，安徒生出生的屋子也被纳入博物馆范围，虽然安徒生在生前一直不愿意承认他当时出生在这样窘迫的小镇，但教会留下的新生儿受洗名册证实了他确实出生在欧登塞。

馆方依据当时人民生活的状况与使用器具，还原了大师居住了两年的出生地，同时也重建了他在哥本哈根的书房。此外，安徒生笔下几个知名的童话故事也以互动方式呈现，并以图文或文物展示来说明创作背景。

除了写作，安徒生的另一个专长是剪纸，他经常配合故事或自己的想象力，用一把小剪刀剪出各种图案，而目前博物馆的金色太阳标志，就是安徒生的剪纸作品之一。

博物馆的地下室陈列了他生前经常戴的长礼帽和西装，以及他60岁买下的第一张也是最后一张睡床。图书馆则馆藏有123种翻译自安徒生童话故事的各种语言的版本。

安徒生儿时住所
H.C. Andersen Barndomshjem

安徒生度过他2~14岁童年的居所空间狭小，只有18平方米，挤了他和鞋匠父亲、母亲三人，但在当时贫穷的年代，有栖身之所已经是幸运的了。小屋和隔邻紧紧相连，两户同时开窗，还可以和邻居握手问好。小屋在1930年开放给大众参观，里面的展示都尽量还原安徒生在自传里所提到的他童年的家。

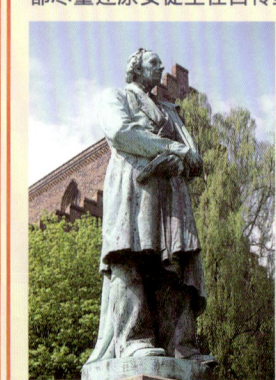

日本・宝冢

手冢治虫纪念馆

[进入漫画大师的奇幻世界]

怪医秦博士、大狮王、宝马王子、原子小金刚，这些大家耳熟能详的漫画人物，全出自漫画大师手冢治虫笔下。由于手冢本身对大自然的情感，作品当中随时传达了环保意识与世界和平的理想，对日本的漫画、电影，甚至青少年都有深远的影响。

一到纪念馆，就先看到馆前的火鸟雕像，展现了浴火重生的生命热力，这是手冢治虫爱惜自然、尊重生命的信念，也是宝冢市的和平纪念碑。随着门前漫画主角的铜版浮雕、手印脚印，进入手冢治虫的奇幻世界，入口处地板上手冢先生的肖像在欢迎大家，一管一管的玻璃橱窗，展示了手稿、笔记、成绩单和照片。观看他幼年对生物观察入微的笔记手稿，不难看出他为何会成为医学博士及世界知名的漫画家。整个馆中科幻卡通的装潢，发挥了丰富的想象力，不但吸引小朋友，大人们也流连在其中。

想要一圆画家梦吗？在2楼有一个专区，里面摆满了各式各样的手冢治虫画作的涂鸦版本，只要拿起色笔涂一涂，人人都是天才小画家。

涂鸦专区旁有个小卖店，有许多这里专卖的周边商品，而一旁的漫画书区摆放着手冢先生出版过的书，可以任人取阅，连中文版都有喔！

地下室的动画工房，像个太空船的内部，在这里可以自己动手制作属于自己的动画，体验动画的生产原理。

日本・东京
吉卜力美术馆
[动画大师宫崎骏策划力作]

吉卜力美术馆是由在全球享有高知名度的动画大师宫崎骏所策划，并于2016年重新装修后开幕。有别于其他仅提供展示的美术馆，这里不只是个收集、展示吉卜力工作室作品的场所，馆方还希望参观的游客能亲自触碰、玩玩这些在动画中出现的画面。因此，馆方并没有提供导览地图或遵循路线，也没有针对哪个作品做特展，完全让游客自己决定参观路线，自在随意地寻找新发现。动画中熟悉的可爱身影，会不经意地出现在各个角落，这样的安排让参观的游客拥有不同的体验，尽兴而归。

要提醒的是，吉卜力美术馆希望游客可以尽情玩乐，而不是忙着拍照，只带回相机中的回忆，所以，馆内不准照相和摄影。不论年纪多大，来到这里就让自己的想象无限放大，尽情地享受吉卜力工作室所带来的惊奇吧！

参观完后，别忘了到MAMMAA AIUTO礼品区瞧瞧，店名取自《红猪》中海盗的名字，在意大利文中是指"妈妈救我"。这儿除了有吉卜力出版动画主角的各种相关商品，如《红猪》的侧背包、《魔女宅急便》的黑猫KIKI钥匙圈，更有许多本美术馆限定贩卖的商品。

龙猫站柜台
在进入美术馆前游客会先经过售票亭，看见巨大的龙猫站在里面，底下的小窗子挤满了《神隐少女》中的"黑点点"，还没进入美术馆就感到超级开心。

龙猫巴士
让大人小孩都疯狂喜爱的"龙猫巴士"出现了！一定有许多人想搭乘，原本美术馆要制作真的公车，但要保留动画中龙猫巴士软绵绵的感觉有些困难，因此制作出小尺寸的巴士，限定儿童们可真实触碰并乘坐。

空中花园
还记得《天空之城》中那个平和又安详世界里的古代机器人吗？登上屋顶花园，这个机器人就会从动画世界里现身，矗立在屋顶，除了让动画更加亲近游客们，它也成为守护着这座美术馆的巨神。

人物纪念博物馆

吉卜力美术馆 日本·东京

🏛 电影生成的地方

在1F游客可以了解电影从故事构想、作画、上色、编辑到完成的过程，其中有很多知名动画的草稿，相当值得一看。馆方表示，一个动画作品约需要长达2~3年的制作时间。从繁复的过程中，动画创作的复杂与辛苦可见一斑。

🏛 开始动的房间

B1还辟了一处让想了解动画的人能够满足的地方，呈现动画最早的原理，以"动"为主题进行展示，让游客感受那份"动起来"的兴奋感。

🏛 土星座

B1有个可容纳80人的小剧院，能够观赏吉卜力工作室原创的短篇动画。放映室以透明玻璃围起，让游客可以了解到动画放映时的情景。动画约每三个月更换一次，每天放映四次，一次约10~15分钟，这些动画只在馆内放映，别处可是看不到的喔！

日本・山梨

久保田一竹美术馆

[和服染织大师的心血杰作]

久保田一竹是日本知名和服染织大师，他花了40年的工夫研究，重现了失传已久的一种特殊染织工艺。久保田一竹美术馆中收藏了这位大师毕生的心血杰作。

久保田一竹美术馆像是隐藏在森林中的精灵，从入口穿过林径小道、小溪后，一外观犹如高迪建筑风格的美术馆就半隐在林间。美术馆建筑体依设置时间先后而分为"本馆"与"新馆"，两馆外观呈现出迥异的独特风情。

古城般的本馆内收藏了名为"幻之染法"的华美和服，这种本是室町时代盛行的庶民和服染法，由于受到武士阶级的青睐而逐渐发展成风靡一世的高级品。为呼应美术馆所在地，这里所展示的和服，有一系列即是以富士山为主题，每件皆为日本和服之美的最高峰，让人目不转睛。新馆则展示了大师的收藏品，主要是琉璃珠，同样也是价值连城的宝物。

除了馆内的收藏品之外，久保田一竹美术馆的庭园设计也相当壮观，灵活运用了当地的自然环境，从庭园内即可眺望富士山，而扶疏的花木、潺潺的瀑布，酝酿出不同于一般美术馆的格局。

俄罗斯·圣彼得堡

陀思妥耶夫斯基纪念馆
Dostoevsky Museum

[创作《卡拉马佐夫兄弟》的地方]

陀思妥耶夫斯基（Fyodor Dostoevsky）于1821年在莫斯科出生，16岁时到圣彼得堡念书，从此大半人生都在圣彼得堡度过。他人生中经历过最大的挫折，就是在1849年因涉嫌参与反对沙皇的活动被视为叛国者，4月被捕并监禁在彼得保罗要塞的监狱中，被判流放西伯利亚劳改，1854年释放后在西伯利亚服役，直到1860年才重返圣彼得堡。

这十几年的流放及从军经验，不但成为他写作小说最重要的灵感来源，更对他小说中人物的性格及故事中诉求的主题产生了极大的影响。他的作品充满了对苦难人民的描述，也对宗教与哲学进行了探讨。1866年，他的代表作《罪与罚》出版，此时他认识了第二任妻子安娜，这间公寓是陀思妥耶夫斯基写作最重要的据点，自1878年到1881年去世，陀思妥耶夫斯基在此持续写作，他的最后一部小说《卡拉马佐夫兄弟》就是在这里完成的。

在作家的书房里，我们可以看到桌上摆着信件、笔及手稿等，他女儿丽乌波芙在传记中记载："父亲最讨厌别人动他的东西，椅子、笔、稿件一定要依照他放置的方式摆着，他一旦发现稍有更动就会大怒。"

餐厅是全家一起用晚餐及话家常的场所，作家每晚都工作到深夜，醒来便关在书房里研究题材，傍晚出门散步几个小时才回来吃晚餐。餐厅旁的桌台是安娜工作的地方，她为作家整理稿件、联络出版社，扮演既是妻子又是秘书的角色。

1881年，陀思妥耶夫斯基正准备写作《卡拉马佐夫兄弟》第二部，不幸于2月9日去世，葬于圣彼得堡。

俄罗斯·莫斯科

托尔斯泰纪念馆
Tolstoy Estate-Museum

[再现19世纪莫斯科文艺最兴盛的时代]

这栋19世纪的木造两层楼房舍，完整呈现了19世纪文人的家居生活，让人感到恍若回到莫斯科文艺最兴盛的时代。

为了让孩子们受到最好的教育，1882年托尔斯泰全家从乡下搬到莫斯科市，一直到1890年，都以这栋房舍作为冬季别墅。当时托尔斯泰已出版《战争与和平》及《安娜·卡列尼娜》，受到文坛的注目，既有声望又有钱，所以负担得起这栋包含广大庭园的两层楼别墅。

从正门进入，依参观指示可以看到一楼的餐厅、主卧室(同时也是女主人的工作室)、儿童游戏间(托尔斯泰与妻子苏菲·安德列夫娜总共生了13个小孩，其中有5个夭折)等。

二楼是主要的活动空间，有装饰非常华丽的会客厅，摆设着豪华的钢琴。19世纪的许多音乐家、艺术家、作家都曾应邀参加托尔斯泰的家庭聚会，一边演奏娱乐，一边听作家吟诵作品，音乐家拉赫曼尼诺夫(Rachmaninov)、里姆斯基高沙可夫(Rimsky-Korsakov)都曾是座上宾。

旁边是托尔斯泰的工作间，从陈列的工具中可发现这位年逾半百的作家在写作之余，还热衷于制作皮靴、健身等休闲活动，放着大书桌及深色皮沙发的书房是最吸引人的地方，因为这里正是创作所在。另外，女儿玛利亚的卧室非常有生活味，房里挂着许多作品，展现其绘画天分，而仆人狭小简单的卧室，更贴近19世纪一般市井小民的生活形态。

越南·河内
胡志明博物馆
Bảo Tàng Hồ Chí Minh

[争取国家独立的革命斗士]

为纪念胡志明和他对越南的贡献，胡志明博物馆选在胡志明百年诞辰的生日(1990年5月19日)开幕，这里是了解胡志明这位革命家最好的起点。

胡志明原名阮必成，1890年5月19日生于越南中部义安省南坛县黄稠村外祖父家。胡志明自幼就有赶走法国殖民者的想法，为了拓宽视野，他于1911年在一艘法国船上担任厨师，航行于北美、非洲及欧洲等地，后来短暂居留伦敦，之后前往巴黎修习多国语言，并开始他的印度支那独立思想。1920年，他加入了法国共产党，之后到莫斯科学习，并在1941年回到越南成立共产党，开始他的革命事业。

1945年，胡志明领导的越南独立同盟会(简称越盟)发动8月革命，9月2日胡志明在河内巴亭广场五十万人的群众集会上宣读《独立宣言》，宣告越南民主共和国的诞生。1945—1954年间爆发法越战争，胡志明领导越南人民取得了胜利，法国撤离越南。

生怕共产主义在亚洲独霸的美国扶持南越势力，20世纪60年代发生南北越战，胡志明再度领导人民进行抗美战争，遗憾的是尚未等到最后统一全国的胜利，胡志明就于1969年9月3日因心脏病逝世，享年79岁。

博物馆内整个墙面布满胡志明一生的图片及文字，详细介绍了胡志明从出生、求学，一直到领导人民的过程，另可见他的用品、书信、居住房屋的模型等。楼上则是用模型展现了越南传统文化、抗战及现代的模样。

人物纪念博物馆

托尔斯泰纪念馆 俄罗斯·莫斯科

胡志明博物馆 越南·河内

305

美国·纽约

西奥多·罗斯福出生地
Theodore Roosevelt Birthplace National Historic Site

[奠定美国强权地位的领导者]

西奥多·罗斯福是美国第26任总统，也是美国历史上伟大的领导者之一。美国在他的带领下奠定了世界强权的地位，影响力到今天都不曾衰退，而他的头像也被雕刻在南达科他州的拉什莫山上，与华盛顿、杰弗逊、林肯并列，这说明美国人民对他十分崇拜。

由于多年后他的远房堂弟富兰克林·罗斯福也当选为美国总统，为了区分，世人于是称西奥多为"老罗斯福"，而称富兰克林为"小罗斯福"。1858年10月27日，昵称"泰迪"的老罗斯福就诞生在这栋房子里，他在这里一共住了14年的时间，直到1872年全家才搬离此地。1919年老罗斯福去世后，老屋重新翻修成原来样貌，开放供市民参观，目前由国家公园管理局负责经营。

参观故居必须参加每小时整点的导览行程，屋内的卧室、客厅、书房、餐桌与婴儿房都还原成泰迪童年时的样子。由于泰迪幼时体弱多病，他的父亲为了锻炼他，在家中门廊装设了许多健身器材，使泰迪长大后成为一位格斗好手，拳击也成了他一生的嗜好。

一楼作为展示厅陈列了许多珍贵的照片、新闻报道与实物，包括泰迪儿时的自然史收藏与他在美西战争中所穿着的军装等，而与他缘由匪浅的泰迪熊，当然也在展示之列。

美国·圣塔罗莎

查尔斯·舒兹博物馆
Charles M. Schulz Museum

[史努比家族全员集合]

查尔斯·舒兹是史努比系列漫画的作者，在他于2000年辞世前，这里是他生活和创作的地方。他的家人至今仍居住在这间博物馆里，并不时为游客提供导览解说。

馆内到处都看得到史努比、糊涂塔克、查理布朗和一群好朋友们的踪迹，连洗手间的瓷砖都放上了连环漫画，让整座博物馆处处有惊喜。户外花园里不只有主角们的塑像，树上还写实地挂着一只风筝，将漫画场景直接搬到现实中；而将草木修剪成史努比形状的迷宫，更是让人会心一笑。

陈列厅内则是以漫画、玩具、公仔或影像的形式，展示了各种造型的史努比人物，像是入口处的左面墙上就挂着史努比演进图。原来史努比最初是一只米格鲁，其后经过不断演变，才变成现在的可爱模样。接下来眼前一幅以3588片方格连环漫画组成的查理·布朗与露西巨型壁画，让人赞叹不绝。

这当中，以能亲眼一见舒兹本人的创作手稿及其工作室最为可贵，就是这位带着开怀笑容的老先生，以丰富的幽默感和想象力，让全世界多少人都跟着他笔下的方格世界一同欢笑、一同流泪，而且历久不衰。

人物纪念博物馆 | 美国·纽约 西奥多·罗斯福出生地 | 美国·圣塔罗莎 查尔斯·舒兹博物馆

307

美国·西雅图

流行文化博物馆
Museum of Pop Culture

[向不朽的音乐传奇致敬]

西雅图音乐史上，出现过两位传奇人物，一位是吉他之神吉米·亨德里克斯(Jimi Hendrix)，另一位是涅槃乐团(Nirvana)的灵魂人物科特·柯本(Kurt Cobain)，而流行文化博物馆建立的目的就是向这两个人致敬。

一进大厅，目光很难不被那座用吉他堆成的倒立之山所吸引，那是音乐艺术家特里姆平(Trimpin)的作品，总共用上700把吉他，象征美国流行音乐的根源，题名为"If 6 was 9"，而那正是吉米的经典名曲之一。

先来谈谈关于科特的两三事，20世纪90年代，风光一时的重金属音乐开始显得后继无力，正当吉他英雄的时代即将过去时，科特带着他的吉他登场了。1991年，涅槃乐团发行了经典大碟《没关系》(Nevermind)，短短数个月内便席卷了全世界。科特吉他的音色是那样的混浊破裂，却又是那样的鞭挞有力；他的唱腔是那样的撕心裂肺，却又是那样的真实诚恳；他的歌词是那样的艰涩隐晦，却又是那样的朗朗上口。

家长们开始紧张，青年们视科特为救赎。这是一种全新的乐风，有点儿金属，有点儿朋克，有点

人物纪念博物馆

流行文化博物馆
美国·西雅图

儿民谣，有点儿工业，无法归类，于是人们称之为"Grunge"，中文翻译为"油渍摇滚"。

说起来，吉米和科特有许多相似之处：他们活跃的时间都不到五年；他们真正发行的专辑并不多，但每张都是经典；他们都改变了流行音乐的走向，影响力直到今天都未曾衰减；他们都在主流与非主流间拔河，在自我理想与商业期待中挣扎，最后吉米死于药物过量，科特则用枪轰掉自己的脑袋，两人逝世时都是27岁。

另外，他们都喜欢在舞台上砸吉他，吉米说，这都是出自爱，人们只用自己所爱来献祭。这一点启发了博物馆的设计师盖里(Frank O. Gehry)，他当时砸烂了几把吉他，然后用碎片拼成模型，这便是博物馆的外观如此奇特的原因。

博物馆内有大量珍贵物品介绍两位传奇人物的一生，包括唱盘母片、当时巡演的海报、填词手稿笔记以及被砸烂的吉他碎片等。

二楼展区的语音室里，利用真实乐器搭配互动式多媒体课程，教导游客演奏各种乐器。游客若是学有所成，就可以到一旁的舞台模拟舞台上的表演，并录下个人演唱会的影片带回家做纪念。

当然，位于主入口旁的纪念品店，更是每位摇滚迷一定要去采购的地方。

加拿大·金斯顿

贝勒瑜之家
Bellevue House

[加拿大第一任总理的故居]

贝勒瑜之家曾是约翰·麦克唐纳(John A. Macdonald)的住所，麦克唐纳后来成为加拿大的第一任总理。1848年，他为了生病的妻子伊莎贝拉寻觅清幽的养病处而搬到这里，当时的他才刚以风云律师的姿态踏入政坛。

整栋房屋面积并不大，每个房间都以典雅简约的风格装饰。屋内一边是气派的起居厅，另一边是餐厅，红色的木桌上摆放着精致的瓷器和银器，大多自英国海运而来。

伊莎贝拉的卧房是他最常活动的地方，为了陪伴卧病中的夫人，麦克唐纳会在这里写信、阅读，甚至用餐。装潢最精致的是主卧室，也就是麦克唐纳的寝室，在这里可以看到19世纪典型的床式，即床铺与床架分开的设计。

麦克唐纳曾说："这是一栋安静且隐蔽的房子，它被树林环绕，而且有从安大略湖上吹来的清风。"不过，遗憾的是，他们一家住在这里的时间并未超过两年，伊莎贝拉的病情并没有好转，刚满一岁的长子又不幸夭折，房子庞大的开销更是雪上加霜，致使麦克唐纳夫妇1849年便搬离此处。

贝勒瑜之家后来经历了不少屋主，政府接管后，将其还原为麦克唐纳居住时的摆设。

310

加拿大·渥太华

劳雷尔之屋
Laurier House

[两位总理的典雅宅邸]

劳雷尔之屋建于1878年，曾是两位20世纪初最有影响力的加拿大人的家。威尔弗里德·劳雷尔(Wilfrid Laurier)是加拿大的第7任总理，他上任的时间长达32年之久，1897年，也就是劳雷尔当上总理的第二年，他便搬进了这栋房子里，直到1919年过世。

1921年，劳雷尔的遗孀临终前把房子送给了新上任的总理威廉·麦肯齐·金(William Lyon Mackenzie King)，麦肯齐·金后来三度当上加拿大总理，最后也在这里终老。劳雷尔和麦肯齐·金都曾带领加拿大安稳地度过风风雨雨，因而被视为加拿大史上极为出色的两位总理，而他们的肖像现在也都留在加拿大的钞票上。

今日参观此地，我们可以看到总理们的起居空间，包括富丽的会客室、餐厅、寝室、书房等。在麦肯齐·金气派的图书馆中，游客不禁赞叹这位总理的博学饱览，而积案如山的办公桌似乎也透露出他的日理万机。

3楼的房间原是劳雷尔的管家房，麦肯齐·金看上了它的明亮，将之改为早餐室，一面用餐一面听收音机，便成了他当时最大的乐趣。另外如升降电梯、自动弹奏的钢琴等，在当时也都是流行玩意儿。

古巴·圣地亚哥

狄亚哥·维拉奎斯故居
Casa de Diego Velazquez, Santiago de Cuba

[古巴最古老的建筑]

这栋安达卢西亚式的大宅是古巴目前保存下来最古老的一栋建筑，建于1516—1530年之间。当时二楼作为古巴第一任殖民官狄亚哥·维拉奎斯的官邸，一楼则是黄金铸造场及交易所，殖民者把搜刮到的金子铸造成金条，运回西班牙，现在这里仍然可以看见大熔炉。

内部透过中庭与后方另一栋19世纪的住宅相连，规划为古巴地方历史博物馆(Museo de Ambiente Historico Cubano)，展出了许多16—19世纪的精致家具家饰，中庭走廊的彩绘瓷器也是另一个参观重点。

最值得注意的是各种木雕细部结构，二楼走廊及面对广场的窗台，使用六角形花纹的木窗屏风，称为"摩尔式"(Moorish)雕刻。这是16世纪建筑的特色，目的是保护住在二楼的官员家族的隐私。

室内杉木雕花的天花板、葫芦柱型木栅栏、壁画、屋檐梁柱的雕刻等，都是非常细致而具有地方色彩的建筑装饰，特别是天花板的纹饰，没有华丽的彩绘而以精细的镂空木雕交织出动线，显得十分生动。

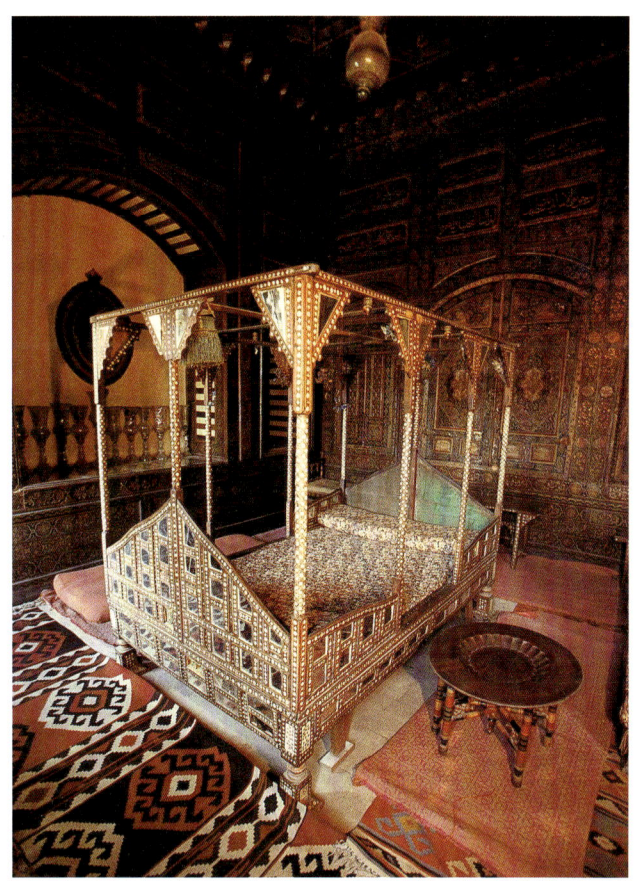

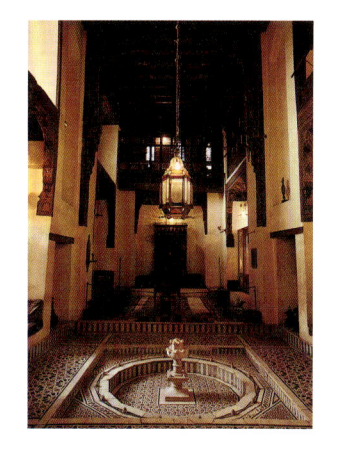

埃及·开罗

盖尔·安德森博物馆
Gayer-Anderson Museum

[收藏众多艺术品的私人豪宅]

虽名为博物馆，事实上是幢精致的私人豪宅。盖尔·安德森是一位退休的英国将领，他在20世纪30年代买下这幢建于16世纪的私宅，经整修后摆放他收藏的古董及艺术品。若不是豪宅本身格局非常特别，艺术品将掩过其风采。

馆内收藏不少，雕像、画作、工艺品摆满了整个房间，安德森的画像也不缺，还留存了一些文件，有点自许可名留青史的味道。不过，屋内所有的艺术品或是屋主来历，都不敌豪宅本身的魅力。

在谜样的通廊、楼梯间穿梭，无人能估量其真实的面积，各自冠有不同主题的房间展现了屋主的巧思，中国房清秀淡雅、大马士革房金碧辉煌、波斯房热情艳丽、拜占庭房细致气派，再加上招待室、凉廊，令人惊喜连连。

尤其令现代人意外的是隐藏在2楼的一处窄道，早期妇女不得抛头露面，想探知1楼大厅的动静，就可坐在这处窄道的木椅上，透着密雕的木格栅窗窥视底下大厅的情景，下方的人则无缘见识隐藏于木窗之后的面貌。

待客大厅呈长方形，分为三个部分，左右两侧铺有地毯及座椅，居中是一处低陷的凹地，中央有座小喷泉，沁凉的泉水和清风总能驱散开罗扰人的酷热，显露豪宅的讲究及建筑的巧思。

产业博物馆

此类博物馆展示和产业相关的文物，包括德国三大名车的保时捷博物馆、宝马博物馆及奔驰博物馆，名画家伦勃朗卖画也要喝的荷兰博斯琴酒之家，萃取香氛的法国格拉斯国际香水博物馆，被称为古巴国酒世界的哈瓦那朗姆酒博物馆，最令希腊人骄傲的橄榄油博物馆等。

美国
彼得森汽车博物馆

古巴
哈瓦那朗姆酒博物馆

荷兰
- 博斯琴酒之家
- 荷兰起司博物馆

德国
- 保时捷博物馆
- 宝马博物馆
- 奔驰博物馆
- 慕尼黑啤酒与啤酒节博物馆
- 科隆香水博物馆

法国
- 格拉斯国际香水博物馆

希腊
- 希腊橄榄油博物馆

日本
- 札幌啤酒博物馆

德国·斯图加特

保时捷博物馆
Porsche Museum

[动力技术巅峰之作]

博物馆展示了保时捷从创始至今，几乎所有的车款，包括为保时捷打响品牌名号的保时捷356系列、树立现代跑车里程碑的保时捷911系列、20世纪70年代横扫赛场的保时捷917系列、两门敞篷的Boxster。

游客可以看到当时各大赛事与市售车款的关系是如何紧密结合的，以及工程师们如何不断开发新技术，以求在赛场上取得佳绩。相较于市场利益考量，这种对性能和速度永无止境的追求，反而是促使每一代保时捷不断升级的动力，让人领悟到，原来保时捷所梦想超越的不只是一些数字而已，而是一个时代在动力技术上的巅峰。

保时捷Logo的由来

和宝马一样，保时捷也以发迹的家乡城市为荣，Logo中央的马是斯图加特的城徽，其他部分完全来自斯图加特所属的符腾堡邦的徽章，两者构成了保时捷英气十足的经典Logo。

必看重点／356

保时捷创始人斐迪南·保时捷(Ferdinand Porsche)是一位汽车工程师，二战爆发后他的团队替纳粹设计战车，因此战后他成为战犯。出狱后他以当年设计的甲壳虫为蓝图，前后修改了356次推出了这款保时捷356。这不但是经典车款，也是第一款以保时捷为名的车款。

🏛 虎式坦克出自保时捷

保时捷的创始人斐迪南·保时捷(Ferdinand Porsche)原是戴姆勒车厂的设计师，曾为戴姆勒设计出多款名车。后来斐迪南与儿子、女婿自立门户。二战期间，德军的闪电战震撼欧陆。闪电战的关键是纳粹的装甲部队，其中的主力虎式坦克在性能上碾压盟军，这款战车就是出自保时捷父子之手，由此可看出保时捷的卓越性能。

🏛 大显神威甲壳虫

保时捷刚开始设计汽车时就希望打造一款国民车，让每个人都能拥有，于是他和团队设计出甲壳虫。希特勒也有同样的想法，他在许多设计中选中保时捷的甲壳虫并准备量产，可惜战争接着爆发，整个德国工业投入战争机器生产。战后经济萧条，甲壳虫因经济耐用的特性，迅速在市场上大显神威，成为和保时捷911一样的世纪经典车款。

🏛 必看重点／911

1963年，保时捷推出这款跑车中的梦幻逸品，招牌的青蛙眼大灯和流线的车身，保时捷911有着迷人的外形，性能上也非常优异，因此推出后大受欢迎，至今推出的每一代都有不同的版本，是20世纪全世界经典的车款之一。

🏛 必看重点／Boxster

这款车系是保时捷推出的两门敞篷跑车，承袭保时捷经典的设计元素和优异的性能，加入了复古、低调又不失质感的敞篷造型，形成Boxster摩登都会的风格。它是都会时尚型男的梦想，而Boxster小巧、秀气的特色，也让它成为受女性欢迎的车款。

🏛 必看重点／917

Porsche 917曾被选为史上最伟大的赛车，它替保时捷赢得第一座Le Mans大赛的冠军，承袭保时捷一贯流线的优美曲线，Porsche 917最大的特色是"轻"，让原本性能出色的引擎有了更抢眼的表现。

🏛 必看重点／Carrera GT

车迷们津津乐道的一款限量超级跑车Carrera GT，令人迷醉！

德国·斯图加特 保时捷博物馆

德国·慕尼黑

宝马博物馆
BMW Museum

【巴伐利亚制造发动机起家】

闻名全球的宝马,总公司位于慕尼黑,总部大楼的造型象征汽车的汽缸,总部旁的博物馆,外形仿佛太空舱般,加上螺旋状的内部空间设计,相当独特抢眼。

宝马(BMW)的全名是Bayerische Motoren Werke(巴伐利亚发动机制造),最早是制造航空引擎的,直到一战后《凡尔赛和约》禁止德国发展航空技术,才转而制造机车。1927年,宝马因代理英国车厂的车,开始了汽车生产之路,品牌的传奇一路延续至今,1994年宝马收购了Mini,又于1998年并购了劳斯莱斯,因此,宝马的规模相当庞大。

博物馆里不但有实体展示,同时还有超过二十部影片可以欣赏,以及从前的销售海报、广告、型号等,翔实说明了汽车制造技术的进展与市场变化。

总部大楼造型特殊

总部大楼的造型象征汽车的汽缸,4个环形大楼围绕起来,正是宝马的招牌商标。

摩托车的演进

从20世纪20年代生产出第一台机车到现在,宝马的重型机车和汽车一样在业界擦亮了自己的招牌。博物馆里展出发展至今所有的摩托车款式,说明了摩托车演进的过程。

经典车系发展史

3、5、7系列的房车是非常受欢迎的经典车款,在了解发展过程的同时,不断见证了宝马在技术上的突破和创新。

制造航空引擎起家

创业于1916年的宝马最初以生产飞机引擎起家，因此馆内展示有当时的引擎设计及飞行仪器。

模拟驾驶

虽然宝马世界有实体车可试乘，但是无压力的模拟飙车还是很吸引人。这些互动设施除了让男生们过过瘾之外，不想驾驶实体车的女生或小孩也可在这里找到乐趣。

赛车系列

宝马虽然在2009年将旗下车队售出，正式退出F1，但是宝马在汽车竞技上一直不落人后。这里展出了宝马开发出来的所有赛车，赛车迷可以近距离地亲近它们。

宝马商店

这里各种汽车用品及旅行装备一应俱全，还有每一款经典车的模型、包包、衣服、钥匙圈等纪念品，上面都有宝马的Logo和图案，送礼自用两相宜。

展示间

博物馆旁的宝马世界，是新车展示中心，展示了宝马出厂的所有新车，性能和配备都有详细的介绍，有兴趣的人可直接向业务员要求试驾，但记得要先办理国际驾照。

产业博物馆　德国·宝马博物馆

德国·斯图加特

奔驰博物馆
Mercedes-Benz Museum

【细赏奔驰的精彩历史】

奔驰不只是首屈一指的汽车品牌，事实上，它也是第一座生产汽车的工厂，而这个工厂的创立地点就在斯图加特。

19世纪末，戴姆勒(Daimler)与本茨(Benz)各自成立了自己的汽车工厂，经过多年竞争，终于在1926年合并为"戴姆勒–奔驰公司"。而梅赛德斯(Mercedes)之名，则来自当时一位经销商大客户女儿的名字，他要求戴姆勒为他设计生产的赛车在各大赛事中横扫千军，为梅赛德斯打响名号，后来逐渐成为戴姆勒的主要品牌。不过，据说梅赛德斯小姐本人并不会开车，也没有驾照。

不同于保时捷博物馆以赛车和跑车为主轴，奔驰博物馆走的是历史路线，陈列大多以古董车为主。"汽车"这个概念，并不是突然就明确成形的，进入博物馆必须试着让自己回到19世纪，才能理解当人们看到一辆没有马牵引的车辆时，心里有多么震惊。

在博物馆里，游客可看到1882年首次对马达驱动交通工具所做的尝试，以及1888年四轮汽车的雏形、1902年的第一辆梅赛德斯赛车，还有各式各样奔驰车种，像是运用在各行各业的车辆、专为教宗等名人设计的车款、参加过赛事的赛车等，许多划时代的设计都不会在这里缺席。

奔驰三芒星Logo的由来

奔驰的三芒星Logo最早是戴姆勒的Logo，1926年和奔驰合并后，两家的名字都出现在三芒星的外圈，而三芒星所代表的是期许能够在陆、海、空三领域都能有优异表现的企图心。现在看到的Logo是这些年历经不断简化所形成的。

教宗专车

专为教宗设计的车款也在现场展示。

"鸥翼"现身

划时代的设计、昵称"鸥翼"的Mercedes-Benz 300SL，当然也不会在此缺席。

汽车的发明

介绍汽车出现之前人类的各种交通工具。直到戴姆勒在1883年发明了汽油引擎，并与奔驰在19世纪末分别创立了自己的汽车工厂，奔驰更是率先制造出以内燃机为动力的汽车。

品牌的诞生

我们熟悉的梅赛德斯其实是一个奥地利商人女儿的名字，这位商人帮戴姆勒销售汽车，并要求为他以梅赛德斯为名挂牌生产汽车，久而久之梅赛德斯就和戴姆勒画上等号了。一战后市场萎缩，戴姆勒跟奔驰于1926年合并。

制车技术突飞猛进

战后国际局势逐渐稳定下来，人们对汽车的要求越来越多，除了性能要好，要更安全、更舒服，还要更好看。

崭新的环保车款

安全、环保是我们这个时代很关心的议题，在车子的发展上也是如此。这一区的车款都很新，发展的重点在无排放、省油或是电动车。

罕见的奔驰公车

随着环保意识抬头，大众交通工具越来越受重视，奔驰也不断推陈出新，研发各种不同功能的车款。

研发航空引擎造飞机

随着时代的演变，柴油机和增压器的改良让汽车的引擎也越来越进步。进入二战期间，奔驰也投入研发航空用的引擎，并且生产出了飞机。

竞速的银色箭矢

奔驰一直以来在竞速赛车这个领域都有投入，这里展出的是奔驰车队历代的赛车，还有未来感十足的概念跑车。

产业博物馆

奔驰博物馆 德国·斯图加特

321

德国·慕尼黑

慕尼黑啤酒与啤酒节博物馆
Bier und Oktoberfestmuseum

[啤酒一口喝干啦！]

若是没能赶上10月啤酒节的狂欢，或是对啤酒节意犹未尽，来慕尼黑城里这座啤酒节博物馆回味一下。

这里展示了历代啤酒节使用过的道具、海报，以及巴伐利亚各地不同啤酒专属的酒杯等，也有一些老照片和模型，讲述了巴伐利亚酿造啤酒的缘起。不过，展示皆以德文说明，不懂德文的游客只能看图片意会了。

慕尼黑10月啤酒节 Oktoberfest

慕尼黑啤酒节的起源是在1810年10月12日，那天全城市民都被邀请参加当时的王储路德维一世与特蕾泽公主(Princess Therese)的婚礼。人们在会场甩开贫富之间的隔阂，大口喝酒、大口吃肉，这场狂欢盛会变成一种年年举办的庆典，沿袭至今。

啤酒节的场地位于慕尼黑市西南的特蕾莎广场(Theresienwiese)，广大的空地上架起大型啤酒帐篷与小帐篷，慕尼黑城内有名的啤酒屋，像是皇家(Hofbräu)、奥古斯丁(Augustiner)、狮王(Löwenbräu)、哈克(Hacker)等都会进驻帐篷里。这些帐篷平日约10:00营业，周末则提早在9:00开始，直到午夜。帐篷内供应啤酒和美食，还有乐团演出，通常白天表演巴伐利亚传统音乐，18:00之后就是流行音乐或摇滚乐团上场。

由于人潮众多，想在热门时段进入帐篷同欢，最好向各帐篷事先订位，否则就早点儿入场，如果挤不进去，就在帐篷外的啤酒园找位子听帐篷中传出的音乐。会场还有各式各样的游乐设施，让这里变成一座热闹滚滚、尖叫声此起彼伏的游乐园。

德国·科隆

科隆香水博物馆
Fragrance Museum Farina-Haus

[18世纪迄今的香水历史]

古龙水"Cologne"这名字即是来自科隆这座城市，它最早是由一位意大利人法利纳(Johann Maria Farina)在1709年时于科隆研发制造出来的，法利纳将其命名为"Eau de Cologne"（科隆之水），也使得科隆从此成为世界知名的城市。

"Eau de Cologne – Farina"这个世上最古老的香水品牌，其专卖店就在科隆市区，使用复古香水瓶盛装的古龙水别有一番风味，而这个专卖店同时也是香水博物馆，展示着18世纪以来的香水历史。

虽然一般认为古龙水好像属于男性香水，但其实"古龙水"的浓度比淡香水更低，女性一样适合使用，就看消费者喜不喜欢这有点儿偏中性的香味了。

荷兰·阿姆斯特丹

博斯琴酒之家
House of Bols

[伦勃朗卖画也要喝的美酒]

如果把酒类的历史看作一个大家族，卢卡斯·博斯（Lucas Bols）的琴酒（Genever）在家族中肯定拥有耆老的地位。

琴酒源自16世纪的低地国地区，最初作为医疗用途，1575年时，卢卡斯在琴酒的配方中加入香料，并在阿姆斯特丹设立酒厂，成为琴酒流传世界的源起。要问琴酒在当时有多风靡，据说伦勃朗就是因为沉迷在博斯琴酒中无法自拔，结果积欠过多酒钱，不得已之下，竟用他得意门生的画作充作抵押，这幅画至今仍珍藏在琴酒之家中。

琴酒之家介绍了琴酒的历史、可亲手触摸的原料、记载在古老典籍中的配方等，由于琴酒经常作为调制鸡尾酒的原料，因此也展示了不少调酒器材。

最有意思的展示莫过于数十只装有不同口味琴酒的彩色瓶子，参观者可以压下泵，借由喷出的气味，猜猜看是何种口味。

最后的高潮就是品酒，在品酒室外有两台电脑，游客可在"水果—香气、单纯—复杂"交叉成的4个象限中测试自己的调酒喜好，将结果列印出来后交给调酒师，调酒师就会依据游客的选择调制。遇到调酒师心情好时，可能他还会露一手神乎其技的调酒特技，不过，这通常是在他看到大批女性游客的时候。

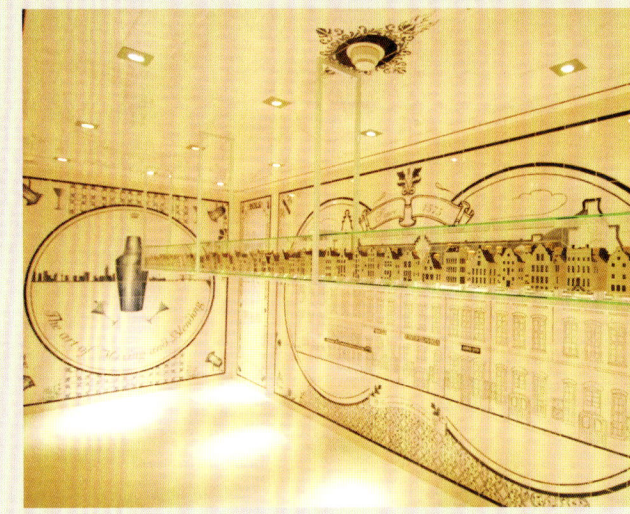

产业博物馆

博斯琴酒之家
荷兰·阿姆斯特丹

325

荷兰·阿尔克马尔

荷兰起司博物馆
Het Hollands Kaasmuseum

[认识荷兰的酪农历史]

荷兰起司博物馆就位于游客中心的楼上，面积虽不大，但罗列了从古到今各种制作奶油及起司的工具，并详细介绍了其操作方式及原理，而从1576年使用至今的过磅房也位于同一栋建筑中，可让人确切认识荷兰引以为傲的酪农历史。

参观这些特殊的器材，不用担心不理解，馆内热心服务的爷爷奶奶，总会热情地进行说明，甚至忙着张罗播放影片，不但让人见识荷兰起司的内涵，也领会了荷兰人的热忱。

起司市场Alkmaarse Kaasmarkt

阿尔克马尔的起司买卖历史可追溯到1593年，那时候的广场充斥着热闹的交易，现在的"集市"（Market）是最受游客欢迎的活动。广场上的活动在批发商进场后揭幕，老谋深算的买家们一一以嗅闻、品尝、搓揉的方式判别起司品质，而后以独特的击掌方式和卖方议价，两方双掌一来一往，最后由出价最高的批发商"得标"。

一旦成交，就轮到搬运夫们下场较劲。搬运夫的帽子有着绿、蓝、红、黄等不同颜色，代表隶属于不同公司，每当一批起司成交搬上弧形的抬架后，搬运夫便飞也似的奔向过磅房(Waag)秤重，而后再奔向推车，等到小车堆满起司，便推往卡车装载。搬运起司的工作相当吃重，一个黄澄澄的高达(Gouda)起司重达20公斤，8个上架就达160公斤，全赖默契十足的身手搭配才能纵横全场，值得掌声鼓励。

法国·格拉斯

格拉斯国际香水博物馆
Musée International de la Parfumerie

[深入了解香水制作历史]

国际香水博物馆是以一座14世纪的古堡改建而成的，最初开幕于1989年，2008年经巴黎设计师荣格(Frédéric Jung)整建，成为一座占地约3000平方米的博物馆。沿着博物馆规划的5个展区依序参观，就能对香水的历史、制作过程、花卉原料的采集、萃取过程及市场行销有最基本的认识。

人类制造香水的历史起自公元800年，化学家利用香味对抗传染性疾病，和今日使用香水娱人的目的大不相同。

蒸馏(Distillation)和萃取(Extraction)是制造香水的两大重要步骤，蒸馏是运用油和水密度不同的原理，将香精油(Essence)逐渐分离出来，然后利用动物脂肪从原料中萃取香味(Enfleurage)，并榨出最精纯的油，称为"原精"(Absolute)。到了19世纪，萃取香味的方式以酒精代替脂肪来进行，其他程序则大致相同。

创造香水的灵魂人物是调香师(Perfumer)，或是俗称的"灵鼻"(Le Nez)，他们就像品酒师一样，需要有异于常人的本事，一般人只能分辨十几种气味，调香师至少要记住并区分1000~3000种不同的味道，再将这些味道依不同比例，根据个人经验和创意，调和成令人愉悦的香味。这个工作既专业又困难，因此调香师的地位崇高尊贵。

博物馆内展示了四千多年前至今、东西方国家上万件如香料、化妆品、香皂、香水瓶和容器、相关配件等收藏品，包括全法国第一瓶香水、全世界各种造型独特的香水瓶，甚至玛丽皇后(Marie Antoinette)在法国大革命期间所带的逃难旅行箱。

博物馆也规划了闻香室、视听室、表演活动、手工活动和区域、温室花卉区和露天庭园，其中特别推荐以不同影片搭配不同香氛的闻香室，让人感受那些与日常生活相关却常被忽略的气味。

327

希腊·斯巴达

希腊橄榄油博物馆
Museum of the Olive and Greek Olive Oil

[展示橄榄油历史及制造技术]

拉科尼亚地区是希腊主要的橄榄油产区之一，博物馆分为上、下两层，上层从最早在希腊发现的橄榄树开始介绍，展示了希腊及斯巴达当地橄榄油发展的历史、文化及制造技术等。

从史前时代到20世纪，橄榄油被广泛用在食品、身体护理、照明及宗教活动等各方面，馆内巨细靡遗的展示及解说，使橄榄油博物馆成为斯巴达极受欢迎的博物馆之一。

博物馆的下层及户外展示区，以古代的橄榄油生产技术介绍为主，并展示了数座大型的榨油机具。

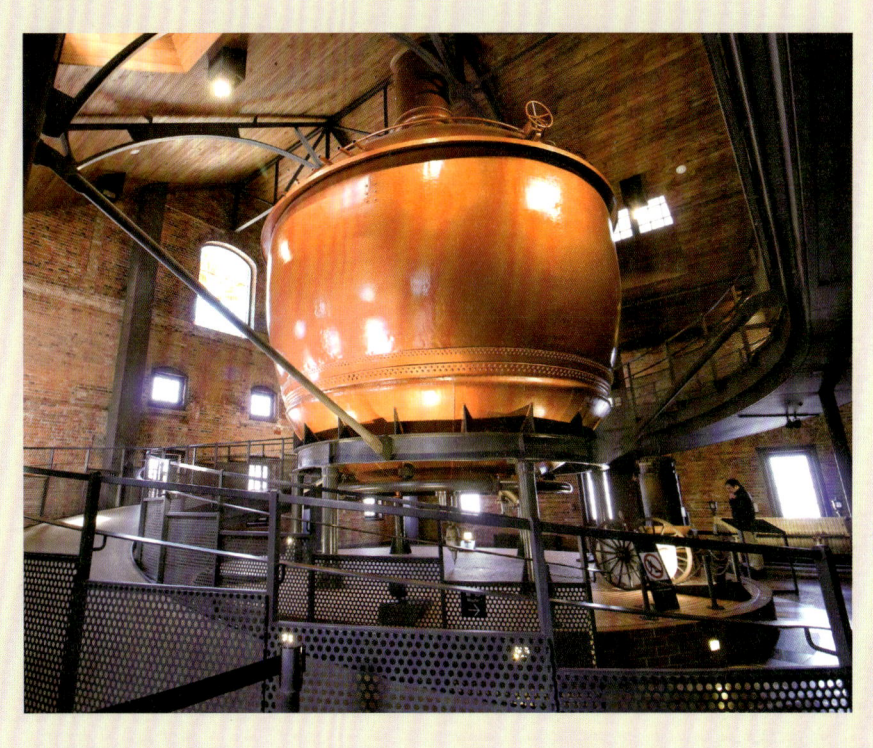

日本·札幌
札幌啤酒博物馆
[日本啤酒业的缩影]

札幌啤酒的历史就相当于日本啤酒业的缩影,这里曾经酿造出日本第一滴啤酒(明治九年,1876年),而札幌啤酒博物馆正是以日本第一座啤酒工厂改装而成的。

札幌啤酒博物馆里面,除了陈列日本啤酒业的相关发展史之外,还有各式各样酿造啤酒的器具模型,就像昭和四十四年(1979年)由德国制造、一次酿造量超过一万罐的煮酒大槽,正是非常难得见到的实物。

由于札幌啤酒博物馆就位于真正的工厂内,因此,游客可以目睹无人操作、全自动从注酒、封盖、分箱到运送上货车的整个流程。

此外,札幌啤酒博物馆内还有以最新影像科技神奇的视觉(Magic Vision)呈现的啤酒物语,即使不通日文,游客也能经由以三度空间呈现的影片来对啤酒有更深的了解。参观完啤酒博物馆之后,也可品尝一下最新鲜的啤酒。

产业博物馆

希腊·斯巴达 希腊橄榄油博物馆
日本·札幌 札幌啤酒博物馆

329

美国·洛杉矶

彼得森汽车博物馆
Petersen Automotive Museum

[以全面角度探究汽车工业]

由洛杉矶杂志大佬罗伯特·彼得森所创立的这间博物馆，拥有美国西岸最惊人的汽车馆藏，拥有来自世界各地多达两百五十多台的车辆。重要的馆藏车款包括1939年的布加迪Type 57C、1952年的法拉利212/225 Barchetta、1961年的福斯甲壳虫、1964年的保时捷901、1982年的法拉利308GTSi、1993年的积架XJ220、2006年的福特GT等，另外还会有尚未上市的未来车款在此抢先展出。

2015年年底，整修后的博物馆重新开张，除了内部动线更加流畅，崭新的外观更是令人眼睛发亮，巨大的镂空不锈钢板如缎带般飞扬，围绕在通红的建筑本体外，营造出流动奔放的意象，极符合汽车博物馆的旨趣。

与一般汽车博物馆不同的是，这里除了以各个时代的经典车款来介绍汽车发展历史外，更以全面的角度探究整个汽车工业，从技术原理、风格设计、创新概念、实用性能、独特性、未来趋势，到以汽车为素材的艺术表现等，都有详细且别出心裁的展示。

赛事名车

这个展厅里全是曾在各大赛事中夺牌的名车。

闪电麦昆

馆内还有小孩子最喜爱的"汽车机械研究所"(Cars Mechanical Institute)展厅，光是那台来自皮克斯的实体闪电麦昆就足够令孩子们疯狂。

未来车款亮相

在这里也有机会看到尚未上市的未来车款。

布加迪Type 57C Atlantic

这台是1936年的布加迪Type 57C Atlantic，那个年代的手工古董车，每一辆都是艺术品。

蝙蝠侠专用车

这台1989年打造的蝙蝠车，在同年电影《蝙蝠侠》及其续集《蝙蝠侠大显神威》中都曾经亮过相。

互动式游戏

由皮克斯赞助的汽车机械研究所，透过不同的互动式游戏，让孩子了解车辆各个部分的动力运作。

内装胜外观

行家看的不是车的外在有多炫，而是里面有多威。

摩托车同样令人着迷

除了汽车外，摩托车的展品也不在少数。

现代汽车原型

身为汽车博物馆，不供奉一下元祖怎么行。

彼得森汽车博物馆　美国·洛杉矶

产业博物馆

331

古巴·哈瓦那

哈瓦那朗姆酒博物馆
El Museo del Ron

[走进古巴国酒的世界]

古巴朗姆酒的代名词就是"哈瓦那俱乐部"（Havana Club），自1878年创立至今，已行销全球120国，每年销售超过四百万箱。在古巴境内，每一间餐厅和酒吧、每一个家庭都能见到"哈瓦那俱乐部"的酒瓶。

参观位于邮轮码头旁的朗姆酒博物馆，就像走进缩小版的制糖及酿酒厂，能快速认识甘蔗变身朗姆酒的过程，试饮一小杯七年陈酿的浓烈甘蔗醇香，在微醺中爱上朗姆酒。

走进18世纪殖民地风格的市政厅，只见"哈瓦那俱乐部"的女神伊内丝夫人的雕像立于门口迎接，随后穿越挑高的中庭天井与石砌圆柱，就能见到展览厅中依据酿造方式和年份区别，不同等级的"哈瓦那俱乐部"一字儿排开。其中以每年限量100瓶的Maximo身价最为高贵，由首席酿酒大师纳瓦罗（Don José Navarro）亲自调制，以存放在酒桶中50~100年的朗姆酒调和而成。

馆内展示主要分为两大区域。第一个区域展示了殖民时代的蔗糖产业，历史照片和黑奴的脚镣手镣呈现了奴工血泪，传统式甘蔗榨汁、熬煮蔗糖的大锅炉器具，全靠黑奴冒着高温危险徒手操作。精巧细致的微缩模型展示了甘蔗经由铁路运输，依序进入制糖厂、蒸馏厂、酿酒厂的过程。

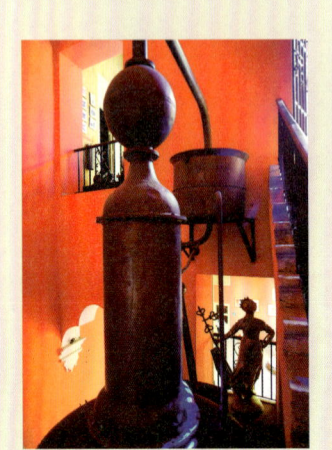

甘蔗榨汁提炼蔗糖后剩余的糖蜜（Molasses）是朗姆酒的原料，糖蜜经过纯水稀释、发酵、蒸馏、存放和混合后，才能成为一瓶琼浆玉液。酿酒大师（The Master Distiller）是"哈瓦那俱乐部"的灵魂人物，每隔一段时间，酿酒师都要打开橡木桶的小洞，试饮判断品质，决定是继续存放还是需要混合，混合的比例是让口感更丰富的关键。

第二个区域的展示简直就是将酿酒厂搬进了博物馆中，跟随解说导览员走过大型蒸馏锅炉、发酵槽、装罐机具和贮存橡木桶的阴暗酒窖，了解朗姆酒的制造流程。

产业博物馆 | 哈瓦那朗姆酒博物馆 | 古巴·哈瓦那

朗姆酒女神的忠贞爱情

若要票选最受古巴人欢迎的女性形象，伊内丝夫人一定高票胜出。这位女士穿着传统西班牙服饰，右手叉腰，左手握着权杖眺望远方。她不但是哈瓦那市的象征，她伫立于皇家军队(Castillo Real de la Fuerza)城堡高塔的形象还出现在各酒吧餐厅中，她就是"哈瓦那俱乐部"的商标图腾。

伊内丝是16世纪西班牙派驻古巴的总督索多(Hernando de Soto)的夫人，索多授命北上攻占美国东南部，夫人伊内丝协助他处理境内事务，因为想念索多，伊内丝天天到哈瓦那海边，登上皇家军队城堡高塔眺望，等待丈夫归来。1540年她终于等到回音，却是索多在密西西比河岸遭印第安人杀害的消息。

1630年，一位艺术家被伊内丝的爱情故事感动，以此为灵感创作雕像。当时总督以雕像为蓝本，制成城堡钟塔顶端的铜制雕像，命名为La Giraldilla。

333

历史建筑博物馆

历史建筑博物馆除了拥有丰富的展品，博物馆本身就是一幢具有特殊价值的历史建筑。本章收录了以金黄色砂岩打造的印度斋沙默尔城堡、囊括两百幢传统建筑的爱沙尼亚户外博物馆、既是要塞也是皇宫的西班牙科尔多瓦阿卡扎堡、拥有百间厅室的拉脱维亚隆黛尔宫等。

亨利堡里多厅
加拿大

美国
老路镇

古巴
哈瓦那市立博物馆
古巴殖民建筑博物馆

斯堪森露天博物馆

卡德里奥宫
偷窥厨房与堡垒隧道
爱沙尼亚户外博物馆

雅盖隆大学

芬兰堡
芬兰
隆黛尔宫
苏兹达里木造建筑及农民生活博物馆

巴伦堡露天博物馆
瑞典
爱沙尼亚
拉脱维亚
立陶宛
上城堡博物馆
俄罗斯

波兰

瑞士
匈牙利
格雷梅户外博物馆

意大利
土耳其

西班牙

匈牙利国会大厦
匈牙利户外民宅博物馆

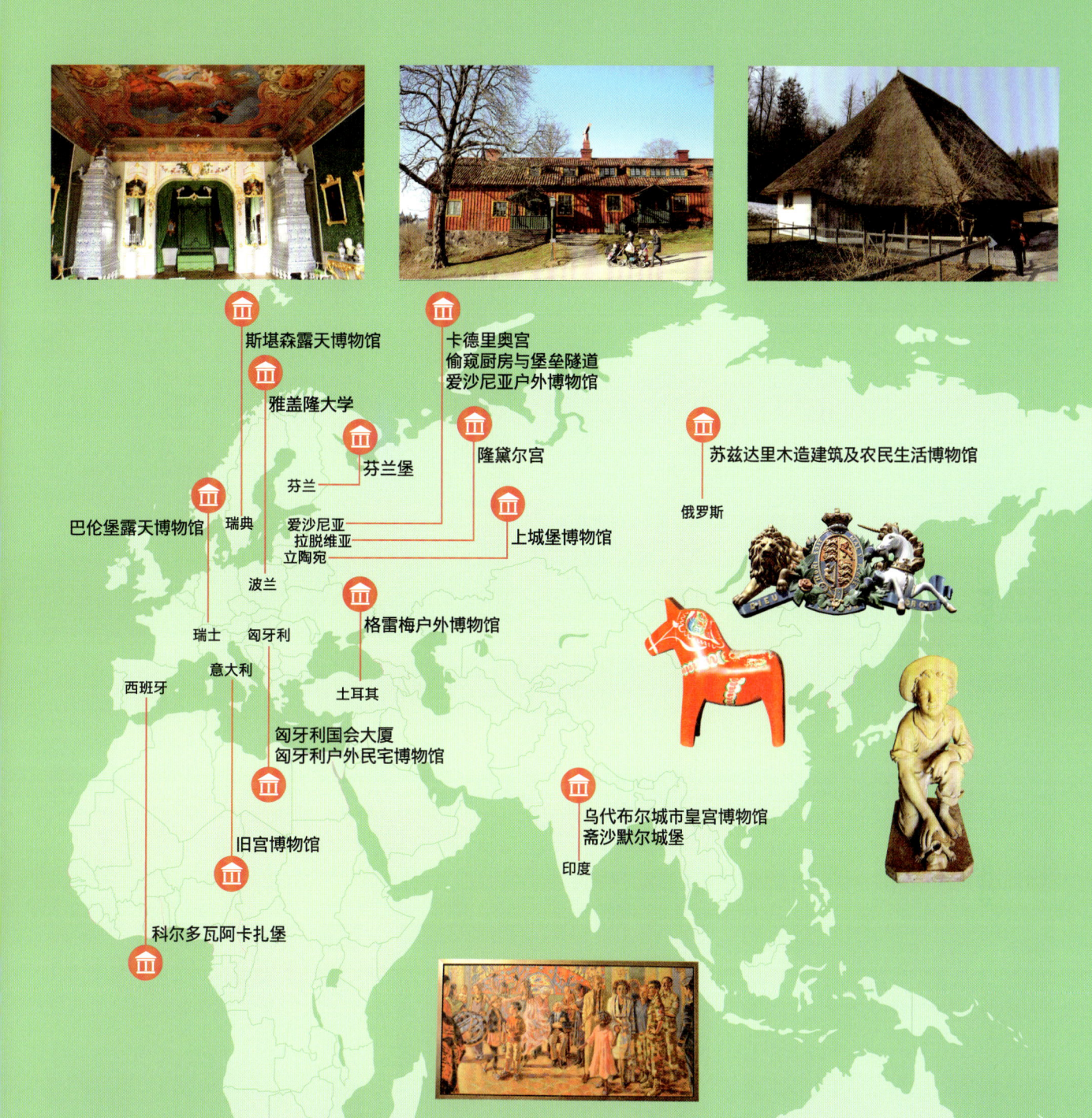

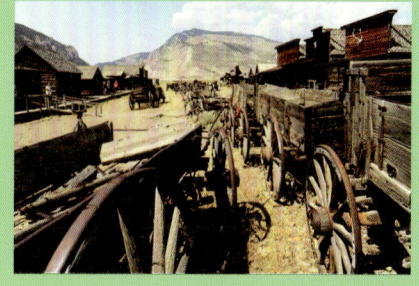

旧宫博物馆

乌代布尔城市皇宫博物馆
斋沙默尔城堡
印度

科尔多瓦阿卡扎堡

西班牙·科尔多瓦

科尔多瓦阿卡扎堡
Alcázar de los Reyes Cristianos

[多样风格的特殊城堡]

四周围绕着厚实城墙的阿卡扎堡,既是要塞也是皇宫,历经历史的更迭,层层建筑彼此相迭或接邻,形成了今日这座拥有古罗马、西哥特、伊斯兰等多样风格的建筑。

1236年,费南度三世收复科尔多瓦后,昔日的伊斯兰教宫殿逐渐成为废墟,到了阿方索五世时,这座碉堡开始重建,并于14世纪时阿方索六世任内落成。这处当初天主教双王曾经下榻的地方,之后一度沦为监狱,在1428—1821年间还成为宗教法庭(Inquisition)所在地。

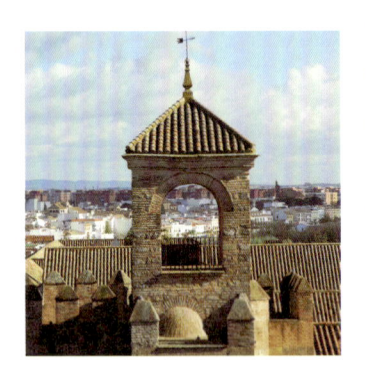

如今这座城堡已改为博物馆,来此可欣赏珍藏文物,还能悠游阿拉伯式庭园,在酷热的夏日里,这里实在是个避暑的好地方。当初哥伦布能愉快出航,寻找新大陆,要感谢天主教双王伊莎贝尔女王和费南度二世的赞助。1489年,他就是在这座城堡中谒见双王争取赞助的,所以在庭院里还有一座雕像重现当时的场景呢!

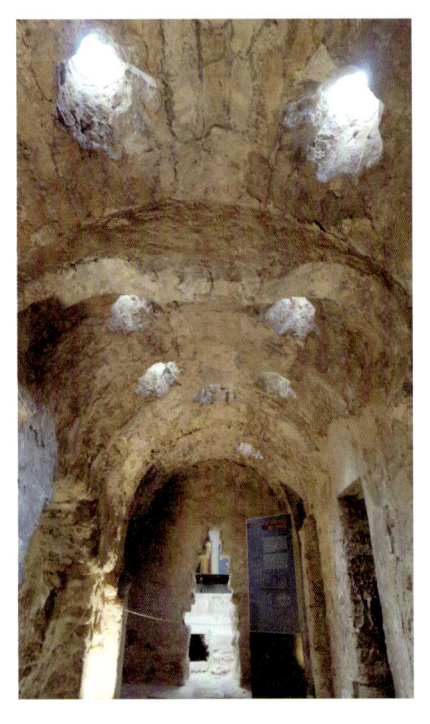

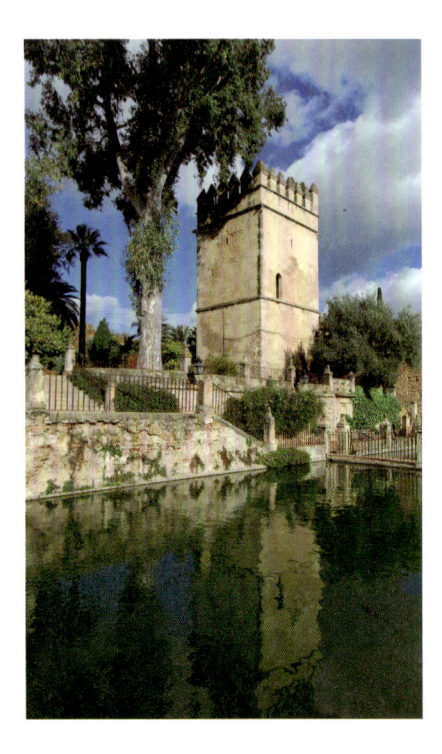

阿拉伯式庭园

除了登上高塔和城墙欣赏科尔多瓦的风景外，阿卡扎堡的阿拉伯式庭园也相当有看头，排列有序的喷水池、池塘、橘子树、花园、茂密的树林，让这里弥漫着伊斯兰教时期的气氛。此外，这里还有自花园后方延伸出去的古罗马城墙和城门。

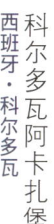

古罗马石棺

地面层收藏着珍贵的公元3世纪的古罗马石棺，石棺上方雕刻着一扇半开的门，描述了死后前往地下世界的历程。

马赛克镶嵌画

小型巴洛克式礼拜堂的墙壁上保留着珍贵的马赛克镶嵌画，蛇发女妖美杜莎、爱神厄洛斯等神话人物清晰可辨。

哈里发浴池

皇宫外还有一座保存状况良好的哈里发浴池(Baños del Alcázar Califal)，属于皇宫的一部分，内部有不同水温的水池，光线透过拱顶上方的星形透气孔洒落。

历史建筑博物馆

科尔多瓦阿卡扎堡
西班牙·科尔多瓦

337

意大利·佛罗伦萨

旧宫博物馆
Museo di Palazzo Vecchio

[中世纪自由城邦代表建筑]

自13世纪起，这里就是佛罗伦萨的政治中心，在麦第奇家族统治时期，广场上最醒目的旧宫，就是当年美第奇家族的府邸，一旁的乌菲兹美术馆则为办公的地方。由于当时实行共和体制，凡是公共事务都在广场上议事并举手表决。直到阿诺河对岸的碧提宫落成，旧宫才成为佛罗伦萨的市政厅。

旧宫由冈比欧(Arnolfo di Cambio)于13世纪末设计，他同时也是圣母百花教堂的原始设计者。这座拥有94米高塔的哥特式建筑，为佛罗伦萨中世纪自由城邦时期的代表建筑，不过当美第奇家族执政时，御用建筑师瓦萨里(Vasari)将其大幅修改，因此又混合了文艺复兴的风格。

五百人大厅(Salone dei Cinquecento)是旧宫里最值得一看的地方，15世纪时被当作会议厅使用，天花板及墙上装饰着满满出自瓦萨里及其门生之手的湿壁画，描绘了佛罗伦萨战胜比萨和西恩那的战役。

瑞士·布里恩兹

巴伦堡露天博物馆
Ballenberg Freilichtmuseum der Schweiz

【收集了上百幢14—19世纪的建筑】

走进巴伦堡露天博物馆就像开启小叮当的任意门，这一分钟在18世纪的瑞士中部农村赞叹垂到地面、铺满稻草的斜屋顶，下一分钟又转到爬满葡萄藤的鹅黄屋舍，接着打开了19世纪日内瓦湖畔的酒庄大门，顺着斜坡往下，在转角又出现了意语区独有的小小石砌农舍，而烟熏腊肠的香味正从窗口飘散开来。

露天博物馆占地广达66万平方米，收集了上百幢14—19世纪间瑞士不同区域的代表性建筑。你可以走进每栋屋舍，看看这些木造建筑的卧室和厨房，想象从前人们的生活情景，户外农场也以古代村庄的形制豢养了许多农庄动物，乳牛、骏马、猪崽、绵羊等家畜自由自在地在草原上漫步。

穿着民俗服装的工人们，正在旧时作坊内忙碌着，使用传统工具从事生产工作，例如木雕、纺织、锻造、刺绣、制作起司、烘焙面包等。他们也很乐意传授技巧，让游客亲身参与瑞士的农村生活。

根据区域的不同，这里也提供具有地区特色的传统餐点，此外，还会遵循时令举办各式各样的活动，诸如庆典、舞蹈、秋日市集等。

芬兰·赫尔辛基

芬兰堡
Suomenlinna Sveaborg

[气氛独特的露天博物馆]

芬兰堡长达6公里的城墙串起港口岛屿，形成了坚实的御敌堡垒，是18世纪少见的欧洲堡垒形式。岛上的防御设施、绿草如茵的草地、各式艺廊展场、餐厅及咖啡屋，将这里营造成气氛独特的露天博物馆。

芬兰堡最早兴筑于1748年，当时芬兰受瑞典政权管辖，深受苏俄军事扩张的威胁，瑞典决定利用赫尔辛基港口的6座岛屿兴建防御工事。工程由厄伦斯瓦德（Augustin Ehrensvärd）负责，数以万计的士兵、艺术家、犯人都参与了工程。1750年，瑞典国王将此要塞命名为Sveaborg，也就是"瑞典城堡"之意。

1808年，芬兰成为俄国属地，接下来的110年一直作为俄国的海军基地，所以岛上有许多建筑呈现俄国特色。1917年，芬兰独立，隔年这里也随之更名为芬兰堡，成为芬兰军队的驻地，现在则成了赫尔辛基最受欢迎的观光胜地，1991年被联合国教科文组织列入世界遗产。

长久以来，芬兰堡内的居民远比赫尔辛基的还要多，在瑞典统治的19世纪初，约有四千六百人居住于此，是当时芬兰境内仅次于土库的第二大城。俄国统治时期，约有一万两千名士兵长住堡垒，加上军官眷属和商店、餐厅等，人口达到顶峰。

目前芬兰堡仍有数百名居民，游人除了可游览各种堡垒和军事设施外，还可参访岛上6座博物馆、艺廊、工作室。

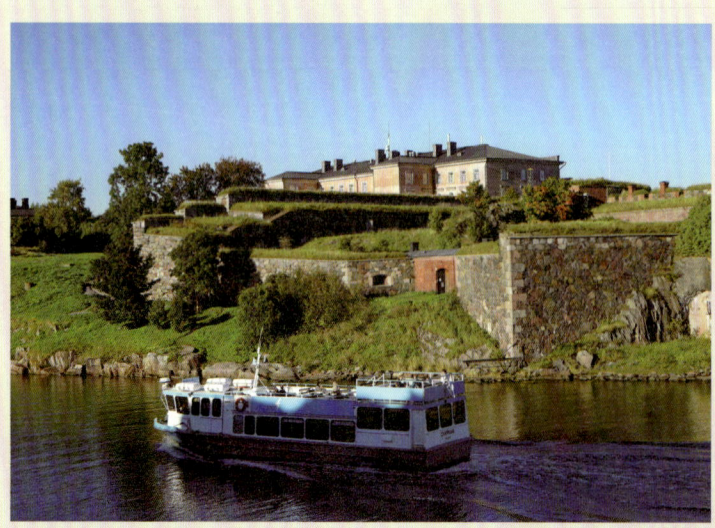

芬兰堡博物馆
Suomenlinna Museo

以模型、照片和挖掘出的武器军火，介绍了芬兰堡超过两百六十年的历史，每隔30分钟播放提供中文语音的短片，可快速了解芬兰堡与瑞典和苏俄的关系。

维斯科潜艇
Sukellusvene Vesikko

这一艘芬兰潜艇曾参与第二次世界大战，在1939年的冬季战争中担任护航、巡航任务，1947年的巴黎和平条约禁止芬兰拥有潜水艇，维斯科潜艇从此退役，直到1973年加以整修并开放参观。游客在潜艇内可以看到驾驶室复杂的仪表板、鱼雷和床铺，狭窄的船舱就是大约二十位海军士兵在海面下的所有生活空间。

玩具博物馆
Suomenlinnan Lelumuseo

可爱的粉红色木屋内收藏了数千件19世纪初期到60年代的玩具、洋娃娃和古董泰迪熊。比较特别的是，游客能看到许多战争时期具有国家特色的玩具，以及早期的噜噜米娃娃，还可在小屋中品尝咖啡和手工饼干。

马内基军事博物馆
Sotamuseon Maneesi

这里展示了各式军用车、大炮、坦克车和军装。借助等比例大小的壕沟模型，游客可以了解芬兰堡的防御工程，以及芬兰士兵战争时期和日常生活。

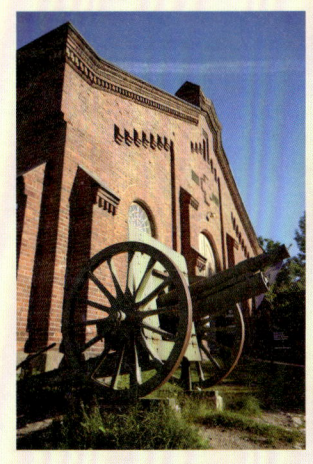

古斯塔夫之剑与国王大门
Kustaanmiekka & Kuninkaanportti

国王大门是瑞典国王弗雷德里克(Adolf Frederick)于1752年前来视察工程时上岸的地方，1753—1754年间建成，作为当时城堡的入口，也是芬兰堡的象征。

古斯塔夫之剑则是城堡最初的防御工程，顺着不规则的崎岖海岸兴筑，与周围沙岸、炮兵营地一起构成防线。

341

波兰·克拉科夫

雅盖隆大学
Uniwersytet Jagielloński

[东欧名列第二的古老大学]

雅盖隆大学是波兰最早设立的大学，历史比华沙大学更为悠久，同时也是东欧仅次于布拉格、名列第二的古老大学。伟大的天文学家哥白尼就是毕业于这所大学，来访过的名人包括教宗若望保罗二世及英国伊丽莎白女王二世。

雅盖隆大学创建于1364年，由国王卡兹米尔三世(Kazimierz III Wielki)所立。它位于克拉科夫旧城区的西南方，校区面积广大，除了各学院外还有图书馆、教堂等许多古建筑，经常有游客和学生漫步其中，或在花草树木间的长椅上轻松休憩。

大学的一部分作为博物馆对外开放参观，内部收藏着珍贵的学校藏品，包括天文、医学、化学仪器等，其中还有波兰现存最早的科学仪器。另外，每间房间更陈列着许多学者画像及名人雕刻，也象征着大学曾有的荣耀过往。

博物馆里一间间展间都有不同展品，每件家具不但讲究，而且都有相当悠久的历史，例如当初作为餐厅及教授们交流的房间，内部有18世纪的巴洛克式橡木阶梯、15世纪的哥特式窗户，且学校的创立者国王卡兹米尔三世的雕像即立于此。另外，18世纪时曾有教授住在此处，也可看到当时的摆设。

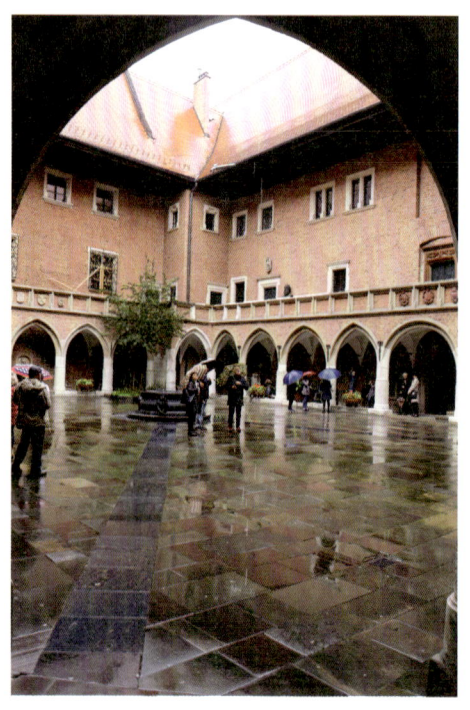

匈牙利·布达佩斯

匈牙利国会大厦
The Parliament

[新哥特和巴洛克式风格的完美结合]

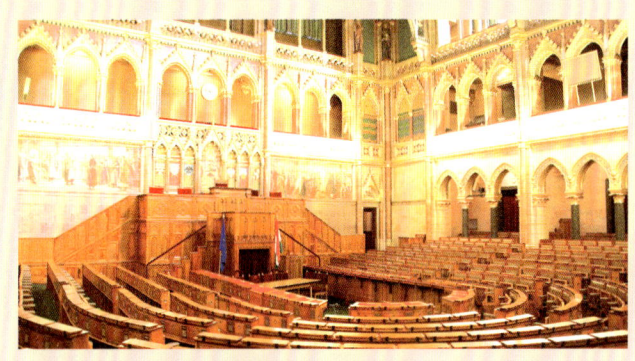

与伦敦国会大厦相似的匈牙利国会大厦，是从城堡山眺望多瑙河时第一个映入眼帘的明显地标。这栋宽268米、高96米的新哥特式雄伟建筑，共花费17年的时间建造完成，结合了许多不同的建筑特色，于1902年大功告成，内部共有将近七百间房间，收藏了许多艺术作品，户外更有18座大小庭园。

国会大厦的主要建筑为新哥特和巴洛克式风格的结合，加上黄金与大理石更显壮观华丽，外观建筑尖塔的精细雕工与精美的玫瑰窗，更让它透露出庄严的气魄。

要进入国会大厦参观必须参加定时的导览团，由于是国会殿堂，难免门禁森严，跟着导览团进入主要是参观主楼梯、匈牙利的传国之宝"圣史蒂芬皇冠"和议会厅这三处重要景点。圣史蒂芬是匈牙利的第一任国王，虽然史料无法确认他是否戴过这个皇冠，但可以肯定的是，圣史蒂芬皇冠的历史至少可追溯至13世纪初，它是世界上极为古老的皇冠之一，因此成为匈牙利王国的象征。

金碧辉煌的圣史蒂芬皇冠，其最大特色是冠顶上微倾的十字架，皇冠背后也有一段颠沛流离的故事：1945年时，它被匈牙利法西斯党徒挟带至奥地利，最后又落入美国人之手，一直到1978年才在盛大的欢迎庆祝仪式中重返国门，结束了这段国宝绑架记。

历史建筑博物馆

雅盖隆大学
波兰·克拉科夫

匈牙利国会大厦
匈牙利·布达佩斯

343

匈牙利·圣坦德

匈牙利户外民宅博物馆
Hungarian Open Air Museum

[一睹传统的匈牙利民宅与生活]

如果想一睹传统的匈牙利民宅与生活，那么别错过位于郊区的户外民宅博物馆。这是匈牙利境内最大的户外博物馆，于1967年的2月成立，初期这里仅是布达佩斯人类学与民宅部门，慢慢发展成今日占地约4600平方米的丰富民俗文化艺术中心。

整个户外博物馆如同一处民居部落般，分门别类地依照古老的民宅风格而建，不仅是房舍，连房子的内部也十分讲究，建有传统的木制家具、石墙等，仿佛真的有人住在其中。更厉害的是，房舍的院子里也种满了青菜或各种植物，有时还可以看到专职的人在里面制作手工艺品。

户外民宅博物馆展示了匈牙利境内10区的农舍与民宅，数量多达数百幢，建筑风格多属于18—19世纪间。在周末游客众多之时，馆方会安排许多有趣的体验活动，到了夏季的晚上，还会安排特别的传统音乐节目表演。

这里的餐厅提供匈牙利各地区的美食料理，保准让你吃得满足。由于博物馆面积实在是太大，你至少得安排半天以上的时间才能玩得尽兴。

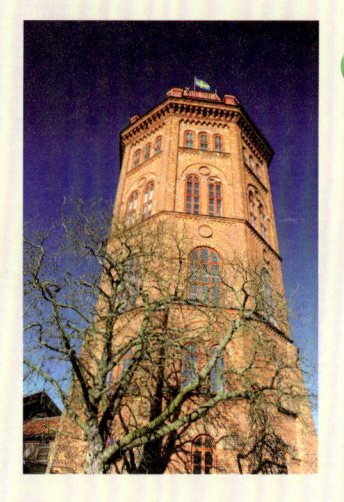

瑞典・斯德哥尔摩

斯堪森露天博物馆
Skansen

[全球第一座户外露天博物馆]

斯堪森露天博物馆位于动物园岛(Djurgården)上,设立于1891年,是世界上第一座户外露天博物馆。如果你对民俗博物馆有兴趣,那么一定要来这座活的博物馆看看。

这座露天博物馆集合了一百五十多幢来自瑞典各地的老房子,是创办人哈左勒斯(Artur Hazelius)为了保存急速消失的传统文化,到全国各地努力收集而来。从富豪宅邸、传统农村,到教堂、仓库、风车、砖窑,各种建筑形式,一目了然。

游客可以到面包店吃片纯手工制、刚从陶炉中烤出的香面包,也可以参观热烘烘的玻璃水晶的制造过程,或到杂货店买个古早糖,逛完一圈,不仅看遍了全国各地的传统建筑,还走过了瑞典的历史。

在这个活的博物馆里,活动随着四季变化,所以在不同的时节参观斯堪森,你会看到收割、晒鱼干、牛车赶集等不同的活动与展示,而且在传统庆典如仲夏节、圣诞节时,园区还有特别的庆祝活动。

此外,这里还辟有一座北方动物园(Nordic Zoo),完整收集了生活在北欧地区的动物,包括麋鹿、驯鹿、棕熊、海豹、水獭、狼獾等。

345

拉脱维亚·皮斯隆达雷

隆黛尔宫
Rundāle Palace

[意大利巴洛克天才大师的杰作]

隆黛尔宫是由意大利巴洛克天才大师巴托罗米欧(Bartolomeo Rastrelli)所设计建造的,他同时也是俄罗斯圣彼得堡冬宫的创造者。这座18世纪的奢华宫殿,是巴托罗米欧于1730年为当时的库尔兰(Courland)公爵拜伦(Ernst Johann Biron)所打造的夏宫,1795年俄罗斯吞并库尔兰地区之后,凯瑟琳大帝还曾经把这座宫殿送给她的情人祖博夫(Zubov)王子,这里是拉脱维亚不可错过的一级景点。

隆黛尔宫于1972年被改成一座博物馆,共有138个房间,其中约有40多个房间对外开放。宫殿的中间和东翼是公爵住的地方和活动范围,西翼则是公爵夫人和其他成员居住的地方,不能错过的是黄金厅、白厅、玫瑰室、公爵寝室、公爵餐厅、公爵夫人起居室,以及公爵家族的肖像和种种收藏。参观完室内精华厅室,游客还可以步行到宫殿后方的巴洛克式花园,这里也是一景。

黄金厅
Gold Hall

黄金厅是整座宫殿最豪奢的地方,也是当年公爵接见宾客的大厅,镶着黄金的大理石墙面、巨大壮观的彩绘天花板,让初到者目眩神迷,这都是作为谒见厅不可或缺的装潢。与黄金厅相接的还有几个小房间,包括瓷器室(Porcelain Cabinet)和大、小长廊(Grand & small Gallery),其中细致优雅的瓷器室恰与光彩夺目的黄金厅形成强烈对比,墙上陈列的中国瓷器都是清朝乾隆时期的作品。

白厅
White Hall

白厅是专为舞蹈设计的舞蹈大厅(Ballroom)，纯白色调更能衬托出盛装打扮、翩翩起舞的绅士、淑女们。然而白厅的白绝非第一眼所看到的那么朴实无华，再细看，它的天花板、墙壁上满满都是栩栩如生的浮雕，更机巧的是，乍看似乎所有雕刻都对称，事实上，这上面没有一片是重复的，而且充满想象力、张力及雕刻功力。其中门窗上的22幅浮雕大致描绘的是农村风情，包括耕作、打猎、畜牧、种花、水果收成等。而抬头仰望天花板正中央，是一幅鹳鸟哺育巢中雏鸟的浮雕，几可乱真的画面，已成白厅中的经典。

公爵餐厅
The Duke's Dining Room

公爵餐厅又名大理石厅，其名称主要来自它的大理石灰泥装饰墙壁，非常克制地仅仅使用了蓝灰色调。不过相反地，天花板则雕刻得华丽多彩，不同于其他厅室天花板多半为神话人物壁画，公爵餐厅里则是一整圈花彩装饰，仔细看可以发现由公爵姓名首字母组成的花押字。

公爵寝室
The Duke's Bedroom

公爵寝室呈现绿色色调，床两旁放着两座青瓷火炉，天花板彩绘的主题则是维纳斯女神、情人战神，以及他们的儿子爱神丘比特。除此之外，还有4幅巴洛克时期经常出现的关于希腊罗马神话故事中的情色画作。目前陈列在公爵寝室的画作虽不多，但都具象征意义，包括公爵约翰(Ernst Johann)夫妇的肖像。

玫瑰室
Rose Room

玫瑰室也是令人眼前为之一亮的地方，其风格接近德国柏林和波茨坦宫殿的洛可可风：矫饰的大理石、色彩丰富的花朵、银饰取代黄金。天花板彩绘的是春天、花之女神及其侍女，而这主题似乎又从天而降延伸至墙壁上，21条垂悬下来的玫瑰花环，更是灰泥粉饰的杰作。

公爵夫人起居室
The Duchess' Boudoir

公爵夫人的生活空间位于宫殿西翼，包括起居室、寝室和浴室，虽不如公爵生活区域奢华，却不失雅致。起居室的焦点便是那环绕两根细细树干、上面坐着两个撑伞天使的贝壳形壁龛，以及一旁灰泥粉饰的火炉；从起居室弯进卧室和浴室，浴室是宫殿里最小、天花板最低的房间，不过设计得最精巧，墙壁是木片拼花，天花板则是灰泥粉饰、镶金的网格棚架缠绕着彩色花环。

历史建筑博物馆

隆黛尔宫 拉脱维亚·皮斯隆达雷

土耳其·卡帕多西亚/格雷梅

格雷梅户外博物馆
Göreme Açık Hava Müzesi

[保全完整宗教壁画的洞穴教堂]

名列《世界遗产名录》的格雷梅户外博物馆，其洞穴教堂保存了完整的宗教壁画。户外博物馆的教堂约莫有三十座，全是9世纪后为躲避阿拉伯的基督徒凿开硬岩建造的十字架形式、圆拱盖教堂，内部的壁画更是艺术杰作。

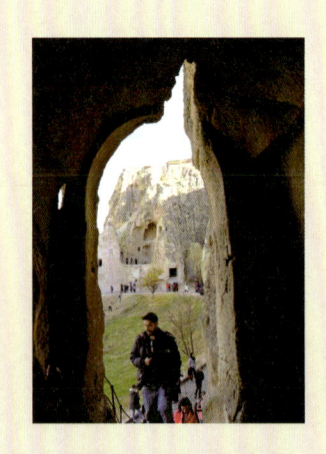

苹果教堂
Elmalı Kilise

进入苹果教堂必须先穿过一道洞穴隧道，教堂里有4根柱子，8个小圆顶，1个大圆顶，3个半圆壁龛。然而命名为苹果，究竟苹果在哪里？有人说苹果指的是中间圆顶上的天使加百列(Gabriel)画像，也有人说是教堂门口的一棵苹果树。在教堂里你会发现原始壁画并不是这样，其中几处仅仅以赭红色颜料画上线条及几何象征图案来崇敬上帝，这是725—842年的禁绝偶像崇拜时期所留下来的。

348

圣巴西里礼拜堂
Aziz Basil Şapeli

位于博物馆入口处第一个会碰到的教堂，年代可以回溯到11世纪，在半圆壁龛上有耶稣像，旁边则是圣母子画像。北侧的墙壁上有圣希欧多尔(St. Theodore)的画像，南面壁画则是圣乔治(St. George)骑着马的画像，壁画都十分残破。

蛇教堂
Yılanlı Kilise

之所以取名为"蛇教堂"，是因为教堂里左手边的壁画，画着圣乔治(St. George)和圣希欧多尔(St. Theodore)正在攻击一条像蛇模样的"龙"，而君士坦丁大帝及其母亲就手握十字架站在一旁。

右手边的壁画则是一幅怪画像：一位裸体白胡老翁，却有着女性胸形。原来那是传说中的埃及圣女安诺菲莉欧斯(Onouphrios)，由于长得太美，不断遭到男人的骚扰，她无法专心修道，于是每天向圣母祈祷。终于神迹发生了，上天让"她"的面容变成"他"。半男半女的安诺菲莉欧斯因修道虔诚而被晋封为圣，所以这座教堂又称为圣安诺菲莉欧斯教堂。

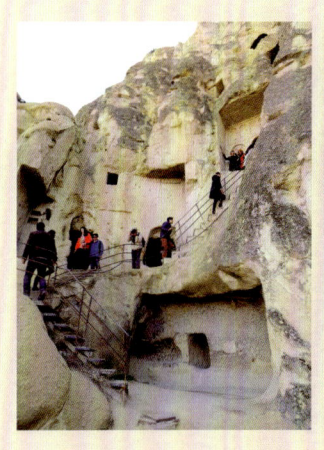

圣芭芭拉礼拜堂
Azize Barbara Şapeli

与苹果教堂一样，部分壁画以赭红色颜料画上线条及几何象征图案来崇敬上帝，这也是725—842年的禁绝偶像崇拜时期所留下来的，今日看来，它的简单就是美。至于《基督少年时》《圣洁的玛利亚与圣芭芭拉》湿壁画，都是后来画上去的。

储藏室/餐厅/厨房
Kiler/Mutfak/Yemekhane

这一区的洞穴内部没有画作，洞外有石阶，洞内也彼此相连，依序为储藏室、餐厅和厨房空间。博物馆里有几处厨房与餐厅，其中以蛇教堂旁这处最大，石头挖出长桌和座位，足以容纳四五十位教士，墙壁的壁龛用来储藏食物，地上的洞则用来榨葡萄汁制酒。

格雷梅户外博物馆
土耳其·卡帕多西亚格雷梅

历史建筑博物馆

349

黑暗教堂
Karanlık Kilise

这是要另外付费才能入内的教堂，其价值就在于教堂内保留了满满的湿壁画。黑暗教堂得名于教堂窗户少，里面光线昏暗，也正因为如此，壁画的色彩得以鲜艳如初。这些壁画几乎全数是旧约圣经故事，包括《耶稣被钉在十字架上》《被犹大背叛》《祈祷图》《天使报佳音》《进入伯利恒》《基督诞生》《基督少年时》《最后的晚餐》……各种耳熟能详的故事，多得难以细数。

圣凯瑟琳礼拜堂
Azize Katarina Şapeli

位于黑暗教堂和拖鞋教堂之间，这座小礼拜堂的壁画描绘了圣乔治、圣凯瑟琳，以及圣母玛利亚和圣约翰随侍耶稣基督两侧的《祈祷图》(Deesis)。

拖鞋教堂
Çarikli Kilise

教堂里最著名的一幅画是圆顶中央的《全能的基督》，至于"拖鞋教堂"的由来，是左侧石墙《基督升天》壁画的下方有一个脚印，因而得名。

纽扣教堂
Tokali Kilise

纽扣教堂又称为"托卡利教堂"，它位于户外博物馆外面，从博物馆门口顺着山丘向下走约五十米，千万不要错过。它不但是博物馆内最大的教堂，更有神情最传神的壁画，蓝底红线条及白色的运用，令人叹为观止，湿壁画内容主轴大致描述了基督的一生。

历史建筑博物馆

格雷梅户外博物馆 土耳其·卡帕多西亚/格雷梅

卡德里奥宫 爱沙尼亚·塔林

爱沙尼亚·塔林
卡德里奥宫
Kadrioru Kunstimuuseum

[彼得大帝留在爱沙尼亚的宫殿]

不同于塔林旧城区，卡德里奥是俄罗斯沙皇时代的产物。

卡德里奥宫坐落在森林般的卡德里奥公园正中央，这座18世纪的巴洛克式宫殿，是俄罗斯皇帝彼得大帝(Peter the Great)于1710年征服爱沙尼亚之后所盖的，由意大利建筑师米凯蒂(Niccolo Michetti)所设计。据说宫殿建造时，彼得大帝本人还亲自放下第一块基石。20世纪30年代，爱沙尼亚短暂独立时，这里曾经作为总统的私人官邸。2006年2月，宫殿对外开放，并改为美术馆。

美术馆里珍藏了16世纪到20世纪荷兰、德国、意大利以及俄罗斯的艺术品，总计约九千件。除此之外，宫殿周边的几座附属建筑也改成了博物馆，例如过去的厨房改为"米可尔博物馆"(Mikkel Museum)，展示了收藏家麦克尔(Johannes Mikkel)捐赠给博物馆的画作及瓷器等。

卡德里奥这区还有塔林歌唱音乐节的表演场地，是爱沙尼亚人心中"歌唱革命"(Singing Revolution)的发源地。1988年，爱沙尼亚反对苏联统治的音乐活动就在这里展开。

爱沙尼亚·塔林

偷窥厨房与堡垒隧道
Kiek in de Kök ja Bastionikäigud

[兴建于15世纪的防御工事]

这座位于前往上城山腰处的堡垒，是建于15世纪70年代的防御工事，之后迅速加以扩建，现在看到的城墙厚达4米。高达38米的塔楼便于监看下城的动静，负责的兵士们开玩笑说足以偷窥到家家户户的厨房了，所以有了"偷窥厨房"这个逗趣的名字。

"偷窥厨房"目前开辟成博物馆，展出塔林历史上城墙与堡垒防御系统的发展过程、曾经发生过的重要战役、昔日的作战武器以及一些刑罚的器具等。顶层有一间咖啡厅，俯瞰视野绝佳，游客可以体验一下当年兵士们"偷窥厨房"的情景。

此外，堡垒底下暗藏好几条顺着山势挖掘的秘密通道，是17世纪30年代开始陆续挖掘的，以避开敌人的耳目、加强防御的能力。参观堡垒隧道必须跟随着导览解说行程，英语导览每天场次有限且须事先预订。隧道里平均温度在7℃~10℃间，游客参观时记得带件保暖的外套，穿一双便于走山路的鞋。

爱沙尼亚·塔林
爱沙尼亚户外博物馆
Estonian Open Air Museum

[展示过去两百年的乡间建筑]

爱沙尼亚户外博物馆坐落在塔林市区西方的一片森林里，临着波罗的海(芬兰湾)，占地八十公顷，展示了许多爱沙尼亚不同时代、不同地区、不同生活水准的乡间建筑。

博物馆囊括了西爱沙尼亚、北爱沙尼亚、南爱沙尼亚及岛屿爱沙尼亚等地的传统村落，从农场、农舍、风车、水车、消防队、木造小礼拜堂、乡村学校等，展示了过去两百年来，总共近两百栋建筑。建筑风格依照传统样式，爱沙尼亚西部及北部农庄是排成一列的形式，岛屿农庄围着村落聚集在一起，而南爱沙尼亚的农庄则分散开来位居各处。

博物馆里的传统农家屋舍，曾是爱沙尼亚数百年来的生活住所，除了各种形式的农庄外，还有渔民的屋舍，以及公共建筑，诸如学校、教堂、商店、消防队等，整个户外博物馆就像是一座小型村落。

馆内最古老的建筑是1699年的木造教堂(Sutlepa Chapel)，近年也持续有新的农场开放参观。有些房舍或学校可见工作人员穿着古代服装，示范过去爱沙尼亚人的日常生活和工作情景。游客能在此买到爱沙尼亚的传统手工艺品，也可以在经济实惠的餐厅里，感受农庄用餐的氛围及尝尝当地传统美食。

俄罗斯·苏兹达里

苏兹达里木造建筑及农民生活博物馆
Museum of Wooden Architecture and Peasant Life, Suzdal

[再现俄罗斯18世纪的农村生活]

博物馆所展示的木造建筑包括：教堂、农民房舍、畜栏、谷仓、水井及风车磨坊。这些建筑大部分建于18世纪，在20世纪60年代之后从弗拉迪米尔区域的各个村庄陆续迁移到这里，目的除了再现俄罗斯18世纪以前的农村生活之外，还可以比较建筑形式随着历史演变的痕迹。

另外，农民住家也是另一个参观的重点，不但门口有穿着18世纪服装的农妇充当导游为游客解说，屋内还有卧室、起居室、厨房等布置，当时生活的道具都完整呈现在眼前，仿佛主人才刚出门不久呢！

基督变容教堂
Transfiguration Church

位于入口处的木造的基督变容教堂，建于1756年，是从利兹利亚蒂沃(Kozlyatievo)地区的科利丘吉诺(Kolchugino)村迁移而来的，建筑规模及形式虽然不及石造或砖造大教堂壮阔，但当你看到葱形圆顶及屋顶上如鳞片般的木片仍完整如初地排列着，令人不禁赞叹俄罗斯工匠的巧思及精湛技艺。

风车
Windmills

户外博物馆里的风车都建于18世纪，从18世纪到20世纪，弗拉迪米尔省内的风车都长这个样子，底下的基座为四边形，上方的风车车身呈八角形，扇叶则有4片。

耶稣复活教堂
Resurrection Church

耶稣复活教堂的结构较基督变容教堂的简单，年代也较晚，建于1776年，是从利兹利亚蒂沃的地区的帕塔基诺(Patakino)村迁移过来的，是18世纪典型的木造教堂形式之一，教堂里有一座钟楼，里面还有一间食堂。教堂内部也呈现了当时的景观，墙上只有简单的木板，将焦点完全集中在正面的圣像屏上，简朴中不失庄严。

轮子水井
Well with a Wheel

这种水井的俄文名称是"踩踏"的意思，要取水的时候，人就踩在轮子上，借由轮子转动，吊挂两只大水桶，一上一下把水打上来。

历史建筑博物馆

俄罗斯·苏兹达里

苏兹达里木造建筑及农民生活博物馆

355

农村房舍结构

西伯利亚地区还保存着许多古代俄罗斯农村的木造建筑及村落，然而莫斯科附近则因为经济开发，比较不容易看到这种旧式的农村建筑。

最基本的农村房舍每一户都会有庭院，四周由主屋、牲畜栏、谷仓包围，讲究一点的还分为净庭(Clean Yard)和土庭(Dirt Yard)。净庭地面铺着木板，是主妇晒衣及小孩游戏的区域；土庭是木板没有铺到的区域，通常供牲畜活动。

所有建筑中最有意思的是主屋，从布置及家具可以看出俄罗斯人传统的生活习惯。贫农的主屋只有一间，没有隔间，但一般农户都有两个隔间以上。16世纪以后建造的农舍地板距离地面都有五十厘米以上，这是为了隔离土地的寒气，让屋内较暖和。

❶ 土灶

一进门的通道通常作为置放工具的空间，穿过旁边的矮门就可以进到主要的房间，矮门高度约一米多，进门的人都要弯下腰低头通过，据说这是为了向斜对角的圣像表示尊敬。一进门通常都可以看到一个白色土灶，底下生柴煮三餐，上层铺上床铺，当作小孩子睡觉的空间，古代农村医疗不发达，小孩子生存率约50%，睡在炉灶上保暖不容易生病，展现了古代人的智慧。

❷ 起居室

起居室面向阳光充足的一面，是全家人用餐及活动的主要空间。与门口呈斜对角的角落上，以鲜花和伏特加酒供奉着圣像，是最神圣的地方，圣像下通常摆着长桌及板凳，象征全家人都在神的庇佑之下活动。

❸ 厨房

起居室隔壁通常作为厨房或储藏室，摆放锅碗瓢盆等生活用品。这些用具通常都是木制或陶制品，储藏室的地板还可以掀起通往地下室，由于温度较低，平常用来储藏肉类或酒等。

❹ 主卧房

主卧房不但是主人夫妇的寝室，还是主妇的工作房，因此除了床铺之外，还有主妇工作用的织布机、木制的熨斗等。从天花板悬挂下来的婴儿摇篮表示这家有新生儿。

❺ 新人房

农家的长子结婚之后，父母通常会在主屋旁加盖一间房舍送给新人，新人房中展示了许多新娘嫁妆，包括新娘服及手工织绣。这种织绣布匹可以驱邪并带来祝福，新生儿出生时也会以这种布包裹。

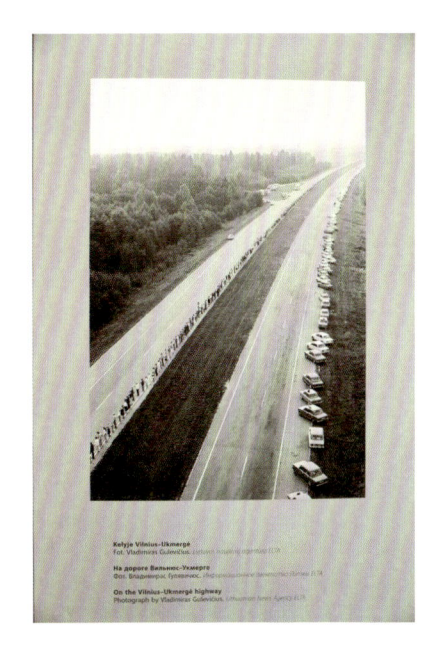

立陶宛·维尔纽斯

上城堡博物馆
Aukštutinės Pilies Muziejus

[和平抗争争取独立的起点]

维尔纽斯城从13世纪开始就建立于四十八米高的盖迪米诺山丘上，而当年所盖的旧城池、文艺复兴式的维尔纽斯大公爵宫殿，全部毁于17世纪被俄罗斯占领时期。

目前挺立在山头上的盖迪米诺红砖塔原本有四层楼，过去凡是攻下维尔纽斯的军队，都必定在塔上插上属于自己的旗帜。1930年修复之后，它现在维持三层楼的高度，并成为维尔纽斯的象征。这里拥有极佳视野，可以俯瞰整个维尔纽斯旧城。

上城堡博物馆就位于高塔里面，展出了从14世纪一直到18世纪初期的城堡模型、武器装备等。另外这里也展示了立陶宛的近代历史，也就是关于1989年8月23日"波罗的海之路"(Baltic Way)的介绍。当时约有两百万名立陶宛、拉脱维亚及爱沙尼亚的人民，手牵着手，从维尔纽斯一直延伸到塔林，形成了一条长达六百五十公里的人链，以和平抗争方式希望脱离苏联统治，而这座塔楼正是"波罗的海之路"在维尔纽斯的起点。

印度·乌代布尔

乌代布尔城市皇宫博物馆
City Palace Museum

[拉贾斯坦邦规模最大的宫殿]

位于皮丘拉湖湖畔的城市皇宫，可说是乌代布尔的一颗闪亮的珍珠，它结合了拉杰普特和莫卧儿的建筑风格，也是拉贾斯坦邦规模最大的宫殿，于1559年时由马瓦尔王朝的乌代·辛格(Udai Singh)大君下令兴建。

该建筑群共由11座宫殿组成，经过历任大君的努力，如今王宫一部分改装成博物馆，一部分改建为豪华饭店，另一部分则是现任大君与其皇室后裔的居所。

博物馆是整座宫殿建筑群中最古老的部分，包含了原本皇宫中的大君宫殿(Mardana Mahal)和皇后宫殿(Zennana Mahal)。进入皇宫前会先看到2块巨石，这是大象的床；而大门象神门(Ganesh Deoti Gate)则划分出平民和贵族的分界，昔日平民是不能擅入的。

皇宫以浅黄色石头打造而成，建筑下层几乎没有窗户，犹如一道厚实的城墙。宫殿外层围绕着厚重又高大的建筑，内部则是由一条条蜿蜒窄小的通道连接宫殿和中庭，这是典型的拉杰普特式宫殿设计，好让侵略者迷失在迷宫中。而宫殿中则大量装饰着彩色玻璃马赛克镶嵌、迷你精致画，以及美丽的镜子。

玛内中庭
Manek Chowk

这座位于大君宫殿前方、绿意盎然的中庭，主要当作公共聚会、举行仪式和大象游行等活动场所，中央那座左右对称的莫卧儿式庭园落成于1992年，如今依旧是现任大君和皇室家族举办庆典的地方。城市皇宫博物馆的入口上方，则装饰着马瓦尔家族的皇室徽章，拉杰普特战士和比尔人分别站立于太阳两侧，太阳代表着太阳神苏利耶(Surya)。

皇室中庭
Rajya Angan

经过象神门之后，顺着一道阶梯往上爬，会进入皇室中庭，乌代·辛格大君就是在这里遇见了一位告诉他在此创立城市的智者。

中庭四周的建筑如今是一座展览厅，里面展示了马岱浦尔的传奇武士普拉塔普(Maharan Pratap)在战场上所使用的武器及盔甲，而盔甲连着一个假象鼻，目的在于让其他马匹以为自己遇到的对手是大象。

庭园宫
Badi Mahal

庭园宫位于城市皇宫博物馆的制高点，四周环绕着104根由大理石打造的回廊，天花板上方装饰着大理石砖。中庭内绿树扶疏，并可欣赏皮丘拉湖风光，过去这里主要用来举办皇室宴会以及特殊节庆。

巴迪奇特拉沙里中庭
Badi Chitrashali Chowk

这座中庭位于庭园宫和孔雀中庭之间，是大君欣赏舞蹈和聆听音乐等表演的娱乐场所，装饰着大量蓝色的瓷砖以及色彩缤纷的玻璃。从这里的阳台可以俯瞰乌代布尔的城市景观。

历史建筑博物馆

印度·乌代布尔 乌代布尔城市皇宫博物馆

359

红宝石宫
Manak Mahal

宫殿里大量的镜片和红绿两色对比的玻璃，让整个空间充满强烈的色调，令人留下深刻印象。其中，维拉斯(Krishna Vilas)展示着大量的细密画。

孔雀中庭
Mor Chowk

孔雀中庭里五只色彩缤纷的孔雀装饰着华丽的玻璃镶嵌，被誉为城市皇宫中最美的中庭。这些美丽的孔雀由超过五千片的马赛克拼贴而成。这座中庭是昔日大君接见贵宾的场所。

狄克湖夏宫
Dilkhushal Mahal

宫殿里收藏着大量描绘乌代布尔皇室节庆活动与大君肖像的绘画，其中有两个房间特别令人印象深刻：一个是嵌着红色和银色玻璃、令人眼花缭乱的布尔杰(Kanch Burj)，另一个是展示着马瓦尔王朝迷你精致画的尼瓦斯(Krishna Niwas)。

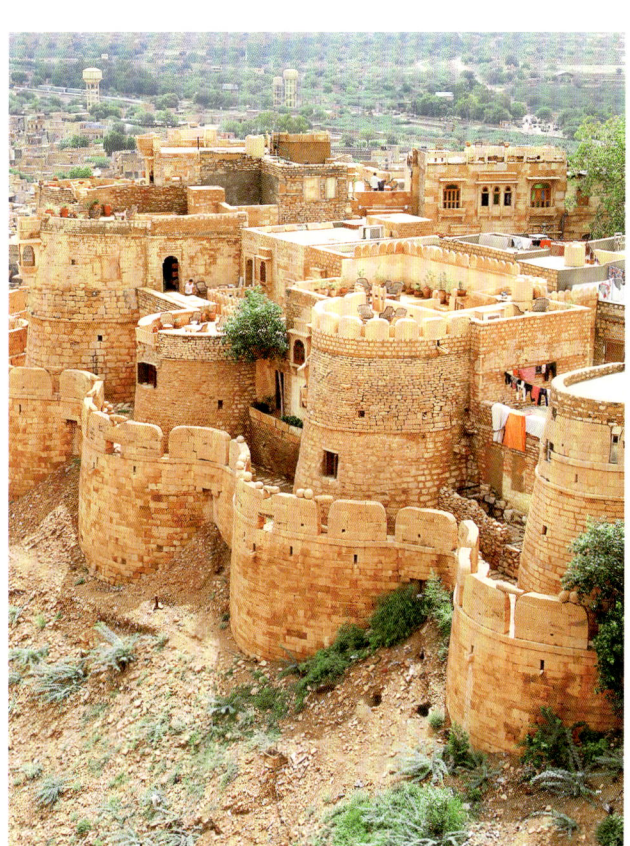

印度·斋沙默尔

斋沙默尔城堡
Jaisalmer Fort

[活生生的露天博物馆]

这座矗立在斋沙默尔市区的中古世纪城堡，无论是城墙还是内部的宫殿、寺庙与民宅，全部以金黄色砂岩打造而成。不同于其他拉贾斯坦邦的城堡纯粹以古迹之姿对外开放，斋沙默尔城堡至今仍有约两千人生活其中，犹如一座活生生的露天博物馆，堡内宛如迷宫般的小巷弄和一户户紧邻的房舍，呈现出一种独特的沙漠氛围，而大部分的居民都是拉杰普特族后裔。

城堡盘踞在76米高的山丘上，被10米高的城墙围住，城墙四周还有99座碉堡捍卫着。部分碉堡至今依旧保留着大炮，它们全是1156年时、由拉杰普特族的巴提王朝统治者嘉莎尔(Jasal)下令兴建的。斋沙默尔城堡可说是全拉贾斯坦邦中名列第二的古老城堡。

城堡一共有4道大门，一条两旁高处堆叠巨大圆石的通道通往主要广场，以备敌人入侵时推落，达到防御的作用。太阳门(Suraj Pol)是主要的城门，游客在通过一道道的城门后，便会抵达城堡的主要广场。14—15世纪时，这座主要的广场上曾经举办过三次壮烈的陪葬仪式，对于当时的皇室妇女来说，如果丈夫战死沙场，她们必须从城墙跳入中庭燃烧的巨大柴火堆中，而非苟活。

堡内有开放为皇宫博物馆的旧皇宫、印度庙、耆那教庙和典雅的哈瓦利宅邸(Havelis)建筑可参观，此外还有许多商家与摊贩，贩售地毯、细密画等当地手工艺品。

历史建筑博物馆

印度·乌代布尔 乌代布尔城市皇宫博物馆

印度·斋沙默尔 斋沙默尔城堡

361

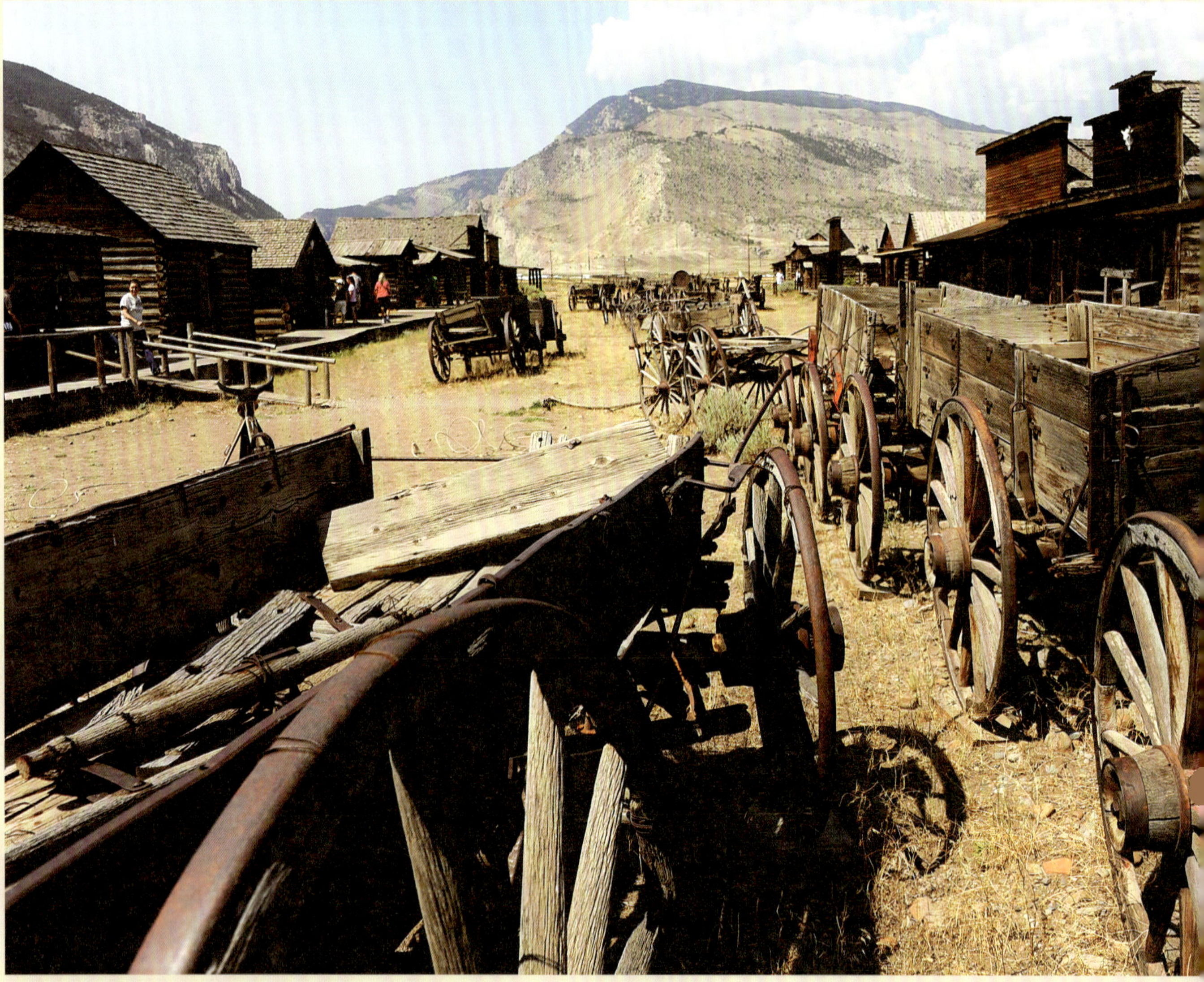

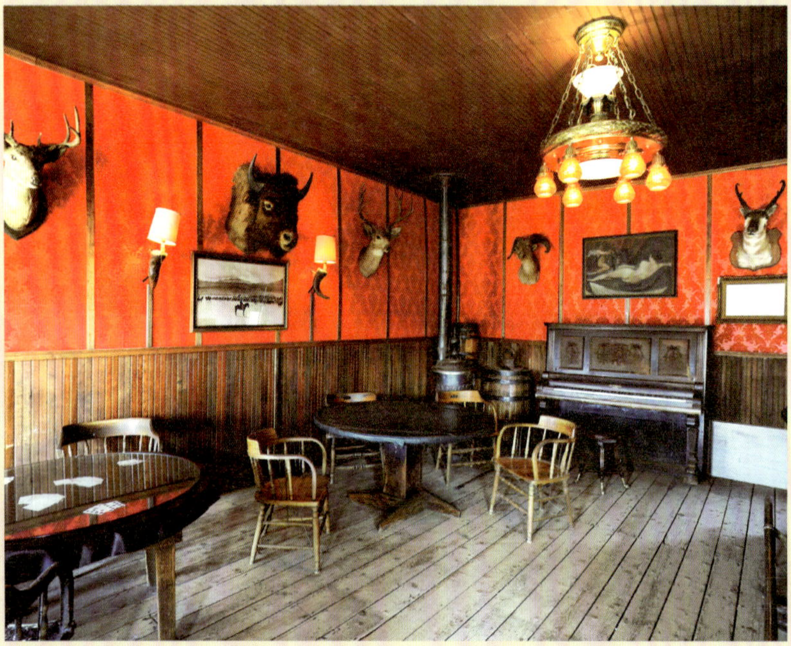

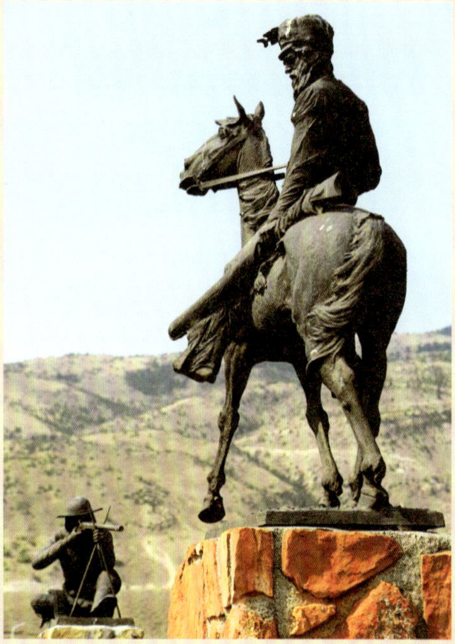

历史建筑博物馆

老路镇 美国·科迪镇

美国·科迪镇

老路镇
Old Trail Town

[重现大西部豪气江湖]

老路镇严格讲起来，应该算是个历史博物馆，而这里主要的收藏，就是大西部的历史房舍。

曾经在水牛比尔历史中心工作的原住民考古学家艾德格(Bob Edgar)，感叹具有历史意义的西部建筑正日益消失，于是自1967年起，他开始在怀俄明州与蒙大拿州四处搜集19世纪末的古老木屋。他将木屋小心拆解后，运到科迪镇西边的空地上重组起来，渐渐地愈来愈具规模，一座老旧的"新市镇"就这样诞生了。

现在在老路镇上，总共有26幢历史木屋，每一幢都有其独特的故事与背景，像是建于1883年的小木屋(Hole in the Wall Cabin)，就是当年江洋大盗布屈卡西迪(Butch Cassidy)与日舞小子(Sundance Kid)抢劫银行前窝藏的会面地。如果不知道他们是谁，这里可以提示一下，他们的故事曾在1969年被好莱坞拍成电影（剧情当然经过一点儿美化），由保罗·纽曼与罗伯特·雷德福担纲演出，片名叫作《虎豹小霸王》。

另一幢指标性的建筑，是建于1888年的里弗斯酒吧(The Rivers Saloon)，当年许多西部传奇人物都是这家酒吧的常客，他们聚在这里喝酒赌牌、打探江湖消息。西部片中经常看到的场景，可是真实发生在这里的记忆。

艾德格另外还将6位西部人物的墓地迁葬于此，最有名的一位是耶利米·约翰逊(Jeremiah Johnson)，1972年经典名片《猛虎过山》便是以他为主角。当年举行迁葬仪式时，片中饰演他的罗伯特·雷德福也前来为他抬棺，珍贵的历史照片也展示在老路镇上的博物馆中。

363

加拿大·金斯顿

亨利堡
Fort Henry

[体验大英帝国的军营生活]

历史建筑博物馆

亨利堡·加拿大·金斯顿

亨利堡修筑于1812年战争期间，当时是为了防备美军突袭皇家海军造船厂而建，并监视圣劳伦斯河进入安大略湖的河口动静。里多运河建成后，要塞又进行了大规模扩建，以担负起守卫运河南口的重大责任。

今日的亨利堡已不再是军事单位，昔日营房多已辟为展览室，陈列从前英军使用的武器、火炮、军装、徽章等，也有几间还原成过去指挥官与高级军官的房间，让游客了解大英帝国时代的军营生活。

最有趣的还是这里的工作人员，他们全部穿着英军古装，甚至连家眷也有专人扮演。这群人是被称为"亨利堡卫队"(Fort Henry Guard)的解说员团体，人数非常庞大，他们所做的就是重现古时的军队作息，不论何时前往，游客都能在下层要塞广场看到他们的操练。

这里从早上10:00升旗到下午16:45降旗之间，几乎每个小时都有节目，像是火炮射击、乐仪队游行、部队集合点名、炮兵训练等。每日也有两次火枪示范，由火枪手讲解不同时期枪械的射击要领，有兴趣的游客还可另外付费，亲手握起19世纪的毛瑟枪，打上几发空包弹。

由于古时部分士兵的家眷也住在军营中，因此，要塞里有间学堂，教导儿童读书写字。今日要塞也还原了这个场景，每日开课三次，游客将化身成十岁小孩，向美丽的女老师学习史地与数学，若是答不出题，还有机会体验维多利亚时代的体罚呢！

加拿大·渥太华

里多厅
Rideau Hall

[历任加拿大总督的官邸]

里多厅始建于1838年，原本是富商托马斯·麦凯（Thomas MacKay）的住所，而他也是建造里多运河的重要工程师之一。1867年，加拿大联邦成立，政府买下麦凯的房子作为加拿大总督办公与居住的地方，经过几番整修增建，建成现在所见的里多厅。

在里多厅内游客可看到历任总督的画像，听解说员详细讲述每位总督的任内政绩以及加拿大的行政结构。加拿大在独立自治后，仍将英王尊为国家元首，而总督就是英王在加拿大的代表。总督任期5年，由总理提名，经英王任命后，行使国家元首的职务。官邸内的主要参观重点为总督及加拿大银行赞助的艺廊及宴会厅，总督接见外国元首及授予荣誉勋章的仪式，就是在这座宴会厅中举行的。

除了官邸本身，广大的花园也对外开放，游客可以自在地在总督家的庭园中休憩散步，秋季的落叶为草地铺上金黄色、酒红色的地毯，许多人也在阳光洒进的林间享受拾叶的乐趣。里多厅距离市中心有段距离，但从花园可眺望到国会大厦，据说这是为了时时提醒总督，要扮演好监督与调和国会的角色。

里多厅的游客中心位于入口处，这间小屋原本是19世纪时的园丁长居所，园丁长和总督的关系相当亲密，也就是这位园丁，将里多厅打造成最亲近人群的国家首长的官邸。

366

古巴·哈瓦那

哈瓦那市立博物馆
Museo de la Ciudad

[哈瓦那最美的巴洛克建筑]

军事广场西侧，挑高拱廊占据了整个街区立面，气势十足，市立博物馆不愧是哈瓦那最美的巴洛克建筑。

这栋石砌建筑由殖民地总督冯斯维拉（Felipe Fondesviela）完工于1792年，直到1898年西班牙在此宣布结束统治以前，这里都是殖民地总督府，美国占领期间，军政府也设立于此，20世纪上半叶则作为总统府。这里曾是哈瓦那政商名流的聚集场所，重要的宴会和国家会议等都在此举行，1968年设立为市立博物馆之后，民众才有机会一睹奢华生活的样貌。

宽敞的中庭宛如热带植物园，孔雀悠闲地散步其中，英挺的白色大理石雕像是为了纪念发现古巴的哥伦布而雕刻，起居间、会议室、小教堂等围绕着这一方静谧小天地。比较特别的是，西边的部分房间设为牢房囚禁政治犯，而靠近前门的走廊地下，竟然是名人存放棺木的地方。现在牢房的部分已经拆除改建，地下棺木则挖开一部分向大众展示。

目前大部分房间不开放参观，入口右侧的房间能窥见18世纪精细的古董家具及厅堂装饰，其他展厅则展示了哈瓦那港的历史照片、革命英雄雕像、传统马车、军队制服和枪炮武器。

古巴·特立尼达

古巴殖民建筑博物馆
Museo de Arquitectura Colonial

[认识多样的殖民建筑]

想要了解特立尼达的殖民风建筑的细节，一定要参观殖民建筑博物馆。

原本是两幢分别建于1783年和1785年的建筑，于1819年合并，属于富有的蔗糖园主伊兹纳加（Sanchez Iznaga），亮蓝色的外衣搭配白色卷花栏杆，显得格外典雅。

博物馆展示了特立尼达地区地主豪宅的住宅装饰，包括半圆形玻璃窗、花纹铁栏杆、门把、特殊的天花板雕刻、墙壁绘画、屋顶砖瓦等，讲解各种西班牙殖民建筑的细部构造，并利用照片和结构图，收集了各式各样的落地长窗和大门式样，游客参观后再上街转转，会发现小镇的建筑更有意思。

中庭有一个长约五米的木制枷锁，是用来监禁黑奴的工具，两道可以合起来并上锁的大木枷锁中间，有将近十个圆洞，是用来铐住黑奴的手脚的，可以想象当初奴隶制度的残酷。旁边小浴室内有可调节冷、热水的莲蓬头，造型类似现在的花洒，相当先进。

细读殖民风建筑

特立尼达的地主豪宅和哈瓦那旧城区官邸建筑虽然年代相近，但建筑风格、装饰细节却大异其趣，色彩特别缤纷，落地窗栏杆和大门式样也特别花哨。若有机会住进主广场周围由地主宅邸改建的民宿，更能细细品味19世纪以前保存下来的老宅院。

红瓦屋顶

以红土烧成弧形砖瓦，再以上下圆弧相扣的交叠方式排列而成，每个屋顶斜面都不是平直的，呈现斜角不同或者有弧度，主要是为了让雨水可以汇集到屋檐，沿水管流到庭院中央的大陶缸贮存，当作日常用水。

大门

建筑的大门通常都有两个人高，而一进大门，屋内的挑高又更高一倍，这种居住空间完全没有压迫感，非常舒适。大门通常漆上艳丽的色彩，与墙壁呈鲜明对比，有些大门中间又另外开了一个小门，门顶有洋葱弧形或波浪形设计非常可爱，门锁大部分都换新了，但有些还留下传统的钥匙孔，显得古意盎然。

落地窗

通常位于大门两边互相对称，窗外的栏杆花样各有特色，是特立尼达最特别的建筑元素，栏杆的材质分为木制及铁制两种。木头雕刻成葫芦柱围成的栅栏因为比较容易损坏，现在已经比较少见，而铁栏则有许多花饰，在顶端汇集成一个洋葱形半圆弧，显得十分雅致。这些栅栏主要是为了保障19世纪时地主们的居家安全及财产。

彩绘玻璃窗

特立尼达传统住家的格局，一定有天井中庭，面对中庭的窗户或拱门上方，会设计成半圆形的彩色玻璃窗，称为梅迪奥朋托(Mediopunto)，从18世纪开始出现，到19世纪时成为一种建筑设计的流行。其做法是先以木头雕刻出花草的线条，再将各色玻璃镶嵌进去，在日照强烈的热带地区，这种花窗不但可以遮阳，还有美化家居的功能。有时也可以见到木制百页圆窗，这种造型不但可以遮蔽更多的日晒，还有将气流导入增加空气流通的功能。

专题博物馆

这类专门展示某项特殊主题的博物馆，馆藏内容包罗万象，展示方式更是新奇独特，例如日本泰迪熊博物馆、波兰姜饼博物馆、立陶宛琥珀博物馆、美国黑帮博物馆、德国巧克力博物馆、比利时乐器博物馆，光听名称就引人入胜。

美国
电缆车博物馆
纽约市立消防博物馆
黑帮博物馆

古巴
纸牌博物馆

时尚博物馆和集会厅

巧克力博物馆
猪博物馆
玩具博物馆
东德摩托车博物馆

霍尔门科伦滑雪博物馆及跳台
康提基博物馆

挪威

英国

立陶宛

比利时 德国 波兰
列支敦士登
瑞士

琥珀博物馆

原铁道模型博物馆
泰迪熊博物馆

葡萄牙

姜饼博物馆

土耳其 军事博物馆

地雷博物馆

日本

国际足联世界足球博物馆
奥林匹克博物馆
照相机博物馆

柬埔寨

邮票博物馆

乐器博物馆
普朗坦-莫雷图斯印刷博物馆

国立瓷砖博物馆
国立马车博物馆

英国·巴斯

时尚博物馆和集会厅
Fashion Museum & Assembly Rooms

[引领风骚的时尚收藏]

由小约翰·伍德设计、1771年开幕的集会厅，又被称为"新厅"(New Rooms)或"上厅"(Upper Rooms)，共有4个房间：交谊厅(Ball Room)、茶厅(Tea Room)、八角厅(Octagon Room)和牌厅(Card Room)。不过原建筑曾在1942年空袭中遭受严重的破坏，如今面貌是1988—1991年整修后的结果。

集会厅主要在18世纪时一种称之为"集会"(Assembly)的娱乐活动中使用，人们聚在一块儿跳舞、喝茶、打牌、听音乐和闲聊，曾来访过的名人包括简·奥斯汀和狄更斯。简·奥斯汀曾经和双亲定居于巴斯一段时间，她在两本以巴斯为背景的小说《诺桑觉寺》(Northanger Abbey)和《劝导》(Persuasion)中，都曾提到集会厅。

或许正因为集会厅曾是巴斯最时髦且引领风骚的地方，因此时尚博物馆才会设置于该建筑的地下楼层。在这里可以看到各式各样的男女服饰和首饰配件，其中历史最悠久的收藏是1600年开始的刺绣衬衫和手套，最新的展品则是2018年的年度服装系列，包括盖斯奎尔(Nicolas Ghesquière)为路易·威登(Louis Vuitton)设计的丝绸绣花女外套，以及琼斯(Kim Jones)为迪奥设计的首款男装系列。

穿梭其间，仿佛进入电影公司的道具间，体验另类的时光之旅。此外，博物馆中还准备了马甲和硬衬布，让参观者可以亲身体验19世纪中叶的女人如何为了爱美而"作战"。

德国·科隆

巧克力博物馆
Schokoladenmuseum

[品尝最具幸福感的甜点]

建在莱茵河河畔的船形博物馆，原名为"伊穆霍–施多威克博物馆"（Imhoff-Stollwerck-Museum），是一间由私人经营的博物馆，因为展示的主题是巧克力，所以又被称为"巧克力博物馆"。馆中展示了巧克力的起源以及发展过程，而全程透明化的制作程序，让人折服于现代科技的进步。

最棒的是游客可以在一棵结满金色可可豆的树下，免费品尝沾着巧克力的饼干，让香浓的滋味在嘴巴里化开，如果吃不过瘾的话，还可以在这边买一包现做的巧克力带回家去慢慢享受。

博物馆外有一大片露天看台，游客可以在这里欣赏莱茵河河畔的风光，看着不时从科隆出航的豪华观光游船，思绪也和它们一起沿着莱茵河航行，直到远方的黑海彼岸。

专题博物馆

英国·巴斯 时尚博物馆和集会厅

德国·科隆 巧克力博物馆

373

德国·斯图加特

猪博物馆
Schweine Museum

[爱猪成痴的丰富收藏品]

有不少故事角色把猪塑造成好吃懒做的形象，不过，对猪博物馆的主人而言，却全然不是那么回事。在这位女士眼里，从来没有一种生物比猪更可爱、更完美，她大量搜集关于猪的商品，持续了四十余年，至今还没有停止，于是，在1992年时，这间博物馆开幕了。

在3层楼共25个房间里，每间都有各自的主题，从小猪扑满、绒布玩偶、戏剧装扮、厨房用品、漫画海报、古董摆饰、照片电影、游戏玩具到大型装置艺术等，全方面表现了猪在文化艺术、寓言故事、流行符号与现实世界中的各种样貌。馆内陈列超过两万五千件，事实上，展出的数量还不及所有收藏的一半，可以想象博物馆主人爱猪成痴的程度。

在传统的日耳曼文化中，猪是很神圣的动物。因猪的生育能力强、体质好，德文中有句谚语"Schwein haben"，字面意思是"拥有一只猪"，引申的含义是"幸运"，甚至有些德国人的姓氏中就有"猪"这个字，例如知名的足球员施魏因施泰格(Bastian Schweinsteiger)，他的绰号就是"小猪"。

专题博物馆

猪博物馆 德国·斯图加特
玩具博物馆 德国·纽伦堡

德国·纽伦堡
玩具博物馆
Spielzeugmuseum

[百年玩具全收录]

纽伦堡是每年2月国际玩具博览会的举办城市，游客来到这里，当然要看一下举世闻名的玩具博物馆。博物馆一楼展示了木制玩具，再往上不只有各种玩偶，还有厨房、商店、药房等玩具模型，这些都是一百年前的玩具，有些更讲究的还有假人在里面呢！

从这些展示中游客可以了解贫富之间的差距，还有当时人们生活的情形。博物馆有一层楼专门展示二战期间的玩具，可见当时的玩具场景慢慢转变为士兵及防御工事。馆内展示的玩具，还有近代的电脑、科技类产品。

最棒的是，这间国际性的博物馆内还有为小朋友设计的游戏，无论绘画、手工艺及儿童书籍等，都很受小朋友欢迎。博物馆的后面还展示了一个大型的火车模型，旁边有一家静谧的咖啡屋，游客逛累了不妨在这儿小憩一会儿。

375

德国·柏林
东德摩托车博物馆
Erstes Berliner DDR-Motorrad-Museum

[展示了东德统治四十年内的摩托车款]

这是间专门展示东德时代摩托车的博物馆。摩托车是东德主要的交通工具，因为当时的人们若想购买汽车，除了得先存上一笔钱，还要经过漫长的等待，通常从申请到交车，中间得等上好几年。

这栋两层楼的博物馆里展示了超过一百四十台摩托车，包括宝马R35军用机车及摩托车界的经典款"Schwalbe"，几乎囊括了东德统治约四十年内所有的摩托车款，除了有一般人作为代步工具的阳春型摩托车和机踏车外，也有警察和军人骑乘的重型机车，以及参加越野赛事的竞赛车种等。

而创立于1906年的德国摩托车大厂穆茨(MZ)，由于总部位于德国东部的乔保(Zschopau)，因此，在冷战时期成为东德摩托车的主要制造商，在这里也能看到不少由穆茨生产的车种。

专题博物馆

东德·摩托车博物馆 德国·柏林

邮票博物馆 列支敦士登·瓦杜兹

列支敦士登·瓦杜兹

邮票博物馆
Postmuseum

[方寸天地藏有花花世界]

列支敦士登曾经是"邮票"的代名词。列支敦士登迟至1912年才开始发行自己的邮票，在此之前都是依赖奥匈帝国的邮政体系。列支敦士登的邮票制造严谨，加上本地艺术家们的独特创意，使得发行自列支敦士登的邮票很快便成为国际集邮者的新宠，对当时还未跻身富裕国家之列的列支敦士登来说，这是一笔重要的收入来源。

尽管随着电子邮件的普及，邮票的地位已经不如以往，但列支敦士登的邮票依然是集邮者们心目中的宝贝。其日新月异的艺术风格、切合时事的主题设计，早就超越了邮资本身的价值，使其在邮票式微的时代里仍旧声势不坠。

列支敦士登邮票博物馆成立于1930年，馆内邮票依年代及主题分门别类，以拉柜的方式展示，收藏量丰富。此外，博物馆内还陈列了许多艺术家们创作的邮票原稿、邮政的相关文献记录、早期贩卖邮票的机器、从前邮差们的装备和服装等，可以帮助游客认识邮政的演进史。

377

瑞士·苏黎世

国际足联世界足球博物馆
FIFA World Football Museum

[足球迷朝圣的天堂]

如果你是足球迷，千万别错过坐落于老城区西南方的国际足联世界足球博物馆。

国际足联世界足球博物馆是一座20世纪70年代的建筑物，开辟成3个楼层的展览馆，面积约三千平方米，展出了国际足联的珍贵收藏，包括照片、影像、书籍、各成员国代表队的球衣等，展品上千件。在地下一楼的"国际足联世界杯走廊"更有历届世界杯的比赛奖杯，完整呈现了世界足球的发展历程。

此外，馆内也设置了许多互动区，运用高科技，以趣味化的方式让参观者也试试自己的身手。

瑞士・洛桑

奥林匹克博物馆
Musée Olympique

【历届奥运纪念物搜集齐全】

洛桑因为是国际奥林匹克委员会(IOC)的总部所在，因而又有"奥林匹克之都"的美誉，也是世界上唯一可以任意使用奥运五环标志的城市。1993年全世界第一座奥林匹克博物馆在此揭幕后，每年更是有数以万计的游客来到这座城市感受奥运会的魅力。

展示面积广达约一万一千平方米的博物馆，展出了超过上万个实体物件，从古希腊时期的圣火炬、奥林匹克遗物、神殿模型，到现代奥运会的器材设备、奖牌徽章、附属纪念品等，这里都搜集得非常齐全。最吸引人的是，这里还有历届奥运夺牌选手们当时所使用的体育用品，例如曾代表瑞士夺得1996年亚特兰大奥运鞍马金牌的李东华，他的体操服和鞍马就在此展示。

此外，这里还有丰富的多媒体资料库，可找到运动员们的精彩影片。馆外的奥林匹克公园，正对着波光潋滟的日内瓦湖，园里有许多别具意义的雕塑作品，传达出奥运背后的和平理念。

379

瑞士·沃韦

照相机博物馆
Musée Suisse de L'appareil Photographique

[完整呈现两百年的相机历史]

沃韦的照相机博物馆展示的不是摄影作品，而是照相机，这里的相机收藏，从最原始的摄像设备，到21世纪高画素的数位相机，可说一应俱全。在这里，游客可以看到早期将感光液涂在玻璃上当作底片的摄像设备，在当时甚至就已有配上颜料加工的"彩色照片"，也能观看暗房的操作情形，理解让影像显影的化学原理。而一百多年前拍摄肖像照所搭设的布景，也让人有古今一同之感。

二楼以上的相机展示更是洋洋大观，早期军队使用的像炮管一样的相机、第一代的拍立得相机、第一款跟着太空人漫步外太空的相机、第一代可以在海底拍摄的相机等。透过完整而详细的语音导览解说，游客不仅能了解每一款相机的功能，还能了解人类是如何克服技术上的困难，运用新的知识与科技，不断发展出日新月异的相机设备的。

将近两百年的相机历史，在现今看来过时陈旧，但今日最新款的相机也未必就是发展的极致，未来的相机会多出哪些不可思议的功能，也令所有好奇的人拭目以待。

波兰·托伦

姜饼博物馆
Żywe Muzeum Piernika

[大小朋友一起动手做姜饼]

从13世纪开始，托伦因为是汉萨同盟贸易频繁的重要城市，一些从中东、亚洲运来的香料经过这里传入欧洲各地，所以，当地逐渐有人利用生姜、豆蔻、丁香、肉桂、黑胡椒等香料，加上蜂蜜、面粉，制作成姜饼。

最早关于姜饼的文献记载与1380年时托伦一位名叫赞（Niclos Czan）的面包师傅有关，不过，一般认为姜饼的历史应该更早，从13世纪就已经开始了。托伦也因此被认为是姜饼的发源地之一。

这间姜饼博物馆，内部设置成16世纪的姜饼烘焙室，由导览人员以生动活泼的方式带领每个参观者亲手做出姜饼的成品来。这些导览人员多半都是年轻的历史学者，对姜饼的渊源了解深入，即使针对小朋友也能以最深入浅出的方式让大家认识香料，了解制作程序。

每个人亲手做好的姜饼，都可以带回家做纪念，并可获得一张学习制作姜饼的结业证书。博物馆里亦贩卖多种形状、口味的姜饼，游客可随自己的喜好选购。

专题博物馆｜瑞士·沃韦 照相机博物馆｜波兰·托伦 姜饼博物馆

381

葡萄牙·里斯本

国立瓷砖博物馆
Museu Nacional do Azulejo

[尽赏建构葡萄牙文化印象的瓷砖]

对葡萄牙瓷砖发展史有兴趣的人，千万不可错过坐落于前圣母修道院(Convento da Madre de Deus)内的国立瓷砖博物馆，在这里可以好好欣赏从15世纪到现代，葡萄牙瓷砖发展的过程与花样的演变。

博物馆内的瓷砖依年代分区展示，15世纪的摩尔式瓷砖色彩鲜艳、几何图案充满伊斯兰风味；16世纪的瓷砖多由当代画家绘制，以宗教题材和宫廷画为主，笔触细腻，艺术价值高；17世纪的瓷砖有许多民间工匠的作品，生活百态、动物花鸟、神话风俗都是瓷砖画的常见题材；18世纪的瓷砖则加入街景、地图等主题，其中最经典的是一幅里斯本市区全景图，全长约23米，描绘了1755年大地震前的市容；近代的瓷砖融入现代艺术创作元素，表现方式更多元。

前圣母修道院是在1509年时由若昂二世(João II)的皇后雷奥诺尔(Dona Leonor)创立的，该建筑最初的风格是曼努埃尔式，后来这里又增加了一些文艺复兴和巴洛克式的建筑。除了各式各样的瓷砖，美术馆旁的圣安东尼奥礼拜堂重建于1755年地震后，内部金碧辉煌，为葡萄牙代表性的巴洛克建筑。

里斯本全景图
Grande Panorama de Lisboa

国立瓷砖博物馆内最吸引人的亮点位于建筑物顶楼，这幅长达约23米的里斯本全景瓷砖画由1300块瓷砖组成，不仅长度惊人，还生动地描绘了1755年大地震发生前的里斯本的全景。

看瓷砖说故事

在葡萄牙各地旅行，随处可见到瓷砖的影子，从火车地铁站、餐厅、教堂、修道院到房舍的外墙、路标等，瓷砖无疑是建构葡萄牙文化印象的重要元素。

葡萄牙语的瓷砖"Azulejo"来自阿拉伯语的"az-zulayj"，意思是"磨亮的石头"，指的是大小约11~18平方厘米，画满图案的小瓷砖，也就是摩尔人的马赛克艺术。15世纪时，瓷砖艺术在西班牙的安达卢西亚地区得到发展。1503年，葡萄牙国王曼纽尔一世(Manuel I)造访西班牙塞维亚(Seville)时带回瓷砖彩绘，大量运用于辛特拉宫的装饰。葡萄牙人融入自己的艺术和技巧，将瓷砖变成画布，发展出属于葡式风格的瓷砖。

葡萄牙瓷砖最早是承袭摩尔人的形式，颜色以白底蓝色为主，兼有黄、绿、褐等色彩。16世纪时意大利人发明了直接将颜料涂在湿的陶土上，称为马约利卡(majolica)，兴起了17世纪的葡萄牙瓷砖风潮，他们大量以瓷砖装饰建筑物，尤以修道院和教堂最为显著。到了18世纪，葡萄牙生产多样化的瓷砖，巴洛克式的蓝白瓷砖被公认为是最好的品质。

专题博物馆

国立瓷砖博物馆
葡萄牙·里斯本

圣安东尼奥礼拜堂 Capela de Santo António

礼拜堂内部金碧辉煌，天花板上镶着金框画作，包括国王若昂三世(João III)和皇后凯瑟琳(Catherine of Austria)的肖像。教堂里其他几幅辉煌的画作则描绘了圣母及圣徒的生活，大地震后这里又增添了华丽的洛可可风格的祭坛。

葡萄牙·里斯本

国立马车博物馆
Museu Nacional dos Coches

[收藏全球最丰富的华丽马车]

前身原为皇家骑术学校，后于1905年改建为国立马车博物馆，馆内拥有世界上最丰硕的古代马车收藏。

游客来到这里可欣赏自16—19世纪以来葡萄牙、西班牙、法国、意大利、奥地利及英格兰等国的王公贵族所乘坐过的各式造型华丽的四轮马车。这些马车有的供游行或节庆专用，甚至有教皇从罗马前来造访里斯本时所乘坐的马车。除此之外，还有一些外形简约小巧的古代轿子也颇富趣味。

馆藏最古老的马车是17世纪时西班牙国王菲利普二世造访葡萄牙时所乘坐的。大厅底部摆设了三辆绝美得令人惊呼赞叹的马车，皆为1716年于罗马制造，由葡萄牙国王若昂五世赠予教宗克勉11世(Pope Clement XI)，其车身都缀有覆上炫目金漆的神话雕像，尽显巴洛克风格的奢华闪耀。其中堪称华丽之最的一辆名为海洋(Oceanos)，马车中央是太阳神阿波罗，左右分别代表春神和夏神，下层圆球代表地球，两侧握手的雕像则象征彼此相连的大西洋与印度洋。

而有别于其他马车的尊荣华贵，被称为雷吉迪奥(Landau do Regicídio)的一辆黑色马车，则见证了1908年国王卡洛斯一世及王储于返回皇宫途中遭到暗杀身亡的灰暗历史，至今马车上还清晰可见当时遗留下的两处弹痕，令人惊心。2楼长廊则展示了许多皇室贵族使用的马术器具、骑士及随从服装、皇族画像等，供后人怀想当时不同于寻常百姓的上流阶层的生活情景。

比利时·布鲁塞尔

乐器博物馆
Musical Instruments Museum

[听觉与视觉的华丽探索]

乐器博物馆成立于1877年，原本隶属于布鲁塞尔皇家艺术学院，最初以教授学生音乐史为目的，直到1992年才正式成为皇家艺术史博物馆的分馆之一。这间博物馆拥有世界上数一数二的乐器收藏量，馆藏超过八千件，展示了将近一千一百种乐器。地下一楼的"机械式音乐"是旅程"序曲"，这里展示的从17—18世纪的精巧音乐盒到20世纪初的录音混音设备都值得玩味。

一楼是充满惊奇的"中章"，除了有系统地介绍各式各样的键盘乐器、弦乐器、管乐和打击乐家族外，还有来自全球各地的特殊乐器，如长颈鹿可爱造型的印度鲁特琴、苏格兰风笛、像木雕作品的非洲木箱鼓和神鬼奇航中章鱼船长弹奏的古大键琴等，其中最匪夷所思的是九头蛇般的管乐器。

当游客站在乐器前，揣测该如何吹奏、会发出什么声音时，互动导览设备提供的耳机会立刻传来动人音乐，并讲述关于乐器的小故事。二楼则是以西方音乐形态为主轴，可以听到从中世纪、文艺复兴到当代音乐类型的变化。

展品丰富多样，建筑本身也值得欣赏。这幢铸铁与玻璃建构的新艺术风格建筑，原本是老英格兰百货公司，1898年由圣埃诺伊(Paul Saintenoy)设计。当时这里就因为顶楼的绝佳视野闻名布鲁塞尔，现在在顶楼能俯瞰市区的餐厅，最适合当作音乐旅程歇脚的"终章"。

385

比利时·安特卫普

普朗坦-莫雷图斯印刷博物馆
Museum Plantin-Moretus

[完整见证15—18世纪的印刷历史]

安特卫普在15、16世纪时是欧洲印刷业的重镇，而来自法国的普朗坦(Christoffel Plantin)是当时业界最有影响力的出版商，他于1555年在这里开设了一间印刷厂，成为事业的立足点。普朗坦于1589年过世后，印刷厂由莫雷图斯家族继承，经营了长达三百年之久。当时销量最好的出版物就是《圣经》，荷兰以南区域有一半以上的《圣经》是出自普朗坦家族之手。他们不仅出版各种不同领域如植物、地理、文学等类的书籍，还买断了设计师独特的字体，并拥有专门的工作室创造新字型，是当时其他印刷商所望尘莫及的。

游客可以在普朗坦以前的工作室中见识仍能运转的印刷机器、制版机等文物，并在专人示范下了解16世纪一本书被印制完成的过程。当时的欧洲人要完成一本书的印刷，得耗费数十个程序与人力，为期2至3个月的时间，需有专门刻版制版的工匠及人力操作印刷机器，等待纸张油墨干燥后，才能结集成册。当时老百姓平均月薪约是现在的5欧元，但一本书的价格要250欧元，书本可说是专供少数精英与王公贵族消费的产品。

馆内的收藏还包括世界上最古老的印刷机(约有一千六百年的历史)、早期的印刷原料、珍贵的活字印刷本《古腾堡圣经》、丰富的印刷图像，以及包括鲁本斯在内的大师蚀刻版画收藏等。由于历史意义非比寻常，因此联合国教科文组织在2005年时将此地列为世界文化遗产。

挪威·奥斯陆

霍尔门科伦滑雪博物馆及跳台
Holmenkollen Skimuseum & Hopptårn

[首屈一指的滑雪跳台]

挪威是现代滑雪的发源地，奥斯陆更以"世界滑雪之都"闻名于世，距离市区东北方13公里的霍尔门科伦山就是方便且容易到达的冬季滑雪胜地，1994年冬季奥运的主场就是在这里举办的。

滑雪跳台建于海拔417米的霍尔门科伦山上，高84米、长126米，对于滑雪爱好者来说，霍尔门科伦滑雪跳台的地位就和奥林匹克一样崇高。游客从滑雪博物馆内部搭乘特殊的斜角电梯至跳台顶端，一出电梯就来到滑雪跳台的起跳位置，再爬上一段阶梯可到达顶端的观景平台，将360度的广阔葱郁森林、奥斯陆市区和海天一色的峡湾岛屿尽收眼底。

每年3月，会有很多滑雪爱好者来参加霍尔门科伦滑雪节，现场有很多精彩的滑雪表演和比赛。即使没有高超的滑雪技巧，游客在非雪季期间也可尝试高空滑索(Zipline)，体验从高空飞跃而下的难忘经历，另外也可选择老少咸宜的滑雪模拟机Ski-Simulator，透过科技设备感受跳台的刺激。

跳台下方的滑雪博物馆开幕于1923年，是世界上第一个滑雪博物馆，展示了挪威四千年来的滑雪历史，收藏了石器和陶器时代的滑雪板。这里收藏了挪威极地探险家南森(Nansen)和阿蒙森(Amundsen)曾经在北极探险时使用的各种器具，以及各式各样的现代滑雪用具，并透过互动游戏解释极地的气候转变，进行环境教育，值得仔细参观。

立陶宛·维尔纽斯

琥珀博物馆
Gintaro Muziejus-Galerija

[稀罕的地下珍宝]

琥珀博物馆主要分为地面楼层和地下室两个部分，一楼所陈列的琥珀是关于手工艺品，与大街小巷的琥珀纪念品店大同小异，包括项链、耳环、手环、胸针等，既展示也贩售。

而地下室的陈列就相对知性许多，这里除了通过告示板图解说明琥珀的形成及考古过程，还收集了许多包覆昆虫的珍贵琥珀。透过放大镜，游客可以更清楚地看到琥珀的细节。

真假琥珀测试

由于琥珀跟塑胶非常相似，再加上有些纪念品摊贩售卖的琥珀价格十分低廉，想要知道买来的琥珀到底是真的还是塑胶制品，琥珀博物馆人员提供了一个简单的方式，将琥珀放入10%浓度的盐水中，真的琥珀会浮起来，反之塑胶制品就会沉下去。

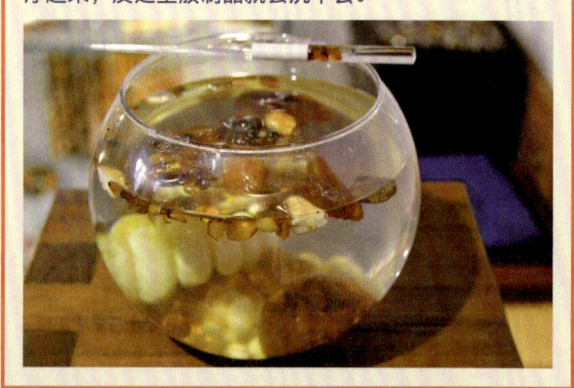

专题博物馆｜琥珀博物馆 立陶宛·维尔纽斯｜军事博物馆 土耳其·伊斯坦布尔

土耳其·伊斯坦布尔

军事博物馆
Askeri Müzesi

[奥斯曼帝国威势重现]

经统治过欧亚非的强大帝国奥斯曼，在20世纪初，才从小亚细亚的疆土中消失，但它的影响还在。位于新城的军事博物馆，展示了一些奥斯曼军人所向披靡的历史过往。

军事博物馆室外区停放了一些直升机、枪炮，室内馆藏约五万五千件，规模在世界上数一数二。经常展出的五千件展品中，从剑、匕首、盔甲、弓箭、军装，到苏丹的出征服、华丽的苏丹丝绣帐篷等，还有1453年穆罕默德二世包围君士坦丁堡期间，拜占庭为了阻挡奥斯曼军队的船舰，而在金角湾设下的大海链。此外，军事博物馆的前身为军事学院，土耳其国父凯末尔就是在此就读，因此其中一个展室也还原了当年教室的模样。

博物馆的大炮展厅里同时有穿着古代军服的真人示范拉弓射箭技巧，最不能错过的是每天下午的古代奥斯曼军乐队表演。

一段介绍奥斯曼军乐队的影片之后，17、18世纪奥斯曼军人的服饰、配件和杖旗在响亮的乐声中亮相。据说奥斯曼的军乐队是全球最早的军乐队，就连没来过土耳其的莫扎特，也根据传闻和想象，模仿奥斯曼军乐队写出了《土耳其进行曲》的钢琴奏鸣曲。

军乐队演出由55人组成，现场鼓声、号声、铙钹齐扬，乐声震耳欲聋，撼动人心。不难想象，当年剽悍的奥斯曼军队结合这些振奋士气的乐音，令欧洲人闻风丧胆。

日本·横滨

原铁道模型博物馆

[近距离欣赏铁道的工艺之美]

2012年开幕的原铁道模型博物馆，选在日本铁道的发祥地横滨建造，馆内展示着企业家原信太郎收藏、制作的铁道模型。原信太郎的收藏可以说是顺着历史轨迹，跨越了时空，让人身在横滨，却能玩赏世界铁道。

从最古老的蒸汽机关车开始，到近代的电气机关车，等比例缩小的铁道、火车模型及建筑物，做工细致又栩栩如生，有趣又真实，老铁道的复古缩影，让人沉浸于旧时光中。铁道迷能近距离欣赏铁道的工艺之美，与火车来趟想象的小旅行，这里的每一个角落都让铁道迷为之疯狂。

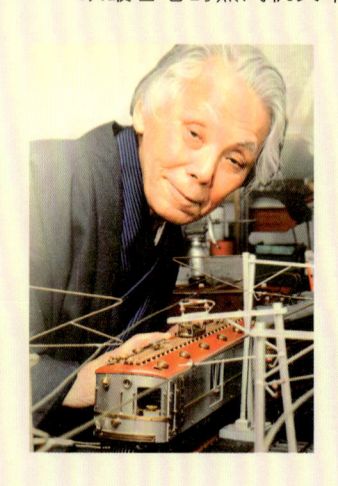

日本·静冈

泰迪熊博物馆

[名列人气排行榜榜首的博物馆]

　　伊豆泰迪熊博物馆1楼为展示重心，陈列主题分为介绍"古董级泰迪熊""泰迪熊的历史"资料，表现泰迪熊生活情景的"有泰迪熊的生活"，介绍全球泰迪熊艺术家作品的"世界的艺术泰迪熊"，介绍极为罕见之超小型泰迪熊的"小泰迪熊世界"，介绍会活动之泰迪熊的"泰迪熊工厂"。这里除了最常见的各式各样的绒毛泰迪熊，还有木材、瓷器、玻璃制的泰迪熊，以及泰迪熊娃娃屋等。

　　2楼的"泰迪熊剧场"，以玻璃柜、大型橱窗将故事书或电影情节中出现的泰迪熊场景展示出来，以及提供泰迪熊相关资讯的"泰迪熊情报"。

　　馆内最令人驻足良久的，是一个外形破旧却价值连城的泰迪熊"泰迪女孩"（Teddy Girl），它是1904年由德国史泰福公司制造的始祖级泰迪熊，身长46厘米，原本是已故英国陆军大佐保勃·亨德森的收藏，曾经伴随亨德森参加过诺曼底战役，后来亨德森大力支持捐赠泰迪熊以救助人心的社会运动，而将泰迪女孩捐出。1994年12月，泰迪女孩在伦敦的拍卖会上大出风头，最后由馆主关口芳弘先生以约十一万英镑购得，现为伊豆泰迪熊博物馆的镇馆之宝，并时常以振兴文化的大使身份在外参与巡回演出，故有时不在馆内。

专题博物馆

日本·横滨 原铁道模型博物馆 ｜ 日本·静冈 泰迪熊博物馆

挪威·奥斯陆

康提基博物馆
Kon-Tiki Museet

[实践大航海的壮行]

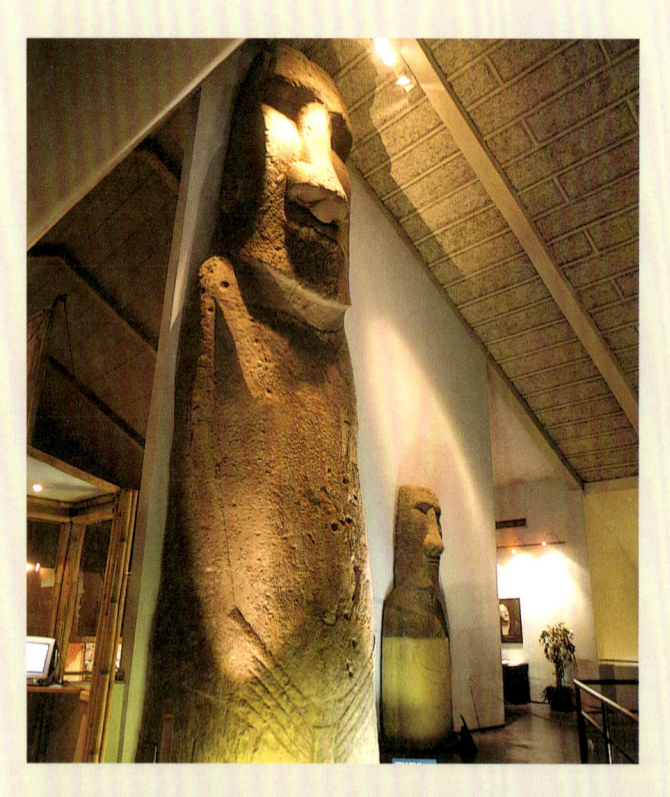

伟大的行动都来自疯狂的假设和不轻易被浇熄的坚持。传奇人物托尔·海耶达(Thor Heyerdahl)为了证明"波利尼西亚原住民可能来自南美洲"的理论，建造了一艘仿南美早期原住民的木筏"康提基号"，于1947年4月28日由秘鲁出发，横渡太平洋，101天后在波利尼西亚的一座岛屿上岸，康提基博物馆就是海耶达的传奇见证。

海耶达更大胆地假设，欧、亚、美洲的古文明都曾出现草纸船的记载与图案。为了证实这三地之间是否可以借由草纸船航行抵达，海耶达在埃及金字塔下复制了一艘草纸船，并以埃及太阳神的名字"拉"命名，最后这艘草纸船由于船桅与缆绳的设计不当而解体。

不过，海耶达认为这次失败的原因并非草纸船易渗水所造成，所以，他又请来了玻利维亚艾马拉人(Aymara)原住民协助制造"拉二号"，艾马拉人是目前唯一保留草纸船制造技术的民族。

"拉二号"最后在1970年成功地完成四千英里的航程，由非洲摩洛哥横越大西洋到中美洲的巴贝多(Barbados)。这项冒险行动，除了证明了草纸船可用于长途航海，也证明了美索不达米亚、埃及、印度这三个古老文明的人，可能曾搭乘草纸船，借由季风与洋流互有交流。

康提基博物馆同时还展示了复活节岛高达9米的石雕像，以及海耶达在多次冒险行动中所收集的考古珍品。

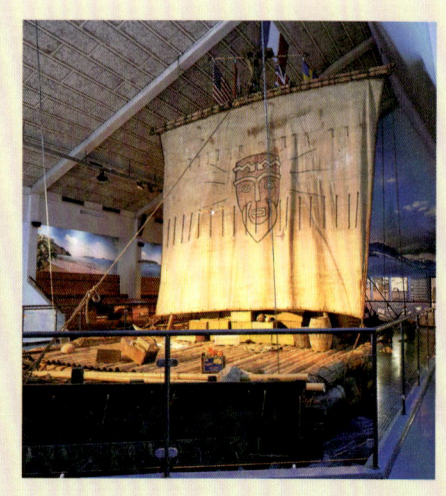

古巴·哈瓦那

纸牌博物馆
Museo de Naipes

[牌桌上的艺术]

这栋旧城广场上最古老的建筑物，屋龄可追溯至17世纪，这里曾经是古巴第一个历史学家德拉特(José Martín Félix de Arrate)的住宅，经过整修后变身为小巧的纸牌博物馆。

内部收藏了19世纪至今、来自世界各地的纸牌，种类多达两千多种，图样一个比一个精美，主题包罗万象，包含摇滚明星、小丑马戏、食谱、兵马俑、希腊神像、王室家族等。此外，博物馆中也展示了制造纸牌的工具和一些商业文件。

废墟里的哈瓦那人

纸牌博物馆所在的旧城区，到处可见坍塌的房屋，建筑外墙的粉彩油漆斑驳脱落，18世纪的豪宅在岁月摧折下残破不堪，有些还需要在骑楼或窗框外加木头支架，令人怀疑那些纤细木材如何能支撑整栋摇摇欲坠的楼房。

1959年革命之后，许多富人、外商逃离古巴，他们的企业与财产充公，房产收归国有重新分配，原本有多间房产的人也只能留一间自住。许多古巴人在房屋分配原则下，多户共同居住在一个豪宅院落中。

1991年后的"特殊时期"物资缺乏，连油漆都缺货，且2011年以前禁止房屋买卖，古巴人认为既然房屋所有权属于国家，门面整修自然也是政府的事。即使2010年开放个体经济，有能力的人重新整修旧城区的房子作为民宿出租，也不愿意将金钱花在与他人共用的外墙上。

专题博物馆

挪威·奥斯陆 康提基博物馆

古巴·哈瓦那 纸牌博物馆

393

美国·旧金山

电缆车博物馆
Cable Car Museum

[最具旧金山风情的叮当车]

在没有动力交通工具以前，行走在旧金山大起大伏的街道上相当折磨马车，一位名叫哈利迪(Andrew Hallidie)的钢索工厂业主，利用蒸汽引擎动力拉动埋在路面下的缆索，在1873年于克莱街开通了第一条路线。这项发明空前成功，电缆车随即在旧金山市区蓬勃发展起来。到了19世纪90年代，市内已有8家业者经营着21条路线，共有六百多辆缆车行走在街道上，但1906年的大地震将这一切摧毁殆尽，重建后的旧金山只恢复了少数电缆车路线，其他路线大多由轻轨电车取代。

目前旧金山尚在运行的电缆车路线共有3条，无论是否真的有交通需求，几乎所有的观光客都会刻意去坐上一段。最受欢迎的位置是车厢两侧的站位与面朝车外的座椅，乘客总喜欢用这样的方式观看街边风景，就像电影中的那样。人们也爱在底站旁等待缆车进站，然后看着驾驶员利用地面上的转辙圆盘，将车头调转方向。

对电缆车有兴趣的游客别错过电缆车博物馆，馆内展示了电缆车的历史由来，由于现址就是电缆车的动力室，因此可看到牵拉缆车的超大引擎和转轮，以及仍在运转中的缆机。馆内拥有3台19世纪70年代的古董车厢，其中包括旧金山首家电缆车公司唯一完整保存的一台。游客还可坐在从前的车椅上观看影片资料，历史感十足。

专题博物馆

电缆车博物馆 美国·旧金山 | 纽约市立消防博物馆 美国·纽约

美国·纽约

纽约市立消防博物馆
New York City Fire Museum

【打火兄弟的英勇记录】

消防博物馆由一栋旧消防局的建筑改建而成，红砖砌成的外观和高大的石拱门内收藏了所有与消防相关的物品，历史可上溯至18世纪，也就是所谓消防部门开始运作之时。

这里的展示品包括各时期的消防车，其中最古老的是1892年的警长马车，当时还是以马拉车，消防人员得用手摇泵才能给水。其他收藏还包括不同时代的消防管线、消防员的制服、钢盔、勋章、皮带和各式工具，以及挂满墙上的历史相片与图片，记载了影响纽约都市发展的重大火灾事件，同时也提供了许多防火的常识与资讯。透过这些展示，让人更能了解消防人员工作的辛苦以及所需的勇气。

395

美国·拉斯维加斯

黑帮博物馆
The Mob Museum

[揭开拉斯维加斯最黑暗的一面]

黑帮是美国历史上的阴暗面，却也是形塑现代美国过程中所无法抹灭的一环。社会歧视与阶级垄断是滋养黑帮最主要的温床，20世纪初，大批来自爱尔兰与意大利的移民发现美国梦破灭，贫穷及社会压力逼使他们集结成党，从事不法勾当讨生活。1919年的禁酒令更让黑帮势力滋长，许多帮派靠着私酒生意称霸一方，芝加哥教父阿尔·卡彭就是最著名的一例。

当内华达州宣布开放赌牌，这一消息立刻引来各方虎视眈眈，拉斯维加斯不像纽约有盘根错节的家族势力，也不似芝加哥有独大的山头。很快地，黑帮们将赌场当成了新事业，并由此把触角延伸到演艺及体育圈。

在此之前，人们从没想过犯罪会以如此大的规模组织运作，直到1950年，田纳西州参议员凯弗维尔(Estes Kefauver)在全国发起一连串听证会，黑帮问题才浮出台面。拉斯维加斯的黑帮因自相残杀导致势力衰落，企业人士趁机大肆收购赌场，尽管如此，新形态的黑帮仍然猖獗，毒品与暴力讨债肆虐，帮派犯罪问题还是存在。

黑帮博物馆开幕于2012年，前身是一座法院，曾是凯弗维尔听证会的举办场地之一。馆中以各种有趣的展示介绍黑帮历史、著名人物及事件、黑帮家族的私生活，当中也有不少互动式的小游戏，帮助游客更深刻地体验这段过往。

柬埔寨·暹粒

地雷博物馆
The Cambodia Landmine Museum

[柬埔寨的一页辛酸史]

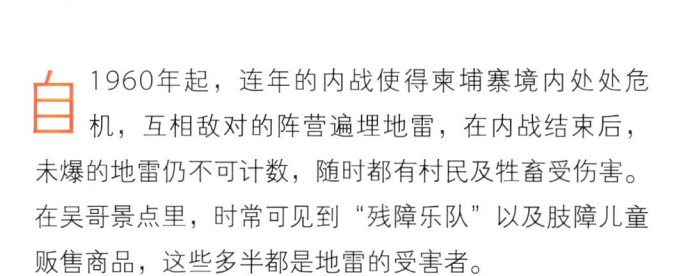

自1960年起，连年的内战使得柬埔寨境内处处危机，互相敌对的阵营遍埋地雷，在内战结束后，未爆的地雷仍不可计数，随时都有村民及牲畜受伤害。在吴哥景点里，时常可见到"残障乐队"以及肢障儿童贩售商品，这些多半都是地雷的受害者。

地雷博物馆的创始人阿奇拉(Aki Ra)是个传奇人物，柬埔寨内战结束后，联合国于1990年介入协调，并成立驻柬埔寨临时机构(United Nations trasitional Authority of Cambodia)。1994年，阿奇拉加入该机构接受扫雷训练，并积极投入扫地雷和未爆弹的工作。

由于长年与地雷接触，阿奇拉的丰富经验反而造就了他对于各式地雷、迫击炮和弹壳的敏锐度，至今他已成功地解除约了五万个未爆弹与地雷，这一数字每年仍以数百个的速度增加。

虽然联合国早已撤离柬埔寨并停止扫雷工作，但阿奇拉仍投入一己之力不断地进行该工作。1997年，他开始在自家展示些许拆除的地雷和弹壳，而当时他的"家"其实也不比个野战营好到哪儿去。从1998年起，他的家进而变成"柬埔寨地雷博物馆"对外开放，展示多年来拆下的地雷，让游客能了解地雷对人们所造成的伤害，同时也教导民众认识这种藏在地下的无声武器，以期减少受伤。

综合博物馆

综合博物馆是指展示多种类型藏品的博物馆，例如同时展示古埃及文物、伊斯兰艺术与印象派画作的纽约布鲁克林博物馆，汇集五间重量级展馆的德国柏林博物馆岛，欧洲最大艺术音乐娱乐中心的奥地利维也纳博物馆区，宛若知性主题乐园的新西兰蒂帕帕博物馆等。

美国

纽约布鲁克林博物馆
洛杉矶亨廷顿图书馆

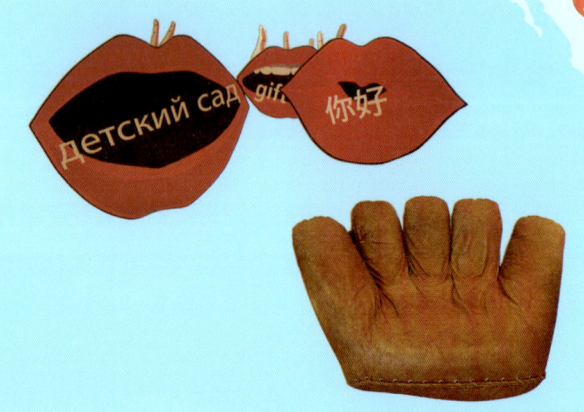

柏林博物馆岛
格拉西博物馆
法兰克福博物馆河岸

德国

奥地利

维也纳博物馆区

金奈政府博物馆

印度

新西兰蒂帕帕博物馆

新西兰

德国·柏林

柏林博物馆岛
Museumsinsel

［汇集柏林重量级的博物馆］

1999年成为世界文化遗产的博物馆岛，无疑是柏林最重要的资产，因为这儿不但汇集了全市重要的几个博物馆，同时博物馆岛每年为柏林吸纳进成千上万的观光人潮，更是柏林经济发展的一大功臣。

博物馆岛之所以被称为岛，是因为这块区域周围被施普雷河所包围，形成了一个如牛角形的市区内岛。从岛的最尖端开始，这里罗列着柏德博物馆、佩加蒙博物馆、旧国家美术馆、新博物馆和旧博物馆，5座美丽的艺术殿堂连成一气，各具特色。柏德像是德国的故宫，展出各式古文物和艺术品；旧国家美术馆收藏丰富画作；佩加蒙是最负盛名的，以还原局部的古建筑出名；新博物馆展出的文物以史前文物为主；旧博物馆展出的文物则以古希腊、罗马的艺术品为主。游客可依据自身兴趣及行程，尽情安排丰富的博物馆之旅。

逛完5座博物馆后，沿菩提树下的大道离开博物馆岛，往东是布兰登堡门，往西是柏林电视塔，都是步行二十分钟内就可到达的知名景点。

苏打绿迷到此一游尤其不可忘却的事，就是收录在苏打绿第十张专辑《冬未了》中的*Everyone*。这首歌的MV是在柏林拍摄的，将柏德博物馆、柏林大教堂、电视塔、奥柏鲍姆桥、胜利纪念碑等经典景点都摄入其中。一边闲逛在这些景点间，一边听唱这首歌，该是件多浪漫的事呀！

柏德博物馆
Bode-Museum

三面环河的柏德博物馆于1904年完工，与博物馆岛上其他建筑的不同之处，在于它采用巴洛克式风格，展现了雕梁画栋、富丽堂皇的特质。柏德博物馆是战后最先开始重修的博物馆，直至2006年才终于重新开放。

话说这座博物馆原先为了纪念德国皇帝腓特烈三世，因而命名为"恺撒·腓特烈博物馆"，后来为了纪念首任馆长威廉·冯·柏德，而在1956年更名为现在的名称。

馆内展示了拜占庭艺术、古今钱币与勋章，以及欧洲从中世纪、哥特时期、文艺复兴时期到巴洛克时期的雕塑作品，而这三种类型的展览品，论质与量，柏德博物馆都足以傲视群雄。

三大类型藏品质量均丰
柏德博物馆展示了拜占庭艺术、古今钱币与勋章，三大类型的展览品无论在质与量上，都是当代博物馆中的佼佼者。

馆藏丰富
柏德博物馆的馆藏接近五十万件，对于历史研究者来说这里是珍贵的档案馆。

巴洛克式风格
柏德博物馆与博物馆岛上其他建筑最大的不同，在于它是巴洛克式风格，有着富丽堂皇的装潢。

古老祭坛
这件历史悠久的祭坛，主题是圣母玛利亚的加冕，这个题材在文艺复兴时期十分流行。

世界最大的金币被偷了！
2017年3月27日发生了一件令人震惊的事，收藏在博物馆内重达100公斤的世界最大的金币竟然遭窃。这枚由加拿大皇家铸币厂于2007年发行的纪念金币，上面一面铸有英国女王伊丽莎白二世的头像，另一面刻着加拿大枫叶，铸造时面值为100万美元。

综合博物馆

德国·柏林　柏林博物馆岛

佩加蒙博物馆
Pergamonmuseum

佩加蒙博物馆于1930年完工，是博物馆岛上最年轻的一座，却也是最令人难以忘怀的一座。

一走进博物馆的大门，就会不由得开始怀疑自己身在何处，眼前这座宏伟万千的希腊建筑，便是著名的佩加蒙祭坛(Pergamon Altar)。1878年，它在土耳其西境被德国考古学家发掘后，便被拆成小块运回柏林，然后在博物馆岛上重新组装搭建。这座宏伟的古建筑将访客带回两千多年前的希腊化时代，让他们完全忘了自己是在一座室内的博物馆中。

祭坛底部的雕刻，描述的是诸神与巨人之间的战争，不同于古希腊艺术平衡与和谐的原则，这些雕饰被表现得极为激烈，极具戏剧张力。这就是希腊化时代最经典的艺术特征，也因此佩加蒙祭坛的图像总是出现在艺术史的教科书上。

在佩加蒙博物馆中，以实体搭建的古代建筑不止这一处，穿过佩加蒙祭坛后，便是另一座辉煌的古罗马建筑"米利都市场大门"(Market Gate by Miletus)，而博物馆的另一处重头大戏"伊希达门与游行大道"(Ishtar Gate with Processional Way)也在不远的地方。

伊希达门为公元前6世纪雄霸两河流域的新巴比伦王尼布甲尼撒二世(Nebuchadnezzar II)所建，这是一座壮丽非凡的巴比伦式城墙，海蓝色的砖墙身上，雕刻出金黄色的动物形象，华贵中焕发出一代帝王的威严。而从城门左右延伸出的游行大道，两旁布满华丽的彩色纹饰和凶猛强壮的狮子浮雕，都让人联想起当年新巴比伦大军横扫西亚的威仪。

2楼展示的是8世纪到19世纪的伊斯兰艺术，这里也有一座实体重建的慕夏塔宫殿正面外墙(Mshatta Facade)，那是于8世纪时由阿拉伯帝国哈里发瓦里二世(Walid II)所建，原址在今天的约旦。

此外，这个楼层中的阿雷珀迎宾厅(Aleppo Room)与莫卧儿王朝的宫廷袖珍画，也都是世上难得的珍宝。

年轻但内涵丰富的博物馆

建于1930年的佩加蒙博物馆，是博物馆岛上最年轻的一座博物馆，却也是令人印象最深刻的一座。

祭坛底部的雕刻

佩加蒙祭坛底部的雕刻描述的是诸神与巨人之间的战争，这些雕饰夸张的表现极具戏剧张力，是希腊化时代的经典艺术特征。

佩加蒙祭坛 Pergamon Altar

这是著名的佩加蒙祭坛，规模非常庞大，有数十阶的楼梯，整座祭坛在室内完整呈现，气势令人震慑。

米利都市场大门 Market Gate by Miletus

穿过佩加蒙祭坛后，是另一座巍峨耸立的古罗马建筑"米利都市场大门"，门面保存良好，规模宏伟。

伊希达门与游行大道 Ishtar Gate with Processional Way

伊希达门为新巴比伦王尼布甲尼撒二世所建，巴比伦式城墙雄伟异常，海蓝色的砖墙上雕刻着金黄色的动物，城门左右延伸出游行大道，布满彩色纹饰和狮子浮雕，细致动人。

慕夏塔宫殿外墙 Mshatta Facade

2楼也有一座实体重建的建筑，就是慕夏塔宫殿正面外墙，这是阿拉伯帝国哈里发瓦里二世于8世纪所建，原址在今天的约旦。

综合博物馆

德国·柏林 柏林博物馆岛

403

旧国家美术馆
Alte Nationalgalerie

旧国家美术馆建于1867年，馆藏以19世纪的画作和雕刻为主，其中大部分是德国本地画家的作品，包括门采尔(Adolph Menzel)、利伯曼(Max Liebermann)与柯林斯(Lovis Corinth)在内，风格涵盖德国浪漫主义、表现主义及印象主义。馆内也不乏国人所熟悉的法国印象派大师的杰作，例如马奈、莫奈、雷诺阿、窦加、塞尚、罗丹等人的作品，这里都有丰富的收藏。

旧国家美术馆和卢浮宫之间有个关于爱神丘比特的小秘密，丘比特最为世人熟知的就是和赛姬的浪漫爱情故事，丘比特不顾母亲维纳斯的反对和赛姬相恋，后因赛姬违背约定偷看丘比特的长相，他愤而离去。赛姬向维纳斯求情，维纳斯设下重重难关，赛姬均一一克服，维纳斯遂同意这段恋情，成就一对佳偶。德国雕塑家贝佳斯(Reinhold Begas)所雕的《赛姬偷看丘比特》，就收藏在旧国家美术馆中；而意大利雕塑家卡诺瓦(Antonio Canova)雕刻的结局《丘比特与赛姬》，则收藏在法国卢浮宫中。

马奈《在温室里》In The Conservatory
画中场景为马奈当时在巴黎的温室工作室，画中女子坐在长椅上，丈夫正半靠椅背与之交谈。相较于马奈过去的画作，这幅画对脸和手有更为细腻的描绘。

黑格尔肖像
黑格尔是德国伟大的哲学家。

罗丹《沉思者》
The Thinker
全世界共有二十多座罗丹所做的沉思者雕塑，其中的这一座便位于旧国家美术馆。

新博物馆
Neues Museum

新博物馆落成于1843年到1855年，然而在二战中，博物馆约七成被摧毁，原本新博物馆难逃拆除命运，所幸的是统一后的新政府决定进行重建。负责修缮的是英国建筑师奇普菲尔德(David Chipperfield)，他不主张复制所有的建筑细节，而是在重建主架构外，尽量重新使用已经被破坏的建材与装饰，让历史痕迹与新设计同时存在，他称此理念为"诚实面对历史"。

现在的新博物馆专门展示古埃及的文化与艺术，最受全球瞩目的争议性展品就是"纳芙蒂蒂胸像"(Nefertiti)。这尊纳芙蒂蒂胸像被公认为是世上最完整、最富艺术价值的古埃及艺术品。除了纳芙蒂蒂胸像之外，另一项值得一看的是这里丰富的莎草纸抄本典藏，而像是木乃伊棺椁、神殿象形文字等，也是镇馆之宝。

镇馆之宝《纳芙蒂蒂胸像》
纳芙蒂蒂是埃及史上最神秘的法老阿肯纳顿的王后，也是世界古史上著名的传奇美女，1913年时被德国考古学家以带有争议的手段运到柏林，因此近年来埃及政府正积极要求索回。

旧博物馆
Altes Museum

旧博物馆完工于1830年，是柏林的第一座博物馆，馆内展出了许多古代的艺术收藏品。旧博物馆可说是伟大的建筑设计师申克尔(Karl Friedrich Schinkel)的呕心沥血之作，申克尔用了18根高87米的爱奥尼克式廊柱作为门面，入口前是一片大广场，光是外观的气势就让人为之震撼。简单却宏伟的架构自然成为后来许多博物馆的建筑典范，像新博物馆和国家美术馆等，都有仿造旧博物馆的影子。

《亚马孙女战士》
阶梯旁的《亚马孙女战士》雕像气势非凡，是德国著名雕刻家基斯(August Kiss)的作品。

德国·莱比锡

格拉西博物馆
Museen im Grassi

[尽览三大博物馆精华]

在全德国，比格拉西精彩的博物馆不出10处，格拉西博物馆其实是乐器博物馆、民族人类学博物馆，以及工艺美术博物馆三大博物馆的合体，游客可一次细赏三座博物馆不同的精彩收藏。

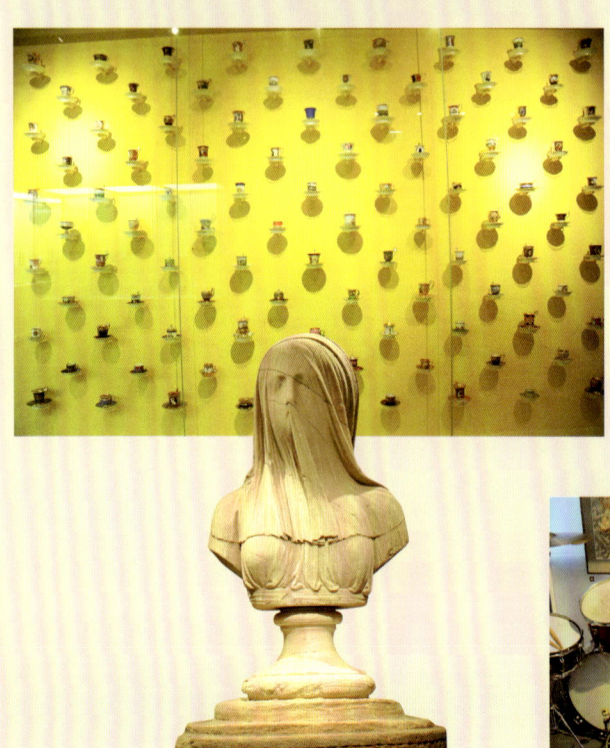

乐器博物馆
Museum für Musikinstrumente

在乐器博物馆里，游客可以看到自文艺复兴时期以来的各种乐器。许多乐器因为演奏方式式微而被时代淘汰，或是演变成新的形制，因此在现代人的眼里看来反倒显得相当新奇。

这间博物馆最棒的地方就在于，假使你好奇这些乐器的声音，大可以点选一旁的多媒体界面，以该乐器为主奏的乐曲便会从立体声环绕音响中播放出来。

乐器博物馆在2楼的展示，则可让游客亲手拨弹敲击，从中了解不同乐器的发声原理，其中有一台机械风琴，每一根音栓都可利用气流启动装置，制造出特殊音效，十分有趣。

民族人类学博物馆
Museum für Völkerkunde zu Leipzig

民族人类学博物馆位于2楼与3楼,展示了世界各民族的生活习俗、日常用品、宗教信仰、传统艺术等,希望游客透过对异文化的了解,学会捐弃民族本位主义,进而尊重和包容其他民族的价值观。

这里介绍的民族遍及五洲七海,内容包罗万象,可以看到缅甸皮影戏、印尼浮屠造像、印度舞蹈面具、中国文字书法、蒙古包、日本茶道、非洲乐器、印第安图腾等。

工艺美术博物馆
Museum für Angewandte Kunst

至于工艺美术博物馆则是各时代工匠智慧的结晶,如青花瓷器、鎏金器皿、铸铜工艺、造像雕塑、蕾丝绢巾、刀剑铠甲、壁毯装饰等,都在陈列范围内。游客可借由每个时期的艺术表现与器具形式,从中观察出各个时期的风尚喜好及社会形态。

综合博物馆 | 德国·莱比锡 格拉西博物馆

德国·法兰克福

法兰克福博物馆河岸
Museumsufer

[德国博物馆最密集的区域]

从罗马人之丘过了铁桥之后，便是著名的博物馆河岸，在短短1公里的距离内就有9家博物馆，几乎每走几步路就有一家，堪称德国博物馆最密集的区域。这里的博物馆不但主题五花八门，等级也相当具有水准，是法兰克福重要的旅游景点之一。

德国电影博物馆
Deutsches Filmmuseum

德国电影博物馆的主题并不是针对个别电影的回顾，而是一处可以让游客进入电影世界中的地方。进入馆中，参观者借由实际操作理解电影的制作原理，从中享有互动的趣味，甚至可走进布景中飞来飞去，趣味无穷。

或许在科技发达的现代，有些拍摄手法早已成为过去，但技术的演进并非一蹴而成的。看着五花八门的道具与器材，不得不佩服制片家们在那个时代想出的种种方法，一次又一次为电影带来革命性的变化。

转动画片与透视镜像
游客借由实际的操作，像是转动画片与透视镜像，来理解电影制作的原理，并达到互动趣味。

走进布景
游客可走进布景中，看见自己出现在电影场景里，或是脚踏飞天魔毯，在银幕中飞越城市上空。

有趣的特效化妆
要怎么变成科学怪人呢？看看化妆师如何化腐朽为神奇！

了解过往年代使用的道具与器材
看着五花八门的道具与器材，佩服制片家们在那个时代想出的种种方法。

实用艺术博物馆
Museum Angewandte Kunst

实用艺术指的就是可以在日常生活中使用的艺术品，而不仅止于观赏的性质而已，因此博物馆中所陈列的大都是古往今来的家具用品或器皿工具，从古代远东地区的陶瓷器皿、中世纪的书籍设计，到西方巴洛克时代的家具摆设，收集得非常齐全。

综合博物馆

法兰克福博物馆河岸
德国·法兰克福

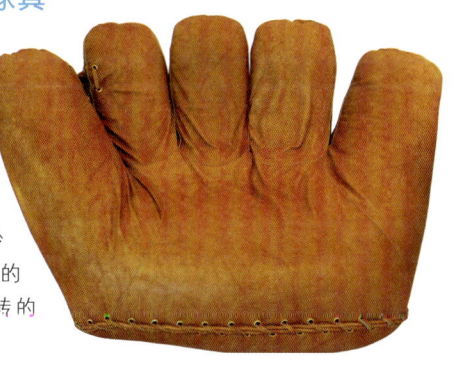

吸睛的新潮家具
馆内展品最令人感到新奇的，便是21世纪的新潮家具，例如设计成棒球手套模样的沙发、像是树枝般的书架、可以旋转的梳理台等。

东方瓷器也在馆藏之列
馆内收藏品还包括古代远东地区的陶瓷器皿。

设计展现未来感
这里展现了设计者丰沛的创意，就像是在逛一间十年后的宜家一样。

实用才是王道
博物馆中陈列的设计不是只重观赏，而是更强调实用性。

409

通信博物馆
Museum für Kommunikation

在整条博物馆河岸中，通信博物馆必定是最受孩子们欢迎的一间，因为里面有专门为孩子设计的实用作坊，让孩子在操作与游戏中理解通信的原理。

博物馆的地下室为常设展区，展示了各式各样的电话、电视、收录音机、留声机、电报机、邮车、手机、电脑等，从老古董到新颖的3C科技产品都有，俨然构成一张通信设备的家族谱系。

许多设施可以实际操作，可以发挥寓教于乐的作用。二楼则是特展区，会经常性地更换展出主题，让游客每次参观都有新鲜感。

体验实际操作
一些设施可实际操作，例如透过拨打电话来观察交换机的运作情形。

孩子天地
实用作坊最受孩子们欢迎，孩子可借着操作，理解通信的原理。

展品丰富齐全
馆内展示了各种电话、电视、收录音机等，从发明起始的老古董到最新的3C科技产品都有，令人感到惊奇连连。

410

斯坦德尔博物馆
Städel Museum

1815年，银行家斯坦德尔捐出五百多幅珍藏的画作、书籍和一笔资金，成立了斯坦德尔艺术基金会。时至今日，斯坦德尔博物馆已成为法兰克福收藏量最丰富的艺术博物馆，如果你是绘画艺术爱好者，一定会在这里耗上大半天时间，因为馆藏太丰富。

馆藏包括了文艺复兴时期的波提切利、丢勒、凡·艾克，北方文艺复兴时期的伦勃朗、鲁本斯、维米尔，法国印象派的莫奈、马奈、雷诺阿、窦加、凡·高、塞尚，立体派的毕加索，野兽派的马蒂斯，蓝骑士的保罗·克利等人的著名画作。而歌德最有名的一张肖像画，由他的好友蒂施拜恩(Johann Heinrich Wilhelm Tischbein)所绘的《歌德在罗马平原》，正是收藏在这间博物馆中。

蒂施拜恩《歌德在罗马平原》

马奈《槌球游戏》

雷诺阿《午餐之后》

莫奈《午餐》

德国阿尔滕伯格(Altenberg)修道院的祭坛装饰

综合博物馆

德国·法兰克福　法兰克福博物馆河岸

411

德国建筑博物馆
Deutsches Architekturmuseum DAM

"让建筑学成为一个公众的议题吧!"1979年德国建筑博物馆的筹划者们如是说,而在5年后的1984年,他们真的做到了。

如今,德国建筑博物馆已被公认为世界上同类型的博物馆中最杰出的一个。博物馆的一楼展示着世界新都会的建筑模型与发展概况,二楼是意味深长的装置艺术展览,三楼则罗列了数十座立体建筑模型,从旧石器时代人类最初的建筑雏形,一直到21世纪的摩天大厦,让人看得大呼过瘾。

不过我们在欣赏世界各地的建筑艺术之余,可也别忘了,这座由唯理主义建筑师昂格尔斯(Oswald Mathias Ungers)所设计的博物馆,本身就是一件艺术品。

唯理主义建筑师的作品
这座建筑博物馆由著名建筑师昂格尔斯所设计,本身就值得一观哦!

世界新都会的发展
一楼展示了世界新都会的建筑模型与发展概况。

装置艺术展
二楼是装置艺术展览。

立体建筑模型
三楼有数十座精致的立体建筑模型,从旧石器时代人类最初的建筑雏形,一直到21世纪的摩天大厦。

法兰克福雕塑博物馆
Liebieghaus Skulpturensammlung

法兰克福雕塑博物馆原为纺织工厂主里彼各男爵的私宅,1909年开始成为专门收藏雕塑品的展览馆。

馆内珍藏品的年代涵盖了五千年,从古埃及的石棺、古希腊的诸神雕像、罗马皇帝的半身肖像、中世纪的教堂雕饰,一直到文艺复兴、巴洛克、洛可可、古典主义时代的作品,这里都有丰富的展品陈列。当然,这其中也不乏名家如提姆·史奈德(Tilman Riemenschneider)、格哈尔特(Nikolaus Gerhart)、詹波隆那(Giambologna)、德拉·罗比亚(Della Robbia)等人的杰作。

专门博物馆
法兰克福雕塑博物馆原为男爵的私宅,现在成了藏品跨度达五千年的雕塑作品展览馆。

古埃及石棺
这三具精致的石棺,来自遥远的古埃及。

波希战争
这件色彩鲜丽的作品,描绘的是惨烈的波希战争。

412

奥地利·维也纳

维也纳博物馆区
MuseumsQuartier Wien(MQ)

[综合性艺术中心]

这里堪称欧洲最大的博物馆区，成立于2001年，占地约六万平方米，规划有艺术馆、剧院、美术馆、建筑中心、儿童博物馆等，宛如一处综合性的社区，提供了艺术音乐娱乐中心。整个博物馆区由建筑师劳里兹(Laurids)与奥恩特(Manfred Ornter)主导，设计成一座小型的都市，让游客亲身体验各种艺术的创作历史与内涵。

维也纳建筑中心
Architekturzentrum Wien

这个地区每年提供4到6次展览，以及其他小规模的展览，分别介绍建筑的演变轨迹，以及新兴的建筑作品给一般民众；其他还有建筑讲座、演讲、建筑导览之旅、相关出版品等，建筑中心内还附设一个图书馆。

维也纳艺术馆
Kunsthalle Wien

搜集国际当代作品，展现了横跨各学科之间的艺术表现方式，尤其是扩大了20世纪以来快速发展的科技艺术，如摄影、录影机、电影与实验建筑等。维也纳艺术厅致力于陈列现代艺术与现代流行的风格，期望在摩登与传统的艺术手法上提供一个联结空间。除了上述的几个艺术展示重点，另外还有表演厅、音乐会、电影欣赏室等设备。

儿童博物馆
ZOOM Kindermuseum

这是维也纳第一个专为儿童设计的博物馆，设有永久展示厅与全年度的活动空间，提供亲子可共同参与、探索的活动，并有一个供幼儿游戏的区域。这里除了随时变化的展览，还设有许多小实验室与工作室，让儿童尽情玩乐、培养创意。

综合博物馆

法兰克福博物馆河岸 德国·法兰克福

维也纳博物馆区 奥地利·维也纳

美国·纽约

纽约布鲁克林博物馆
Brooklyn Museum

[拥有称霸世界博物馆的野心]

紧邻布鲁克林植物园的布鲁克林博物馆，当它在1895年创立时，一度拥有称霸世界博物馆的野心，不过，却一直在维持建筑与扩张馆藏之间挣扎，直到20世纪下半叶才因大规模整修，得以展现其惊人的收藏力。

琳琅满目的展品中，包括大量超过三千年历史的埃及与非洲文物，以及横跨17—20世纪、来自各学派的绘画、雕刻与装饰艺术。因此，一个转身，我们便从法老身旁来到印象派大师的世界，换个楼层旋即跌进古伊朗、殖民时期的美洲或是非洲部落。

博物馆的5层建筑中，1楼为"联结文化"与"非洲革新"，著名的作品有《三头人像》等；2楼主要献给亚洲和伊斯兰艺术；3楼展出了大量古埃及文物和欧洲绘画；4楼除了《晚餐派对》外，还重现了17、18世纪的贵族豪宅装饰；5楼则是与美国文化相关的各色展览。

值得一提的是，博物馆设有一处"纪念雕刻庭园"，用来收藏从纽约市各建筑遗迹搜集的装饰元素。

《晚餐派对》
The Dinner Party

镇馆之宝之一，是女性艺术家芝加哥(Judy Chicago)创作于1974—1979年间的《晚餐派对》。

展现女性特质的《晚餐派对》

这件庞大的作品取材自39位神话和历史名女人，包括印度教的卡莉女神、美国女诗人艾米莉·狄金森、英国女作家伍尔芙和美国当代艺术家欧姬芙等，透过不同的符号意象来设计其杯盘及餐巾，一一展现这些女性的特质。

亚洲和伊斯兰艺术

2楼主要献给亚洲和伊斯兰艺术，值得一看的作品包括19世纪中叶的伊朗彩色瓷砖、元朝的青花瓷酒瓮，以及12世纪韩国的青瓷单柄壶等。

非洲文物展

1楼为"联结文化"与"非洲革新"，旨在打破时空而以主题方式陈列。

古埃及文物藏品颇丰

3楼展出了大量古埃及文物，包括木乃伊、法老棺椁、众神雕像等，收藏之丰让人大开眼界。

罗丹雕刻作品

馆藏奥古斯特·罗丹（Auguste Rodin）的四件青铜雕塑，其中包括罗丹的《加莱的居民》雕像。罗丹的作品由艾里斯(Iris)和坎特(B. Gerald Cantor)慷慨捐赠，在艾里斯与坎特画廊(Iris & B. Gerald Cantor Gallery)可见到许多杰出的艺术品。

欧洲绘画

至于欧洲绘画则展示于挑高的艺术中庭四周，莫奈、哥雅、哈尔斯等大师的作品在此展开跨世纪的艺术对话。

"布杂艺术"建筑特色

除了馆藏，布鲁克林博物馆的建筑也相当有特色，被称为"布杂艺术"(Beaux-Arts)，融合了古罗马、希腊建筑的特色，强调对称与雄伟，是19世纪末—20世纪初流行的建筑风格。最具代表性的要数巴黎歌剧院，不妨比对一下，是否有几分神似呢?!

美国·洛杉矶

洛杉矶亨廷顿图书馆
The Huntington Library

[阅读赏景人生至乐]

亨利·亨廷顿(Henry E. Huntington)是19世纪末的美国铁路大王，他的叔叔就是中央太平洋铁路四巨头之一的柯林斯·亨廷顿(Collis P. Huntington)。柯林斯去世后，亨利继承了他在铁路界的势力，他的太平洋电气铁路对大洛杉矶地区的发展有着举足轻重的影响，同时他也投资不少地产开发，逐渐成为20世纪初西岸最有影响力的企业家。

亨利晚年趁着欧洲经济萧条之际，收购大量珍贵善本文献与艺术品，并在他过世之后的1928年，将其收藏连同豪宅开放给大众参观。

整个图书馆的范围广达84公顷，包括1栋图书馆、4间美术馆和49公顷的花园及植物园。图书馆中收藏了超过六百万册珍本古籍与手稿，大多为英美文学和史学著作，许多已有五六百年的历史。

绝大多数收藏仅供学术研究之用，一般人只能从门窗后面窥其书背，不过馆方也将几本特别珍贵的善本公开展示。至于占地辽阔的植物园，共分为14个主题园区，最有名的是日式花园、禅园、玫瑰园、仙人掌温室，以及号称全美最大中式古典园林的流芳园。

图书馆展览厅
Library Exhibits Hall

这里展出的都是震古烁今的旷世文本，包括梭罗《瓦尔登湖》的初稿、莎士比亚剧本的首刷版等。光是能亲眼看到这些典藏，就足以值回票价。

图书馆中还有一部收藏已久的明代典籍，捐赠者的父亲在清朝末年到中国传教，在义和团运动的大火中抢救了一本古书并带回美国，但他一直不知这到底是什么书籍。直到近年，一位在图书馆工作的华裔学者发觉这本书可能大有来头，经过考查研究，终于在2015年证实这就是八国联军入侵北京时失散的部分《永乐大典》。

综合博物馆 | 美国·洛杉矶 | 洛杉矶亨廷顿图书馆

《古腾堡圣经》 Gutenberg Bible

1455年，古腾堡以他发明的印刷机印制了第一批《圣经》，从此书籍不再需要漫长的抄写，而随着书本的普及，知识也不再被少数阶级垄断，进而引发宗教革命、启蒙运动与各种思潮的诞生，最后更连带改变东方世界的发展脉络。此地展出的这本《圣经》，就是《古腾堡圣经》首刷版中的其中一本。

移民教战守则

这是加州第一位华人律师洪耀宗，于1930年为新移民所准备的"考前猜题"，上面详列了移民官可能会问的问题，以及相对的应答技巧。

《美国鸟类图鉴》 The Birds of America

由美国画家兼博物学家奥杜邦所绘制的鸟类图鉴，出版于19世纪20—30年代，书中鸟类以1:1的比例呈现，使得这本书的尺寸出奇地大。此书画风精致，对后世鸟类及生态研究也有着重要贡献，因而被视为"美国国宝"。

《坎特伯里故事集》 The Canterbury Tales

《坎特伯里故事集》是英国诗人乔叟大约在1386年所著，是中世纪欧洲非常重要的诗歌故事文本。这本以泥金装饰的精致手抄本，名为"埃尔斯米尔手抄本"(Ellesmere manuscript)，抄写于15世纪初，是《坎特伯里故事集》最著名的初期手抄版本。

杰克·伦敦《白牙》手稿 Jack London's White Fang

《白牙》是当代美国文学的经典之一，描述了半狼半狗的主角历尽艰辛最终找到归宿的故事。杰克·伦敦当初只花了三个多月便完成了这部名作，而其手写稿就收藏在这里。

《独立宣言》 Declaration of Independence

1776年7月4日，在费城召开的大陆会议决定美国与英王乔治三世决裂，各州代表签署宣言后，当晚就送到附近的当列普(John Dunlap)印刷厂印制，传送到各州。据说当时一共印了近两百份，但目前仅留存25份，亨廷顿图书馆的这份便是其中之一。

417

亨廷顿艺廊
Huntington Art Gallery

这里展示了18世纪的英国肖像画与法国家具，而豪宅当年的内部装潢也是参观重点之一。镇馆之宝是由英国宫廷画家根兹巴罗(Thomas Gainsborough)所绘的《蓝衣少年》(The Blue Boy)，以及托马斯·劳伦斯(Thomas Lawrence)所绘的《粉红女孩》(Pinkie)，因此有不少好事者将它们配对，成为美国有名的名画伴侣。

《蓝衣少年》
The Blue Boy

这是18世纪英国宫廷画家根兹巴罗最出名的作品，画中男孩可能是一位五金富商的儿子，而他也是这幅画的最初持有者。

根兹巴罗师承肖像画大师范戴克，从这幅画可看出他完全传承到范戴克的精髓，无论是笔法用色，还是人物神情、服装细节，都是大师级水准。

《粉红女孩》 Pinkie

由托马斯·劳伦斯绘于1794年，他是英国著名的肖像画家。画中女孩名叫莎拉(Sarah)，是牙买加殖民地地主的小女儿，11岁时由于搬到英国，祖母思孙心切，她的母亲于是委托劳伦斯替她画下这幅肖像。令人难过的是，莎拉第二年就因病去世。这幅画被摆放在蓝衣少年正对面，因此有不少好事者将它们配对，成为美国有名的名画伴侣。

418

科学史展览厅
Dibner Hall of the History of Science

与图书馆展览厅位于同一栋建筑的，还有间科学史展览厅，展示了历代在科学、生物学、天文学方面的重要文献与著作，包括牛顿在1687年出版的《自然哲学的数学原理》、笛卡儿在1637年出版的《方法论》、汤姆斯·莱特发表于1750年的宇宙起源假说等。

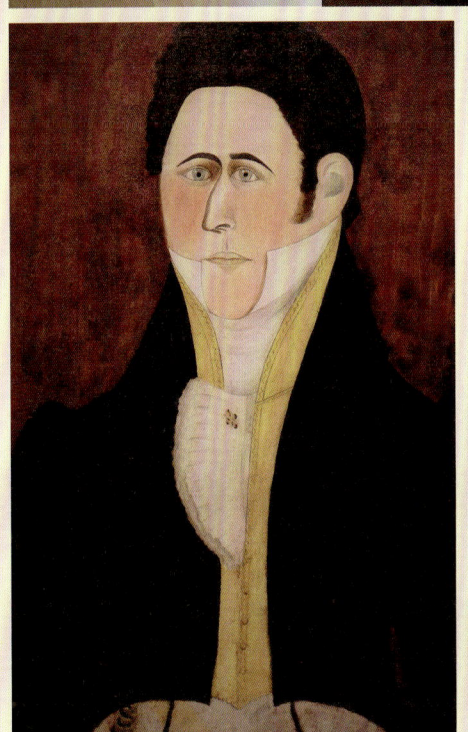

综合博物馆

美国·洛杉矶 洛杉矶亨廷顿图书馆

史考特艺廊
Scott Art Gallery

史考特艺廊展示的是19、20世纪的美国艺术，馆藏大多是在1979年时由史考特基金会捐赠而来，著名作品包括玛丽·卡萨特(Mary Cassatt)的《床上早餐》(Breakfast in Bed)、约翰·科普里(John Singleton Copley)的《魏斯腾兄弟》(The Western Brothers)与哈里特·霍斯默(Harriet Goodhue Hosmer)的《戴着锁链的芝诺比亚》(Zenobia in Chains)等。

419

中国庭园(流芳园)
Chinese Garden

流芳之名来自曹植《洛神赋》中的一句"步蘅薄而流芳",同时也呼应了明代山水画家"李流芳"之名。

这座园林广达16000平方米,且仍在扩建当中,其工匠与设计师皆来自中国苏州,伫立湖畔的太湖奇石,也是从苏州运来的。这里从亭台楼阁、花窗雕梁,到瀑布流水、植栽造景,无不体现中国式的哲学与美感,是美国最著名的中国园林。

🏛 玫瑰园
Rose Garden

玫瑰是亨利之妻阿拉贝拉(Arabella)的最爱,因此这里早在1908年就有了一座玫瑰花园。今日的玫瑰园面积约12000平方米,种植了三千多株玫瑰,拜加州的温和气候所赐,每年约从3月下旬开始,一直到感恩节前后,这里都能看到不同品种的花卉轮番绽放。

园内有个爱神丘比特与他的青年俘虏的雕塑,据说是18世纪的法国艺术作品。在玫瑰园旁,还有间英国茶馆,许多人专程前来享用正统英式下午茶,不过由于非常热门,最好事先订位。

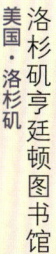

🏛 日本庭园
Japanese Garden

开放于1928年的日本庭园,拥有最地道的日本情调,包括月桥、锦鲤池、枯山水、禅园、盆栽等,许多甚至是从日本运来的。像是园中的日式主屋就是在1904年建于日本,不少建筑细节为美国学者展现了宝贵范例;而作为茶道示范的茶屋也是在京都兴建的,甚至2010年还被整栋送回日本整修。

综合博物馆 | 美国·洛杉矶 洛杉矶亨廷顿图书馆

421

新西兰·惠灵顿

新西兰蒂帕帕博物馆
Te Papa Tongarewa (Museum of New Zealand)

[知性充沛的主题乐园]

毛利名"Te Papa Tongarewa"的意思是"我们的地方"，这座花了新币约三亿一千七百万元兴建的国家博物馆，在1988年开幕的头一年，立刻吸引了两百万名游客参观。以指纹为其代表图像，蒂帕帕博物馆要让参观者认识的是新西兰这个国家，包括它的过去、现在以及未来，透过各种媒介来向参观者介绍新西兰的历史、生态环境和居住的人民。

与其说蒂帕帕是间博物馆，不如说更像是极富知识性的主题乐园，这在20年前可是彻底颠覆所有人对国家博物馆的想象。譬如最具人气的"我们的空间"（Our Space），就是个虚拟实境的感官剧场，利用会大幅摇晃的座椅和不同主题的影片，带领游客上山下海、穿梭世界。

另一个必看的是位于第2层展厅的大鱿鱼标本，这只鱿鱼长达4.2米，重达495公斤，于2007年在南极海域被捕获，简直就是电影里的大海怪。其他亮点还包括感受火山爆发的"地震房"、展示新西兰独特物种的"山海相连"、毛利原住民的雕刻与大会馆、布里顿V型1000摩托车等，大部分展览都有互动式的体验。

印度·金奈(马德拉斯)

金奈政府博物馆
Government Museum, Chennai

[五大展馆包罗万象]

政府博物馆是塔米尔纳度邦收藏最丰富的博物馆，博物馆坐落于英国人18世纪所盖的"众神殿建筑群"(Pantheon Complex)中，不同主题的展品分别陈列在不同的展馆，包括主展馆（考古学、动物学、植物学、地质学、人类学、古代货币）、青铜馆、儿童博物馆、国家美术馆和当代美术馆。

超过三万件收藏，从化石到岩石、从书籍到雕刻、从钱币到铜器，博物馆的陈列可说是五花八门。

国家美术馆
National Art Gallery

国家美术馆是博物馆最美丽的建筑，属于新莫卧儿式(Neo-Mughal)风格，建于1909年，过去曾是维多利亚纪念堂(Victoria Memorial Hall)，其大门仿自法特普希克里(Fatehpur Sikri)的入口大门。

国家美术馆左右两侧分别是儿童博物馆(Children's Museum)和当代美术馆(Contemporary Art Gallery)。

青铜馆
Bronze Gallery

这里收藏了南印度最好的青铜器，展品约七百件，年代大致从9世纪到13世纪，充分反映出从帕拉瓦(Pallava)到科拉时代(Chola)精致的印度教神像艺术。其中以一尊湿婆神和帕尔瓦蒂(Parvati)雌雄同体的化身，以及数尊那吒罗阇(Nataraja，四只手臂的跳舞湿婆神)最令人印象深刻。

主展馆
Main Building

收藏类型最为复杂，"考古学"陈列室里，主要收藏的都是南印度不同时代的雕刻和寺庙艺术，包括科拉、维贾亚纳加雷(Vijayanagar)、霍伊萨拉(Hoysala)、查卢基亚(Chalukya)各个年代，其中与佛教艺术相关的古董就高达一千五百多件。

与自然史相关的陈列也很精彩，各种动物、植物、鸟类及岩石标本，占据了主展馆大半面积，其中最引人瞩目的就是长18.5米的鲸鱼骨骸，以及那高达3.4米的印度象骨标本。

综合博物馆

印度·金奈(马德拉斯) 金奈政府博物馆

图书在版编目（CIP）数据

世界博物馆 / 朱月华·墨刻编辑部编. —北京：世界图书出版有限公司北京分公司，2021.6（2024.12重印）
ISBN 978-7-5192-7851-9

Ⅰ.①世… Ⅱ.①朱… Ⅲ.①博物馆—介绍—世界 Ⅳ.①G269.1

中国版本图书馆CIP数据核字（2020）第163359号

本书经四川文智立心传媒有限公司代理，由墨刻出版股份有限公司正式授权，同意世界图书出版有限公司北京分公司独家发行中文简体字版本。非经书面同意，不得以任何形式任意复制、转载。本书仅限于中国大陆地区发行。

书　　名	世界博物馆
	SHIJIE BOWUGUAN
编　　者	朱月华·墨刻编辑部
责任编辑	罗明钢
封面设计	蔡　彬　佟文弘
出版发行	世界图书出版有限公司北京分公司
地　　址	北京市东城区朝内大街137号
邮　　编	100010
电　　话	010-64038355（发行）　64033507（总编室）
网　　址	http://www.wpcbj.com.cn
邮　　箱	wpcbjst@vip.163.com
销　　售	新华书店
印　　刷	北京中科印刷有限公司
开　　本	889mm×1194mm　1/16
印　　张	27
字　　数	1080千字
版　　次	2021年6月第1版
印　　次	2024年12月第9次印刷
版权登记	01-2020-2994
国际书号	ISBN 978-7-5192-7851-9
定　　价	188.00元

版权所有　翻印必究
（如发现印装质量问题，请与本公司联系调换）